창세기 강해 (중)

박 종 안 지음

좋은 책으로 하나님의 사람을 만들어가는

엘   맨

머 리 말

　만물의 찌끼만도 못한 죄인을 들어 하나님의 거룩하신 강단을 지키게 하시고 부서지기 쉬운 시간들을 모아 서재에 앉아 하나님의 말씀을 강해할 수 있도록 섭리역사하신 하나님께 엎드려 감사드리오며 그 성호를 찬양하옵니다.

　수년 전에 에베소서와 갈라디아서를 묵상하면서 강해 출판하였고, 수년 동안 사랑하는 우리 시온성교회 성도들에게 창세기를 강해하면서 은혜의 깊은 세계에 잠겼던 자료들을 모아 이번에 창세기를 상중하 세 권으로 출판하게 되었습니다.

　여기에 이르기까지 누구보다도 나의 가장 사랑하는 아내의 헌신적인 뒷받침이 있었고, 우리 시온성교회 성도 모두의 정성된 기도의 후원이 있었습니다.

　저는 창세기를 골방에서 연구하였으나 창세기 속에서 구원의 광명한 세계를 보게 되었고, 신관·우주관·인류관·구원관에 이르는 아름다운 현관문들을 열어볼 수 있었습니다.

　저자의 바람은 이 책을 여는 모든 독자들이 확실한 신앙의 기준위에 위대한 믿음의 세계를 창조해 나가시기를 기대하는 것입니다. 저자는 미국에 이민하여 오랫동안 교민목회에 정열을 바쳐왔습니다. 각박한 이민 생활에 찌든 영혼들이 이 책을 통해서 놀라운 창조적 역사를 만들어 나가게 되기를 손모아 비는 바입니다.

　창세기의 저자는 모세입니다. 그것은 율법서의 내증이나 외증에서도 틀림없는 사실입니다.

　창세기는 계보·세대·기원·생성·출생이라는 의미가 있으며, 천지창조, 족장들의 계보 등이 소개되면서 구원계시의 장을 활짝 열어 주고 있습니다. 유일하신 하나님에 대해 분명하게 기록하고 있기 때문에 다신론이나 범신론이나 무신론을 절대부정합니다.

족장들과 이스라엘을 통해 범죄 타락한 인간들을 여인의 후손을 통해 구원하실 계획을 완성하시는 하나님이십니다. 그 내용은 태초의 역사(1:1-11:32)와 족장들의 역사(12:1-50:26)지만 전체의 흐름은 구원의 역사입니다.

강해방법은 미숙한 성도라고 할지라도 충분히 이해할 수 있도록 쉽게 풀었습니다. 되도록 딱딱한 신학적인 면을 피하면서 이해되고 은혜받을 수 있도록 부드럽게 한 것입니다.

또한 문자해석과 함께 역사적 근거 위에 해석하여 오늘날 우리의 삶과 연결시키도록 시도했습니다. 그러므로 과거적 성경이 현재적이면서 미래의 소망의 문턱으로 이끌어갈 것입니다.

끝으로 이 책은 강해 및 설교 형식으로 되어 있습니다. 교회에서 성직자들의 외치는 설교에서 받는 은혜 못지 않게 이 책에서 얻어지는 풍성한 은혜가 독자들의 영혼을 만족하게 하리라고 믿습니다.

이 책이 읽으시는 모든 사랑하는 독자 제위의 생애에 위대한 변화를 주어 삶이 기름지고 윤택하게 되기를 바라는 마음 간절합니다.

로스엔젤레스 시온성교회 제단에서
저자 박 종 안

추 천 사

기독교는 "책의 종교", "성경의 종교"라고도 말한다. 성경은 기독교의 자랑스러운 경전이다. 성경은 우리를 영원한 생명이신 예수 그리스도에게 인도해 주며 우리를 하나님의 의와 진리로 인도하여 예수 그리스도의 장성한 분량에 이르기까지 성장하도록 한다. 신학자 헬만 바빙크(Herman Bavinck)는 그의 저서 <개혁 교회의 교의학>(Gereformeerde Dogmatiek)에서 "성경은 자증적(自證的) 권위를 가지고 있기 때문에 우리 신앙의 최종적 기초이다. 어떤 사람이 왜 당신은 성경을 믿느냐고 묻는다면 하나님의 말씀이기 때문에 믿는다고 대답할 수밖에 없다. 한걸음 더 나아가 어떻게 성경이 하나님 말씀임을 믿느냐고 묻는다면 더 이상 대답할 수가 없다"고 했다. 두고두고 음미할 만한 말이라고 생각된다.

사실 성경의 권위를 어떻게, 어느 정도까지 받아들이느냐 하는 문제는 논리보다는 신앙의 영역에 관한 것이다. 그러므로 성서를 받아들이고 믿는 일은 성도의 신앙적 결단에 의해서만 가능한 것이다.

성경전서는 한 권으로 되어 있으나 내용으로는 구약, 신약 66권으로 이룩된 책임을 잘 알고 있다. 그 중 일반적으로 구약이라고 부르는 책은 이스라엘이라는 특정한 민족의 역사적 상황 속에서 이스라엘 사람들에 의해 기록된 책으로서 그들의 민족 종교인 유대교의 경전이었다. 구약은 분량도 많고, 내용도 역사적인 기록이 많고, 단순치가 않아서 기독교인 중에서도 신약성경보다 못한 것으로 생각하는 사람도 있다. 그러나 이는 잘못된 태도이다. 구약이 그 짝인 신약과 합하여 본질적으로 다른 어떤 책보다도 비교할 수 없는 가치를 가지고 있다. 그것이 하나님의 말씀, 곧 신적 권위를 가진 책이기 때문이다.

특히 개혁신앙을 수립하는 데 필요한 중심적인 기초로서는 성경 가운데 창세기보다도 더 중요한 책은 없다. 창세기는 세계의 창조주이며 역사의 주인이신 하나님의 창조와 인류 구원의 행위, 그리고 하나님에 대한 신앙고백들을 기록하고 있다. 이러한 사실을 알기 쉽게 이해하도록 창세기 강해집이 출판되었다.

본 창세기 강해집의 저자인 박종안 목사는 이미 갈라디아서, 에베소서의 강해집을 출간한 분으로서 오랜 목회생활과 신학교 강단에서 가르친 경험을 토대로 이번에는 창세기의 주석서가 아닌 강해집을 내어놓았다.

저자는 창세기를 통하여 우리에게 말하고 싶어한다. 어려운 창세기를 쉽게 풀이하여 들려주고 싶어한다. 요즘 강단의 설교의 추세는 문어체(文語體)가 아닌 구어체(口語體)라 하던가?

어느 편에 치우침이 없이 복음적으로 성서를 바르고 쉽게 전하려는 저자의 노력을 깊이 사고 싶다. 잘 요리한 맛있는 음식상처럼 본서가 한국 교회 강단에 입맛을 돋구는 영의 양식이 될 것을 확신하며 동역자들과 성도들게 일독을 권한다.

김상우 목사(Litt.D., Th.D.)
California Union University
구약학 교수/교수부장
목회자 성경연구회 회장
크리스천포스트 발행인

차 례

아브람의 후사

(창 15:2-5)

인간에게 있어서 가장 좋은 축복은 하나님 자신이다. 이것은 1절에서 하나님께서 친히 말씀하신 것이다. 하나님은 아브람을 부르시는 순간부터 복을 주실 것을 약속하셨다. 그러나 이제부터는 하나님 자신이 아브람의 큰 상이라고 밝히시고 있는 것이다.

아브람은 하나님 자신이 그 어떤 다른 상보다 귀하다는 사실을 알았다. 그러므로 우리는 하나님께서 아브람과 맺으신 관계가 점차 진전되어지는 것을 볼 수 있다.

하나님께서 아브람과 이야기하신 일이 일곱 여덟 번이나 기록되어 있다(12:1-3, 7, 13:, 15:, 17:, 22:). 그 만남의 성격이나 의도와 대화는 모리아 산상으로 높이 올라가듯이 고차원의 세계까지 올라간다.

아브람의 믿음의 절정은 모리아산상에서 볼 수가 있다. 그의 나이 75세 때 자식에 대한 축복을 약속하신 하나님께서는 25년 만에 이삭을 주셨고, 그가 청소년의 나이가 된 때에 제물로 바치게 되었다. 하나님의 약속처럼 그의 후손이 많아지기도 전에 아들을 바치라는 모순되어 보이는 하나님의 명령에도 믿음으로 행하여 그 언약이 이루어지게 된다.

하나님의 축복을 인간에게 전달하는 통로는 바로 믿음이다. 하나님은 모리아산상에까지 오르는 아브람의 믿음의 단계를 위해서 오랫동안 연단시키고 준비시키신 것이다.

아브람은 14장에서 놀라운 신앙을 나타냈다. 믿음이라는 무기 하나를 가지고 적과 싸워 승리한 사람으로 나타난다. 그런데 15장 첫 부분에서 "나는 무자하다"면서 불평을 말하고 집에서 부리던 종 다메섹 사람 엘리에셀이 상속자가 될 것이라고 하였다. 아브람의 집에서 종들이 3백이 넘었으니 그의 재산을 가히 짐작할 수 있다. 그 많은 재산도 엘리에셀이 청지기가 되어 관리하고 있고 자신의 몸에서 날 자식은 있을 것 같지가 않아서 의심과 회의로 믿음의 밑바닥에 내려가고 있었다.

70인 성경에는 "나는 세상을 떠나지만 내 뒤에는 자식을 남기지 않는도다"라고 하여 앞으로도 자식이 있을 것 같지 않다고 말하였다.

1. 엘리에셀은 후사가 아니라고 하셨다.

엘리에셀은 아브람 집에서 길리운 자이다. 성경에 엘리에셀이라는 이름을 가진 동명이인이 많기 때문에 다메섹이라는 지명을 앞에 붙인 것이다. 마치 "유다"라는 동명이인이 많아서 예수를 판 유다의 경우에 "가룟"이라는 지명을 쓴 것과 같다고 할 수 있다.

엘리에셀은 "하나님은 나의 원조자시다"라는 뜻이고 그를 "내 집에서 길렀다"고 한 것은 "내 집의 그 아들"이라고 해석되는 말이다. 종을 자기 아들처럼 기르고 교육시켜 집안의 청지기 책임을 주었다는 것은 귀한 일이 아닐 수 없다.

옛날에 종을 사고 팔며, 죽이며, 학대하던 시대에 아브람이 종의 신분으로 있는 엘리에셀을 아들같이 사랑하고 기르고 교육했으니 그의 신앙의 위대함을 발견할 수 있다. 아브람은 하나님께서 씨를 주시지 않는다고 생각하여 엘리에셀을 양자 삼아 상속할 자라고 생각을 했다. 그것은 엘리에셀을 그만큼 신임하고 사랑했다는 뜻임과 동시에 하나님의 약속을 믿지 못하는 불신앙을 의미하기도 한다.

엘리에셀은 아브람의 집 모든 소유를 맡은 늙은 종(24:2)이었다. 아브람은 그 늙은 종에게 이삭의 아내를 택하여 오는 책임을 맡겼다. "내 고향 내 족속에게로 가서 내 아들 이삭을 위하여 아내를 택하라"고 했다. 엘리에셀은 주인의 약대 열 필을 취하고 주인의 모든 좋은 것을 가지고 메소보다미아로 가서 나홀의 성에 이르러 "우리 주인 아브라함의 하나님 여호와여 원컨대 오늘날 나로 순적히 만나게 하사 나의 주인 아브라함에게 은혜를 베푸시옵소서… 말을 마치지 못하여…”(24:10-15)라고 했다. 그는 주인의 맡겨준 대임수행을 위해서 기도했다. 그가 경건하게 기도함으로 이 일에 수고한 것을 보면 역시 아브람에게서 보고 배우고 감화받은 것이다.

그러나 엘리에셀은 아브람의 씨가 아니다. 아브람은 하나님께서 “큰 상급”이라고 말씀하실 때 “주여 내게 무엇을 주려 하시나이까?” 하였다. 이 질문은 아브람의 고독하고 삭막한 심정을 토로하는 것이다. “내게 씨를 아니 주셨으니”는 이웃 사람들은 자식이라는 씨가 많은데 “내게만”은 자식이 없다는 말이다. 아브람은 나의 상속자는 엘리에셀이라고 생각했다.

그는 “양자가 될 수 있는 종”이니 “내 씨”는 아니라고 한다. 하나님은 아브람을 사랑하셨다. 그의 큰 상급이 되어 주신다.

아브람을 통해서 구원의 섭리를 펼치실 것이다. 그러나 그에게 자식을 늦게 주셨다. 그것은 아브람의 믿음을 연단하여 고도의 신앙수준에 올리기 위함이었다.

한나는 결혼한 지 여러 해가 지나도 자식을 낳지 못했으나 이 일로 인하여 그의 신앙은 연단되어 값지고 보배로운 어머니가 되었던 것이다.

2. 네 몸에서 날 자가 후사라고 하셨다.

여호와의 말씀이 임하셨다. 아브람은 하나님의 자손에 대한 약속을 받았으나 수십 년이 지나도 그 약속이 이루어지지 않아 초조하고 궁금했다. 그 약속이 어떻게 이루어질지 의문스럽기도 했다.

그러나 여기서 세 가지 사실을 발견하게 되는데 그것은 그 자신의 자식을 갖고자 하는 소망이요, 절망의 상태에서 약속에 대한 확고한 신념, 약속이 불가능한 것같이 보이지만 반드시 이루어진다는 희망이다.

여호와께서 말씀으로 임하셨다. 하나님은 아브람의 무자에 대한 불평에 대하여 즉각적인 응답을 주시지 않으셨다. 그의 불평 속에 조급함이 들어 있었기 때문이다. 그러다가 아브람은 양자를 삼아서라도 하나님의 약속은 이루어질 것을 믿는다는 단계에 오를 때에 하나님은 말씀으로 임하신 것이다.

하나님은 하늘 높이 보좌에 계신 여호와시며 낮고 천한 아브람이 있는 낮은 곳까지 내려오셨다. 말씀하시기를 나의 약속은 꼭 성취된다는 것이었다. 그러므로 우리는 "하나님의 말씀"이 우리에게까지 내려오심은 놀라운 은혜인 것이다.

네 몸에서 날 자가 후사가 된다고 하셨다. 하나님께서 처음에 아브람의 친소생이 후사가 된다고 약속하셨고, 종이나 그외 어떤 형태의 양자로 인하여 된다고 하시지 않으셨다. 하나님의 말씀은 변함이 없다. 하나님의 약속은 성취된다. 하나님의 약속은 얼마든지 그리스도 안에서 예가 되고 아님이 없기 때문에(고후 1:20) 하나님의 약속의 말씀은 변질될 수 없다. 따라서 아브람의 일시적인 불신앙도 이것을 변동시키지 못한다. 그러나 안타까운 사실은 인간의 불신앙적 조급함이 마침내 애굽의 여인이요 사래의 몸종인 하갈을 취첩하여 이스마엘이라는 아들을 낳은 것이다. 아브람이나 사래의 생각에는 그러한 방법밖에 없다고 보았던 것 같다.

아브람은 바랄 수 없는 중에 바라고 믿었다(롬 4:18). 아브람의 믿음에 대해서 바울은 자세하게 기록했다. 그의 믿은바 하나님은 죽은 자를 살리시며 없는 것을 있는 것같이 부르시며 바랄 수 없는 중에 바라고 믿었다. 그는 백세가 되어 자기 몸의 죽은 것 같음과 사래의 태의 죽은 것 같음을 알고도 믿음이 약하여지지 않았다. 하나님의 약속의 말씀을 의심하지 않았다. 믿음에 견고하여져서 하나님께 영광을 돌렸다. 그리하여 아브람은 우리 모든 사람들의 믿음의 조상이 된 것이다.

3. 후사가 하늘의 별과 같으리라고 하셨다.
하나님은 아브람을 이끌고 밖으로 나아 가셨다. 하나님은 아브람을 이끌고 밖으로 나아가시고 "하늘을 우러러 보라"고 하셨다. 사방으로 에워쌈임을 당하여 여러 방면에서 막히는 일이 있어 답답하고 실망 낙담하게 되는 때에도 머리 위의 하늘의 세계는 막힘이 없는 것이다. 우리의 전후좌우에 길이 보이지 않아도 우리 위에는 멀리까지 곧장 볼 수 있는 창공의 세계가 있다. 하나님께서 무엇을 하실 수 있을까? 의문이 생기면 밖으로 나아가 하늘을 우러러 하나님의 하신 창공을 바라보라.

이 땅에 있는 장애물, 장강대야를 건너고 넘는 일, 높은 산악, 깊은 수렁, 사나운 맹수와 악인들이 우리의 길을 막는다고 해도 우리의 머리를 들어 밤 하늘의 궁창을 바라볼 때 얼마든지 하나님의 보좌 앞에 이르는 길이 열려있음을 본다.

하나님은 두 번째로 자식의 후사에 대해서 언약하실 때 "너는 눈을 들어 너 있는 곳에서 동서남북을 바라보라"(창 13:14)고 하셨는데 여기 세 번째 약속을 하시면서는 "아브람을 이끌고 밖에 나아가 하늘을 우러러 보라"고 하셨다. 하나님은 의로운 오른손으로 성도를 이끄시고 높은 하늘의 세계를 쳐다보는 이상과 소망으로 충만케 하신다.

뭇별을 셀 수 있나 보라고 하셨다. 하나님은 아브람에게 약속한 자손에 대한 확증을 보여주시기 위하여 아브람을 밖으로 이끌어 내셨다. 하나님의 손에 이끌림을 받는 자는 복이 있다. 지존막대하신 하나님께서 친히 아브람의 거처에까지 오시고 그의 손을 잡으사 친구의 손을 이끌듯이 끌어 밖으로 나아가셨다. 그리고 말씀하시기를 "하늘의 별을 보라 뭇별을 셀 수 있나 보라"고 하셨다.

하나님께서는 아브람에게 세 번을 자손 번성에 대해 말씀하셨는데 처음에는 "네 자손으로 땅의 티끌같게 하리라"(13:16) 하셨고, 두 번째에는 "네 자손이 하늘의 뭇별과 같으리라(15:5)" 하셨으며, 세 번째는 "하늘의 별과 같고 바닷가의 모래와 같이 하리라"(22:17)고 하셨다. 이상의 세 군데의 말씀은 아브람의 자손이 많고 번성할 것을 의미하는 동시에 그 자손들이 땅이나 바다나 하늘을 정복하고 충만할 것을 의미하는 것이다.

다윗은 "내가 세려고 할지라도 그 수가 모래보다 많도소이다"(시 139:18)라고 말했는데 그곳에 "세다"는 것은 수를 셈한다는 일상적인 의미로 사용되는 말이다. 하늘의 별을 셀 수 있는가? 바다의 모래를 헤아릴 수 있는가? 땅의 티끌을 셈할 수 있는가? 그런데 네 자손이 이와 같으리라고 하셨다.

아브람은 자식이 없다고 불평했지만 하나님은 하늘의 뭇별을 쳐다보게 하시고 네 자손이 이와 같이 셀 수 없이 많을 것이고, 또한 별이 찬란하게 빛이 나듯이 네 후손은 별과 같이 영원히 빛나리라고 말씀하셨다.

아브람의 육신을 쫓아난 자손이 땅의 티끌같이 많고 그의 영적인 언약의 자손은 하늘의 별과 같이 영광스럽고 아름답게 빛날 것이라는 것이다. 하나님은 자연만물을 가지고 사람을 실물 교육 하시는데 아브람은 참으로 벅찬 교육을 받게 되었다.

오리온 성좌는 전신이 불꽃처럼 빛나고 위도상에서는 보이지 않거나 희미하게 보이는 성좌들도 여러 가지 색깔로 반짝인다. 아브람이 하늘 위에 펼쳐져 있는 저 별빛의 무리들을 응시하면서 뭇 별을 셀 수 없음과 영롱하게 빛나는 아름다움에 감탄하지 않을 수 없었을 것이다.

아브람이 여호와를 믿으니

(창 15:6)

성경을 "믿음의 말씀"(롬 10:8)이라고 한다. 우리는 창세기 15장 5절까지를 자세히 읽어 내려왔으나 "믿음"이라는 말씀을 찾지 못했다. 믿음이라는 말씀이 여기서 처음으로 나오는 것이기 때문이다. "아브람이 여호와를 믿으니 여호와께서 이를 그의 의로 여기시고"라고 하셨다.

"믿으니"란 기둥이라는 어근에서 온 말로 "신뢰한다, 의지한다"는 뜻이다(대하 20:20, 욥 39:12). 건축물이 기둥에 의지하여 힘있게 세워지는 것과 같이 진리의 기둥되시는 하나님께 의지하는 것이 곧 믿음이라는 뜻이다. 예수의 제자 요한은 "만찬석에서 예수의 품에 의지하여"(요 21:20)라고 하였는데 예수라는 진리의 기둥에 의지한 그것이 믿음이라는 것이다.

서부 아프리카에 사는 마씨족은 "신앙이란 하나님께 기대는 것이다"라고 한다. 죤 패튼(J. G. Paton) 선교사는 신앙이라는 말을 찾아 번역하는데 시간이 걸렸다고 한다. 하루는 한 본토인이 들어와 몹시 피곤하다면서 의지에 덥석 몸을 내어 던지며 다른 의자에는 발을 걸치고 누우면서 "온 몸을 의자에 기대는 게 참 좋다"고 말하였다. 패튼은 이 말을 "믿는다"는 말로 번역하였다.

믿음은 절대적으로 하나님을 신뢰하고 의지하는 것이다. 믿음은 약속된 일이 눈에 보이지 않아도 신뢰한다. 의지하고 인내하여 따르는 마음으로 모든 의심을 이겨내는 것이다. 현실의 안개 속에서도 내일의 햇빛을 바라보는 것이다. 믿음은 현재의 감각이요 미래의 소망이요 과거의 증거를 받아들이는 것이다.

인간에게 있어서 믿음이 가장 중요하다. 왜냐하면 믿음으로만 인간이 구원에 이를 수 있기 때문이다. 그러므로 15장은 믿음에 대한 역사의 시작이다. 이제부터 아브람은 하나님을 믿으므로 현재와 미래를 맡기고 하나님 곁에서 하나님을 의지하며 살았다.

1. 믿음의 대상은 여호와시다(롬 4:17).

아브람은 죽은 자를 살리시는 하나님을 믿었다. 아브람의 아내 사래는 불임이었기 때문에 "태의 죽은 것 같음"(롬 4:19)을 알고 있었고, 이제 두 사람은 모두 잉태할 만한 나이는 지났다고 생각하였다. 곧 사래는 "죽은 자"였다. 그러나 아브람은 하나님을 믿되 "죽은 자를 살리시는 하나님"으로 믿었던 것이다. 이 말씀은 "태의 죽음"만 의지하는 것이 아니라 육체의 죽음 자체를 말하는 것이다. 하나님은 죽은 자를 부활시키신다. 하나님은 "죽은 자 가운데" 있던 예수 그리스도를 살리셨다.

아브람은 여러 해가 지나 이삭이 청소년의 나이가 되었을 때에 모리아 산으로 가서 아들을 제물로 바치게 된다(창 22:). 아브람이 사환에게 이르기를 "너희는 여기서 기다리라 내가 아이와 함께 저기 가서 경배하고 너희에게로 돌아오리라"(창 22:5) 하였고, "아들이 제물은 어떻게 된 것인가?"하고 물을 때에 "하나님이 준비하시리라"(22:8)고 하였다. 이것은 모리아 산상에 번제물로 이삭이 죽게 될 것이지만 하나님이 살려서 함께 하산할 것을 의심없이 믿었던 것이다. 아브람은 죽은 자를 살리시는 영생하시는 하나님, 전지전능하신 하나님으로 믿었다.

또한 없는 것을 있는 것같이 부르시는 하나님을 믿었다. 하나님께서는 아무것도 없는 데서 권능의 말씀으로 만물을 부르시니 그대로 창조되었다. 자기 백성이 아닌 이방인의 영접은 없던 일을 있는 것처럼 은혜롭게 불러 주심이요 없던 것을 낳아주시는 것이다. "빛이 있으라"고 부르시면 빛이 있고 "궁창이 있으라" 하시면 궁창이 있었다.

"해와 달과 별이 있으라" 하시면 그대로 되었다.

그러므로 아브람이 믿은 하나님은 없는 것을 있게 하시는 전능하신 창조자였다는 것이다. 아브람에게는 후사가 없었으나 있는 것같이 부르셔서 이삭이 태어나게 되었다.

아브람은 여호와를 믿었다. 여호와는 구속 계약의 하나님이시다. 그 계약을 주신 이의 저항할 수 없는 능력과 범할 수 없는 신성의 하나님이다. 그리하여 아브람은 하나님의 약속의 진실성을 믿었다. 그가 말씀하셨기 때문에 그것이 이루어지는 것이다. 아브람은 약해지지 아니했다. 하나님의 약속을 의심치 않았다. 물론 후사에 대한 약속을 하신 지는 오래 전의 일이었다. 그러나 아직까지도 이루어지지 않았다.

오랫동안 지연되는 것은 아브람의 믿음을 더욱 강하게 하는데 유익했다. 여호와는 스스로 있는 권위의 하나님이시기 때문에 함부로 인간이 가까이 할 수 없다. 그 하나님께서 비천한 인간에게 오시고 아브람의 손을 잡아 이끄시고 말씀하셨다.

2. 믿음의 기초는 말씀이다.

말씀은 믿음을 성장시킨다(롬 10:17). 아브람은 여호와의 하신 말씀을 그대로 믿었던 것이다. 말씀이 성문화되기 전에는 하나님의 소리를 직접 듣는 데서 믿음이 생겼다. 4절에 보면 여호와의 말씀이 그에게 임하여 "가라사대"라고 함같이 아브람은 하나님의 음성을 직접 듣고 믿게 되었다.

바울은 "그러므로 믿음은 들음에서 나며 들음은 그리스도의 말씀으로 말미암았느니라"(롬 10:17)라고 했다. 모세는 호렙산 기슭에서 여호와의 음성을 들음으로 믿음이 생겼고, 엘리야는 호렙산 굴 속에서 세미한 음성을 들어 낙심한 상태에서 믿음을 되찾았고, 바울은 다메섹에서 주님의 음성을 듣고 예수를 믿었다. 아브람이 여호와의 말씀을 듣지 못했다면 믿음이 생길 수 없었을 것이다. 그래서 "믿음의 말씀"(롬 10:8)이라고 하는 것이다.

말씀은 구원에 이르게 하는 지혜이다(딤후 3:15). 인간이 구원을 받는 것은 믿음때문이다. 그 믿음은 하나님의 말씀이 주는 것이다. 그러므로 하나님의 말씀은 죄인을 구원하는 지혜이다.

초대교회에는 사도들의 설교를 듣고 사람들이 회개하여 놀라운 구원을 얻었는데 하루에 3천명, 5천명씩 구원을 받았다. 빌립보성의 루디아, 옥사장, 이방인 고넬료 등 수많은 사람들이 하나님의 말씀으로 믿어 구원에 이르게 되었다.

어거스틴이 로마서 13:12-13의 말씀으로 회개하고 구원받았고, 루터가 로마서 3:28, 갈라디아서 3:11로, 칼빈이 로마서 8:18, 이사야 53:5로, 썬다싱이 마태복음 11:28, 요한복음 3:16로, 죠지뮬러가 요한복음 3:16, 고바야시가 히브리서 12:4, 클레브란트가 로마서 6:23, 로빈슨 크루스가 시편 50:15, 스펄전이 이사야 45:22로, 리빙스턴이 마태복음 28:20로 구원에 이르는 지혜를 얻었다. 말씀의 능력은 한 절이라 할지라도 이렇게 구원의 능력이 있는 것이다.

말씀은 성령으로 감동된 하나님의 말씀이다(딤후 3:16). "모든 성경은 하나님의 감동으로 된 것"이라 하였다. 성경은 하나님의 입으로부터 나온 하나님의 말씀이다. "감동"이란 하나님이 숨을 불어넣으셨다는 뜻이다. 그러므로 성경은 하나님의 숨이요 생명의 호흡이다. 흙으로 사람을 만드시고 코에다가 하나님의 생기를 불어넣었듯이 성경은 하나님의 숨결이기 때문에 인간을 새 사람으로 변화시키는 하나님의 생명이다. "너희가 거듭난 것이 썩어질 씨로 된 것이 아니고 하나님의 말씀으로 된 것"(벧전 1:23)이라고 했다. 성경은 중생하고 새사람으로 변하여 교훈과 책망과 바르게 함과 의로 교육함과 하나님의 사람으로 온전케 하며 모든 선한 일을 행하기에 온전케 한다.

3. 믿음의 결과는 칭의이다.

아브람을 의로 여기셨다. 아브람이 여호와를 믿으니 여호와께서 이를 그의 의로 여기셨다. "여기시고"라는 말씀은 그렇지 못한데 그렇다고 간주해서 인정해 주는 것을 의미한다.

아브람은 죄인임에 분명하지만 여호와를 믿음으로 하나님께서 그 믿음을 보시고 의롭다고 인정하셨다는 것이다(롬 4:5).

아브람의 할례는 창세기 17장에 가서 시행이 된다. 아브람은 할례 전에 의로운 자라 칭함을 받았다. 율법의 공로 때문이 아니라 아브람의 믿음 때문에 받은 것이다.

율법을 행하여 의로워질 수는 없다. 율법은 인간을 정죄하여 죄를 깨닫게 하지만 결코 인간을 의롭게 하지 못한다. 믿음으로 의로운 자라 하는 증거를 얻는다(히 11:4). 아브람의 믿음은 의인의 교리를 산출케 한 것이다.

여기에 이신득의 (믿음으로 의로워짐)를 볼 수 있는데 이는 핵심적 신앙이고 이것에서 부활신앙을 내다 보는 것이다. 그의 신앙에서 그리스도의 십자가와 부활의 모습을 보게 된다. 곧 늙은 아브람 부부가 자녀를 낳음은 그리스도가 십자가에 죽으셨다가 다시 살아나시는 부활 교리를 믿게 한다.

아브람의 하나님을 믿으니 이것을 의로 여기셨다. 그것은 그의 후손된 우리들에게도 똑같이 적용된다고 하였다(롬 4:23-25).

"의"의 성격은 의롭다 인정하기에 부족할지라도 하나님이 그의 후손을 의로 인정하심에 있다는 것이다. 세상에 의인은 한 사람도 없다(롬 3:10). 아담 안에서 인류 전체가 완전 타락했기 때문이다. 그러나 하나님께서 아브람의 후손된 우리를 의롭다고 인정하셨다.

"의의 조건"은 단 하나인데, 행위가 아니고 믿음이다. 행위로나 율법을 지킴으로 의롭다 인정받을 인간은 세상에 없다. 부족하지만 전적 타락한 죄인이지만 땅에까지 낮게 도성인신하사 말씀으로 오셔서 속죄의 죽음을 죽으신 예수를 믿음으로 의롭다고 인정을 받는다.

"의의 시기"는 누구든지 믿는 영혼에게 순간적으로 되는 것이다. 믿음의 결과는 영육간의 구원이다.

바울은 구원의 시제를 말했다(고후 1:10). 곧 "그가 이같이 큰 사망에서 우리를 건지셨고 또 건지시리라 또한 이후에라도 건지시기를 그를 의지하여 바라노라"고 한 것이다.

구원의 시제는 과거적 구원, 현재적 구원, 미래적 구원으로 되어 있다. 우리는 과거적 구원을 이미 받았다. 큰 사망이라는 지옥 형벌에서 구원받은 것이다. 또한 현재적 구원도 받고 있다. 미래적 구원은 영과 육의 구원으로 천국에서 이루어지는 구원이다.

히브리서 기자는 큰 구원(히 2:3), 영원한 구원(히 5:7), 온전한 구원(히 7:25)을 말했다. 요한은 "저를 믿는 자마다 영생을 얻게 하려 함이라"(요 3:16)고 하였다.

무엇으로 알리이까?

(창 15:7-11)

하나님께서는 아브람의 믿음을 보시고 "그의 의로 여기셨다"고 하였다. "여기시고"라는 말씀은 "정하다, 계산하다, 짊어지게 한다"는 뜻이 있다. 여기에서는 전가된 의, 곧 짊어지게 한 의를 의미하고 있다.

전 인류에게 전가된 아담의 죄가 있고, 그리스도에게 짊어지게 한 인류의 죄가 있으며, 예수 그리스도를 믿는 모든 죄인에게 전가된 하나님의 의가 있다. 본래 칭의받기에 부족한 죄인이 하나님을 믿으면 그에게 전가된 하나님의 의로 말미암아 의롭다 인정을 받는 것이다.

하나님은 아브람에게 말씀하시기를 "이 땅을 네게 주어 업을 삼게 하려고 한다"고 하셨다. "업을 삼게"란 "차지하게, 상속하게"라는 뜻이다. 아브람이 가나안 땅을 차지할 아무런 권리나 명분이 없지만 하나님의 주권적인 은혜로 그를 상속자로 삼으셨다는 것이다. 아브람은 "주 여호와여 내가 이땅으로 업을 삼을 줄을 무엇으로 알리이까?"라고 물었다.

이것은 하나님의 말씀 곧 하나님의 언약의 말씀을 믿지 못하여 의심이 생겨서 질문한 것이 아니라 더 큰 확신을 가지기 위함이었다. 아브람이 믿음이 적어서 어떤 표적을 구한 것이 아니다. 그것은 믿음을 강화하기 위한 질문이었다. 아브람의 바람은 자기의 연약한 믿음을 도와달라는 뜻이 있다. 지금 하나님의 언약의 말씀을 믿지만 장차 여러 가지 사건을 당하면서 시험을 받을지 모르기 때문에 확신할 수 있는, 흔들리지 않을 표적을 달라는 것이다.

또한 그것은 후손에 대한 약속에 승인을 얻기 위한 질문이다. 아브람은 믿는데 그의 후손들도 아브람과 같이 믿을 수 있도록 징표를 보여달라는 것이다.

하나님은 아브람을 갈대아 우르에서 이끌어 내셨다고 하셨다. 아브람의 본토 고향은 불을 신으로 섬기고 있었다. 우상 숭배와 니므롯의 후예들의 무서운 폭력과 박해 속에서 이끌어내신 것이다. 아브람은 영적으로 불타는 죄악의 장망성에서 구출되었다. "타다 남은 그루터기"(슥 3:2) 였다. 그러나 그 아브람을 구원해 내시고 "가나안 땅을 업으로 주셨다"고 하였다.

이사야는 "아브라함이 혈혈단신으로 있을 때에 내가 부르고"(사 51:2)라고 하였다. 그는 새 땅으로 인도되었고 하늘의 기업을 잇게 하셨다(벧전 1:3-4).

1. 삼 년 된 암소, 암염소, 수양으로 준비하라 하셨다.

하나님은 3년된 짐승을 취하게 하셨다. "나를 위하여"라 하심은 하나님께서 아브람과 맺으신 언약의 영원성을 확약하고, 동시에 이것을 통하여 하나님이 영광 받으시기를 위한 것이다. 하나님은 "3년된 암소, 3년된 암염소, 3년된 수양"을 "취하라" 하셨다. "취하라"는 것은 제사용으로 바치라는 뜻이다. 하나님은 믿음의 제사 제물을 요구하시는 것이다.

구약시대에는 정결하고 온전한 짐승을 하나님께 바쳐서 제사드렸다. 하나님이 그것을 기뻐하셨다. 이스라엘 백성이 형식적 제사를 드리는 때에 "여호와께서 말씀하시되 너희의 무수한 제물이 내게 무엇이 유익하뇨 나는 수양의 번제와 살진 짐승의 기름에 배불렀고 나는 수송아지나 어린 양이나 수염소의 피를 기뻐하지 아니하노라 너희가 내 앞에 보이러 오니 그것을 누가 너희에게 요구하였느뇨 내 마당만 밟을 뿐이니라 헛된 제물을 다시 가져오지 말라…"(사 1:11-13)고 하셨다.

하나님이 받으시는 제사는 "상한 심령이라 하나님이여 상하고 통회하는 마음을 주께서 멸시치 아니하시리이다"(시 51:17)라고 하였다 (시 34:18). 바울은 "너희 몸을 하나님이 기뻐하시는 거룩한 산 제사로 드리라 이는 너희의 드릴 영적 예배니라"(롬 12:1)라고 하였다.

3년된 암소, 암염소, 수양으로 하라 하셨다. 암소는 최상의 제물로서 하나님의 아들의 정기이고, 암염소는 속죄를 위한 제물이며, 수양은 봉헌하는 것을 뜻한다. 여기 "암소, 암염소, 수양"은 제물되신 우리 예수 그리스도의 모형이다. 3년간의 공생애를 연상케 하는 연한이다. 3년은 짐승이 충분히 성장하고 강해져서 일할 수 있는 나이로 충분히 성숙되고 아름답고 값진 것을 의미한다.

세 가지 짐승에 세 햇수는 전에 계시고 지금도 계시며 장차 오실 자의 상징이라고 하는 해석도 있으나 그보다는 성숙한 입장에서 희생물의 완전성을 의미한다고 본다.

이것은 하나님의 아들 예수 그리스도께서 속죄 제물 되심을 예표한 것이다. 왜냐하면 "그는 우리를 위하여 자신을 버리사 향기로운 제물과 생축으로 하나님께 드리셨느니라"(엡 5:2) 하였고, "세상 죄를 지고 가는 하나님의 어린 양을 보라"(요 1:29, 36)고 했기 때문이다.

그리고 이 "짐승들"은 우리가 우리 몸을 제물로 바쳐야 함을 의미하는 것이기도 하다. 3년된 것이 가장 좋고 성숙한 제물로 쓰이듯이 우리는 가장 좋은 제물이 되어 바쳐져야 하고 실제 하나님께 제물을 바치는 때에도 가장 좋은 것으로 해야 한다. 말라기 선지자는 "너희가 더러운 떡을 나의 단에 드리고… 너희가 눈 먼 희생으로 드리는 것이 어찌 악하지 아니하며 저는 것, 병든 것으로 드리는 것이 어찌 악하지 아니하냐… 이 일이 얼마나 번패스러운고 하며 코웃음하고 토색한 물건과 저는 것, 병든 것을 가져왔으니… 받겠느냐?"(말 1:7-14)고 하였다.

자세한 지시는 없으나 그 모든 것을 취하였다. 하나님은 아브람에게 "짐승과 새는 취하라"고 말씀하시고 세부적인 자세한 지시는 없으셨다. 이것은 아브람이 제사드리는 법을 이미 잘 알고 있기 때문일 것이다.

그러므로 우리는 하나님이 이미 지시한 방법대로 제사예배를 드려야 한다.

그리고 산비둘기와 집비둘기 새끼는 주님 예수 그리스도의 하늘에 속한 성품을 상징하는 것이다. 아브람은 하나님께서 말씀하신대로 모든 것을 시행했다.

하나님은 어떤 징조나 이적을 보여주시지 않으셨다. 기드온의 경우 몇 번씩이나 표적을 구하는 대로 보여주셨던 하나님께서는 아브람에게는 그런 것을 보여주시지 않으시고 다만 계약의 제사를 원하셨다.

하나님의 계약은 그의 말씀을 근거로 한다. 그러므로 성도는 아브람과 같이 어떤 기적이나 표징보다 하나님의 말씀이 우리의 믿음을 완성시키는 것으로 알고 그 말씀대로 준행해야 한다.

2. 제물을 쪼개고 그것을 마주 대하여 놓았다.

모든 것을 취하여 중간을 쪼개었다. 3년된 암소, 3년된 암염소, 3년된 수양은 공생애의 3년 성역하신 예수 그리스도를 상징한다. 그 생축의 중간을 쪼갠 것은 예수께서 십자가에 죽으셔서 쪼개진 것으로 보혈 흘리심을 의미하는 것이다. "고통과 피와 죽음의 인"으로 이 계약을 지키겠다고 한 맹세의식인 것이다. 만일에 하나님과의 계약을 지키지 않는다면 죽음을 각오하겠다는 것이다. 예수 그리스도는 세상 죄를 지신 어린 양으로 십자가에서 고통과 피와 죽음을 통하여 우리 죄인들에게 구원을 선언하여 죄악의 세상에서 불러내시고, 영원한 천국 가나안 땅을 기업으로 얻게 하셨다.

성경에 예수께서 고난당하신 기사가 많이 나오는데 그것은 곧 "중간을 쪼개놓은 제물"을 연상케 하는 것이다. 쪼갠 것을 마주 대하여 놓았다. 무죄한 생축의 죽음 앞에 자신이 맺은 계약은 죽음을 각오하고라도 지키겠다는 맹세의식이면서 그 생축의 "쪼갠 것을 마주 대하여 놓은 것"은 화해와 통일을 나타내는 한 몸 의식이다. 몸은 하나인데 둘로 쪼개졌으니 한 쪽은 하나님, 또 한 쪽은 사람이다. 그러니까 희생제물은 두 언약의 당사자들이다.

이것은 피로써 두 당사자가 계약을 맺는 것이다. 구속자적인 의미로 보면 예수의 몸이 쪼개져서 피흘려 구원받게 되므로 인간 편에서는 믿음으로 그와 마주 대하는 화목이고, 상징적인 의미로는 장차 가나안을 상속받기 위해서는 이스라엘의 애굽 수난과 해방 때의 피흘림 등이 있을 것이기 때문에 피와 죽음을 각오하지 않으면 안된다는 것이다.

그런데, 새는 쪼개지 아니했다. "그 새"는 산비둘기와 집비둘기인데 그것을 쪼개지 않은 것은 성령을 상징하기 때문이다. 성령은 결코 나뉘일 수 없다고 말하는 사람이 있고, 쪼갤 필요가 없었기 때문이라고 하는 사람도 있다. 새는 쪼개지 않는 대신에 한 마리가 제물의 한 부분으로 간주되어서 두 마리를 마주 대하여 놓았다는 것이다. 후에 율법에 보면 새는 쪼개지 않고 통채로 불에 태우도록 규정 되어졌다(레 1:14-17).

어떻게 보면 "제물은 쪼개져야 한다"는 원칙에 입각해서 해석할 때 아브람이 지극히 작은 새에 대해서는 등한히 취급한 것이 아닌가 생각할 수도 있다. 아무튼 우리는 여기서 한 마리의 새라도 하나님의 명하신 말씀대로 준행하는 것이 귀하다는 것을 알 수 있다.

"하루살이는 걸러내고 약대는 삼키는도다"(마 23:23-24)라고 예수님이 말씀하시고, "그러나 이것도 행하고 저것도 버리지 말아야 할찌니라"하셨으니 약대같이 큰 말씀도 하루살이같이 작은 계명도 그대로 행하는 것이 중요하다.

3. 솔개가 사체 위에 내릴 때에 쫓았다고 하였다.

솔개는 빨리 나는 새라는 뜻이다(신 14:13). "솔개"는 "그리고 그 맹금이"라고 문자해석이 되는데 보통 거리의 청소부로 잘 알려져 있고 부정한 새로서 먹을 수 없는 새이다. 솔개는 찌꺼기와 아울러 여러 종류의 작은 새와 포유동물까지도 먹어치우기 때문에 황폐한 인간의 거처와 이 솔개를 관련시키고 있다(사 34:15).

그리고 애굽인이나 이스라엘의 다른 원수들을 상징하고 있다(겔

17:3, 7, 12, 39:4, 17, 계 19:17-18).

쪼개진 희생 제물이 장차 고난당할 아브람의 후손이라고 해석할 때에 가능성이 있는 말이다. 그것이 제단 위에 내려온 것은 먹이 때문이다. 솔개는 생고기의 비린내나는 것을 좋아한다. 솔개는 공중권세 잡은 마귀의 모형이다. 솔개는 하나님과의 친교를 방해하는 공중에 날면서 권세를 부르는 사단 마귀를 상징하는 것이다.

솔개는 하나님께 드리는 제물 위에 내려왔다. 하나님이 흠향하시기도 전에 빼앗으려고 한다. 날짐승과 그 날짐승의 비린내를 좋아하는 것같이 마귀는 성도들을 핍박하고 박해하여 피비린내 나는 것을 좋아한다. 그리고 성령의 불에 잘 익은 제물이 아니고 "나"라는 인간성이 살아서 더러운 비린내 나는 죄인을 자기 제물인양 먹으려고 내려오는 것이다. 더구나 비둘기 두 마리가 쪼개지지 않고 살아서 깩깩거렸기 때문에 자기 먹이라고 생각했다. 성도는 성령의 불에 완전히 익혀져서 죄악의 냄새를 풍기지 말아야 한다.

아브람이 쫓았다고 하였다. 사단의 모형인 솔개가 제단의 제물 위에 내리므로 아브람의 마음에 의심이나 공포를 주려고 하였다.

아브람은 곧 솔개를 쫓았다고 하였다. 아브람은 하나님의 지시대로 하고 불의 흠향을 기다렸으나 불이 아닌 솔개가 자꾸만 내려오면서 무섭게 하고 신령한 예배를 방해한 것이다.

아브람이 예배를 방해하는 솔개를 쫓았다는 것은 첫째로, 경계하고 있었다는 것이다.

항상 우리의 눈은 밝게 뜨고 영적인 제물을 경계하여 어떤 솔개도 그것을 쪼아 먹지 못하게 해야 하는 것이고 하나님께 합당한 제물이 되게 해야 한다. 우리는 우리 마음 속에 솔개라는 사단의 방해가 내려오지 못하게 경계해야 한다.

둘째로, 깨어 있어야 한다는 것이다. 아브람이 잠이 들어 있었다면 솔개가 제단에 내려오는 것을 알 수 없었을 것이다. 깨어 있다는 것은 우리의 기도를 의미한다. 까마귀가 내 머리에 앉을 수도 있다. 그러나 그 머리 위에 둥우리를 틀게 해서는 안된다.

왜냐하면 살아있기 때문이다. 죽은 자는 쫓을 수 없다. 솔개는 밤에 내렸으므로 사단 마귀는 밤에 작회하고 활동한다. 그것은 어두움, 흑암의 주관자이기 때문이다.

셋째로, 인내해야 한다는 것이다. 제물을 준비해 놓은 시간이 얼마나 많이 되었는지는 알 수 없으나 하나님께서 밤의 별을 보여주시며 말씀하셨기 때문에 아침에 즉각적으로 준비했으리라고 생각된다. 그런데 이제는 "캄캄함이 임하므로"라고 하였으니(다음절) 많이 기다렸음을 알 수 있다.

"아브람이 솔개를 아주 멀리 쫓았다"고 하였다. 아브람과 그의 후손 이스라엘이 그들의 원수를 쉽게 격파시킬 수 있다는 것을 암시하면서 성도들도 솔개라는 마귀를 이기고 멀리 쫓아버릴 수 있다는 교훈이라고 할 수 있다.

하나님의 예고

(창 15:12-21)

적들의 공격에 대하여 두려워하고 무자에 대해 회의에 빠져 있던 아브람은 하나님께서 하늘의 보좌를 떠나셔서 아브람의 손을 잡아 끌어 하늘을 우러러 대망하게 하시는 이상을 보았다. 아브람은 하나님의 말씀을 들었다. 하나님의 계시는 말씀으로 나타났다. 이상 중에 그 말씀을 들었다. "두려워 말라, 후사를 주리라"는 말씀이었다. 그것은 구원과 위로와 명령과 약속과 가르침이었다. 그리고 보다 확실한 예언이었다.

그리하여 아브람은 네 가지 일을 행하였음을 볼 수 있다.

아브람은 하나님을 믿었다. 아브람은 하나님의 말씀 외에 다른 아무런 표적이나 징조를 요구하지 않았다. 오로지 하나님의 말씀을 그대로 믿었다. 그것이 귀한 믿음이다. 처음부터 그는 말씀을 따라 출발했다. 아브람은 하나님의 말씀대로 짐승과 새를 취하여 제물을 준비했다. 그 짐승의 쪼갠 사이로 지나가는 의식은 가장 엄숙한 언약이었다. 아브람은 제단에 바친 제물을 감시하고 잘 지켰다. 부정한 새들이 이 제단에 가까이 하지 못하도록 거듭해서 쫓아냈다. 그것으로 그의 믿음이 철두철미하게 실천적임을 나타낸 것이다.

그후에 아브람은 깊이 잠이 들었다. 그는 자기 의무를 다하기 까지는 잠들지 않았었다.

이제 아브람은 보았다. 캄캄하고 두려운 밤에 임하였는데 횃불을 보았고 횃불이 희생제물 사이로 지나가는 것을 보았다. 연기 나는 풀무를 보았다. 여기에서 예수의 십자가와 그리스도인이 그 십자가와 맺어지는 관계를 볼 수 있다.

"쪼갠 고기"는 고난받는 예수, "연기나는 풀무"는 우리의 몫인데 고난과 시련 "타는 횃불"은 이 둘 사이에 임재해 있는 하나님의 빛으로 약속이고 축복이다.

횃불이 제물 가운데 있듯이 하나님께서는 그리스도 안에 계셨다. 하나님은 이제 아브람과 계약하신다. 어떤 언약을 하셨는가를 찾아보면서 진실로 그 언약의 내용이 오늘의 우리에게는 무슨 의미를 주는가를 알아보고자 한다.

1. 하나님의 예고의 때는 밤이었다.

해질 때에 하나님의 예고가 있었다. 하나님께서 아브람에게 나타나신 때는 "해질 때"였다고 한다. 이 때는 저녁 소제를 드리는 무렵이다 (왕상 18:36).

이것은 "해가 지려고 하였을 때"이다. 하나님이 이상 중에 말씀으로 오신 때가 저녁이었으니 하루가 이미 지나가 버린 때이다. 아브람이 하나님의 이상을 보고, 말씀을 듣고, 제사 짐승에 대한 명령을 받고, 새벽부터 제사를 준비했으리라고 생각된다. 어젯밤에 명령받은 말씀을 다음날 저녁까지 기도하면서 말씀을 지킨 것이다. 하나님의 은혜를 받는 일에는 많이 참고 준비하며 기다려야 한다. 저녁이면 새벽이 온다. 그것은 믿음을 돈독하게 하기 위함인 것이다.

아브람이 깊이 잠든 중에 예고가 있었다. 깊이 잠든 것은 하나님께서 하와를 만드시기 위하여 아담을 깊이 잠들게 하신 것과, 하나님의 명령을 어기고 다시스로 도망갔던 요나가 배 아래층에서 잠든 것을 가리킬 때와 같은 낱말이다. 이것은 늙은 아브람이 솔개를 쫓느라고 지치고 피곤해진 때에 하나님께서 초자연적인 깊은 잠으로 자게 하사 감각적인 사물의 시계가 차단되고 영적 계시만 볼 수 있도록 하신 것이다. 육안은 닫으시고 영안은 열으셨다. 그러므로 성경에는 잠으로 인하여 실패했거나 망한 자들이 있는가 하면 잠으로 인하여 하나님의 축복을 받은 이들이 있다는 것을 이야기하고 있다.

요나는 잠자다가 태풍을 불렀고, 유두고는 잠자다가 아래로 떨어졌으며, 삼손은 잠자다가 능력을 잃고 종이 되었다. 베드로는 잠자다가 시험에 들었다. 그러나 아담은 잠자다가 사랑하는 배필을 얻었고, 야곱은 잠자다가 사닥다리를 보았고, 요셉은 잠자다가 꿈을 보았다.

캄캄하여 심히 두려워할 때가 있었다. 이 말씀은 자연적인 원인에 의해서 캄캄함이 온 것이 아니라고 하는 것이다. 어떤 무서운 어둠, 두려움 주변에 휩싸인 음침한 분위기에 완전히 사로잡혀 공포의식을 가진 것을 의미한다고 한다.

"캄캄함"은 애굽의 속박을 의미하는 것이다. 애굽은 사단의 왕국으로 사단의 세계는 암흑이다. 그리고 이것은 여인의 후손 예수 그리스도의 수난을 말해준다. 예수는 십자가에 6시간 달렸는데 세 시간 동안 캄캄함이 임했다. 그것은 자연의 밤이 아니었다. 때는 대낮이었다. 그러나 캄캄하여 아무것도 볼 수 없게 되었다.

그러므로 여기 "캄캄함과 두려움"은 십자가의 죽음, 그리고 잠에서 깨어남, 즉 부활을 나타낸다.

아브람의 후손들은 먼저 애굽의 노예라는 공포와 어두움에 처한 후에야 기쁨으로 깨어서 가나안 땅에 들어갈 것이다. 그렇기 때문에 아브람은 자손의 행복을 예견하기 전에 먼저 그들의 고난을 미리 맛보아야 했다.

하나님은 지금 구약의 율법, 곧 계약의 성실성을 아브람에게 보여주시는데 율법은 어두움과 불분명한 것이고 공포인 것이다(히 12:18-).

2. 하나님의 예고의 내용이 몇 가지 있다.

첫째로, 아브람의 후손이 나그네가 되리라는 것이다. 그들은 가나안 땅의 주인이 되기 전에 가나안 땅에서 나그네 되었고(시 105:12) 이방 땅에서 나그네 되어야 했다. 하늘나라의 본향에서 온 하나님의 백성들은 이방 땅인 세상에서는 나그네이다(창 23:4, 47:9, 대상 29:15, 시 119:54, 레 25:23, 행 7:6, 29, 13:17, 벧전 1:1-2, 17, 2:11, 히 11:13).

둘째로, 아브람의 후손이 종이 되리라는 것이다. 사실은 가나안 사람도 섬기는 종이 되었고 아브람의 후손도 애굽의 종이 되었다. 가나안 사람들은 노아에게 저주를 받아 종이 된 것이지만 아브람의 후손들은 축복을 받아서 애굽의 종이 되었다. 하나님은 하늘 기업을 잇는 백성들에게 이 땅에서 종이 되어 섬기는 봉사를 훈련받도록 섭리하셨다.

셋째로, 사백년 동안 고난을 받으리라는 것이다. 애굽 여인 하갈의 소생인 이스마엘에게 이삭이 핍박과 희롱을 당하기 시작해서(창 21:9, 갈 4:29) 아브람의 후손들은 애굽에 내려가서 4백년간 노예로써 혹독한 고난을 당했다. 하나님의 택정된 백성이 애굽의 세인들에게 왜 고난을 당해야 했는가?

하나님은 아브람 자손의 구원을 예고하셨다. 이스라엘은 애굽의 종살이를 하게 된다. 하나님은 애굽인들을 징치하여 심판하시겠다고 하셨다. 그 이유는 하나님의 백성을 너무나 괴롭히고 학대했기 때문이다. 하나님은 애굽 땅에 재앙을 내리셨다. 그 무서운 재앙은 이스라엘에게 주었던 온갖 고생에 대한 벌이었다. 나일강에다가 선민 남아를 죽여서 피가 되고 장자가 죽고 홍해 바다 속에 수많은 애굽인이 수장되었다.

그리하여 이스라엘은 마침내 해방되어 큰 재물을 이끌고 나왔으며(출 12:35-36) 그것이 그들의 4백년간 품값이었다.

아브람의 장수, 후손은 가나안에 정착한다고 예고하셨다. 아브람은 175세를 향수(25:7)하여 장수했고, 그 열조에게로 돌아갈 것이라 하였다. 이 말은 아브람이 죽어 갈대아 우르에 묻힌다는 뜻이 아니고 경건한 신앙 계통의 조상들이 가 있는 가나안으로 들어갈 것을 의미한다.

아브람 같은 위인도 죽는다. 아브람은 하나님의 친구였으나 죽음은 피할 수 없다. 그는 생전에 가나안 땅이 자기의 소유가 되는 것을 보지 못하고 죽었다. 이 땅에 더 큰 재앙이 오기 전에 죽는 것은 복일지 모른다.

성도는 언제나 평안히 죽는다(시 37:37). 아브람의 후손들은 애굽에서 종살이가 끝나면 가나안에 돌아와서 정착하게 된다. 우리는 아직 영원한 천국 가나안에 들어가지 못했다. 그러나 언젠가는 거기 가서 영원히 정착하여 살 것이다.

3. 하나님 예고의 승인이 되었다.

"해가 져서 어두울 때"는 율법이고, 예수의 고난과 부활을 상징하며, 이스라엘의 역사를 두 가지 형태로 보여주는 것이다.

첫째로, "연기나는 풀무"는 아브람의 후손들이 당할 고난이다. 불같은 고난에서 지냈고, 쇠풀무 가운데 거했던 민족이다(신 4:20, 사 48:10).

둘째로, "타는 횃불"은 "빛"으로 풀무로부터의 구원이고 횃불은 연기 속에서의 지시로 하나님의 말씀이다. 그것은 구름기둥과 불기둥의 예시인 것 같다.

셋째로, "쪼갠 고기 사이로 지나갔다"는 것은 하나님과 아브람이 맺은 계약을 확증하여 반드시 이루어진다는 것을 믿게 하려는 것이다. 제물이 흠향되었고 하나님과 인간과의 계약은 예수라는 제물을 통해서 맺어지고 속죄없이는 어떤 계약도 있을 수 없다는 것이다. 영적 제사를 하나님께서는 받으시고 은혜를 주신다는 것이다.

반복하여 이미 그 땅을 주었다고 했다. 하나님께서는 "내가 이 땅을 네 자손에게 주리라"(창 12:7, 13:15)고 하셨는데 몇 차례에 걸쳐 그렇게 하셨다. 그런데 여기서는 "내가 그것을 이미 주었다"고 하시는 것이다.

"내가 이 땅을 애굽강에서부터 그 큰 강 유브라데까지 네 자손에게 주노니"가 그것이다. 이스라엘에게 주어질 가나안 땅의 경계가 성경에서 처음으로 언급된 것이다.

여호수아와 이스라엘이 가나안을 정복했을 당시에는 이 모든 지역을 다 점령하지 못했고(민 34:2, 3), 다윗과 솔로몬왕 때에야 점령했다(왕상 4:41, 대하 9:26).

그러므로 우리는 우리의 영원한 가나안 천국은 얼마나 넓은가를 생각할 수 있다.

"주노니"는 이미 주었다는 것이다. 믿는 자는 천국이 임했고 영생을 이미 얻었다. 열 족속의 땅을 주었다고 했다. 하나님께서 이스라엘에게 열 족속의 땅을 주신 것은 하나님의 사랑의 크심을 볼 수 있다. 우리의 천국에는 거할 곳이 많다는 것이다. 예외없이 완전한 소유를 보여주는 것이다.

겐 족속은 아말렉 근처, 팔레스틴의 남서부지대의 산악지대에 거하는 족속으로 모세의 장인이 이 종족이었다.

그니스 족속은 겐 족속과 같은 지역에서 거했다. 그러니까 팔레스틴 남부지역에 거주한 것이고, 헤브론 땅을 기업으로 받은 갈렙이 그니스 사람이다(수 14:13, 14).

갓몬 족속은 동쪽이라는 뜻으로 동양 족속을 암시하는데 그들의 거처는 유브라데스까지이다.

헷 족속은 헷의 후손으로 초기에 유브라데스에 거하여 살았고, 남으로는 가나안과 애굽, 서쪽으로는 리디아와 희랍에 미치고 에게해의 해협까지 확장되었던 아시아 부족이다.

브리스 족속, 르바 족속, 아모리 족속, 가나안 족속, 기르가스 족속, 여부스 족속에 대해서는 10:15-16, 13:7, 14:5 등을 참조해 보면 도움이 될 것이다.

아브람의 아내 사래의 잘못

(창 16:1-3)

아브람이 여호와를 믿으니 여호와께서 이를 그의 의로 여기셨다. 이 말씀이야말로 믿음에 대한 첫 말씀으로 아브람의 믿음을 잘 나타내 주는 것이다. 믿음의 산봉우리에 높이 올라갔던 아브람이 본문에서는 낭떠러지로 미끄러지는 것을 볼 수 있다.

하나님은 아브람과 제사 행위를 통해서 언약을 맺으셨다. 그런데 아브람은 하나님과의 피 언약을 무시하고 자신들의 방법으로 성취하기 위하여 애굽 여인 사래의 몸종 하갈을 자녀 낳는 생산의 도구로 사용하게 되었다.

은혜 받았을 때 조심해야 하고 섰다고 생각할 때 넘어질까 조심해야 하는 것이다. 아브람은 믿음의 최고봉에 있었는데 그만 굴러 내려가고 말았다. 아브람에게 있어서 사래는 아름다운 사랑하는 아내였다. 그 아내가 아브람을 이렇게 만들고 말았다. 적은 먼데 있는 것이 아니고 자기 집에 있었고 타인이 아니고 한 몸인 아내였다. 아브람이 가나안에 거한 지 10년 후에 이런 불행이 일어났다. 그들 부부는 얼마동안은 하나님의 약속을 믿고 기다리고 하나님의 섭리를 살폈다. 육체는 늙어가고 사래는 계속 불임중이어서 자기의 몸종을 통해서라도 자녀를 생산하는 방법을 생각해낸 것이다.

육욕을 추구하는 인간의 편법은 하나님의 계획에 아무런 도움이 되지 못한다는 사실을 그들은 몰랐던 것이다. 그들은 대단히 조급해 있었다. 네 몸의 소생을 주리라고 약속하신 지가 언제인가? 땅의 티끌처럼, 해변의 모래처럼, 하늘의 별들처럼 많고 영광스러운 자손을 주시겠다고 수차에 걸쳐 약속하시지 않으셨던가? 자신들은 늙어만 가고 아이를 갖는다는 어떠한 징표도 없고 10년 동안을 기다리다 지쳐서 자신들의 방법을 생각한 것이었다.

그러나 그것은 불신앙이었다. 하나님의 의를 드러낼 수 없었다. 스스로를 고통에 던졌고 가정이 불화하며, 오늘날까지도 비극적인 현실로 괴롭히는 암적 요소가 된 것이다.

그러면 아브람의 아내 사래의 잘못은 무엇인가? 그의 죄는 어떤 것인가?

1. 사래는 하나님을 불신하는 죄를 졌다.

사래는 생산할 수 있게 하시는 하나님의 능력을 믿지 않았다. 하나님께서는 분명히 아브람의 자손이 무수할 것이라고 약속하셨으나 사래가 나이 많아 늙도록 수태하지 못한 것이 그의 신앙생활의 한 갈등의 요인이 되었을 것이다. 뿐만아니라 생산치 못하는 것은 하나님의 저주를 받은 것으로 여겨 부끄러운 일이라고 생각했기 때문에 그의 갈등과 고민은 깊은 것이었을 것이다.

라헬이 그의 남편 야곱에게 "나로 자식을 낳게 하라 그렇지 않으면 내가 죽겠노라"(창 30:1-2)고 하였을 때에 야곱은 라헬에게 노를 발하면서 "그대로 성태치 못하게 하시는 이는 하나님이시니 내가 하나님을 대신 하겠느냐?"라고 대답하였다. 신앙인다운 말이라고 할 수 있다.

다윗의 아내 미갈이 남편 다윗이 하나님의 궤로 인하여 춤추고 기뻐할 때 방탕한 자가 염치없이 자기의 몸을 드러내는 것처럼 몸을 드러냈다고 조롱하였다. 이 일로 인하여 하나님은 미갈이 죽는 날까지 자식이 없게 하셨으니 태를 닫아서 자식을 안 주시는 이도 하나님이고 태를 열어 성태하게 하시는 이도 하나님이시다(창 20:17-18, 49:25). 욥은 "나를 태 속에 만드신 자가 그도 만들지 아니하셨느냐 우리를 뱃 속에 지으신 자가 하나가 아니시냐"(욥 31:15)라고 하였다. 태의 열매는 하나님의 상급이다(시 127:3). 한나에게 하나님은 성태치 못하게 태의 문을 닫으셨다가 그의 신앙을 연단시키신 후에 태를 열어 사무엘과 세 아들, 두 딸을 낳게 하셨다(삼상 1:5, 20, 2:1). 사래는 "태의 죽은 것 같음"(롬 4:19)에 처해 있었다. 하나님은 언제라도 때가 되면 여실 것을 사래는 믿었어야 했다. 사래는 그것을 믿지 못했다.

사래는 하나님의 약속에 대한 말씀을 믿지 않았다. 이것은 하나님의 약속의 말씀을 믿지 못한 불신앙이다. 왜냐하면 하나님은 그에게 "자손이 많을 것"이라고 약속하셨기 때문이다.

성경에는 많고 많은 약속들이 있다. 어떤 이는 3만 3천 가지의 약속이 성경에 있다고 하였다. 그것은 하나님의 말씀이다. 하나님의 약속은 영원히 변하시지 않으신다. 한번 하신 약속의 말씀이라 할지라도 그 약속을 하나님은 파기할 수 없으시다. 왜냐하면 하나님의 신실하신 속성 때문에 그러하다.

성경말씀은 율법이 있고, 역사가 있고, 문학과 시와 음악이 있고, 예언이 있다. 교훈이 있고, 서한이 있다. 그 모든 말씀들은 복음이요 약속이며 축복인 것이다. 길고 지루하게 읽게되는 족보 속에도 하나님의 구원의 복음이 있고, 비참하기만 한 역사서에도 하나님의 놀라운 약속이 깃들어 있는 것이다.

그러므로 사래가 "여호와께서 나의 생산을 허락지 아니하셨다"고 말한 것은 "하나님께서 네 자손이 많으리라" 하신 약속의 말씀을 믿지 못했다는 것이다.

사래의 이러한 불신앙은 가정불화를 몰고 왔으며 하나님의 섭리에는 아무런 지장을 받지 않고 하나님의 방법대로 되어졌다. 결국 인간의 불신앙 가운데서도 하나님의 뜻은 이루어지고야 만다.

사래는 인내하며 기다리지 못했다. 아브람이나 사래는 하나님의 말씀이 당장 이루어지지 않아서 마음이 조급했고 가나안에 정착한 지 10년이나 되었는데도 아무런 희망이 나타나지 않는데 대해서 의심하게 되었다.

참고 인내하며 기다렸어야만 했음에도 불구하고 인내하지 못했다.

믿음에는 인내가 필요하다. 하나님은 아브람에게 인내의 교육을 시키신 것이다. 인내는 의지의 덕 중에서 가장 아름답고 귀하다. 사람의 장래의 희망은 인내에 의해 이루어진다. 그러므로 오랫동안 견디지 못하면 소망하는 바를 잃게되는 것이다.

다윗의 열쇠를 가지신 예수께서는 빌라델비아 교회를 향하여 칭찬하시기를 "네가 나의 인내의 말씀을 지켰다"(계 3:10)고 하셨다. 인내의 말씀이란 무엇인가? 참고 견디며 인내하신 예수 그리스도를 의미한다고 할 수 있다. 인내는 모든 것의 문을 여는 열쇠이다.

2. 사래는 여종과 남편이 동침케 하는 죄를 졌다.

사래는 하갈의 인권을 침해했다. 사래에게는 하갈이라는 몸종이 있었다. 그가 애굽 여자인 것을 보아서 아브람이 가나안의 기근을 피해 애굽에 내려갔을 때에 사래의 사건으로 인하여 바로에게서 선물로 받았던 노예 중의 한 여인이었을 것으로 추측된다.

옛날에는 상류층 사람이 부부간에 자식이 없으면 자신의 여종을 남편에게 주어 후사를 보게 하는 것이 고대 근동의 관습이 되어 있었다. 사래가 자기의 몸종 하갈을 남편과 동침하게 한 것은 세상 관습을 따르는 행위이며 동시에 하갈의 인권과 자유를 부당하게 침해한 것이다. 당시의 종은 주인의 소유물로 재산의 일부로 취급되었지만 사래가 하갈의 몸을 통해서 자식을 보려는 이런 일에는 하갈의 동의를 얻었어야 했다.

그런데 한 마디의 동의나 승낙없이 "그로 말미암아 자녀를 얻을까 하노라"하여 자식 낳는 생식 수단으로 이용한 것은 한심한 일이다. 여기 "얻는다"는 "세운다"는 뜻이지만 사래의 말대로 하갈의 소생이 출생하여 가정과 교회와 여인의 후손을 세우기는커녕 불화와 다툼을 일으켜 세우고 말았다.

사래는 인간적 수단으로 그렇게 한 것이다. 사래가 아브람에게 자기 여종과 관계를 맺어 아들을 낳으면 호적상 자기 친자로 하겠다는 것은 참작의 여지는 없지 않다. 취첩하는 일이 당시의 관습상 큰 죄가 되지 않았고, 자기 남편이 자기의 불임 때문에 약속의 실현에 차질이 생기는 것이 아닐까 생각했으며, 사래는 자기를 희생해서 아브람의 후손의 어머니가 되는 영광을 종에게 양보하는 미덕이라고 생각했을지도 모른다.

그렇게 해서라도 아브람을 돕고 하나님의 뜻을 이루어 보려고 한 것은 인간의 수단 방법이었다.

하나님의 생각과 인간의 생각은 다르다는 사실을 사래는 알지 못했다. 하나님의 "여인의 후손"은 애굽의 종이 아니고 선택된 자기의 몸의 소생으로 이루어져야 하는 것이 하나님의 예정이었는데 그것을 전혀 몰랐다.

사래는 한 번의 기도도 없이 그렇게 하였다. 우리는 이 부분을 보면서 아브람이나 사래가 후사문제를 놓고 기도했다는 흔적을 찾아볼 수가 없다. 가나안 땅에 정착한 지 10년 동안 기다림에 지쳤다 해도 그동안 하나님께 묻고 기도했었다면 하나님은 언제든지 응답하시고 위로하였을 것이다.

루터는 "잘 기도하는 자가 잘 공부하는 자다"라는 말을 하였다. 곤고하고 답답하며 조급하고 회의마저 느끼는 10년의 세월 동안 그들은 잘 공부하기 위해서 잘 기도하는 부부가 되었더라면 여러 가지 신앙공부를 수료하는 날에 응답의 상을 받았을 것이다.

기도없는 사람이 인간의 수단과 방법을 고안해 낸다. 기도하는 사람은 결코 인간의 수단 방법을 모른다.

3. 사래는 창조질서의 법을 어기는 죄를 졌다.

하나님은 일남일녀로 창조하셨다. 하나님께서는 한 남자와 한 여자로 결혼하여 생육하고 번성하라고 축복하셨다. 그것은 인간 창조의 법칙인 것이다. 그것이 한 가정을 평화스럽게 유지하는 하나님의 질서이다.

그러나 인류역사상 최초의 일부다처자는 가인의 가계에서부터 시작되어 라멕(창 4:19)이 하나님의 창조질서를 파괴했다.

고대 세계에는 이러한 하나님의 법을 어기는 무질서가 만연하여 일부다처를 죄악으로 생각하지 않았다. 의인의 후손들은 조상들의 경건한 신앙을 본받아 취첩하는 일은 없었다. 그런데 아브람에 이르러 아내의 몸종을 첩으로 맞아 자식을 얻게 되었다.

하나님의 율법을 어기는 것이었다. 하나님의 법에는 남녀간에 일부일처의 결혼을 하라고 하였고 하나님이 짝지어 주신 것을 사람이 나눌 수 없다고까지 못박았다. 상처했을 경우 재혼은 할 수 있으나 아내를 두고 취첩한다는 것은 율법이 금지시켰다.

의인의 가계에서 아브람이 두 여인을 아내로 삼은 것이 그의 손자에 내려가서 야곱은 네 명의 아내를 갖게 하고 말았다. 아브람은 영혼의 손상과 명예의 손해, 그리고 그의 가정에는 불화의 시기, 질투, 분쟁의 먹구름으로 덮여졌다.

야곱의 네 여인에게서 낳은 자녀들은 서로 질투하며 분쟁하고 요셉을 팔아넘기는 비극까지 나타났다. 성경에는 몇몇 사람의 신앙의 조상과 왕들이 취첩을 했다 해서 취첩을 용인하는 것 같으나 결코 하나님이 허락하신 법이 아니다. 그 시대 상황에 기초하여 묵인하신 것뿐이었다. 따라서 그들의 취첩 뒤에 고통과 비극에 따르게 되었다.

사래는 남편에게 그렇게 하라고 하였다. 사래는 "하갈과 동침하라"고 권했고 아브람은 "사래의 말을 들으니라" 하였다. "들으니라"는 만족하게 여겨 동의한 뜻이 있는 말이다. 약속의 본질에는 관심이 없고 그 성취 방법에만 몰두했던 것을 알 수 있다.

이것은 부부 합작품이라고 할 수 있는 사건이다. 사래가 원했더라도 아브람이 사래를 설득하고 신앙적인 면에서 하나님의 방법을 기다려야 한다고 가르쳤어야 했다. 혹시 아브람이 이러한 제의를 했다 하더라도 하갈은 애굽 출신 몸종이라는 점 하나만 가지고서도 제지시킬 수 있었을 것이다.

그런데 아브람은 아내의 말을 들었고 사래는 이방여인을 남편에게 첩으로 주었으니 이때까지는 사래의 말대로 아브람이 움직인 것이 아닌가 생각된다.

아담도 하나님의 말씀은 어기면서도 아내의 말은 들었다. 아내가 남편에게 순종하고 복종하라는 것이 하나님의 뜻이다. 그런데 남편이 아내에게 순순히 이 엄청난 죄악의 작품을 만들도록 따랐던 것이다.

아브람의 실수

(창 16:3-6)

아브람이 당한 유혹은 그 자체가 그럴듯했다. 에덴동산에서의 교활한 사단의 모든 특성을 다 가지고 있는 것이다. 아담이 아내의 말을 듣고 범죄했는데 아브람도 사래의 말을 듣고 실수를 했다.

아담이나 아브람은 보통사람이 아니었고 아내가 어떤 말로 유혹했어도 단호하게 거절하고 하나님의 말씀을 기억하고 믿고 순종했어야 했다.

하와는 선악과를 먹으면 높아지는 줄 알았는데 한없이 낮아지고 사래는 남편이 취첩해서 자식을 얻으면 자기 가정이 세워질 수 있을 것이라고 믿어서 "자녀를 얻을까 하노라" 하였으나 남편을 무너뜨리고, 가정을 불화케 하고, 하나님의 신정국가를 방해하게 되었다. 하와나 사래는 가장 가까운 남편들을 시험받게 하고 비참하게 만들고 말았다.

예수께서 십자가에 죽었다가 부활하실 것을 예고하셨을 때에 가장 가까이에서 따르는 베드로는 "주여 그리 마옵소서…"하고 만류하다가 예수의 책망을 받았다.

"사단아 내 뒤로 물러가라 너는 나를 넘어지게 하는 자로다 네가 하나님의 일은 생각지 아니하고 사람의 일을 생각하는도다"(마 16:22-23)라고 하셨다.

그러므로 예수에게도 가까운 제자가 가장 사랑한 가룟 유다가 시험을 주고, 다윗에게는 사랑하는 아들 압살롬이 배반하며 원수가 집안에 식구인 경우가 있었다.

아브람은 이때에 "믿음으로의 칭의"라는 놀라운 은혜를 받은 후였으나 언제나 은혜 후에 시험이 따른다는 것은 성경의 교훈이다. 믿음으로의 칭의에서 믿음도 하나님의 은혜이다(엡 2:8). 믿음으로 칭의된 성도에게도 이렇게 시험에 빠지고 실수하는 연약함이 있는 것이다. 믿음으로 칭의되었다고 해서 무죄한 성인은 아니다.

1. 아브람은 가나안에 있을 때에 실수했다.

가나안에 거한 지 10년 후이다. 아브람은 75세에 소명을 받고 고향을 떠나 나그네가 되었다. 가나안에서 장막을 치고 여호와의 이름을 부르다가 기근이 심하여 잠시 애굽으로 내려갔다가 큰 경험을 얻고 다시 가나안으로 왔고 여기서 10년을 살았다. 그가 실수한 나이는 85세가 되는 것이다. 하나님께서는 몇번씩 자식의 축복을 약속하셨고 얼마 전에는 쪼갠 고기를 마주 대하여 약속하는 피로써 인을 치고 확신시켜 주셨다. 응답이 더딜지라도 기다리고 참는 것이 올바른 신앙인 것이다.

하박국은 "이 묵시는 때가 있나니… 결코 거짓되지 아니하리라 비록 더딜지라도 기다리라 지체되지 않고 정녕 응하리라"(합 2:3) 하였고, "너는 여호와를 기다리라 그가 너를 구원하시리라"(잠 20:22) 하셨으며, "내가 여호와를 기다리고 기다렸더니 귀를 기울이사 나의 부르짖음을 들으셨도다"(시 40:1)라고 하였다.

이사야는 "무릇 그를 기다리는 자는 복이 있도다"(사 30:18)라고 하였는데 욥이 하나님을 기다리다가 복을 받았고(욥 35:14), 제자들이 약속하신 성령을 기다리다가 능력을 입었고(행 1:4), 아리마대 요셉은 이스라엘의 위로를 기다려서 예수를 맞았으며, 장차 참고 인내하며 이 하나님의 나라를 기다려서 예수의 시체를 모셨고(막 15:43), 사모하여 기다리는 자들이 재림하시는 예수를 보게 된다.

아브람 여호와의 이름을 부르며 기도생활을 계속 했는지 의문이다. 위에서 우리는 가나안 땅에 열 족속이 뿌리내리고 있었다는 것을 보았다. 그들은 모두가 우상 종교였다.

아브람이 가나안에 처음 왔을 때는 여호와의 이름을 부르며 제물을 드려 예배했다. 그러나 그의 경건한 예배와 기도생활이 꾸준히 계속되었는지는 알 수 없다. 종교생활이란 진실로 어렵다.

예수께서는 "누구든지 나를 따라오려거든 자기를 부인하고 자기 십자가를 지고 나를 따르라"(마 16:24)고 하셨다. 곧 자기 부정, 십자가를 지는 것, 따르는 것이다. 로마에서의 사형수는 자기가 죽을 십자가 형틀을 메고 사형장으로 간다. 종교생활이란 자아를 부정해야 하고, 십자가를 져야 하며, 주님 가신 길을 따르는 것이다. 그것이 말씀을 좇아가는 믿음이라는 것이다.

아브람이 가나안의 세속에 약간 동화되었을지 모른다. 당시 이방세계는 가인의 후손 라멕과 같이 일부이처나 다처가 죄악시 되지 않았다. 부자나 고위층에 있으면 자연히 남녀 종들을 거느렸고 아내는 물론 첩들을 많이 두었다.

그것이 그들의 명성과 부귀와 지위에 오히려 어울리는 것이었다. 아브람이나 사래는 이방세계의 옳지 못한 풍습에서 오래 살았다. 하나님의 말씀에도 그때에는 취첩에 대해서는 언급이 없으셨다. "네 소생"이라고만 하셨기 때문에 이런 방법도 가능하지 않을까 생각했던 것이다.

그러나 왜 이때에 아브람이 하나님께 뜻을 묻지 않았을까? 그만큼 그는 세속에 동화되어 있었고 하나님 말씀이 귓전에서 멀어졌던 것이 아닐까?

의인의 조상들을 소급해 올라가면 한 사람의 조상도 취첩했다는 기록이 없으며 여인의 후손은 첩의 소생으로 오시지 않을 터인데 어째서 아브람은 아내의 말 한마디에 기다렸다는 듯이 취첩을 했던가?

2. 아브람은 아내 때문에 실수했다.

아내는 하나님의 말씀을 의심했다. 베드로는 사래에 대하여 "전에 하나님께서 소망을 두었던 거룩한 부녀들도 이와같이 자기 남편에게 순복함으로 자기를 단장 하였나니 사라가 아브라함을 주라 칭하여 복종한 것같이…"(벧전 3:5-6)라고 하였다. 사래는 아브람과 함께 하나님께 소망을 두었던 거룩한 부녀요 남편에게 주라 칭하기까지 복종하였다.

그러나 사래는 불임자로 기다리는 일에 조급해졌고 자기 몸의 소생이 아니더라도…라는 생각을 했을 것이다. 결국 사래는 하나님의 말씀을 의심하고 믿지 못했다.

그래서 여기에 "하나님께서 나의 생산을 허락지 아니하신다"고 말한 것이다. 이 일 후에 이삭을 모리아 산상의 제물로 바치라는 여호와의 명령이 아브람에게 있었을 때에 아브람은 아내에게 일체 말하지 아니하였다. 그것은 아내의 믿음이 약하여서 이러한 사실을 이야기하면 아브람의 결심을 약하게 하여 방해가 되리라고 생각해서였을 것이다.

언제나 믿음이 약한 사람은 하나님의 말씀을 의심하고 믿음의 사람에게 시험을 줄 수 있다. 아브람은 아내의 시험에 넘어 갔다. 하갈을 취첩하도록 제안하고 주선하면서 "원컨대"라고 했다. 야고보는 "오직 믿음으로 구하고 조금도 의심하지 말라 의심하는 자는 마치 바람에 밀려 요동하는 바다 물결 같으니 이런 사람은 무엇이든지 주께 얻기를 생각하지 말라 두 마음을 품어 모든 일에 정함이 없는 자로다"(약 1:6-8)라고 하였다.

아내는 애굽여인을 종으로 삼았다. 아브람이 취첩한 가장 큰 원인은 자신의 품안에 있는 아내의 유혹을 물리치지 못한 것이고 가장 작은 이유로는 애굽 여인을 아내의 몸종으로 삼았다는 것이다. 가나안 땅의 심한 기근으로 애굽에 내려갔을 때에 바로왕은 아브람에게 남종과 여종을 노비로 주었었다.

아브람의 첫 실패는 기근이 들었을 때에 약속의 땅을 버리고 세상의 모형인 애굽으로 내려간 일이고, 두 번째 실패는 애굽에서 하갈을 데리고 온 사건이며, 세 번째 실패는 그 여인을 첩으로 취했다는 것이다.

아브람이 애굽으로 내려가 애굽여인을 데리고 또 그 여인의 몸에서 이스마엘을 낳았다. 이러한 사건들 때문에 그의 후손들이 애굽으로 내려가서 4백년간 종살이하게 된 것이 아닌가 생각된다.

"하갈"은 "도망간다, 탈출한다"는 뜻으로 그가 애굽에서 탈출하고 주인에게서 도망갔기 때문에 후에 이름을 주어 하갈이라고 부른 것이 아닌가 생각한다.

아내는 아브람에게 간곡히 말하였다. 본문에 "원컨대 나의 여종과 동침하라"고 말하였다. 사래의 이 말은 당시 그 땅의 생활 풍속을 따라 자연스러운 일이라고 할 수 있으나 하나님의 약속을 믿고 인내하지 못한 것과 하갈의 동의도 얻지 않은 인격 무시 그리고 하나님의 창조 질서 즉 일부일처제도를 파기하는 잘못을 저지른 것이다.

사래는 자신의 몸에서 생산되지 못하는 아브람의 후손을 몸종을 통해서라도 얻게 하고 싶은 간절한 마음이 있어서 남편에게 원컨대 여종과 동침하라고 했던 것이다.

아무리 아내가 사정하며 아브람의 마음을 흔들리게 했다 할지라도 아브람은 하나님의 말씀의 약속을 더 귀중하게 여기고 아내의 말을 듣지 말았어야 했다.

빌라도는 아내의 말을 무시하고 군중의 아우성을 듣고 실패했고 아담과 아브람은 아내의 말을 듣고 하나님의 말씀을 무시했다가 실패했다.

3. 아브람이 실수하여 가정의 불화가 일어났다.

사래가 종에게 멸시를 받았다. 하갈은 자신을 아브람의 첩으로 주선한 것이 사래이기 때문에 지금 그의 아이를 잉태한 때에 사래에게 고맙게 생각하고 겸손하게 조용히 지내는 것이 올바른 태도였다.

그러나 하갈은 주인의 은혜를 망각하고 배신하였다. 그는 지극히 천한 종이건만 아브람의 사랑을 받고 또 그의 아이를 잉태했다는 것 때문에 교만해진 것이다. 천박한 노예근성을 가진 이들은 이럴 때 오만방자 무례하고 자기 위치와 본분을 잊기가 쉽다.

"멸시한지라"는 "눈에 하찮게 보였다"는 뜻이고, "욕"은 손해, 강포를 뜻한다. 사래가 여종으로부터 당하는 멸시가 견디기 힘들만큼 강포스러운 것이었다는 것이다.

여자가 잉태하지 못하면 치욕이었다. 반면에 자녀의 다산은 하나님의 은총이었다(29:32, 35:). 그런 때에 하갈이 잉태한 것을 눈치채고 사래를 멸시하고 비난 모욕했다.

결국은 사래는 자기의 계책에 자신이 얽매이는 일을 당했다. 첩을 둔 엘가나의 가정에 불화가 생겼다(삼상 1:1-8). 잠언서에는 "종을 어렸을 때부터 곱게 양육하면 그가 나중에는 자식인체 하리라"(잠 29:21)고 하였다.

사래가 아브람을 불평하였다. 사래는 여종에게 멸시받았다는 말을 세 번이나 하면서 남편에게 불평하였다. 하갈이 사래 자기에게 주는 욕은 아브람이 받아야 마땅하다고 하였다.

이것은 책임 전가이다. 처음에 종을 남편에게 첩으로 준 것은 사래였는데 자기 잘못은 깨닫지 못하고 그 원인을 남편에게 돌린 것이다. 그것은 아담과 하와로부터 내려온 유전이기도 하다(창 3:12-13). 인간은 책임을 남에게 전가시키는 악한 근성이 뿌리깊게 내려 있다.

사래는 "하나님이 당신과 나 사이에 판단하시기를 원한다"고 말하였다. 사래는 종을 남편에게 취첩케 할 때는 기도하지 않았고 "하나님"이라는 이름도 그 입술에 올리지 않았었다. 그런데 이제 와서 하나님이 판단을 운운하는 사래는 이성을 잃고 불신앙적 격정으로 극에 이르러 있었다.

또한 이것은 하나님의 거룩하신 명칭을 남용하는 것이다. 사래가 하갈의 일 때문에 하나님이 어쩌구 저쩌구 하는 것은 불신앙적 가소로움이다.

여주인과 여종간에 서로 질투하였다. 사래는 남편에게는 불평했고 하나님께는 호소했으며 여종에게는 무섭게 질투하게 되었다. 주인이 종의 인권을 무시하고 생산도구처럼 이용하려다가 마침내 주인이 종에게 무시를 당하고 멸시를 받았다.

질투는 불(신 29:20)과 같아서 그의 가정에 이 불이 붙은 것이다.

시기하고 질투하는 것은 육체의 일로 육신에 속하여 육신대로 행하는 증거이고, 그것은 뼈를 썩히는 것이며(잠 14:30), 친동생이라도 팔아버리는 죄를 낳고, 예수 그리스도까지 잡아 죽이는 악독인 것이다. 참으로 아브람 가정에 이렇게 무서운 화근이 불붙은 것이다.

결국에는 사래가 하갈을 학대하여 쫓아냈다. 아브람이 하갈의 문제에 대하여 사래에게 일임한 것은 가정에서의 여주인의 직분이기 때문이다. 이것은 아내에 대한 애정이 변함이 없음을 보여준다. 물론 여기에는 아내의 독설 때문에 아브람이 굴종하는 것 같은 느낌이 없지 않으나 두 사람은 평화를 위해서 부드럽게 대답할 수 있어야 했다(잠 15:1). 한바탕 회리바람같은 시련이 지나가면서 그들은 하갈을 통해서 약속의 자손을 얻으려 한 것이 잘못이었음을 깨달았다.

사래가 하갈을 학대한 것은 하갈에게 보복하는 것이었다. "학대했다"는 것은 "괴롭혔다"는 것이다. 그 여자를 노예상태로 전락시키는 것이고 그녀의 옷을 벗기거나 그외의 학대 행위가 가해진 것이다.

"학대하였더니"는 응답하다는 뜻이기도 하다. 사래를 멸시한 만큼 그에게 보복한 것이다. 이것은 제 신분과 위치를 잊고 교만한 것에 대한 하나님의 심판이기도 하다.

하갈은 도망하였다. 사울을 피해 도망한 다윗처럼 하갈은 사래의 집을 떠나 자기 고국 애굽으로 갈 목적으로 광야로 도망갔다. 그것은 죽음의 길과 다름이 없었다. 종은 주인에게 복종함으로 사랑을 받는다. 하갈은 광야를 방황하면서 이 진리를 뼈아프게 깨달았을 것이다.

여호와의 사자

(창 16:9-16)

여호와의 사자가 아브람 집에서 쫓겨나 도망가는 하갈의 뒤를 추적하고 있었다. 하나님은 비천한 여종이요 이방 출신이라 할지라도 사막에서 방황하다가 죽도록 방관하시지 않으셨다.

자신이 아브람의 아이를 잉태한 것을 알고는 교만하여 여주인을 멸시하고 욕되게 하였으나 여호와의 사자도 그를 추적하사 따라가셨던 것이다.

여호와의 사자는 하나님이 지으신 피조물 천사를 의미하는 것이 아니다. 이는 곧 하나님 자신을 의미하는 것이다. 그것은 여호와께서 이미 아브람에게 나타나셨다는 것이 그 증거가 되는 것이다(16:10, 22:12, 18:23-33, 28:16-22 등). 그리고 그 신격에서 위가 복수로 되어 있는 것은(1:26, 11:7) 성부 성자 성령 삼위신이시고 여기서는 신격 제이 위에 있는 성자 하나님을 의미한다.

이는 하갈이 그를 가리켜 하나님이라고 부른 것, 죄인으로서 제일 위의 성부 하나님을 뵈면 살 수 없다는 것(출 19:21-24, 삿 13:22)이다. 제 3위 성령은 단일성을 지닌 불가변적 존재이므로 사람 몸의 형태를 취하지 않는다는 것 등을 고려할 때 그러하다.

여호와의 사자는 하나님이 인간에게 자신의 모습을 드러내기 위하여 스스로 낮추신 모습으로서 하나님 자신을 표현한 것이다. 그러므로 하나님은 이 "사자"에 관해서 "너는 삼가 너의 목소리를 청종하고 그를 노엽게 하지 말라 그가 너희 허물을 사하지 아니할 것은 내 이름이 그에게 있음이니라"(출 23:21)고 말씀하신 것이다. 성경 여러 곳에서 여호와의 사자를 하나님이라고 부르고 있다(16:7, 13, 22:11, 12, 31:11, 13, 48:15, 16 등). 그러면서도 여호와의 사자는 인간과 거리가 멀리 떨어지지 않은 도성인신하신 예수 그리스도를 알게 하는 말이 다.

하갈에게 나타나신 여호와의 사자 이야기에서 하나님은 인간의 잘 못에 대하여 자비하시며, 그 죄악을 용서하시며, 언약의 자손과는 비교가 될 수 없으나 이스마엘과 같은 자손을 얻는 축복을 주시는 하나님이심을 알 수 있으며, 그녀가 광야에서 방황할 때에도 처음부터 끝까지 따라 다니시며 보시고 황량한 사망의 광야에서도 건져주신 하나님의 자애로움을 배울 수 있다.

1. 여호와의 사자가 하갈을 만나셨다.

광야의 샘 곁 곧 술 길 샘물곁에서 만났다. 광야는 사람이 살지는 않지만 목양하기는 좋은 곳인 듯 하다. 그 뜻이 "초장에 인도되다"라는 의미이기 때문이다.

여기는 아라비아 광야같이 삭막하고 모래가 많은 애굽 변경에 속한 곳이다. 광야에는 민가가 없고 먹을 양식도 구할 수 없으며 독사와 맹수들이 있는 곳이다.

술길은 애굽쪽에 위치해 있다. 아마도 하갈은 자기 고향 쪽으로 도망가고 있었던 것이라고 생각된다. 사람은 육신의 고국이나 고향을 향하는 마음을 가지고 있다.

샘물곁에서 만났으니 관사가 있어서 "그 샘물"로써 특수하고 잘 알려진 샘을 의미한다. 일종의 오아시스로 이동하는 목동들이 가축들에게 물을 먹일 수 있도록 파놓은 샘이 아닐까 생각된다. 하나님은 아브람의 집에서 쫓겨난 하갈을 추적하시고 만나셨는데 광야에 있는 샘물곁에서였다. 하나님께서 이 때 그녀에게 만나주시지 않으셨다면 죽을 수밖에 없었을 것이다.

모세가 그의 아내 십보라를 우물가에서 만난 것이다(출 2:15), 아브람의 종이 우물가에서 리브가를 만난 것이나(창 24:16), 예수께서 야곱의 우물가에서 사마리아 여인을 만난 것(요 4:1-7)을 상기할 때 큰 은혜가 되는 것이다.

하나님은 생수의 근원이시고(렘 2:13, 17:13), 샘곁 우물은 하나님의 교회이며, 거기서 하나님은 선민이나 이방인을 만나 구원하시고 은혜를 베푸시며 영생하는 생수로 만족케 하시는 것이다. 하나님은 사람에게 버림당한 한 여인의 삶에까지도 간섭하시고 사망의 광야를 방황하는 인간에게 소망을 주신다.

여호와의 사자는 사래의 여종이라고 부르셨다. 개개인의 모든 사정과 형편, 이름까지 아신다. 사래의 여종이라 하시고 아브람의 아내라 하지 않으셨으니 하갈은 사래의 종의 위치에 있다는 것을 가르쳐 주시는 것이다. 이 말은 그녀의 교만 방자함을 견제하시면서 겸손하게 하는 것이다.

종은 주인에게로부터 해방을 얻어야 하는 것이지 광야로 뛰쳐 나와서 방황한다고 해서 자유인이 되는 것이 아니다. 그러므로 그녀는 그 주인의 장막 안에서 복종함이 올바른 행동이었다.

여호와의 사자가 "네가 어디서 왔으며 어디로 가느냐?"고 물으셨다. 이 물음은 그녀의 이름까지 알고 계시는 여호와 하나님이시니 몰라서 질문하신 것이 아니라 하갈로 하여금 잘못된 죄악을 생각나게 하기 위함이다(창 3:9, 32:27, 4:9). 타락한 인간이 자신의 위치를 알고 회개하여 돌아오라는 사랑의 호소인 것이다.

하갈은 "네가 어디서 왔느냐?"는 첫 번째의 질문에 대해서는 "나의 여주인 사래를 피하여 도망한다"고 대답했다. 진실로 인생은 "어디로부터 왔느냐?"는 하나님의 질문에 진지하게 대답할 수 있어야 한다. 아브람 가정이라는 하나님의 교회 장막을 떠나서 지금 여기 왔나이다 하고 대답했다.

그리고 하갈은 "어디로 가느냐?"에 대해서는 침묵을 지켰다. 현재 우리가 가지고 있는 불만에 대해서는 잘 알고 있기 때문에 어디로부터 왔다고 쉽게 대답할 수 있지만 우리의 미래에 대해서는 알 수 없는 것이기에 우리가 어디로 가고 있는지에 대해서는 대답하기가 어려운 것이다.

그녀는 지금 하나님의 집을 떠나 멀고 먼 옛 고국 애굽으로 가고 있는 것이다. 그는 위험한 곳을 통과해야 하고(신 8:15), 너희 길을 여호와께 맡기라는 말씀을 상기했더라면 좋았을 것이고(시 37:5), "너희가 애굽길에 있음은 어찜이냐?"(렘 22:1, 요 6:68) 하시는 말씀을 들었으면 좋았을 것이다.

여호와의 사자가 하갈에게 이르셨다. 첫째로, 네 주인에게 돌아가서 그에게 복종하라 이르셨다. 하갈은 사래를 "자기의 여주인"이라고 하였다. 그만큼 겸손해진 것이다. 자기의 교만했던 것을 회개하면서 기도했던 것 같고 하나님은 회개하는 자에게 나타나신다(사 57:15, 66:2). 하나님은 죄인이 이 세상 어디에 있든지 다 찾아가 주신다.

바울은 "빌레몬의 집에서 도망한 종 오네시모"(몬 1:12)에게 주인에게 돌아가라 권면함같이 여호와의 사자는 하갈에게 말씀하시기를 "네 주인에게로 돌아가라"고 하셨다. 그리고 사래는 복음, 하갈은 율법(갈 4:21-31)으로 하갈은 이삭이 나기까지 사래의 집에 있어야 했던 것이다.

종이 주인에게 복종하는 것은 하나님의 명령이요 당연한 의무인 것이다(엡 6:5-8). 그것은 높아지는 덕성이다. 예수의 종된 그리스도인은 주인되신 예수 그리스도에게 진심으로 복종해야 한다.

둘째로, 자손 번성에 대하여 약속하셨다. 하갈은 광야에서 죽음의 황량한 바람을 받으면서도 복중 아이에 대하여 관심을 가지지 않을 수 없었다.

여호와께서 찾아오사 "내가 네 자손으로 크게 번성하여 그 수가 많아 셀 수가 없으리라"고 약속하신 것이다. 그러나 아브람에게 내린 축복과는 차이가 있다. 아브람에게 준 것은 자손이 번성할 뿐 아니라 그 후손 중에서 메시야가 탄생할 것이라고 하신 것이다. 자식은 장사의 수중에 화살과 같은 힘이다(시 127:4-6).

셋째로, 이스마엘이라는 아들을 약속하셨다. 아이가 출생되기 전에 이름을 지어 부른 첫 번째 예이다. "이스마엘"은 "여호와께서 들으셨다"는 뜻으로 하갈의 기도에 대한 응답임을 알 수 있다. 그러나 "여호와께서 네 고통을 들으셨다"는 것이 그 이름 뜻의 설명이고 보면 하갈이 기도했다는 것보다 고통중에 신음하는 소리를 들으셨다는 뜻이 된다.

아브람의 집에서 아브람의 기도에 약간의 감화를 받은 듯 한데 사람에게 오는 시험과 고난은 믿음과 기도, 인격을 아름답게 하는 것이다.

넷째로, 이스마엘의 안전을 약속하셨다. 하나님께서 그의 아들의 이름을 지어주심은 그녀와 그 이름에 대한 영광이다.

이스마엘은 "들나귀같이 된다"고 하였다. 발이 빨라서 그렇게 붙인 것으로 길들지 않은 짐승이다. 이스마엘 자손인 아랍 족속들은 아라비아 사막에서 유랑생활을 했다. "들나귀같이 된다"는 것은 난폭하고 대담하여 두려움을 모르고 사납다는 것이다.

전쟁 중에 산다는 것은 다른 민족들과 함께 화친하지 못하고 싸우며 살아간다는 것이다. 그리고 "모든 형제의 동방에서 산다" 하였다.

모든 세상과 싸워 자기의 땅을 차지하고 모든 형제의 목전에서 살리라는 것이다. 지금 아랍인들은 수천년전의 예언이 그대로 나타나 있다.

2. 하갈의 경건한 태도가 나타나 있다.

하갈은 여호와의 이름을 고백하였다.

첫째로, 여호와라고 한 것은 "시각의 하나님"을 의미한다. 다시 말하면 "내가 시각으로 본 하나님"으로 하나님이 친히 시야에 계시되신 것을 의미하거나 모든 것을 보시는 하나님을 의미한다. 그러기에 "나"까지 보시는 하나님이라는 것이다. 하갈이 자기에게 말씀하신 여호와의 이름을 부른 것은 하나님의 이름에 대한 신앙고백을 했다고 보는 것이다. 여호와 하나님은 방랑자에게 찾아오시고, 도망자에게 나타나시고, 실망한 자에게 말씀으로 함께 하시는 인도자시다.

둘째로, 감찰하시는 하나님이라고 한 것은 "나를 보시는 하나님"이라는 것을 의미한다. 이것은 도망자, 방랑자, 불쌍한 자를 하감하시고 만나 주시고 축복해 주시는 하나님에 대해 감격해서 이렇게 불렀다. 하나님의 눈은 일곱이시고 세상을 두루 살피시며 모든 것을 감찰하신다(시 44:20-21).

인간은 어디에 있든지 하나님의 시야 속에 있는 것이다. 그리하여 "감찰하시는 하나님을 찬양" 했다. 어떻게 여기서도 하나님을 뵐 수 있는가? 이러한 절망의 곳에서도 하나님을 뵈었으니 어찌 그 이름을 찬미하지 않으랴!

그 샘을 브엘라해로이라고 하였다. "살아계셔서서 나를 감찰하시는 자의 우물"이라는 뜻이다. 그리고 이 샘은 가데스와 베렛 사이에 있었다. 진실로 "하나님은 살아계시다", "하나님은 나를 감찰하신다", "하나님은 찾아 주신다", "하나님은 생수의 우물"이시다.

그러므로 교회와 애굽길 사이 중간에 "브엘라해로이 샘"에서 살아계신 감찰하시는 하나님을 뵈옵는 것같이 우리 인생은 하나님의 교회에서 영생하시는 하나님을 만나 뵈올 수 있다.

3. 이스마엘이 출생하였다.

하갈이 아브람의 아들을 낳았다. 하갈은 여호와의 말씀대로 순종하여 여주인에게로 돌아가서 그에게 복종하다가 아브람의 아들을 낳았다. 이것이 신앙이다. 자기의 체면 같은 것을 생각하지 않았다. 하나님의 말씀대로 한 것이다.

성경은 언제든지 순종하는 것을 신앙이라고 가르치며 순종하는 것이 하나님의 축복을 받는 길이라고 한다.

아들을 이스마엘이라고 하였다. 하갈은 아브람의 아들을 낳고 여호와께서 명명하신대로 이스마엘이라고 이름하였다.

광야에서 만나주셔서 소망을 주셨던 여호와 하나님의 말씀을 그대로 따른 것이다. 그러나 이스마엘은 육체를 따라난 자(갈 4:23)요, 여종의 아들이며, 자연적인 유대인을 상징하는 아들이다.

바울은 하나님의 교회 안에는 이삭과 이스마엘이 있어 자연적인 이스마엘이 약속의 후사인 이삭을 회롱하고 핍박한다고 하였다(갈 4:26-31). 지금도 교회 안에는 육의 자녀와 영의 자녀가 있다.

이스마엘을 아브람이 86세 때 낳았다. 아브람 가정에는 무자하다는 것이 문제였다. 그러나 이 문제는 하나님께서 해결하신다고 굳게 언약하신 것이었다.

그럼에도 불구하고 그는 인간적인 방법으로 취첩을 하여 이스마엘이라는 자연적인 아들을 얻었다. 그가 이스마엘을 낳았다고 해서 문제가 해결된 것이 아니었다.

오히려 아들들이 한집에서 서로 싸우며 불화하는 문제에 부딪히게 된다. 이제 아브람은 14년이 있으면 약속의 아들을 낳게 될 것이다. 하나님의 약속은 오랫동안 기다려야 성취되는 경우도 있다. 75세에 소명을 받으면서 자손의 축복을 약속받았던 그는 25년만에 후사를 얻었다. 그러므로 하나님의 자손들은 기다리면서 흔들리지 말아야 한다.

열국의 아비

(창 17:1-8)

언뜻 보기에 고대 히브리인들의 이름을 연구한다는 것은 전혀 가치가 없는 것처럼 느껴지지만 성경에 있는 이름들은 대부분 고대 역사의 단면인 동시에 하나님의 경륜이 담겨있는 계시와 미래의 소망과 예언들을 포괄적으로 다루고 있다. 이름 속에 담겨있는 의미를 알아봄으로써 매우 큰 도움을 얻을 수 있다. 야곱이 열 두 아들들에게 지어준 이름은 종교적인 진리가 담겨있다.

사람의 이름은 그의 특징적인 면을 시사하고 그가 태어난 환경과 밀접한 관계를 맺고 있다. 모세의 두 아들의 이름 즉 게르솜과 엘리에셀(출 18:3)은 "객이 되었다, 하나님이 도우셨다"는 뜻으로 그들의 환경과 성품에 관계가 깊은 것을 알 수 있다.

사람의 이름은 인격과 본성을 나타낸다(삼상 25:25). 나발이라는 사람은 미련한 자라는 뜻으로 그 이름에 적합했다고 한다. 그리고 이름은 직업도 알 수 있으며 상징적이거나 예언적인 특징을 담고 있기도 하고 가족관계와 관련이 있다. 그래서 어떤 이름은 부모의 소망이나 포부를 담고 있다는 것이다.

이름은 종교적인 기대 속에서 자녀들을 위하여 경건하게 기도를 드리는 중에 이름을 지음 받았다. 그런고로 하나님(터)이라는 거룩한 이름이 포함된 것이다. 이름들은 식물계에서도 지어지고 동물계에서도 따랐으며 자연계의 대상물과 연관을 맺고 있다.

이름을 개명하는 몇몇 사람들이 있는데 그들은 하나님의 직접적인 개입으로 인하여 바뀌게 되었다. 수많은 이름들이 하나님에 의해서 주어졌고 그분의 지시에 의해 바뀌기도 했다. 예를 들면 아브람은 아브라함으로, 사래는 사라로, 야곱은 이스라엘로, 호세아는 여호수아로 바뀌었다. 게바를 베드로로, 사울을 바울로 개명하셨다.

하나님께서는 아브람이 취첩을 하는 등 흔들리고 있기 때문에 거듭해서 아브람과 언약을 맺으시고 확인하셨다. 그 언약의 내용은 동일하게 후손과 가나안 땅이다. 그러나 이러한 약속이 계시의 점진성이라는 측면에서 이해하게 되는데 그에게 준 언약이 장차 오실 메시야와 그의 영원한 기업과 하나님나라에 관해 뚜렷이 드러나게 되는 것이다.

이제 하나님께서 아브람을 아브라함으로 개명한 것은 그의 생애에 매우 중대한 변화가 있다는 것을 의미하는 것이다. 아브람은 "고귀한 아버지"이고, 아브라함은 "열국의 아버지"라는 뜻이다. 한 가문의 아버지가 아니라 모든 열국의 신앙인들의 조상이 되리라는 뜻이다

1. 열국의 아버지로 개명된 때는 99세 때이다.

아브람을 부르신 지 25년째이다. 하나님께서 아브람을 부르신 때는 그의 나이 75세 때였다.

가나안에 정착한지 10년에 하갈을 취첩하였고 그 몸의 소생 이스마엘을 얻을 때는 86세였다. 이제 99세 때에 하나님께서 아브람을 아브라함으로 개명하신 것이다. 그의 나이는 도저히 자식을 낳을 수 없는 노쇠기였던 것이다. 하나님은 그의 이름과 아내의 이름을 개명하신 후에 수십년 동안 약속해 오신 언약을 이루셨다.

하나님께서 제한적인 능력이 있어서 자식을 못얻은 것이 아니다. 하나님은 전능하시다. 그러므로 여기서 "나는 전능한 하나님이라"고 하신 것이다. 아브람이 아들을 낳는 것은 인간의 생태적인데 있는 것이 아니고 하나님, 전능하신 하나님의 능력에 있었다.

취첩한 지 13년 때이다. 이스마엘이 아브람의 장막에서 출생된지 13년 후에야 하나님께서 전능하신 하나님으로 아브람에게 나타나셨다. 그동안 하나님께서는 나타나시지 않으신 것은 아브람의 취첩 행

위에 대한 보복일 것이고 정욕적이고 암담하기까지 한 세월을 보내면서 아브람을 겸손하게 하고 믿음을 연단시키며 정욕적인 힘에 의해서 자식을 낳는 것이 아니라 세월이 더 흘러가서 100세의 노쇠인으로 얻을 수 없는 때에 하나님의 능력으로 언약이 이루어지는 것을 나타내기 위함이었던 것이다.

하나님은 전능하신 하나님으로 나타나셨다. 아브람의 나이 99세는 후손에 대한 소망이 완전히 무너진 때이다. 절망적인 바랄 수도 없는 때라는 것을 암시하는 나이이다. 그러나 이처럼 절망적인 그 순간이 하나님에게 있어서는 역사하는 시작이시니 인간의 끝장은 하나님의 첫 장이다. 이는 하나님께서 성도의 믿음을 연단시켜 하나님의 방법 밖에 없는 줄 알고 하나님을 의뢰하게 하심이다.

하나님은 "전능하신 하나님"이라고 자신에 대하여 구체적으로 소개한다. 이 명칭은 "자연법칙을 초월하여 자신의 약속을 성취시키시는 무한한 능력을 소유하고 계시는 전지전능" 하심을 의미한다.

이때의 전지전능하신 하나님은 벧엘의 야곱에게 찾아가사 위로하시고(창 35:11), 미디안의 모세에게 확신을 주시며(출 6:3), 처절한 고통 중에 있는 욥에게 가셨다(욥 40:2).

바울은 "바랄 수 없는 중에…"라고 했다. 아브람의 이 나이에 있어서 더 이상 자식을 바랄수는 없었다. 그러나 전지전능하신 하나님이 죽은 것 같은 사래를 살리시고, 없는 것을 부르사 있게 하셨던 것이다.

2. 열국의 아버지로 개명되는 데는 "완전함"이었다.

너는 내 앞에서 행하라 하셨다. 전능하신 하나님은 창세기에 6회, 욥기서에 31회 사용되었는데 그 하나님이 아브람에게 "너는 내 앞에서 행하라"고 하셨다.

이 말씀은 "내 앞에서 걸어가라" 곧 "내 목전에서 행하라"는 것이고(창 13:17), 내 뒤에서 비겁하게 행하지 말고 나의 동의 하에 내 앞에서 당당하게 행하라는 것이다. 그것은 에녹이나 노아보다는 경건성의 적은 표현이지만 하나님이 살아계심을 의식하고 일거수 일투족을 하나님 앞에서 신앙적으로 움직이는 행동이다.

마음으로 주의 명령을 지키는 것이고 인자와 진리로 떠나지 않게 하고 마음판에 새기는 것이다. 마음을 다하여 하나님을 의뢰하여 범사에 그를 인정하는 것이다. 여호와를 경외하여 악에서 떠나는 것이다.

네 강으로 흘렀던 에덴동산의 강과 마찬가지로 아브람이 하나님 앞에서 행하는 믿음의 조상이 되어 세계의 아버지가 되었다. 그는 유대교의 조상, 마호메트교의 조상, 기독교의 조상이 되었다. 신앙이 무엇인가? "하나님 앞에서 행하는 것" 그것이다.

내 앞에서 완전하라 하셨다. 완전하라는 말씀은 노아가 완전한 자(6:9)였다는 단어와 다르고 도덕 달성에 대한 절대적인 표준을 나타내는 것으로 순결하라는 뜻이 된다. 전혀 비난받을 것이 없거나 흠이 없는 깨끗한 상태의 사람이 되라는 것이다.

아브람의 취첩으로 실수했기 때문에 그 죄를 소급해서 꾸짖으시며 다시는 그런 죄를 짓지 않도록 하라는 것이라고 믿어진다. 신명기 18:13에 "너는 네 하나님 여호와 앞에 완전하라" 하셨고, 다윗은 "그 앞에 완전하여 스스로 지켜 죄악을 피했다(삼하 22:24)"고 하였으며, "완전한 자에게는 주의 완전하심을 보이신다"(삼하 22:26, 시 18:25)고 하였다(시 26:1, 18:23).

그리고 행위 완전하여 여호와의 법에 행하는 자가 복이 있으니(시 119:1), 여호와께서 그의 날은 아시고 저희의 기업은 영원하다(시 37:18)고 하였다.

아브람이 하나님 앞에 엎드렸다. 하나님께서 아브람에게 언약의 재확인에 대하여 말씀하실 때에 엎드렸다고 한 것은 얼굴을 떨어뜨렸다는 것으로 얼굴과 온몸을 땅에 대고 엎드린 것이다.

이것은 경외하는 자세요 예배하는 자세로 하나님의 영광의 빛 때문에 그렇게 했을 것이다. 취첩에 대해 회개했음을 알 수 있다(단 8:17, 10:9, 15, 계 1:17).

높은 곳에 계신 하나님이 낮은 곳에까지 오셨기에 아브람이 겸손하고 경건한 믿음으로 그 하나님을 예배, 경배하는 자세는 엎드리는 것이었다(17:17, 24:52, 민 16:22).

3. 열국의 아버지로 개명된 때의 언약은 재확인이다.

자손이 번성할 것이라고 했다. 아브람의 이름을 개명시키면서 "열국의 아버지"라는 아브라함 이름을 주신 것은 그만큼 그의 자손이 열국을 이룰 것을 의미하는 것이다. 아브라함은 많은 무리의 아비가 되고 그의 자손은 온 세계에 중대한 민족을 이룰 것이다.

그리고 심히 번성케 하고, 나라들이 나고, 열왕이 날 것이다. 이스마엘, 그두라인, 에돔인, 이스라엘의 후손에게서 이 약속은 성취되었고, 열왕은 다윗과 솔로몬 등이 그 대표이며, 그 후손에서 만왕의 왕 예수가 날 것이다. 이렇게 자손이 번성하고 나라가 세워지고 왕들이 배출되는 것은 얼마나 큰 축복인지 모른다.

그리고 이 축복의 배후에는 영적인 믿음의 신정국가, 천국의 후손이 무수하게 많고 영원한 나라가 세워지니 영광스러운 축복이 아닐 수 없다. 예수의 나라, 예수라는 왕!

하나님이 그들의 하나님이 되신다는 것이다. 아브람에게 주어진 언약이 혈통적이고 그의 자손에게만 아니고 영적으로 하나님께서 택하신 자녀로 삼으신 모든 사람들에게도 적용될 것임을 말하고 "너와 네 후손의 하나님이 되리라"고 하셨다. 두 번씩이나 말씀하심으로 그 뜻이 강화되고 있다.

"하나님께서 그들의 하나님이 되신다"는 이 사실만큼 훌륭한 것은 다시 없다. 그들이 영생의 기업을 누리겠기 때문이다. 영생은 하나님 자신이시다(요 14:6). 그러므로 하나님을 소유한 자는 영생을 소유하는 것이다(계 21:6-7).

또다른 언약의 말씀은 가나안 땅을 영원한 기업이 되게 하겠다는 것이다. 하나님은 아브라함에게 가나안 땅을 주실 것을 벌써 약속하셨다(창 12:7, 13:15, 15:18-21). 그러나 여기서는 그것이 영원한 소유

가 되리라고 약속하셨다. 가나안은 하나님 나라의 모형으로서 하나님
의 백성을 위해서 약속되어진 영원한 안식처이다(히 4:9). "영원한 기
업이 되게"는 그들이 차지한 지상의 가나안이 언약의 조건에 의해서
영원히 그들의 기업이 된다는 뜻이다. 가나안 땅은 여호수아 때에 이
스라엘에게 상속되었으나 가나안 땅을 영속적으로 차지하지 못하고
그들이 범죄할 때마다 그 땅에서 쫓겨나 나그네가 되었다. 믿음과 순
종이라는 조건에 의해서 가나안 땅은 영원히 그들의 기업이 되는 것
이었다.

할례를 받으라

(창 17:9-14)

하나님께서 여러 번에 걸쳐 아브라함에게 언약을 제시하셨다. 그것은 똑같은 언약이 거듭될수록 견고한 믿음을 가지게 되기 때문이었고 그 언약이 점점 명료하게 제시됨으로써 장차 오실 메시야와 그가 완성할 영원한 하늘나라 기업에 그 초점이 맞추어지는 것이다.

하나님께서는 아브라함으로 개명하시면서 새로 태어난 백성이라는 한 증표로써 할례를 받으라고 명하셨다. 이것은 본성적으로 죄인인 자연인의 신분을 벗어버리고 하늘나라의 기업을 얻을 성민으로 살게 하려 하시는 것이다.

아브람이 아브라함으로 개명하여 믿는 자들의 조상이 되게 하신 것은 아브리함의 하나님의 은혜인 것이다.

인간 생태적인 자질에 의한 것이 아니고 하나님의 주권적인 은혜로 된 것이다. 그러므로 성도라는 새이름을 받은 자는 자신에게는 죽은 자요 하나님에게는 산 자가 된 것이다.

하나님은 옛 자아는 죽이고 하나님 앞에 새 사람으로 태어남을 상징하는 할례를 요구하신 것이다. 할례는 옛사람을 베어버리고, 육신적인 죄와 더러운 것을 버리는 정결의식이며, 거듭난 자의 후손을 위해서는 생명의 번식기관인 남자 생식기의 성별, 성화가 요청되므로 이를 행하는 종교적 행사이다.

역사의 흐름에 따라 히브리인들 중에는 "할례의식" 그 자체가 특권 있는 선민이라고 생각하고 그 속에 담긴 영적 의미를 망각한 자들이 많았다.

초대교회의 사도들은 참된 할례는 육신의 할례가 아니라 마음의 할례(롬 2:25-29, 4:9-13)를 받으라고 했다. 곧 할례는 신약에서 세례로 교체되었다. 세례는 옛사람이 예수와 함께 죽고 새사람이 되어 예수 안에서 연합하여(롬 6:1-11) 의의 병기로 살고 오직 선한 양심이 하나님을 향하여 찾아가는 것이다(벧전 3:21).

신약시대에도 율법주의자들은 "할례를 받지 아니하면 구원을 얻지 못한다"(행 15:1, 5)고 주장했으나 "할례나 무할례가 효력이 없고 그리스도 안에는 믿음뿐이요(갈 5:6), 할례 무할례가 아무것도 아니로되 새로 지음을 받은 자 뿐이라(갈 6:15)고 하였다.

그리고 할례를 받으면 그리스도께서 너희에게 아무 유익이 없다(갈 5:2-3)고 하였다. 또한 "할례를 받는 것이나 받지 아니하는 것, 그것은 아무것도 아니요 오직 하나님의 계명을 지킬 따름인 것"(고전 7:18-19)이라고 했다.

1. 할례는 계약을 확인하는 표징이었다.

먼저, 할례는 피를 흘리는 의식이다. 이것은 남자의 양피를 절단하는 것인데 오늘에는 육체의 할례는 하지 않고 세례를 행하고 있다(롬 4:9-12, 갈 5:2-12).

이것은 죄인들의 악성을 죽이고 세속적인 모든 것을 절단한다는 것의 모형이다. 하나님과 아브라함 사이에 작성되어진 계약서에 피로써 도장을 찍어 확인하는 것이다.

율법에 의하면 모든 더러운 것은 피에 의해서 깨끗해진다(출 24:8, 히 9:22). 따라서 이것은 예수 그리스도께서 피흘려 고난당하심으로 죄인이 깨끗해지는 것을 가르치는 것이다.

바울은 "그 안에서 손으로 하지 아니한 할례를 받았으니 곧 육적 몸을 벗는 것이요 그리스도의 할례니라"(골 2:11)라고 하였다.

남자들이 할례를 받았다. 구원의 계약 속에는 여자도 내포되어 있으나 그 할례의 의식을 남자에게 국한시킨 것은 남자가 여자의 머리이기 때문이다.

어떤 이는 할례는 예수 그리스도의 피를 예표한 것이기 때문에 남자의 양피에 피를 흘렸다고 말한 것은 일고해야 한다. 아브라함, 이삭, 요한 예수, 바울(창 21:4, 행 7:8, 눅 1:59, 2:21, 빌 3:5), 디모데(행 16:3) 등 이스라엘 남자 등이 다 해당되었다.

죄악이 만연되는 것은 흔히 남자의 생식에 의해서이기 때문에 남자의 양피를 절단했다. 하나님은 인간들이 자신의 몸의 한 부분을 드림으로써 이 계약 속에 들어오게 하셨다. 그러나 예수의 십자가의 보혈 이후 부터는 육체의 할례는 소용이 없었다. 양피 부분은 몸의 은밀한 부분이다. 그것은 마음의 할례가 진정한 것임을 의미한다.

할례는 마음과 몸에 받을 것이다(겔 44:7). 신명기 30:6에는 "네 마음과 자손의 마음에 할례를 베푸사… 생명을 얻게 하신다" 하였고, "마음의 할례를 행하고 목을 곧게 하지 말라"(신 10:16), "이스라엘은 마음에 할례받지 못해 벌을…(렘 9:25-26)"이라고 하였으며, "그 귀가 할례받지 못했음으로 듣지 못한다"(렘 6:10) 하였고, "마음과 몸에 할례하라"(겔 44:7)고 하였다.

예레미야는 "스스로 할례를 행하여 너희 마음 가죽을 베고 여호와께 속하라"(렘 4:4)고 하였다. 여호수아는 광야에서 낳은 신생아들이 할례를 받을 때에 "부싯돌로 칼을 만들어 이스라엘 자손에게 할례하라"(수 5:2-8)는 명령대로 행했다. 스데반은 "목이 곧고 마음과 귀에 할례받지 못한 자들이 항상 성령을 거스렸다"(행 7:51)고 책망했다.

2. 할례의 중요성이 있으니 끊어지기 때문이다.

할례는 생후 8일만에 행한다. 아브라함과 그 때 당시에 받은 사람을 제외하고 그후부터 낳는 남자는 난 지 8일만에 할례를 행했다. 그것은 안식일을 한 번은 지날 수 있도록 한 것이고 따라서 애기들이 고통을 참고 견딜만큼 강해지기 때문이다.

"양피"는 벗는다는 말에서 온 낱말로 추한 것, 부정한 것, 더러운 것 등은 이후에 부정한 것으로 간주되었다(신 10:16, 사 52:3, 렘 4:4). 그것을 "완전히 베는 것"은 그리스도가 그의 후손이 된다는 신앙의 표시거나 일반적으로 육신의 죄의 더러운 것을 버린다는 상징적인 표시이다.

할례의 뜻은 할례받는 자들을 이방인과 구별한다는 것이고(삼상 17:26), 여호와의 언약을 영원히 기억한다는 표식이고, 사람들에게 메시야의 소망을 갖게 한다. 메시야는 성결한 자의 여인 후손으로 오실 것이기 때문이다. 그리하여 그들에게 도덕적 순결성을 증진시키게 하고 아브라함의 후손임을 의미한다. 영적 후손이라는 영예가 있고(롬 2:29) 신약교회의 세례의 전조가 되는 것이다(골 2:11-12).

할례의 대상은 남자들이다. 남자는 집에서 난 자, 이방인에게서 돈으로 산 자를 무론하고 할례를 받아야 한다. 이방인의 자녀들도 그 집의 주인이 그들의 진정한 주인이었기 때문에 할례를 받게 한 것이다. 그것은 이방인들도 때가 되면 믿음으로 아브라함의 가정식구가 될 것이기 때문이었다(갈 3:14). 구원의 언약은 벌써부터 이방인에게도 약속되어져 있었다.

바울은 "할례자나 무할례자도 믿음으로 의로워지게"(롬 3:30-31) 하시는 분은 하나님이시라고 하면서 아브라함도 할례받기 전에 "믿음으로 의롭다"(창 15:6) 칭함을 받은 것이라고 하였다. 그러므로 신약에서는 할례는 행치 않는 것이다.

할례를 받지 않으면 그 백성 중에서 끊어진다. 왜냐하면 하나님의 언약을 배반하는 것이기 때문이다. 할례를 멸시하는 것은 그 계약을 멸시하는 것이고 하나님을 무시하는 것으로 큰 죄악이 된다.

만일 부모가 자녀에게 이 할례의식을 행치 아니하면 그들은 위험에 빠진다. 모세가 그랬다(출 4:24). 하나님께서는 그들이 표피를 잘라 버리지 않으면 심판하시고 자기 백성에게서 잘라 버리신다.

"그의 나라와 그의 백성 중에서 죽는다"(레 17:4, 10, 민 15:30)는 것은 하나님의 손에 의해서나 회중의 손에 의해서 죽음이 가해진다는 것이다.

하나님 교회에서 추방되고(출 31:14, 레 18:29, 민 15:30), 할례받지 못한 자는 지하에 내려간다(겔 31:18, 32:19, 21, 24-32).

그리고 할례 받지 못한 열방을 벌하신다(렘 9:25-26). 할례받지 못한 자는 적이고(삼상 14:6, 17:26, 31:4), 할례받지 못한 자와는 결혼해서도 안되었다(삿 14:3, 창 34:14, 15, 17, 22, 24).

3. 아브라함이 할례를 결행하였다(23-27).

아브라함은 하나님의 말씀대로 실행했다. 아브라함은 하나님이 자기에게 말씀하신 대로 이날에 그 아들 이스마엘과 집에서 생장한 모든 자와 돈으로 산 모든 자 곧 아브라함의 집 사람 중 모든 남자를 데려다가 양피를 베었고 아브라함이 양피를 벤 때는 그의 나이 99세 이스마엘의 나이 13세였다. 모르긴해도 많은 사람들이 할례받는 것을 반대했을 것이다.

왜냐하면 그것은 고통이고 어른들에게는 수치스럽고, 아파하는 동안에 적의 침략이라도 있게 되면 낭패가 될것이며 그 땅에 거하는 이방인의 비난거리가 되었을 수도 있었기 때문이다. 그러나 아브라함은 할례에 대해 일언반구도 없이 하나님이 명하신 말씀 그대로 결행했다. 이것이 신앙인 것이다. 신앙은 혈육과 의논하거나 타협하지 않고 언제나 하나님의 말씀대로만 한다. 그러므로 신앙은 묵종하는 것이다.

이에… 이 날에 아브라함이 실행했다. 당일에는 즉각적인 순종을 의미한다. 순종이란 지체하는 것이 아니다. 그러기에 "주의 계명을 지키기에 신속히 하고 지체치 아니하였나이다"(시 119:60)라고 하였다.

인간적인 생각이 여기에 개입된다면 아브라함의 나이가 99세요 그 지역에서 덕망높은 지도자인데 양피를 벤다는 것에 망설여질 수 있었을 것이고 처음 경험하는 것이어서 어떻게 하면 편리하게 할까 궁리한 후에 하겠다고 미룰 수도 있었을지 모르겠다. 그러나 그는 지연시키려 하지 않았고 자신의 체면 유지를 위해 말씀을 거역하려 하지 않았다. 그리고 적이 언제 침략할지의 여부도 걱정하지 아니하고 하나님의 명령이 있은 그날에 즉각 순종한 것이다.

아브라함이 모범을 보여 가족 전체가 실행했다. 아브라함은 먼저 자신이 본을 보여 하나님의 말씀대로 했다.

99세의 가장이 본을 보이고 이스마엘이 행하고 모든 가족이 구원의 계약 속에 동참할 수 있게 하였던 것이다.

한 가정의 가장은 가정의 식구들이 다 구원에 이르도록 하나님을 공경하게 할 책임이 있는 것이다.

이스마엘은 영적인 언약에서는 제외된 생태적 아들이나 할례를 받았다. 그것은 그 아들이 장성한 후에 어떻게 되느냐 하는 관심사보다 하나님의 말씀을 순종하여 모범을 보임으로 축복을 받게할 책임이 있기 때문이다.

사래의 개명과 아들의 이름

(창 17:15-22)

아브라함은 "이스마엘이나 하나님 앞에서 살기를 원하나이다"라는 말을 함으로 언약의 아들을 낳게된다는 하나님의 말씀에 대하여 불신했음을 나타내고 있다. 그러나 이스마엘은 언약의 축복을 받을 수 없었다. 왜냐하면 이스마엘은 육을 따라 태어난 노예였기 때문이다.

어머니가 노예이면 그 아버지가 자유인이라고 해도 노예가 되었다. 심지어 아버지가 주인이라고 해도 노예의 여인 몸에서 태어나면 그는 노예가 되는 것이었다.

아브라함에게 언약의 아들이 끝까지 없었다면 이스마엘이나 어떤 사람이 아브라함의 재산을 상속받을 수 있었을 것이다. 아브라함에게는 이제 언약의 아들이 태어나게 된다. 이 사실을 하나님께서 말씀하신 것이다.

하나님이 아브라함과 맺은 언약은 은총의 언약이다. 왜냐하면 하나님은 낮고 비천한 장막에까지 내려오셔서 죄인들에게 대대로의 구속의 축복을 주셨기 때문이다.

이스마엘은 언약을 따라 난 아들이 아니다. 그는 혈기와 육의 의지와 인간의 의지를 가지고 태어난 첫 번째 인간이었다. 그러면서도 그는 아브라함에게는 하나님의 선물이었다.

언약의 아들은 아니었다. 이스마엘은 이 지상의 약속을 뜻하고 현세적인 삶의 약속이었다. 영적으로 더 좋은 아들을 낳기까지는 그러하다.

그리스도를 따르기 이전의 인간은 자유분방한 자유의지, 그리고 세상의 것을 사랑하려고 한다. 그러한 마음이 아브라함을 13년동안 지배해 왔다고 할 수 있다.

그러나 하나님은 하나님의 언약에 대하여 완전히 믿지 못하고 육신의 종의 자식에게 기대를 걸고 있는 아브라함을 책망하시기 보다 점차적으로 그 때가 이르매 명료하게 계시해 주심으로써 약속의 언약에 대한 믿음으로 나아가게 하신다. 막연한 듯 하였으나 이제는 1년 안에 이루어질 것이었기 때문에 아브라함의 이름을 개명하여 주시고 할례를 온가족에게 행하게 하시며 이제는 사래의 이름을 사라라고 개칭하시는 것이다.

이것은 아브라함과 사라가 온전히 변화를 받는 것을 의미하고 양피를 벤 것은 언약의 자손을 얻게 하기 위한 표징이었던 것이다.

1. 사래를 사라로 개명하셨다.

사래는 "나의 여주인", "공주"라는 뜻이고 사라는 "여주인", "무리의 여주인", "왕후", "왕들의 어머니"라는 뜻이다.

아브람이 아브라함으로 개명되었고, 이제는 사래가 사라로 개명되었다. 그것은 사라가 아브라함과 더불이 믿음의 조상이 되는 것을 의미하는 것이다.

여기에 사래의 개명은 하나님과의 새로운 언약의 관계수립이라는 구속사적 의미를 지니는 것이다.

사라가 자기의 몸에서 좇아날 메시야로 인하여 구원을 얻게 될 많은 영적 자녀의 어머니가 되는 것이고 교회의 어머니가 되는 것을 뜻하는 것이다.

이와 같은 놀라운 언약의 성취는 아브라함과 사라의 이름이 개명된 후에 일어난다는 사실이다.

사래의 전에는 "나의 여주인", "공주"에서 자기 몸종들에게 국한하여 여주인이고 아브람에 대하여 공주였다. 이제는 언약의 후손들의 주인이고, 왕후이며, 왕들의 어머니가 되는 것이다.

사라가 아들을 낳으리라 하셨다. 하나님은 지금까지 약속의 자손이 사라의 몸에서 태어날 적자라는 사실을 최초로 여기서 말씀하셨다.

수차에 걸쳐서 언약의 아들을 예고하셨으나 그 아들이 아브라함의 혈통으로 어느 여인의 몸에서 낳게 될지는 언급이 없으셨다. 그리하여 취첩의 사건까지 발생하지 않았나 생각할 수도 있다.

그것은 아브라함의 신앙 연단이었고, 신앙의 경험을 통하여 명확해지는 것이며, 기쁨이 넘치는 일이 되었다. 더 많이 기도하게 되고 더 참고 인내하며 하나님의 제단 앞에 엎드리게 하는 것이 되었다.

하나님은 사라에게 복을 주셨다. 그 복은 아들을 낳는 생산의 복이다. 처음에는 막연했었는데 여기서는 16절에서 사라의 몸에서 날 것이라 하시고, 19절에서 아들의 이름은 이삭이라고 밝히시며, 21절에서는 명년이 기한에 출생한다고 하셨다.

하나님은 사라가 열국의 어미가 되고 민족의 열왕이 그에게서 나리라고 축복하셨다. 이 축복은 처음 언급된 것이다. 하나님은 서둘지 않으신다. 천년이 하루같이 하루가 천년같이 역사하시고 구속사업을 진행하신다. 언제든지 하나님은 수탁자의 신앙에 비례해서 점진적으로 일을 이루시는 것을 볼 수 있다. 얼마나 영광스러운 축복인가? 사라의 몸에서 낳게될 아들을 통해서 열국과 열왕이 나며 아담에게 약속하셨던 여인의 후손(창 3:15) 메시야가 이 땅에 탄생하게 된다는 것이…

하나님은 아들의 이름까지 말씀하심으로 사라의 믿음을 확고하게 하셨다.

2. 아브라함이 엎드려 웃었다.

먼저, 아브라함이 엎드렸다. 여기 "엎드려"는 3절에 "엎린대"와 같은 뜻으로 얼굴이 땅에 닿을 정도로 부복한 것을 의미한다. 큰 겸손의 태도이다. 하나님을 경외하고 신뢰하며 은혜로운 약속의 실현을 보면서 스스로 보다 더 낮아지고 유순하며 경건해야 한다.

아브라함이 오늘의 이 확실한 말씀을 듣기까지 24년을 부복하여 참고 기다려왔다. 우리는 하나님께서 우리에게 영예와 축복을 주시면 주시는 만큼 겸손하게 엎드려 감사하고 찬양할 수 있어야 한다.

아브라함의 생애를 더듬어 가 보면 그는 실수도 없지 않으나 언제나 겸손했다는 진한 흔적에 감격하지 않을 수 없다.

모세는 "온유함이 지면의 모든 사람보다 승하더라"(민 12:3)하였고, 예수는 "나는 마음이 온유하고 겸손하니 내게 배우라"(마 11:29, 21:5, 사 11:4, 슥 9:9) 하셨으며 바울 또한 "겸손과 눈물"(행 20:19)로 훈계하고 가르쳤다.

겸손은 마음을 낮추는 것(잠 16:19)이고, 하나님의 능하신 손아래 맡기는 것(벧전 5:6)이며, 남을 나보다 낮게 여기는 것(빌 2:3)이고, 통회자복(사 57:15) 하는 것이다.

아브라함이 웃었다. "웃으며"는 "흥에 겨워 웃는 큰 웃음"과 함께 "경멸의 웃음"을 의미하고 있는 단어이다. 불신앙적인 웃음인지 기쁨의 표현인지 분명하게 알 수가 없다.

아브라함은 사라가 아들을 낳으리라는 하나님의 말씀에 대하여 믿을 수 없다는 듯이 이스마엘이나 살기를 원한다고 아뢰었다. 그렇다면 그의 웃음은 불신앙의 웃음일 것이다.

예수께서 "너희 조상 아브라함은 나의 때 볼 것을 즐거워 하다가 보고 기뻐하였느니라"(요 8:56)라고 말씀하심으로써 아브라함의 웃음은 하나님의 말씀과 약속을 믿고 너무 기뻐서 웃었다는 신앙의 웃음임을 말씀하셨다.

아브라함은 믿고 기뻐하여 웃었다. 그것은 대단히 큰 기쁨을 의미한다. 하나님의 약속은 거룩한 영혼의 기쁨이요 믿음으로의 기쁨이다. 아브라함은 가나안 땅의 약속 안에서 하늘나라를 보고 이삭의 약속 가운데서 훗날의 메시야 예수를 보았기 때문에 기뻐했던 것이다.

아브라함이 찬송했다. 아브라함은 "백세된 사람이 어찌 자식을 낳을까?" 하였다. 그것은 거룩한 탄식으로 믿음에 의해서 정복되는 자연 질서를 말하는 것이다.

이것은 의심스러워서 불신앙에서의 탄식이 아니라 하나님의 권능에 감탄하여 발하는 찬송인 것이다.

큰 찬미는 매우 놀라운 일이라는 것이고 하나님의 전능하신 능력이 아니고서는 이룰 수 없는 것이라는 찬송이다(시 26:1-2).

사라의 향년이 127세(23:1)였으니까 이때에는 그녀는 폐경기에 들어서 있었고 따라서 그가 수태한다는 것은 도저히 상상할 수 없었다.

신앙은 기적이다. 하나님의 역사는 기적이다. 예수께서도 처녀의 몸에서 나셨다. 천지도 말씀으로 되어졌다. 기적이 아닌 것이 없다. 그것을 믿는 것이 신앙이다.

기독교신앙은 여기서부터 출발한다. 그런고로 그 하나님을 높이 찬송할찐저!

끝으로 아브라함이 기도했다. 아브라함은 "이스마엘이 하나님 앞에서 살게되기를 원하나이다"라고 기도하였다.

이것은 이스마엘 역시 이삭과 같이 하나님의 언약의 축복에서 배제당하지 않기를 간구하는 것이라고 말하는 사람들이 있다.

그러나 아브라함의 기도는 이스마엘도 택함받기를 원한 것이 아니고 이스마엘이 버림을 받아 하나님께 잊혀지지 않을까 하는 기도인 것이다. 우리는 우리가 염려하고 소망하는 것도 기도로써 하나님께 아뢰어야 한다. 자녀를 위해 기도하는 것은 당연한 부모의 의무이다 (욥 1:5).

그 기도의 제목은 우리 자녀들이 하나님 앞에서 살기를 바라는 것이어야 한다.

3. 하나님께서 응답하시고 올라가셨다.

하나님은 이삭의 출생을 약속하셨다. "하나님이 가라사대 아니라"고 하셨는데 "참으로 이스마엘이 언약의 아들이 아니다"라고 하시는 것이고 "사라가 아들을 낳을 것인데 그 이름을 이삭이라고" 하라 하셨다.

이삭은 "웃다(17:17)"에서 난 말로 "그가 웃다"이다. 그 이름은 아브라함의 신앙적 행위를 기념하는 이름으로 아브라함 가정에는 그의 출생으로 웃고 웃는 행복한 즐거움의 축복이 있게 될 것이고 온세계

인류에게 구원의 웃음을 웃게 할 메시야 예수의 예언인 것이다.

여기서 사라의 아들을 반복해서 약속하고 있는데 그것은 약속의 자녀가 참 자녀이고 확고한 믿음의 반석 위에 굳게 세우기 위해서 그리하신 것이다(히 7:18).

또한 하나님은 아브라함에게 벌써 약속했던 언약을 이삭에게도 세우겠다고 하셨다.

오고 오는 후손을 통하여 끊임없이 이어지고 있는 하나님의 구속사적 언약은 전인류에게 확실하게 적용될 것이었다.

하나님은 이스마엘을 축복하셨다. "내가 네 말을 들었나니"는 "내가 너를 이해하였다. 내가 너를 경청하였다"는 뜻으로 하나님께서 아브라함의 처지와 형편을 헤아리시고 그의 간구한 기도를 들어주셨다는 뜻이다.

아브라함은 이스마엘이 죽지 않기만을 위해 기도했는데 하나님은 그가 구하지 아니한 것까지 곧 그의 생명보존은 물론이거니와 자손번성까지 주셨다(시 86:5).

하나님은 기도하는 자에게 후히 주시고 꾸짖지 아니하신다.

하나님은 이스마엘에게 세 가지를 축복하셨다. 생육이 중다하여 크게 번성케 하는 복이다(창 1:28, 16:10). 그리고 열 두 방백을 낳으리라는 복이다(25:12-16).

그것은 주로 아라비아 중부 및 북부지역에 정착하였는데 그들이 모두 유력해질 것이라는 말씀이다.

그러므로 그에게는 어떤 신령한 언약은 없었지만 어느 정도의 영적 축복도 하나님은 그에게 주신 것을 알 수 있다.

또한 하나님은 이스마엘에게 큰 나라가 되게 하겠다고 축복하셨다.

하나님이 아브라함을 떠나 올라가셨다. 지금까지 하나님은 아브라함과 말씀하셨다.

그 말씀을 다 마치신 후에 아브라함이 보는 중에 아브라함을 떠나 하늘로 올라 가셨다. 말씀은 하나님께서 가시적인 형상을 입으시고 아브라함에게 나타나 계시하시고 말씀하신 후에 본연의 무형상적 실체로 올라가셨다는 것이다.

하늘과 땅을 잇는 신령한 축복의 교제는 잠시 중단되었으나 이러한 영적 교제와 대화는 하늘나라에서 영원히 계속될 것이다.

이 땅에 육신으로 오셔서 제자들과 3년이나 교제하시고 부활승천하신 예수는 언젠가는 또다시 우리에게 오실 것을 믿는다(눅 24:50-53, 계 22:20).

세 사람의 방문

(창 17:23-18:8)

하나님께서는 아브라함과 말씀을 마치시고 올라가셨다. 아브라함은 그 즉시로 남자들에게 할례를 행하였다. 그것은 하나님과의 약속이었다. 할례계약을 이행하는 아브라함을 보신 하나님께서는 친히 두 천사를 거느리시고 사람의 모양으로 아브라함의 장막에 방문하셨다.

여기서 문제는 영이신 하나님께서 인간의 형상을 취하시고 나타나사 말씀하시고 들으시고 대접 받으시며 잡수시는 육체적 기능을 행하셨다는 것이다.

예수께서도 부활하신 후에 제자들에게 나타나시고 잡수셨다. 구속사에 필요한 특별계시를 전달하실 때에 여러 형태로 인간에게 나타나셔서 말씀하셨다. 이 분이 바로 삼위 하나님 중에 이위 예수 그리스도시다. 여호와의 사자가 나타나신 예수는 신약에 이르러 완전히 성육신하사 죄인을 찾아오시고 임마누엘 하나님이 되셨다.

하나님은 그의 언약한 백성을 찾아오신다. 인간의 형상을 입으시고 그의 백성을 방문하시고 아무도 모르게 방문해 오신다.

하나님께서는 인간처럼 행동하시고, 인간의 지위까지 내려오시고, 인간의 언어로 말씀하시며 들으신다. 그리하여 인간을 친히 체휼하시는 것이다. 인간으로 세상에 오신 그 분은 아브라함이 대접한 후한 음식들을 받아들이셨다. 예수는 지상에 계시는 동안 인간들의 친절과 대접과 공궤를 받아들이사 베다니 나사로의 집이나 베드로의 집이나 죄인의 집에도 쾌히 들어가사 친밀하게 대해 주셨다.

창세기 18장에서 대조적인 두 사건에 대하여 예언하신 하나님을 본다. 이삭이 출생하게 된다는 생명에의 소식과 소돔성의 멸망이라는 죽음에의 말씀이 그것이다. 의인에게는 영생을, 악인에게는 멸망을 주는 하나님의 양면성을 볼 수 있는 것이다.

이 말씀을 잘 살펴보면 이것은 예수의 재림 때에 있게 될 상급과 심판을 예시한 것이라고 생각한다(살후 1:8-9, 딤후 4:8, 계 1:7) 그리고 여기 세 사람이 아브라함을 방문했는데 셋 중에 한 분은 하나님이시고(13절, 19:1) 나머지 둘은 천사들이다. 그들이 사람 모양으로 나타난 것은 하나님의 계시를 분명하게 보여주려는 것이다.

1. 세 사람은 언제 방문했는가?

아브라함이 마므레 상수리 수풀 근처에서 있을 때이다. 마므레는 아브라함에게 절친한 이웃이었는데 그가 아브라함에게 준 상수리 수풀 근처에다가 장막을 치고 있었다. 그곳은 헤브론(13:18) 땅에 있는 아모리사람 마므레의 상수리나무 수풀이 있었기 때문에 아브라함은 거기 거하면서(14:13) 여호와의 이름을 불렀다.

이곳은 매우 더운 지방이기 때문에 수풀 근처에다 장막을 쳤을 것이다. 상수리나무는 고대인들이 신의 나무라고 숭배하고 그 숲속에다 그들의 신당을 짓고 거기서 그들의 신을 불렀었다. 그러나 아브라함은 그곳에다 하나님의 성소를 짓고 여호와의 이름을 불렀다. 초막이나 궁궐이나 주님 모신 곳이면 천국이다. 그러므로 이곳은 하나님의 교회이다. 마므레는 이방인이지만 아브라함에게 이곳을 주어 제단을 쌓게 하였으니 오늘날 이방교회의 모형이라고 할 수 있다.

할례를 행한 직후이다. 아브라함은 하나님의 명령에 따라 즉시로 할례를 행했다. 그것은 교회의 성결한 의식이었다. 하나님은 그때에 그의 교회장막으로 찾아오셨다. 아브라함은 할례 후에 여호와 하나님을 기다렸다. 하나님은 기다리는 종들에게 오신다.

엘리바스는 "네가 만일 전능자에게로 돌아가고 또 네 장막에서 불의를 멀리 버리면 다시 흥하리라"(욥 22:23)고 하였다. 그리고 빌닷은 "네가 만일 하나님을 부지런히 구하며 전능하신 이에게 빌고 또 청결하고 정직하면 정녕 너를 돌아보시고 네 의로운 집으로 형통하게 하실 것이라"(욥 8:5-6)고 하였다.

고넬료는 "햇살"이라는 뜻을 가진 로마 백부장이었으나 "경건하여 온 집으로 더불어 하나님을 경외하며 백성을 많이 구제하고 하나님께 항상 기도하더니 하나님의 사자가… 기억하신 바…"(행 10:1-4)라고 하였다.

오정 즈음에 장막문에 앉은 때이다. "때와 열" 곧 더운 그 때라는 것이다. 태양이 하늘 중천에 솟은 때, 이중의 빛, 가장 밝은 빛이 빛나는 시간을 의미한다.

이 때는 가장 더운 시간이기 때문에 휴식 시간이었다(창 43:16, 25). 매우 뜨거운 시간이기 때문에 여행자들은 상수리나무 그늘을 지나다가 쉬기를 청할 수 있었다. 그당시 풍습으로는 지나가는 나그네가 이러한 그늘에 쉬어가기를 원하면 친절하게 도와 주는 것이 상례였다.

돋는 햇빛(잠 4:18), 태양의 절정, 정상의 시간은 빛의 본체되시는 하나님의 나타남과 함께 비춰어진 것이 아닐까? 예수는 "빛"이시기 때문이다.

2. 세 사람을 영접하였다.

아브라함은 눈을 들어 보고 영접하였다. 한 절 속에 본즉, 보자라는 말씀이 있는데 본즉은 눈으로 본것이고, 보자는 정신적인 지각 행동으로 간주한다.

본다는 것은 대단히 중요하다.

첫째로, 눈을 들어 보았다. 아브라함은 동서남북을 보고(13:14), 여기서 세 사람을 보고, 소돔성의 멸망을 보고(19:28), 모리아산상을 보고(22:4), 수양이 수풀에 걸려 있는 것을 보았다(22:13). 야곱은 사닥다리를 보았고(28:12-13), 스데반은 주님께서 천상보좌에 서신 것을 보았으며(행 7:55-56), 요한은 천국의 전체를 보았다(요한계시록).

예수께서는 무리를 보시고(마 9:36), 돌이켜 그 쫓는 것을 보시고(요 1:38), 눈을 들어 희어져 추수하게된 밭을 보셨다(요 4:35). 보는 것은 참으로 믿음에서 중요하다. 그러기에 "태초부터 있는 생명의 말씀에 관하여는 우리가 들은 바요 눈으로 본 바요 주목하고 우리 손으로 만진 바라"(요일 1:1)고 한 것이다.

둘째로, 하나님이 사람으로 오심을 보았다. 아브라함은 육안, 지안, 영안(시 19:8)의 눈을 들어서 세 사람이 자기 장막으로 오는 것을 보았다. 세 사람에 대해서 어거스틴은 삼위일체 하나님의 심부름 하는 세 천사라고 했고, 칼빈은 "세 사람 중 한 사람은 로고스(예수)요 다른 두 사람은 두 천사"라고 하였다(3, 13, 22, 19:1). 하나님께서 사람 모양을 입으신 것은 그가 살아계신 인격적인 신이라는 사실을 보여주는 것이다. 이것을 의인 주의 계시라고 하는데 이같은 목적은 완전하시고 육이 없으시나 사람과 같은 성품이 있음을 보여주려는 것이다.

셋째로, 하나님이 지상 장막에 오심을 보았다. 요한은 "말씀이 육신이 되어 우리 가운데 거하시매 우리가 그 영광을 보니 아버지의 독생자의 영광이요 은혜와 진리가 충만하더라"(요 1:14)고 하였다.

마태는 "그 이름은 임마누엘이니 하나님이 우리와 함께 계시다"(마 1:23) 하면서 "세상 끝날까지 너희와 항상 함께 있으리라"(마 28:20)고 했다.

하나님이 세상에 사람으로 오셨다. 티끌이 날리고, 뜨거워 지친 인간들에게 찾아오신 것이다. 그런데 자기 땅에 오신 왕을 자기 백성들이 영접지 아니하였으나(요 1:10-11) 아브라함은 영접하여 들게 하였다. 이것이 신앙인 것이다.

넷째로, 하나님이 두 천사를 거느리고 오심을 보았다. "두 천사"는 사자로 두 언약을 증거하는 천사를 의미한다. 구약과 신약에 나타난 하나님의 구원사역을 심부름한다. 하나님의 구원과 심판을 전달한다. 예수께서 탄생하실 때 예수의 탄생의 희소식을 전했고, 무덤에 계실 때 두 천사가 있었고, 승천하실 때 예수와 함께 하면서 너희가 본대로 다시 오리라고 증거했다. 하나님이 두 천사를 거느리고 나타나신 것은 천사의 사명을 맡은 사자들과 함께 하는 것을 보여준다. 모세와 여호수와의 사명이 그러했다.

예수께서는 두 사람씩 전도의 사명을 맡기셨다. 그것은 증거하기 위해서이다. 하나님은 오늘날도 하나님의 사역을 위해 종들을 거느리시고 행하신다(마 10:41-42).

아브라함은 달려나아가 영접하였다. 첫째로, 장막문에서 달려 나아갔다. 그는 대기하고 있었듯이 세 사람이 장막 맞은 편에 선 것을 보자 곧 달려 나아가서 그들을 영접했다.

아브라함은 장막문에서 상수리 수풀 근처를 바라보고 있었다. 이는 그의 정신자세를 말하는 것이다. 그는 하나님의 약속을 믿고 미래를 바라보면서 살았고 나그네로 보이는 세 사람이 맞은 편에 선 것을 보고 곧 달려갔다. 삭개오가 달려가 예수를 보고 영접하여 아브라함의 후손이 되었다(눅 19:1-9). 아브라함의 신속한 동작에 대해 "곧 달려가 급히 속히 급히 달려가"라고 한 것은 우리가 본받아야 할 동작이다.

둘째로, 부지중에 하나님을 영접했다(히 13:1-2). 아브라함은 처음부터 하나님인줄 알고 영접한 것이 아니다. 평소에도 그는 나그네들을 대접하기를 잘 했던 것이다.

마므레의 장막문은 신령한 의미에서의 교회이다. 그러므로 많은 인간들이 나그네 행인들이 쉬어가는 곳이다. 부지중에 소자 하나를 영접하면 곧 예수 그리스도를 영접한 것이고 사람을 학대한다면 그것은 곧 예수를 박대함이라고 하였다.

아브라함은 몸을 땅에 굽혀 영접하였다. 첫째로, 몸을 땅에 굽힘은 그의 겸손이다. 땅에 무릎을 꿇고 손을 완전히 부복하는 자세로서 머리가 땅에 닿기까지 절하는 것이다. 상급자에 대하는 하급자의 인사 태도로 곧 겸손을 의미한다(삼하 4:8).

이러한 태도는 동양에서는 흔히 볼 수 있다(22:5, 삼상 1:3). 겸손은 부르심에 합당한 것이고(엡 4:2, 벧전 3:8), 교만보다 낫고(잠 16:19) 성도의 옷과 띠이다(골 3:12, 벧전 5:5). 겸손은 하나님이 가장 요구하시는 것이요, 존귀와 영광이다(믹 6:8, 잠 15:33, 18:12).

둘째로, 겸손하면 재물과 영예와 생명을 얻는다(잠 22:14). 겸손한 자의 장막에 하나님은 들어가신다. 그것은 큰 축복이 아닐 수 없다. 거기서 겸손한 자는 은혜를 받는다(잠 3:34). 하나님께서 겸손한 자의 소원을 들어 주신다(시 10:17). 먹고 배부르며(시 22:26) 하나님이 언제나 붙드신다(시 147:6, 벧전 5:6). 구원으로 아름답게 하시고(시 149:6, 욥 22:29) 기쁨이 더하게 하시며(사 29:19) 하나님이 영원히 함께 거하신다(사 57:15). 영혼을 소성케 하며(사 57:15) 영예를 얻게 하고(잠 29:23), 심판의 날에 보호를 받는다(습 2:3).

끝으로, 지극히 정성스럽게 영접하였다. 첫째로, 내 주여 종을 떠나지 말라고 간청했다. 그들이 선 순간은 은혜의 기회이기 때문에 떠나지 말라고 한 것이다. 그것은 루디아와 같은 것이었다(행 16:15). 오늘도 주님은 장막문 앞에 오셔서 서 계시다. 그러므로 은혜의 주님을 영접하는 기회로 삼을 것이다. 여리고의 장님이나 세리장 삭개오같이 기회를 선용할 것이고, 야곱같이 은혜의 주님을 붙잡고 가시게 하지 아니하겠다고 매달려야 한다(창 32:26). "내 주여", "종"이라고 한 것은 그의 겸손을 볼 수 있다.

둘째로, "발을 씻고 쉬소서"라고 했다. 발을 씻는 것은 친절한 영접이다. 그것은 그 지역의 풍습이기도 하고 신령한 교회는 서로의 발을 씻어 주는 봉사가 있어야 하는 것이다. 예수는 주인으로서 종의 형체를 하시고 제자들의 발을 씻겨 주셨다.

쉬소서는 팔을 베고 누우소서 하는 것이다. 물이라는 값싼 것으로 나그네를 영접하는 것은 마음만 먹으면 누구나 할 수 있는 일이다.

사르밧 과부가 엘리야에게 물로 대접했고(왕상 17:8-16), 다윗의 세 용사가 베들레헴의 물을 길어다가 다윗에게 마시게 했다(삼하 23:13-17).

리브가가 아브라함의 종에게 그리했고(창 24:16-22), 모세에게 십보라가(출 2:14-22), 사마리아 여자가 예수에게 냉수 한 그릇으로 인하여 영생수를 길었다(요 4:5-).

셋째로, 떡으로 마음을 쾌활케 하라고 했다. 아브라함이 준비한 음식 중에 물 조금과 떡 조금 하고 다음에는 송아지를 잡는다. 떡은 진수성찬을 표현하는 것이다.

마므레교회는 생수가 있고 떡이라는 양식이 있어 피곤하여 지나가는 자들에게 공급했다. 쾌활케는 "견고케 하다, 힘있게 하다, 원기를 되찾다"는 뜻이다.

3. 세 사람을 대접하였다.

고운 가루로 떡을 만들어 대접했다. 아브라함은 급히 장막에 들어갔다. 대접하기 위해 분주했으며 사라의 장막에 들어가 떡을 만들게 했다. 하나님의 사업에는 민첩한 동작이 필요하다. 세스아는 4.5ℓ이다. 떡은 한 덩어리로 된 것을 고운 가루로 만들었다. 값으로 치면 얼마 안되는 것이다. 그러나 그보다 그의 마음이 더 귀하다.

고운 가루는 밀알이 부서지고 본래의 형태가 없어진 것으로 우리는 하나님께 드리는 제물로 가루된 것 같이 죄악성을 죽이고 옛사람은 없어지고 한 덩이 된 성도로써 주님을 모실 것이다.

반죽하여 떡을 만들었으니는 뜨거운 불에 구운 무교병이다. 고난과 시련의 불 가운데서 완전히 익어져서 주님께 드리는 일꾼이 되어야 한다.

아브라함의 아내와 하인이 수고했고 그러나 불평없이 마음과 몸과 물질로 봉사했으니 하나님을 대접하는데 불평해서는 안되는 것이다(눅 10:40-42).

기름지고 좋은 송아지로 요리하여 대접했다. 아브라함은 사라의 장막으로 달려가 속히 떡을 만들라 하고 이번에는 목장으로 달려갔다. 손님을 대접하기 위하여 세심한 신경을 썼던 것이다. 종들이 많았지만 자신이 직접 수고했다. 믿음은 행함이 따르는 것이다(약 2:21, 26).

기름지고 좋은 송아지를 취하여 그렇게 좋은 값나가는 것도 아까워 하지 않았다. 물, 떡, 송아지, 뻐터, 우유, 그리고 무엇보다도 정성된 마음으로 봉사했다.

봉사(Naar-나루)는 여성 명사로 변하면(narom) 처녀라는 말이 되니 처녀같이 깨끗하고 절개있고 정성된 마음으로 대접함이 귀한 것이다.

아브라함이 직접 그들 앞에 진설했다. 뻐터는 응고된 우유인데 "살찌게 한다"는 어근에서 온 말로 신선하거나 기름이 포함된 우유이다.

아브라함은 하인이 요리한 송아지를 진설했다. 송아지가 죽어서 세 사람을 기쁘게 했듯이 예수께서 생축으로 죽으셔서 하나님의 구속사업을 완성하셨다. 그러므로 우리는 희생제물 되어(롬 12:1, 빌 2:17) 주를 기쁘시게 해야 하는 것이다.

아브라함이 모셔 섰다. 이것은 손님에게 시중 드는 일이다. 그는 종들에게 시중드는 일을 맡기지 않고 자신이 했다. 그들은 아브라함과 접촉을 가지기 위하여 음식을 먹었다(눅 24:30, 43, 삿 13:16).

여호와께 능치 못한 일이 있겠느냐?

(창 18:9-15)

아브라함은 지나가는 나그네를 잘 대접하였는데 부지중에 하나님과 천사를 대접했다. 예수께서는 "너희를 영접하는 자는 나를 영접하는 것이요 나를 영접하는 자는 나 보내신 이를 영접하는 것이니라 선지자의 이름으로 선지자를 영접하는 자는 선지자의 상을 받을 것이요 의인의 이름으로 의인을 영접하는 자는 의인의 상을 받을 것이요 또 누구든지 제자의 이름으로 이 소자 중 하나에게 냉수 한 그릇이라도 주는 자는… 그 사람이 결단코 상을 잃지 아니하리라"(마 10:40-42)고 말씀하셨다.

아브라함이 부지중에 정성을 다하고 물질을 드려 몸으로 수고하여 천사들을 대접한 것에 대한 보상으로 하나님께서는 사라에게 아들이 있으리라고 축복하셨다.

사라는 이 놀라운 하나님의 말씀을 듣고 믿지를 못했다. 그런데 하나님께서는 "여호와께 능치 못한 일이 있겠느냐?"라고 말씀하시면서 믿을 것을 권하셨다.

아브라함의 약속은 아들이 세상에 태어나기까지에는 하나님의 능력의 기적이 아니고서는 이루어질 수 없었다. 왜냐하면 아브라함과 그 아내는 늙고 경수가 끊어지고 태는 완전히 죽어 있었기 때문이다.

이 사건의 본체이신 하나님의 아들 메시야 예수 그리스도께서 탄생하시는 때에도 "대저 하나님의 모든 말씀은 능치 못하심이 없느니라"(눅 1:37)라는 한마디 속에서 그 해답을 얻을 수 있었다.

천사장 가브리엘이 처녀 마리아에게 "보라 네가 수태하여 아들을 낳으리니 그 이름을 예수라 하라"(눅 1:31)고 하였다. 마리아는 믿을 수가 없었다 그리하여 "나는 사내를 알지 못하니 어찌 이런 일이 있으리이까?"(눅 1:34)라고 하였다. 천사는 "성령이 네게 임하시고… 능력이 너를 덮으리니…"라고 대답했다. 이삭의 출생 때나 예수의 탄생 때는 능력의 하나님께서 기적으로(성령의 능력) 역사하셨다. 그 조상에 그 후손인 것이다.

욥은 "주께서는 무소불능하시오며 무슨 경영이든지 못 이루실 것이 없는줄 안다"(욥 42:2) 하였고, 예레미야는 "주에게는 능치 못한 일이 없으시니이다"(렘 32:17)라고 하였고, 예수께서는 "사람으로는 구원할 수 없으나 하나님으로서는 다 할 수 있느니라"(마 19:26)라고 하셨다.

1. 사라가 장막문에 있을 때 하신 말씀이다.

네 아내 사라가 어디 있느냐? 물으셨다. 여호와 하나님은 전지하시므로 아브라함의 아내의 이름을 알고 계셨다. 그 하나님께서 사래라는 이름을 얼마 전에 사라로 개칭하셨기 때문에 너무나 잘 아시고 계시는 것이다.

아담과 하와가 숲속에 숨어 있을 때도 "아담아 어디 있느냐?" 하시면서 찾아오셨다. 하나님은 광야에서 애굽길로 방황하는 하갈 마저도 "하갈아 네가 어디서 왔으며 어디로 가느냐?"라고 물으셨다. 하나님은 우리의 이름, 위치, 처지와 환경 문제 등을 다 아시고 기억하고 계신다.

여호와께서 "네 아내 사라가 어디 있느냐?"고 물으심은 사라에게 특별한 목적이 있다는 것을 의미하기 때문에 아브라함은 이 세 사람은 범상한 손님이 아니라고 생각했을 것이다.

동양인에게 있어서 "네 아내 사라가 어디 있느냐?"라고 묻는다는 것은 예의상 도리가 아니다. 그러나 여호와께서는 서슴치 않고 이렇게 물으셨기 때문에 이들은 보통 나그네가 아니라고 보았다.

아브라함은 장막에 있다고 대답했다. 마므레교회는 은혜를 베푸는 곳이다. 하나님의 방문과 약속과 축복이 바로 이곳에서 있었기 때문이다.

여자들이 남자들과 함께 그것도 낯선 사람들과 더불어 한 자리에 앉아서 식사를 하지 아니하고 자기 방에 들어 앉아 있다는 것은 아름다운 예의범절이다.

"장막 안에 있나이다"라는 대답은 "그곳이 아니면 어디 있겠습니까? 늘 있는 곳에 있으며 부르기만 하면 들릴 만한 곳에 있습니다"라는 의미이다.

마므레 교회에서 여성도의 있을 위치는 자기 장막이다. 그러기에 "근신하며 순전하며 집안 일을 하며 선하며 자기 남편에게 복종하라"(딛 2:3-5) 하였고, "모든 성도의 교회에서 함같이 여자는 교회에서 잠잠하라 저희의 말하는 것을 허락함이 없나니… 오직 복종할 것이요 만일 무엇을 배우려거든 집에서 자기 남편에게 물을찌니 여자가 교회에서 말하는 것은 부끄러운 것임이라"(고전 14:34-35)고 하였다.

자신의 있을 자리, 자신의 해야할 의무, 그것을 잘 지키는 자가 하나님의 은혜를 받는 것이고 하와와 같이 제자리에 있지 아니하고 남편의 영역에까지 뛰어들어가게 되면 실패하기 쉽다.

사라에게 아들이 있으리라고 했다. 첫째로, "기한이 이를 때에 네게로 돌아 오리라"고 하였다. "기한이 이를 때"는 명년 이맘때를 의미하는 말이고 "네게로 내가 정녕 돌아 오리라"는 것은 하나님께서 약속의 실현을 가지고 반드시 너를 찾아 오리라는 뜻이다. 그러므로 여기서 한 생명까지도 하나님은 때를 정하여 놓고 역사하신다는 것을 알수 있으며 가정에 주어지는 자녀들 하나 하나가 하나님의 예정과 섭리 속에 목적한 바가 있어서 선물로 주시는 것을 알 수 있다. 라헬이 야곱에게 "나로 자식을 낳게 하라"(창 30:1-2)고 투정을 부리는 때에 야곱이 라헬에게 "그대로 성태치 못하게 하시는 이는 하나님이시니 내가 하나님을 대신하겠느냐?"라고 노를 발하며 대답했다.

둘째로, "사라에게 아들이 있으리라"고 하였다. 하나님께서는 아브라함에게 수차에 걸쳐서 아들을 약속하셨다. 반복된 약속은 믿음의 확신을 주고 약해지지 않도록 하시는 하나님의 은혜이다.

그러나 "사라에게 아들이 있으리라"는 말씀은 여기서 처음이다. 아브라함에게 자손의 번성을 약속하셨기 때문에 아브라함과 사라는 하갈을 취첩해서라도 아브라함의 아들을 얻고자 했던 것이다.

사라의 이름이 개명되고 변화되는 단계에 있을 때에 비로소 "사라에게 아들이 있으리라"고 말씀하신 것이다. 아브라함도 개명되고 할례를 행한 후에 사라와의 정실 부부 사이에서 아들이 있으리라고 약속하시는 것이다.

셋째로, 사라가 그 뒤 장막문에서 들었다. 지금까지는 아브라함에게만 사라의 소생이 있으리라는 말씀을 아브라함을 통해서 들었다. 오늘 비로소 자기 처소에서 직접 "사라에게 아들이 있으리라"는 말씀을 들었다. 그것도 멀지 않은 날에 그 아들이 태어나리라는 것이다. 하나님의 말씀은 믿음을 갖게 하고 기쁨을 소유하게 하는 것이다.

여러 차례 사람을 통해서 듣는 소식 보다 직접 하나님의 말씀을 듣는 것이 얼마나 큰 기쁨인가? 하늘에서 우리 장막까지 방문하신 하나님의 말씀은 진실로 복음이다.

2. 사라가 웃고 있을 때 하신 말씀이다.

웃었다는 말이 네 번이나 나오고 있다. 아브라함은 사라가 아들을 낳게 된다는 첫 번째 소식에 너무나 기뻐서 웃었다(17:17). 그 웃음은 신앙적 웃음이 분명하였다. 백세의 노인이 불임의 아내를 통하여 아들을 얻게 된다는 것이 그를 웃게 하고 기뻐하게 했다. 그런데 아브라함의 아내 사라는 이 말을 듣고 "속으로 웃었다"고 하였는데 믿음으로 기뻐서 웃는 것이 아니고 의심과 불신앙의 웃음을 웃었다.

하나님은 사라가 그 뒤 장막문에서 손으로 웃은 것까지도 다 알고 들으셨다. 전지하시고 마음과 중심을 살피시는 분이심을 알 수 있다.

같은 웃음이라도 매우 다른 뜻으로 행해지는 수가 있는데 사람은 알 수 없으되 하나님은 아시고 판단하신다. 사라는 처음에는 웃지 않았다고 거짓말을 하였다. 하나님은 거짓말을 용납지 않으신다. 사라가 하나님의 책망에 침묵했기 때문에 그나마 다행이라고 볼 수 있다. 다소곳이 말씀에 굴복당하는 것이 축복을 받는 길이다.

아브라함과 자신이 늙었다면서 웃었다. 11절에서 "아브라함과 사라가 나이 많아 늙었고"라고 하고 다음 절에서는 "내가 노쇠하였고 내 주인도 늙었으니…"라고 하였다. 이것을 바울은 "그가 백세나 되어 자기 몸의 죽은 것 같음과 사라의 태의 죽은 것 같음을 알고"(롬 4:19)라고 하였다.

사라가 남편을 "내 주인"이라고 불렀다. 베드로는 이것을 "사라가 아브라함을 주라 칭하여 복종한 것 같이… 너희도… 그의 딸이 되었느니라"(벧전 3:6)고 하였다.

아내는 남편에게 존경과 복종해야 하는 것이다. 그것이 부인의 영적 단장인 것이다(벧전 3:5). 늙으면 자식을 낳을 수 없다는 것은 인간 육체의 생리적인 것을 믿는 것이지만 그것마저도 되살아나게 하시는 이는 하나님이시다. 사라는 그것을 믿었어야 했다.

예수께서는 "하나님을 믿으라… 누구든지 이산 더러 들리어 바다에 던지우라 하며 그 말하는 것이 이룰줄 믿고 마음에 의심치 아니하면 그대로 되리라"(막 11:23)고 하셨다.

사라의 경수가 끊어져 있어서 웃었다. 아브라함의 아내 사라에게 있어서는 늙었다는 것과 경수가 끊어졌다는 두 가지 요소가 여호와의 약속 성취에 방해가 된다고 믿었다. 사실 그것은 인간 생각으로는 당연한 것이다. 그러므로 바울은 "아브라함은 백세나 되어 자기 몸의 죽은 것"이라고 하였고, "사라의 태의 죽은 것(롬 4:19)"이라고 기록하고 있다.

예수께서 하신 말씀을 보면 "믿는 자에게는 능치 못할 일이 없느니라"(막 9:23)고 하셨다. 벙어리 귀신들린 아이의 아버지가 "무엇을 하실 수 있거든 우리를 불쌍히 여기사 도와 주옵소서"하며 간청했다. 예수께서 이르시되 "할 수 있거든이 무슨 말이냐 믿는 자에게는 할 일이 없느니라"고 하셨다.

하나님은 전능하셔서 없는 데서 있게 하시고, 닫힌 것을 여시며, 죽은 태를 살리신다. 그것을 믿는 사람은 불신앙의 웃음을 웃을 수 없다. "믿음은 바라는 것들의 실상이요 보지 못하는 것들의 증거"(히 11:1)이다. 하나님은 "여호와께 능치 못한 일이 있겠느냐?" 책망하셨으나 사라의 불신앙의 웃음 때문에 약속을 취소하시지 않으셨으니 은혜이다.

예수의 육신상 어머니인 마리아는 천사가 "대저 하나님의 모든 말씀은 능치 못하심이 없느니라" 할 때에 "주의 계집종이오니 말씀대로 내게 이루어지이다"(눅 1:37-38)라고 응답했던 것이다. 처녀요 사내를 알지 못한 마리아에게 아들을 잉태하리라고 할 때에도 마리아는 말씀대로 내게 이루어지이다 하고 받아들이고 믿었는데 사라는 나이 많아 경수가 끊어졌다고 잉태를 할 수 없다고 한 것은 불신앙이었다.

3. 사라가 두려워하고 있을 때 하신 말씀이다.

사라의 두려워한 것은 신앙이다. 하나님께서는 사라가 속으로 웃었다는 사실을 아셨다. 사라는 이는 범인이 아니라 속마음까지 아시는 하나님이라고 믿고 두려워하지 않을 수 없었다. 그러므로 사라는 이제부터는 하나님의 약속의 말씀을 믿고 받아들여 순종했다. 그가 두려워한 것은 약한 것이지만 신앙이었다. 하나님은 인간의 신앙이 부족해도 그것을 신앙으로 인정해 주신다. 나아만이나 가나안 여자 등의 믿음은 미미한 것이고 그들의 신관마저 불분명했지만 하나님은 그들의 부족한 믿음을 칭찬하시고 축복하셨다(왕하 5:1-4, 마 15:22-27).

하나님은 하나님을 두려워하는 사람을 사랑하시고 모든 죄를 사해 주신다(사 66:2, 시 103:12-14). 사라가 두려워한 것은 그의 평소의 여성적 미덕으로 가정에서 아브라함을 주라 칭하여 두려움으로 순종했던 그런 믿음으로 하나님을 두려워한 것이다.

사라는 믿음으로 잉태의 힘을 얻었다(히 11:11). "믿음으로 사라 자신도 나이 늙어 단산하였으나 잉태하는 힘을 얻었으니 이는 약속하신 이를 미쁘신 줄 앎이라"고 하였다.

사라는 약속하신 이 하나님을 진실하신 전능자로 믿었기 때문에 죽은 자와 방불한 사라가 잉태하여 하늘에 허다한 별과 해변의 무수한 모래와 같이 많이 생육했다. 바울은 "내게 능력주시는 자 안에서 내가 모든 것을 할 수 있느니라"(빌 4:13)고 고백하였다.

사라는 웃지 않았다고 거짓말을 하여 초라한 인간의 모습을 여실히 드러내어 책망을 받았으나 그때가 그의 신앙을 성장시킬 수 있는 계기가 되었으며 그는 여호와의 말씀을 듣고 믿을 수 있었다(롬 10:17). 히브리서 저자는 유명한 신앙의 선진들을 열거하면서 여성 중에는 사라를 맨 먼저 머리에 두었다(히 11:11).

두려워하는 믿음은 경건한 것이다. 요셉은 하나님을 두려워하여 큰 악을 행하지 않았다(창 39:9). 경건한 신앙은 하나님을 두려워한다. 사람을 두려워하는 것은 하나님을 두려워하는 신앙이 없기 때문인데 그것은 올무에 걸리게 된다(잠 29:25).

히브리서 저자는 "두려움으로 하나님을 기쁘시게 섬기라"(히 12:28)고 하였다. 경건한 자란 곧 하나님을 두려워하는 자이다(출 18:21). 지혜로운 자는 두려워하여 악을 떠나지만 어리석은 자는 방자하여 스스로 믿는다(잠 14:16).

그러나 계명을 두려워하는 자는 상을 얻고(잠 13:13), 하나님의 심판하실 시간에 하나님께 영광을 돌리며(계 14:7), 그에게 찬송할 것이다(시 22:23).

아브라함에게 숨기겠느냐?

(창 18:16-21)

하나님은 아브라함을 만나시기 위하여 인간의 육체를 입고 아주 낮게 오셨다. 그 분이 오셔서 아브라함의 접대를 받으시고 식탁의 손님이 되셨다. 그저 대접을 바라시고 오신 것이 아니셨다. 이번에는 특별히 아브라함의 아내 사라에게 희소식을 전하려고 하신 것이다.

사라가 직접 내년 이맘때에 아들을 낳게 되리라는 여호와의 말씀을 듣게 하심으로 그의 믿음을 굳건하게 세우고자 하셨다. 하나님은 믿음으로 의로워진 아브라함의 가정에 오심으로 "하나님은 이스라엘 모든 가족의 하나님이 되고 그들은 내 백성이 되리라"(렘 31:1)라는 말씀을 기억나게 하셨다.

이 사건이야말로 감격하지 않을 수 없는 것은 하나님은 하늘에서 티끌의 세상에 있는 지상의 친구 아브라함을 찾아내려 오셨기 때문이다. 하나님은 사람이 그 친구와 이야기함같이 모세와 대면하여 말씀하셨다(출 33:11).

아브라함은 "하나님의 벗이요(약 2:23) 주의 벗이며(대하 20:7) 나의 벗"(사 41:8)이라고 성경은 밝히고 있다. 높이 영광의 하늘에 계신 하나님께서 낮고 천한 세상에까지 친구를 찾아오신 것이다.

예수께서는 "너희가 나의 명하는 대로 하면 곧 나의 친구라"(요 15:14)고 하셨다. 아브라함은 하늘의 친구가 명하는대로 행했다. 이름의 개명, 피로써의 할례! 여호와의 이름을 부르는 제단, 그곳에 하나님께서 오셔서 축복하셨다.

아브라함의 마므레 수풀의 장막은 하나님과 만나는 교회이다. 교회는 예배하며 여호와의 이름을 부르고 경건하게 기도하며 하나님의 말씀을 실행하는 곳이다.

이제 여호와 하나님이 이곳에서의 하실 일을 마치시고 소돔과 고모라로 가시게 되었다. 그것은 심판을 행하시기 위함이었다. 그러므로 하나님은 믿는 자들에게는 구원과 보상과 사랑으로 하시고, 죄인에게는 분노와 심판으로 하시며 공의와 사랑을 나란히 하신다.

1. 아브라함이 하나님을 전송했다.

그 사람들은 소돔으로 향했다. 여기 세 사람 중의 한 분은 여호와 하나님이시고(19:1) 둘은 천사들이다. 그들은 아브라함의 집에 와서 사라에게 은혜의 말씀, 소망의 말씀을 전하고 거기서 일어나서 소돔으로 향하여 갔다. 그것은 그곳을 저주하며 심판하시기 위함이었다.

소돔으로 향하고라는 말씀은 "소돔 쪽으로 얼굴을 향하여, 즉 소돔 고모라성을 향하여 진노하는 얼굴"이라는 뜻이다.

하늘에서 내려오신 하나님이 아브라함의 장막에 이르는 때는 정오 즈음으로 햇빛이 하루중 절정에 비취는 시간이었다. 그것은 무엇을 의미하는가? "여호와 하나님은 해요 방패시라 여호와께서 은혜와 영화를 주시며 정직히 행하는 자에게 좋은 것을 아끼지 아니하실 것임이니라"(시 84:11)고 하셨으니 믿음으로 칭의되고 이름이 개명되고 피의 할례로써 성결해진 아브라함에게 하나님의 얼굴은 정오의 빛같이 절정의 태양빛으로 오신 것이다(시 37:6).

그런데 이제 소돔 고모라로 가시는 하나님의 얼굴에는 밝은 것이 아니고 노기와 분으로 어두워져 있었던 것이다.

바울은 "하나님께서 각 사람에게 그 행한대로 보응하시되 참고 선을 행하여 영광과 존귀와 썩지 아니함을 구하는 자에게는 영생으로 영광과 존귀와 평강으로 하시고 당을 지어 진리를 좇지 아니하고 불의를 좇는 자에게는 노와 분으로 하시리라 악을 행하는 각 사람의 영에게 환난과 곤고가 있으리라"(롬 2:5-10)고 하였다.

아브라함이 전송하러 함께 나갔다. 유대전승에 의하면 아브라함은 하나님과 함께 헤브론 동북쪽에 있는 카퍼바누게(Capherbanuche)까지 전송하러 갔다고 한다. 아브라함이 거하는 곳에서 소돔까지는 30Km 정도의 거리가 되는데 아브라함은 높은 언덕을 올라가 사해와 그 주위 성읍들을 한눈에 보았을 것이다. 요한은 "네가 하나님께 합당하게 저희를 전송하면 가하리로다"(요삼 6)라고 하였다.

바울과 바나바가 예루살렘 총회에 보냄을 받아 떠날 때에 교회가 그들을 전송하였다(행 15:3). 그후에 바울이 에베소 장로들과 작별할 때에 다 크게 울면서 입을 맞추고 배에까지 전송했다(행 20:38). 그리고 두로에 상륙하여 여러날을 지내고 거기서 떠날 때에 성도들이 그 처자와 함께 성문밖까지 전송했다(행 21:5). 그러므로 하나님의 사람을 접대하여 맞아 드리는 것도 중요하지만 그가 떠날 때 믿음으로 정중하게 전송하는 것도 귀한 일이다.

하나님께서 비밀을 숨김없이 말씀하셨다. 아브라함이 하나님의 일행과 함께 멀리까지 전송하여 동행하는 때에 하나님께서 아브라함에게 말씀하시기를 "나의 하려는 것을 아브라함에게 숨기겠느냐?"고 하셨다. 하나님의 숨김없이 하신 말씀은 두 가지인데 아브라함에게 축복이요, 소돔 고모라를 멸하심이다.

다윗은 "여호와의 친밀함이 경외하는 자에게 있다"(시 25:14)고 하였으니 아브라함은 하나님을 경외하는 믿음으로 동행하여 여호와께서 친밀하게 숨김없이 말씀하신 것이다. 잠언에는 "어떤 친구는 형제보다 친밀하니라"(잠 18:24)고 하였으니 하나님께서 아브라함을 친밀한 친구처럼 대하셨다.

아모스는 "주 여호와께서 자기의 비밀을 그 종 선지자들에게 보이지 아니하시고는 결코 행하심이 없으시리라"(암 3:7) 하였으니 하나님은 아브라함을 그의 종이나 선지자로 대하여 주셨기 때문에 숨김없이 말씀하셨다(계 10:7).

예레미야의 말처럼 아브라함은 "여호와의 회의에 참예하여 그 말을 알아들었으며 귀를 기울여 그 말을 들었을 것"(렘 23:18-23)이다. 그리고 "너는 내게 부르짖으라 내가 네게 응답하겠고 네가 알지 못하는 크고 비밀한 일을 네게 보이리라"(렘 33:3) 하였으니 아브라함은 기도하는 사람이었기에 하나님께서 비밀을 숨기지 않으시고 알게하신 것이다.

마가는 "하나님 나라의 비밀을 너희에게는 주었으나 외인에게는 모든 것을 비유로 하나니"(막 4:11)라고 했다. 하나님께 아브라함은 외인이 아니고 내인이었다. 그러므로 아브라함은 "하나님의 비밀을 맡은 자"(고전 4:1)이다.

2. 아브라함에게 말씀하신 일을 이루겠다고 하셨다.

아브라함은 강대한 나라가 된다는 것이다. "아브라함"이라는 한 개인이 하나님의 축복을 인하여 강대한 국가를 건설한다는 것이다. 얍복 강변의 야곱에게 하나님은 축복하시되 "네 이름을 다시는 야곱이라 부를 것이 아니요 이스라엘이라 부를 것이니…"(창 32:28)라고 하셨다. 곧 야곱 개인의 후손으로 이스라엘이라는 큰 나라를 세우신다는 말씀이다.

아브라함은 "큰 민족을 이루고(12:2), 애굽강에서부터 유브라데스까지의 땅이 국토가 될것이며(15:4-21), 열국이 그에게서 나오고(17:5-8), 그의 씨로 크게 성하여 그 씨가 대적의 문을 얻으리라"(22:17-18)는 축복을 받았다. 이것은 장차 아브라함의 후손들이 세우게 될 이스라엘 나라를 의미하지만 메시야 예수 그리스도를 중심으로 한 영적 왕국 하나님 나라를 의미한다.

그러므로 마태는 "아브라함과 다윗의 자손 예수 그리스도의 세계라"(마 1:1)고 하였고, "동서로부터 많은 사람이 이르러 아브라함과 이삭과 야곱과 함께 천국에 앉으려니와"(마 8:11)라고 하였으며, 누가는 "나사로가 천국 아브라함 품에 있다"(눅 16:22)고 하였다. 천하만민이 그를 인하여 복을 받게 된다는 것이다.

하나님께서 아브라함을 처음에 부르실 때에 "너는 복의 근원이 될찌라 너를 축복하는 자에게 내가 복을 내리고… 땅의 모든 족속이 너를 인하여 복을 얻을 것이니라"(창 12:2-3)고 약속하셨다. 그런데 여기서 다시금 그 축복을 반복해서 약속하신 것이다. 그것은 아브라함에게 확신을 갖게 하시려는 목적에서이다.

아브라함의 가계를 따라 탄생할 메시야가 복의 근원 되시고 천하의 온 족속이 그로 말미암아 구원을 얻게 되는 것이다. 복은 예수로 말미암아 받는 구원이다. 그것은 속죄의 결과이다. 아무 것도 세상에 가진 것 없어도 믿음으로 구원을 받는 것이 최고의 복이다.

여호와의 도를 지켜 의와 공로를 행하게 하려고 택했다는 것이다. 이것은 하나님을 예배하는 일에 성실하고 헌신하며 모든 사람들을 대함에 있어서 정직하라는 것이다. 이것은 자기와 그 권속 뿐만 아니라 자기후대의 후손들이 여호와의 도를 지켜 살게 되기를 아브라함이 원했던 것이다.

그러므로 하나님의 선택된 사람들은 그 후손 만대에 이르도록 두 가지를 염두에 두지 않으면 안된다. 하나는 여호와의 도를 행하는 것이다. 이는 여호와를 믿는 믿음으로 하나님을 진정 예배하는 생활을 말하는 것이다.

또다른 하나는 의와 공도를 행함으로 정직과 의로움이다. 예수께서는 외식하는 바리새인과 서기관들에게 "너희가 박하와 회향과 근채의 십일조를 드리되 율법의 더 중한바 의와 인과 신은 버렸도다. 그러나 이것도 행하고 저것도 버리지 말아야 할지니라"(마 23:23)고 책망하셨다.

거기 의·인·신의 세 가지는 율법의 중심사상이다. 의는 하나님을 향한 옳음이고, "인"은 사람을 향한 사랑이며, 신은 자신을 향한 믿음인 것이다.

3. 하나님께서 소돔 고모라로 가셨다.

부르짖음이 크다고 하셨다. 하나님께서는 멀리까지 전송 나온 아브라함에게 두 가지 비밀을 이야기해 주셨다. 어떤 이유에서든지 우리가 하나님과 동행한다는 것은 특권이요 축복이다. 왜냐하면 하나님께서 자기와 동행하는 자에게 하나님의 비밀까지 말씀해 주시기 때문이다. 아브라함에게 축복을 말씀하시고 이제는 소돔 고모라를 멸하실 의지를 표명하신 것이다.

소돔과 고모라는 아드마, 스보임, 소알과 더불어 사해 남단 싯딤 골짜기에 있던 다섯 도시 중 두 도시이다. 다섯 개의 도시가 성경에 36회 언급되고 소돔은 16회로 가장 많이 나타나는 것을 볼 수 있다.

고모라는 물이 많다는 뜻이지만 불로 심판을 받았다. "부르짖음이 크다"는 것은 죄악에 대한 부르짖음 곧 원성이 이 하늘에까지 솟았다는 것이다. 이것을 "고소"라고 번역하는 사람도 있다. 억울한 피는 땅속으로 스며들지 않고 하늘을 향하여 호소하면서 계속 고소하고 있다는 것이다.

소돔과 고모라는 악인들에게 억울한 일을 당한 자들의 부르짖음이 너무나 커서 의인들이 도저히 살 수가 없었다. 그러기에 베드로는 "소돔 고모라의 무법한 자의 음란한 행실을 인하여 고통하는 의로운 롯"(벧후 2:7)이라고 했다.

그 죄악이 심히 중하다고 하셨다. 이 말씀은 "그들의 죄악이 풍성하고 가중하다"는 뜻으로 소돔 고모라성 전체는 죄악의 열매로 가득했고 어찌나 무거운지 모를 지경이었다는 것이다.

예레미야는 소돔과 고모라의 죄악을 "간음, 행악"(렘 23:14)이라고 지적했고, 에스겔은 "교만, 태평함, 궁핍한 자를 도와주지 않음, 거만하여 가증한 일을 내 앞에서 행하였음"이라고 하였으며, 베드로는 "불경건과 무법한 자의 음란한 행실"(벧후 2:6-7)이라고 했으며, 유다는 "간음을 행하며 다른 색을 따라 갔다"(유 7)고 하였다. 이상에서 공통된 그 땅의 죄는 "간음, 교만, 불경건"이라고 할 수 있다.

하나님께서 내려가서 보고 알아보겠다고 하셨다. 하나님께서는 하늘에서 헤브론에 내려오셨는데 이제는 높은 헤브론 지대에서 해안 평지 지역인 소돔과 고모라 쪽으로 나아가는 것을 "내려가서"라고 표현하셨다.

알아보려고 한다는 것은 하나님께서 모르셔서가 아니다. 하나님은 전지하신 여호와시기 때문에 이미 소돔 고모라의 죄악을 다 아시고 호소를 들으시고 계셨다. 다 아시면서도 "내려가서 보리라"는 것은 그들 소돔 고모라 사람들에게 회개할 수 있는 기회를 한 번 더 주시기 위해서였던 것이다.

갈대아역에는 "만일 회개하기만 한다면 내가 그들을 벌하지 않겠다"는 말이 첨부되어 있다.

베드로는 "주께서는 하루가 천년같고 천년이 하루같은 이 한 가지를 잊지 말라. 주의 약속은 어떤 이의 더디다고 생각하는 것 같이 더딘 것이 아니라 오직 너희를 대하여 오래 참으사 아무도 멸망치 않고 다 회개하기에 이르기를 원하시느니라"(벧후 3:8-9)고 하였다. 회개는 생명을 얻는 것이고(행 11:18), 구원에 이르게 하는 유일한 길이다(고후 7:10).

가까이 나아가

(창 18:22-33)

기도는 작은 소리로 다정하게 속삭여 이야기하는 대화라는 뜻이 있다. 성경에서 하나님은 우리에게 세미한 소리로 말씀하시고 우리가 하나님께 이야기하므로 기도는 영혼의 대화이다.

기도는 "하나님을 향하여 소원한다"는 뜻이 있다. 하나님께 무엇인가 바라는 것 그것이다. 기도하는 사람은 하나님께 외치며 부르짖으면서 자기 속에 하나님을 초대하는 것이다.

기도는 향과 같이 하늘로 올려지는 향기라고 했다. 다윗은 "나의 기도가 주의 앞에 분향함과 같이 되며 나의 손 드는 것이 저녁 제사 같이 되게 하소서"(시 141:2)라고 하였다. 사가랴가 주의 성소에 들어가 분향하고 모든 백성은 그 분향하는 시간에 밖에서 기도하더니(눅 1:10)라고 하였고, 요한이 네 생물과 24장로를 보았는데 "각각 거문고와 향이 가득한 금대접을 가졌으니 이 향은 성도의 기도들이라"(계 5:8)고 하였으며, 다시 요한계시록 8:3-4에도 천사의 손으로부터 하나님 앞으로 올라갔다고 하였다.

향은 먼저 자신을 태우는 전적 희생의 제물이기 때문에 하나님께서는 금대접에 그것을 담아 받으신다. 그리고는 향기로운 기도의 제물을 기뻐하시는 것이다.

피니는 하나님은 세 가지 방법으로 인간과 서로 교통하신다고 주장하고 있다. 첫째는 성경에 기록된 약속과 예언으로써, 둘째는 하나님의 섭리의 움직임을 통해서, 셋째는 우리가 기도할 바를 알지 못하므로 우리를 가르치고 중재하시는 성령을 통해서 교통하신다는 것이다. 아브라함의 중보기도는 성경이 기록한 첫 번째의 것이다.

바울은 기도하기를 권하면서 기도할 대상은 모든 사람을 위하여 임금들과 높은 지위에 있는 모든 사람이라고 하였고, 기도할 이유에 대하여는 우리가 모든 경건과 단정한 중에 고요하고 평만한 생활을 하려함이라 했으며, 기도의 종류로는 간구와 기도와 도고와 감사라고 했다.

간구는 한 가지 목적을 위하여 간절히 구하는 기도이고, 기도는 일반적인 기도, 예배 때의 공중기도 등이며, 도고는 남을 위해 간구하는 것으로 여기 아브라함의 기도와 같은 것이다. 감사는 기도에서 없어서는 안되는 요소로 기도, 간구, 도고 모두에 감사가 있어야 한다. 아무리 음식을 잘 만들어 요리상을 차렸다고 해도 그 요리에 소금이라는 간이 맞지 않으면 맛을 낼 수 없음과 같이 기도에 감사가 빠지면 맛없는 음식과 같이 되고 만다.

아브라함의 중보기도(도고)는 인간적인 면과 영적인 면에서 큰 특징을 갖추고 있다.

1. 아브라함의 기도 방법이 있다.

아브라함은 가까이 나아가 기도했다. 가까이 나아가는 어떠한 목적을 위해 접근하는 것을 의미하는데 여기에서 "경배하다, 함께 눕다"는 뜻이 생겼다.

이것은 아브라함의 그 몸이 하나님께 가까이 위치한 것 뿐 아니고 영적으로도 가까이 나아가서 서로 맞대면하여 대화하는 기도라는 것을 암시하는 것이다(렘 30:21). 기도는 영혼의 이야기이다. 영혼이 하나님께 맞대면하여 대화하며 청원하고 대답하는 것이다.

하나님이 높은 하늘에 계시나 지상에 내려오셨고 기도하는 사람에게서 절대로 떠나가시지 않으신다.

아브라함은 끈질기게 인내하여 기도했다. 아브라함은 처음에 의인 50명이 있으면 이 성을 사하시겠나이까? 하고 기도했다. 하나님은 사하겠다고 말씀하셨다. 그런데 아브라함이 깊이 생각하며 손을 꼽아도 그 성에 의인 50명이 될 것 같지가 않았다. 그리하여 45명, 다음에는 40명, 30명, 20명, 10명… 이렇게 여섯 번을 하나님께 간구했던 것이다. 이것은 아브라함의 끈질긴 기도라고 할 수 있다.

갈멜산 꼭대기에서 엘리야는 손바닥만한 구름이 떠오르기까지 일곱 번 기도했다(왕상 18:43-44). 하나님은 아브라함이 중보의 간청을 그만둘 때까지 양보하시고 허락하셨다. 그런데 아브라함은 열 명 이하의 간청을 구하지 않았다. 그 이유는 알 수가 없다.

짐작컨대 의인 10명이 없다면 멸망받아 마땅하다고 생각했든지 아니면 하나님께서 더 이상 간구하지 못하도록 아브라함을 억제시켰는지 모르겠다.

하나님의 뜻을 찾으려고 기도했다. 아브라함은 자신의 생각이나 바램대로 기도하지 않았고 하나님께서 이 도성에서 의인 몇 명을 원하시는지를 알고자 했다.

의인은 나라를 영화롭게 하지만 죄는 백성을 욕되게 한다(잠 14:34). 하나님은 의인을 찾으신다(믹 5:14,24). 그리하여 예루살렘성에서도 의인 한 사람만 있어도 용서하시겠다고 약속하셨으나 그 한 명이 없어서 바벨론에게 망했다(렘 5:1).

예수께서는 "내 뜻대로 마옵시고 아버지의 원대로 하옵소서"(마 26:39)라고 기도하셨다. 아브라함이 여기서 하나님의 뜻을 물어본 것은 자기 요구대로 응답해 주시기를 바라지 않고 하나님의 뜻에 맡긴 것이다. 자기를 포기한 숭고한 기도라고 할 수 있다.

2. 아브라함의 기도는 기도의 요지가 있다.

아브라함은 죄인들을 위해 기도했다. 아브라함은 자기의 가족 친척을 위해서라기보다 다른 소돔성에 사는 많은 죄인들을 위해서 기도했다.

물론 소돔에는 친척인 롯이 살고 있었기 때문이기도 했겠으나 꼭 그 조카 한 가정을 위한 간구가 아니었다. 소돔 고모라는 죄가 하늘에 사무치고 그중에서도 음란한 죄악의 대표적 도시였다.

그 속에서 멸망받을 죄인들을 생각할 때 그냥 앉아 있을 수만은 없었다. 아브라함은 영혼을 사랑하는 마음에서 이렇게 기도했다. 예수께서는 십자가상에서 "아버지여 저희를 사하여 주시옵소서 자기의 하는 것을 알지 못함이니이다"(눅 23:34)라고 기도하셨고, 돌에 맞아 순교하는 순간의 스데반은 "주여 이 죄를 저들에게 돌리지 마옵소서"(행 7:60)하며 기도했다.

요한은 "누구든지 형제가 사망에 이르지 아니한 죄 범하는 것을 보거든 구하라 그러면… 저희에게 생명을 주리라"(요일 5:16)고 하였다.

아브라함은 의인들을 위해 기도했다. 얼마 전에는 전쟁에서 포로되어 적지로 끌려가는 조카를 칼의 무기로 구출했으나 이번에는 불심판이라는 무서운 위험에서 기도라는 무기로써 롯을 구원하기 위하여 "의인을 죄인과 함께 멸하시겠나이까?"하고 간구했다. 베드로는 "무법한 자의 음란한 행실을 인하여 고통하는 의로운 롯을 건지셨으니… 이 의인이 저희 중에 거하여 날마다 저 불법한 행실을 보고 들음으로 그 의로운 심령을 상하니라"(벧후 2:6-8)고 하였다.

아브라함만큼 제단을 쌓고 여호와의 이름을 부르는 의인은 아니었고 다만 소돔성에 사는 사람 중에서의 의인이었을 것이다. 장차 망할 죄악의 도성에 사는 사람들은 우리의 친척들이다. 그러므로 그들의 멸망을 알고서야 어찌 도고하지 않을 수 있으랴!

공의를 위하여 기도했다. 아브라함은 "세상을 심판하시는 이가 공의를 행사실 것이 아니니이까?"(25절)라고 기도했다. 아브라함은 의인을 위하여 기도하고 죄인을 위해 기도하면서 동시에 하나님의 공의를 나타내는 기도를 올렸다. 소돔성이 멸망되더라도 의인이 있으면 그 의인 때문에 구원될 것이라고 믿고 이렇게 기도한 것이다.

아브라함은 하나님의 은혜와 사랑에만 매달려 무조건적인 사함을 간구하지 않고 하나님의 공의에 근거한 재판상의 공정성을 호소했다. 우리는 언제든지 기도할 때에 하나님의 공의를 살려야 한다는 사실을 잊지 말아야 한다.

3. 아브라함의 기도의 자세가 있다.

아브라함은 티끌과 같은 나라는 자세가 있었다. 티끌은 먼지와 재가 복합된 말로 단순히 겸손의 표현이 아니라 하나님 앞에서 자기의 실존을 정확히 알고 하나님께 고하는 일종의 고백인 것이다.

그는 앞에서는 하나님의 사랑과 공의를 알았고 여기서는 먼지에서 시작하여 한 줌의 재로 사라지고 말 자신의 존재를 알았다. 하나님은 하늘에 계시고 자기는 땅위의 티끌과 재로서 기어 다니는 벌레, 티끌 뭉치 인간임을 안 것이다(욥 4:17-18, 25:6). 인생은 티끌에서 지음 받고(창 2:7), 티끌로 터를 삼고(욥 4:19), 흙집에서 살며(욥 4:19), 구데기와 같은(욥 25:6) 동작으로 움직이다가 티끌로 돌아가고 만다(욥 10:9, 시 90:3).

하나님께서 인간을 진흙가운데 던지셨고(욥 30:19), 티끌과 재같게 하사(욥 30:19) 뱀처럼 티끌을 핥으며, 땅에 기는 벌레처럼 떨게 하셨다(믹 7:17). 그리하여 인간은 바람 앞의 티끌이요(시 18:42) 비천한 것이다.

그러나 "입을 티끌에 댈지어다 혹시 소망이 있을찌로다"(애 3:29)라고 하셨으니 아브라함은 비천한 먼지에 불과하나 영광 중에 계시는 하나님께 기도했다. 아브라함의 자세는 노하지 마옵소서의 자세이다. 이 말은 하나님을 두려워 하며 떨면서 기도한 것을 의미하는 것이다.

아브라함이 의인 50에서부터 10명에 이르기까지 무려 여섯 번이나 간구하면서 하나님이 노하실까 두려워 떨면서 기도했다. 그것은 아브라함이 얼마나 하나님을 경외하고 경건함이 있었는가를 의미해 주는 것이다. 경건은 종교의 생명이고 그 경건은 하나님을 참으로 두려워하는 믿음에서 생기는 것이다.

티끌 가운데 사는 인생들이 감히 하나님 앞에 엎드려서 하나님과 교통할 수 있다는 사실만큼 큰 축복과 특권은 없다.

의인을 멸하지 않으신다는 자세이다. 이것은 창조자에 대한 피조물의 신앙적 자세를 드러낸 말이라고 한다. 이것은 불퇴전의 백절불굴의 기도 정신으로 하나님이 요구하시는 기도 태도이다. 하나님은 의인을 절대로 멸하지 않으신다. 죄인은 반드시 심판하신다. 아브라함은 이것을 확실히 알고 기도했다. 기도의 대상이 어떤 하나님이신가를 아는 것이 참으로 귀중한 것임을 알 수 있다.

4. 아브라함의 기도의 결과가 있다.

하나님께서 응답하셨다. 아브라함이 50명에서 10명까지 여섯 번 기도했는데 하나님께서는 그의 기도에 대하여 응답해 주셨다. 아브라함이 롯 한 사람의 의인밖에 없다고 생각한 때에도 의인 한 사람이면… 하고 한번 더 기도했더라도 하나님은 허락하시지 않았을까 생각해 볼 문제이다. 왜냐하면 선민의 예루살렘에도 의인 한 사람을 요구하신 하나님이시기 때문이다.

기도의 응답에는 네 가지가 있다. 첫째로 직응이 있다. 예를 들면 갈멜산상의 엘리야 기도에 불이 즉각적으로 내려와서 제물을 태웠다.

둘째로 지응이 있다. 이것은 갈멜산상에서 일곱 번 기도 후에 비가 쏟아진 것과 같은 것이다. 응답이 지연되는 것이나 꼭 응답되는 것이다.

셋째로, 환응이 있으니 베다니 나사로의 병을 고쳐달라고 그 누이들이 기도했으나 죽은 지 나흘만에 오셔서 부활시켜서 바꿔서 응답하신 것이다. 나는 동쪽을 구했으나 주님은 북쪽을 주신 것이다.

넷째로, 불응이 있다. 모세가 가나안에 들어가게 해달라고 간구한 때에 "내 말을 듣지 아니하시고…그만해도 족하니 이 일로 다시 내게 말하지 말라"(신 3:25-27) 하심으로 불응하셨고 바울이 육체의 찌르는 가시로 인하여 세 번 기도 했으나 "내가 네게 준 은혜가 내게 족하다"(고후 12:7-9) 하시면서 불응하셨다. 그러나 그것도 응답이라는 사실이다.

여호와께서 가셨다. 하나님께서 이 땅을 떠나 하늘로 올라가셨다. 사람의 형상을 입고 이 땅에 나그네 모양으로 오셨다가 그 형상을 벗으시고 무형상적 실체로 돌아가신 것이다. 아브라함의 기도가 모두 끝났기 때문에 하나님께서는 응답하시고 즉시 가셨다. 우리가 하나님께서 항상 우리 앞을 떠나 가시지 않으시기를 진정 원한다면 기도하는 것으로써 영적 대화를 하는 것이다. 하나님은 우리의 기도가 끝나기 전에는 떠나지 않으시기 때문이다(사 59:1). 무엇을 구하든지 응답하신다.

아브람도 자기 곳으로 돌아갔다. 하나님과의 대화가 끝나고 아브라함은 일상적인 임무를 수행하기 위하여 자기 본위치로 돌아가서 자기 일에 힘썼던 것이다.

예수께서 승천하실 때에 제자들이 자세히 하늘을 쳐다보고 있는데 흰옷 입은 두 천사가 저희 곁에 서서 "갈릴리 사람들아 어찌하여 서서 하늘을 쳐다 보느냐?… 본 그대로 오시리라"(행 1:9-11)고 하였다. 바람과 불병거를 타고 승천하는 모습을 쳐다 보고 있던 엘리사는 능력의 두루마기를 입고 요단강을 가르고 여리고의 물을 변화시키며 자기 사역의 자리로 돌아갔다.

아브라함은 기도의 대화 때문에 일상적인 임무를 게을리하지 않았다. 예수는 밤이 맞도록 산속에서 기도하시며 하나님과 대화하셨으나 아침이 되면 진지 잡수실 겨를도 없이 복음사역에 열중하셨다. 승천하신 예수를 쳐다 본 제자들은 다락방에 모여서 세계 선교의 그림을 그렸고 성령의 권능을 입어 나아가 복음을 전파했다. 하나님께 가까이 나아가는 자는 세상에 나아가 구령사업에 힘써야 하는 것이다.

두 천사의 방문

(창 19:1-11)

천사는 하나님의 피조물로 능력과 권세에 있어서 인간보다도 크다. 그들은 그들 사이에 계급이 있는데 천사장은 미가엘, 우리엘, 라파엘, 라구엘, 사리엘, 가브리엘, 레미엘 등 일곱이 있다.

천사는 영물로의 피조된 하나님의 부리는 영이므로 결혼하지 않으며 죽음을 모른다. 천사는 큰 지식을 가지고 있으나 전지하지는 못하다. 그러므로 예수께서는 "하늘에 있는 천사들도 모르고…"(막 13:32)라고 말씀하셨다.

천사들은 영광의 존재이면서 하나님의 아들 예수를 경배하도록 명령되어 있고 예배의 대상은 결코 아니다. 어떤 천사들은 하나님의 보좌를 노리며 교만하다가 타락했고 하나님의 자녀가 된 성도에게 훗날에 심판을 받는다. 천사가 무수히 많으면 그 힘은 대단하다. 천사는 구원받은 하나님의 자녀들을 위해 봉사하는 것이 그 의무이다.

로뎀나무 아래 누워 자는 엘리야에게 먹을 것을 주고, 40일 금식기도하신 예수를 도와 수종들었고, 겟세마네 동산의 피땀과 눈물의 기도하시는 예수께 나타나 힘을 도왔다.

천사는 성도의 가는 길에 있어서 지키는 책임을 지고 있으며, 그 손으로 붙들어서 발이 돌에 부딪히지 않게 한다. 하나님의 종들을 그 원수에게서 지킨다(왕하 6:15-18, 마 26:53).

주의 사자가 밤에 옥문을 열고 끌어내고, 잠들어 있는 베드로를 깨워 출옥시키고 사자들의 입을 봉하여 보호하며 광풍의 파선된 암담함에서도 지켜주었다.

천사는 하나님의 종들에게 할 일을 보여 알게 하고 그들이 죽을 때에는 축복의 장소로 데려가고 예수 그리스도께서 탄생하실 때, 기도하실 때, 죽으셨을 때, 승천하실 때 같이 했듯이 이 땅에 재림하시는 때에도 함께 온다.

그리고 천사는 불법을 행하는 자들을 모아 풀무불 속에 던져버리고 천국에서 영원히 성도의 종으로 하나님 보좌의 호위로 봉사하는 것이다.

아브라함의 마므레 수풀 장막에 세 사람이 방문 했었는데 그 중 한 분은 여호와시고 그 여호와는 아브라함의 기도를 들으시고 응답하시고는 하늘로 올라 가셨다.

그러나 하나님께서는 두 천사를 소돔 고모라로 보내셨다. 그것은 아브라함의 중보기도의 응답이면서 하나님의 은혜로운 경륜이었다. 롯은 한번 전쟁의 와중에서 죽을뻔한 경험을 치르고서도 계속 거기 안주함으로 세속화 되어가고 있었다.

1. 두 천사가 소돔에 이르렀다.

두 천사는 아브라함의 기도 후에 소돔에 온 것이다. 아브라함은 하나님께서 소돔성을 멸하시겠다고 말씀하실 때에 "의인을 악인과 함께 멸하시리이까?"하며 간구했다. 하나님께서는 의인 열 명이 있으면 멸하지 않으시겠다고 응답하시고 즉시로 그의 천사 둘을 이곳에 보내셨다. 그러므로 천사들이 온 것은 의인이 있는가를 보려는 것이었고 아브라함의 기도에 대한 응답이라고 할 수 있다.

천사는 하나님의 부리는 영으로 사람의 형체를 하고 소돔에 왔다. 성경 66권 중 34권에서 천사에 대하여 언급되어 있고 약 275회 가량 천사라는 단어가 나타난다. 그런데 특별한 경우에는 육체로, 그것도 대부분 남성의 모양으로 나타나는데 이것은 모두 인간을 위한 하나님의 배려인 것이다. "의인의 간구는 역사하는 힘이 많으니라"(약 5:16)고 하였다. 아브라함의 중보기도의 힘은 소돔성의 심판을 중지하고 천사로 하여금 의인을 찾게 했다.

두 천사는 날이 저물 때에 소돔에 온 것이다. 두 천사는 여호와를 모시고 아브라함이 사는 장막에 방문했다. 그런데 그 때는 저문날 시간이 아니라 오정 즈음이었다. 오정 즈음은 하루중 가장 햇빛이 밝게 비취는 시간이다. 진리의 빛 가운데 사는 아브라함에게는 태양빛보다 밝은 빛이신 하나님께서 방문하셨으나 영적으로 암흑한 죄악의 도시에 천사들이 방문한 때는 "날이 저물 때"라는 것이다.

그러므로 날이 저물 때는 소돔 고모라의 타락상을 바로 볼 수 있는 시간인 것이다. 왜냐하면 음란 방탕 각종 죄악들은 어두운 밤에 행해지기 때문이다. 잠언에는 "저물 때, 황혼 때, 깊은 밤 흑암 중에 기생의 옷을 입는 간교한 계집이 소년을 맞았다"(잠 7:7-9)고 하였다. 욥은 "간음하는 자의 눈은 저물기를 바라며 아무 눈도 나를 보지 못하리라 하고 얼굴을 변잡하며…"(욥 24:15)라고 하였다.

원수 마귀는 "밤에 가라지를 뿌린다"(마 13:25)고 하였다. 하나님의 얼굴은 해인데 태양빛보다 밝은 하나님께서 소돔성에서 얼굴을 돌리시니 그 도성은 저물 수밖에 없다. 지옥은 영원한 암흑 세계이다.

두 천사는 롯이라는 의인을 찾아 만나려고 소돔에 온 것이다. 예수께서는 제자들을 세상에 내보내시면서 "아무 성이나 촌에 들어가든지 그 중에 합당한 자를 찾아내어 너희 떠나기까지 거기서 머물라"(마 10:11)고 가르치셨다.

하나님의 명령을 받고 소돔성에 이른 두 천사는 자기들이 합당한 자를 찾아서 롯을 만나게 된 것이다. 롯은 숨겨진, 또는 몰약이라는 뜻이다. 그는 많이 세속화되어 있었지만 하나님의 선택된 문중의 후손이었고 소돔성 안에서는 의인이었다.

롯은 성문에 앉아 있었고 구별되어 있었던 것이라고 볼 수 있다. 소돔성 사람들이 방탕하고 술 마시고 행음하는 때에 롯은 그들과 구별되게 다른 위치에서 무슨 선한 일을 행할 기회를 찾고 있었다. 그리고 성문에 앉음은 지도층의 인물이었음을 암시한다.

2. 두 천사가 롯의 영접을 받았다.

일어나 영접하고 땅에 엎드려 전했다. 아브라함이 세 사람의 나그네를 영접할 때에 롯과 같이 일했다(18:2). 롯은 소돔 성문에 앉았다가 두 천사를 보고 일어나 영접했다. 그들의 모습이 나그네 모양을 했지만 그들의 걸음걸이나 얼굴 모습에서 진지한 무엇을 보았던 것 같다.

롯은 소돔성에 섞여 살았으나 손님 선대하는 친절성을 잊지 않았던 것이다. 그러나 그가 결단성있게 그곳을 떠나지 못한 것은 큰 잘못이었다. 롯이 땅에 엎드려 절함은 그의 겸손을 볼 수 있게 하는 태도이다. 소돔성의 악한 사람들에 비하면 롯은 유일한 의인이었다. 그것은 오랫동안 아브라함과 함께 살면서 아브라함에게서 보고 배운 것들이었다고 생각된다.

롯은 겸손하게 영접했다. 롯은 두 천사를 보고 "내 주여 종으로 집으로 들어와 발을 씻고 주무시고… 가소서"라고 하였다. 롯은 자신을 종으로, 천사들을 "내 주"로 호칭하였다. 아브라함이 그러했듯이 롯도 역시 천사들의 신분을 알지 못하고 나그네와 행인으로 여기면서도 존칭어를 사용한 것이다.

두 천사는 롯의 청을 받아들이지 아니하고 거리에서 경야하리라고 하였다. 그것은 롯이 소돔 고모라의 일반인들과 다르기는 하지만 롯의 인격 때문에 선뜻 들어가고 싶지 않아서 였을 것이다(눅 24:28). 진실로 하늘에서 내려온 여호와의 천사들이 "거리에서 경야 하리라"고 할만큼 추악한 도시였던 것을 알 수 있다.

롯은 간청하여 영접했다. 천사들은 롯의 영접에도 불구하고 "거리에서 경야 하리라"고 하여 소돔성의 타락상에 대해 이 거리 저 거리를 시찰해 보려는 의도도 있었다고 할 수 있다.

롯이 간청하여 모신 것은 그 두 천사가 추잡한 거리나 광장에서 악한 자들에게 폭력과 위험을 당하지 않을까 하는 염려 때문이었다.

그리고 범상치 않고 고상한 품위를 지닌 사람들이라고 보여졌기 때문에 그들과 교제를 나누고 싶었을 것이라고 생각한다. 악한 지대

에 사는 사람들은 선한 사람과의 친교를 귀중하게 생각할줄 알아야
한다.

롯은 식탁을 베풀고 무교병을 구어 대접했다. 욥은 동방의 의인이
요 거부였는데 교만하지 아니하고 언제나 나그네로 거리에서 자게 하
지 아니하고 행인에게 문을 열어 들어오게 했다(욥 31:32). 아브라함
이 그러했고 롯이 부지중에 찾아온 천사들을 잘 대접하게 되었다.

식탁은 마신다는 말에서 왔다. 신선한 음료수를 대접했다는 것이고
(5:6, 7:7), 무교병은 당시의 보통 음식물로 속히 만들 수 있었다. "달
콤한 떡"이라는 뜻으로 발효제를 넣지 않고 구운 떡으로 지극히 단조
롭게 대접한 것 같다. 너무나 갑자기 급하게 대접하다 보니 그렇게
된 것이 아닌가 생각된다. 아무튼 이 때의 정성된 천사 대접이 그를
도성에서 구출받게 하는 계기가 되었다.

3. 두 천사에게 악행하려고 소돔인들이 모였다.

그들은 천사를 끌어내려고 집을 에워쌌다. 소돔 고모라인들은 하나
님 모시기를 싫어했고 음란과 방탕으로 생활하여 36개의 죄가 되었다
고 말할 수 있다(롬 1:28-32, 갈 5:19-21).

악한 자들이 롯의 집을 에워싼 것을 보면 그들의 도시가 극도로 부
패했음과 그 도시인들의 무자비한 폭력, 그리고 영적인 눈이 멀어서
천사를 천사로 볼 수 없는 만큼 타락했음을 알 수 있다. 그들은 악한
계획을 실행하는데 있어서 그들의 의견은 일시에 하나가 되었고 무법
자들을 다스리는 치안자도 없었다.

그들은 천사와 육체적 상관을 하려고 끌어내려 했다. "상관한다"는
말은 성적으로 상관한다는 뜻으로 극도의 음란이다. 소돔은 남색의
뜻으로 남자끼리의 성적 관계를 좋아했다.

천사는 영물로 하나님의 심부름꾼들인데 그들은 영안이 소경이어
서 세상에 멋진 남자로만 보고 오해했다.

1절과 같이 죄악의 밤이 짙어지면 부끄러움을 모르는 법이다(롬
13:11-14).

"이끌어내라"는 말이나 "밀치며 그 문을 깨치려 했다"는 것은 무서운 폭력주의자들이다. 그들은 남의 집을 부수는 재산권 침해, 개인의 인권, 자유 등을 무시한다. 얼마나 음탕했는지 수치스러운 성적 행위를 공개적으로 행하려 했던 것이다.

그들은 롯의 간청을 무시했다. 그들은 그 도시에 온 외방 나그네를 환대하기는커녕 롯의 간곡한 요청도 아랑곳없이 천사들과 상관하려고 했다. 롯은 할 수 없이 뒤로 문을 닫았다. 그것은 천사들을 보호하기 위함이었다.

롯은 자기의 힘으로 천사들의 안전을 지켜보려 한 것이다. 그것은 용기있는 행동이었다. 옛날 동방에서는 자기 집에 온 손님의 안전을 위해서는 목숨까지도 불사하고 보호하는 것이 하나의 예의였다.

그리고 롯은 그들을 형제들이라고 부르며 정중하게 악행하지 말라고 간청했다. 그러나 그들은 듣지 않았다. 롯은 성문에 앉는 그 도시의 재판관이나 유지급이었지만 그들이 롯의 말을 듣지 않은 것에서 권세를 잃은 롯의 무력함을 볼 수 있다.

할 수 없다고 생각한 롯은 두 딸을 줄테니 좋을대로 행하라 하였다. 두 딸은 소돔 청년과 약혼했었다(14절). 두 딸을 변태성욕자들에게 주겠다고 한 것은 어떤 이유에서 그렇게 말했는지는 알 수 없으나 큰 죄악이 아닐 수 없다. 그들의 악행을 막으려고 악한 방법을 사용했기 때문이다. 롯은 물질적으로는 성공했으나 자녀교육에는 실패했다.

후에 딸들이 아버지를 술에 취하게 하고 성관계를 가져서 더러운 가정을 만들고 말았다. 한 사람의 죄를 막기 위하여 타인에게 죄인이 되게 한 행위는 큰 죄악이다.

끝내 롯이 폭력에 의해 밀쳐지고 말았다. 폭도들은 "이 놈이 들어와서 우리의 법관이 되려 한다"고 하였다.

그들은 본래부터 롯을 싫어하고 있었다. 그들은 롯의 말을 듣지 않고 오히려 미워했던 것이다.

천사들이 롯은 구출하고 그들의 눈을 어둡게 했다. 천사들을 대접한 롯에게 대접했다. 롯은 천사들을 보호하려고 문을 닫으며 애썼는데 이번에는 천사들이 롯을 끌어들이고 문을 닫음으로 보호하였다.

천사는 언제나 하나님의 사람들을 보호한다. 천사들은 무론 대소하고 그들의 눈을 어둡게 했다. 눈을 어둡게함은 시야가 혼란된 상태에서 되어진 것으로 정신이상이 수반되는 것이다. 그들은 심리가 어두워져서 눈을 뜨고도 볼 수가 없었다(왕하 6:18-20). 그들의 눈이 어두워져서 마음까지 어두워진 것은 그들의 장래가 그렇게 될 것을 암시한다(요 13:30, 욥 5:14-15). 그들은 문을 찾느라고 곤비했다. 눈이 보이지가 않는데도 문을 찾고 파괴하기를 계속했다. 언제나 악인들은 최후 순간까지 발악하고 회개하려 하지 않는다.

지체하는 롯과 그의 가족들

(창 19:12-17)

다윗은 "복있는 사람은 악인의 꾀를 좇지 아니하고 죄인의 길에 서지 아니하며 오만한 자의 자리에 앉지 아니한다"(시 1:1)고 했다.

여기에 나오는 복은 "하나님의 통치를 받는 것", "하나님의 품속에서 사는 것", "하나님 앞에서 걸어가는 것"이라는 뜻으로 하나님 안에서 똑바로 걷는 생활을 의미하는 것이다.

소돔성에 오랫동안 살았던 롯은 처음에 소돔의 비옥함을 보고 악한 곳인줄 알면서도 좇아갔고, 죄인의 길에 섰으며, 이제는 오만한 자의 자리에 앉아서 일어나 그곳을 떠날 생각은 추호도 하지 않았다. 아브라함에 의해 포로에서 벗어났을 때에 모든 것을 청산하고 빠져나오는 계기가 되었더라도 이렇게 부끄러운 일들은 생기지 않았을 것이다.

세상에 단번에 악의 극치에 이르는 자는 없는 것이다. 처음에는 좇다가 다음에는 서고 그리고는 아예 앉아 버린다. 롯이 그랬을 것이라고 생각한다. 베드로후서에는 소돔성의 롯에 대하여 약간 소개하고 있는 말씀이 있다.

롯을 "무법한 자의 음란한 행실을 인하여 고통하는 의인"(벧후 2:7-8)이라고 하였고, 롯은 저희 중에 거하여 날마다 불법한 행실을 보고 들음으로 그 의로운 심령을 상하니라고 하였다.

아무리 희고 깨끗한 백로라 할지라도 까마귀 우는 곳에 오래 있으면 더럽혀지기 쉽다. 비린내 지독한 곳에 오래 있으면 내 몸에서 그 냄새를 풍기는 법이다.

소돔이라는 말은 "남색"이라는 뜻으로 소돔의 폭력배들은 천사를 남자로 알고 성적으로 관계를 하려 했다. 이러한 무서운 죄악의 도성 에서 그것도 재판의 성문에 높이 앉아 그 도시의 죄악에 깊이 찌드러 져 있었다.

어떤 깊은 동굴에 생물들을 넣고 번식시켰다고 한다. 오랜 후에 그 동굴 속의 생물들을 잡아서 조사를 했더니 모두가 장님의 눈이 되어 있었다는 것이다. 캄캄한 동굴에 오래 살다 보니 눈이 어두워지고 말 았던 것이다. 롯이 그랬다. 그러나 구원은 하나님의 은혜의 수단으로 되는 것이기에 천사의 손에 이끌려 겨우 구원을 받았다.

예수께서는 인자의 때에 대하여 말씀하시기를 "롯의 때와 같으리 니 사람들이 먹고 마시고 사고 팔고 심고 집을 짓더니… 인자의 나타 나는 날에도 이러하리라… 그날에 만일 사람이 지붕 위에 있고 그 세 간이 집 안에 있으면 그것을 가지러 내려오지 말것이요 밭에 있는 자 도 이와같이 뒤로 돌이키지 말지니라… 롯의 처를 생각하라"(눅 17:28-33)고 하셨다.

1. 천사들이 소돔의 멸망을 예고하였다.

네게 속한 자들을 다 성밖으로 이끌어 내라고 했다. 두 천사의 방 문 목적을 밝히고 있는 것은 롯에게 임박한 심판을 경고하고 불심판 이 임하기 전에 롯과 그의 가족을 구원해 내려는 것이었다. 롯은 이 때에야 비로소 그 나그네들이 하나님으로부터 사명을 받고 온 천사라 는 것을 알았을 것이다.

우리는 주위에 있는 사람들의 구원을 위해서 최선을 다하라는 명 령을 받았다. 하나님의 사람들은 자기의 구원과 가족, 친척, 이웃의 구원을 위해서 힘쓰는 자들이다.

천사들은 소돔에서 구출할 의인들이 롯의 가족 식구 말고 또 있는 가를 물었다. 모세를 따라 이스라엘 사람들이 유월절을 지키고 출애 굽한 이스라엘 외의 사람들도 많이 있었다. 악인들도 이 세상에서는 선한 친척들로 인하여 보다 잘 되는 경우가 있다. 믿는 자의 이웃이 된다는 일은 참으로 좋은 일이다.

천사들은 우리가 멸하리라고 했다. 천사들은 "그들에 대하여 부르짖음이 여호와앞에 크므로 여호와께서 우리로 이곳을 멸하러 보내셨다"고 하였다. 천사들은 롯에게 소돔의 멸망이 임박해 있다는 사실을 알려주었다. 이처럼 성도들은 세인들보다 하나님의 뜻을 먼저 알 수 있는 것이다.

소돔 사람들의 타락과 죄악에 대한 원성이 하나님께 상달되어 있었다. 그리하여 하나님께서는 천사를 보내서 하나님의 백성은 이끌어내서 구원하고 죄인들에게는 유황불을 내려서 멸망시키게 하신 것이다. 그러므로 "그 맹렬한 노와 분과 분노와 고난 곧 벌하는 사자들을 저희에게 내려 보내셨으며"(시 78:49)라고 하였다.

롯은 사위들에게 가서 전도했다. 롯은 천사의 경고를 듣고 지체하지 않고 밖으로 나아갔다. 그리고 소돔성 안에 가까이 지냈던 친구와 이웃들에게 찾아가서 이 사실을 고했으리라고 믿어진다. 이것은 멸망 직전에서 구원해야할 대상을 찾아 나아가는 롯의 행동을 의미하는 것이다. 예수의 제자들도 집안에 가만히 앉아 있지 않았고 밖으로 나아가서 전도했다.

롯은 사위들에게 가서 이곳을 떠나라고 전도했다. 그는 놀랄만큼 급히 서둘렀다. 사위들에게 농담조로 말하지 않았다. 니느웨 사람들에게는 40일간의 회개할 기간이 있었고 홍수심판 때는 120년의 세월이 있었으나 소돔에는 당장에 심판이 임한 것이다.

2. 롯과 그 가족들이 지체하였다.

소돔의 재물 때문에 롯과 가족들은 지체하였다. 롯은 재물에 대한 욕심이 많았다. 그러기에 소돔이 사악한 곳인줄 알면서도 아브라함을 떠나 이곳에 와서 산 것이었다. 그의 앞에 죽음이 다가온 것이다. 그러나 그는 그 심판의 죽음이 목전에 이르렀건만 자기의 재산을 포기하고 몸만 떠나기가 아쉬워서 망설이고 지체했던 것이라고 생각된다. 기름진 땅에는 수많은 우양들이 번성하고 있고 창고에는 재물이 쌓여 있어 도저히 그것들을 버리고 이곳을 떠날 수가 없었던 것이다.

노아는 하나님의 명령이 떨어지자마자 말씀에 순종하였고 아브라함도 본토 친척 아비집을 모두 다 버리고 떠났었다. 그리고 얼마 전에는 전쟁에 포로되어 재산은 물론 생명까지도 죽음의 행렬에 있었던 경험을 치렀었다. 그러나 롯은 물욕에 너무나 집착해 있었다. 온 천하를 얻고도 제 목숨을 잃으면 무슨 소용이 있겠는가라는 주님의 말씀은 만고의 진리이다. 그런데도 헛된 일에 분요하고 오직 재물 적재에만 급급했다(시 39:6). 하나님의 사람이 재물 쌓을 곳은 하늘나라라는 예수의 말씀을 믿지 못하는 것이다(요 6:19-21).

소돔의 사위들과 몇몇 이웃들 때문에 지체하였다. 천사는 롯에게 재산에 대한 말은 한 마디도 언급하지 않았다. 왜냐하면 재산은 불심판에 타버리고 말것이기 때문이다.

소돔성의 불심판은 종말론적 마지막 불심판의 예표라고 할 수도 있을 것이다. 그때는 지구도 천체도 모두다 타버리고 만다(벧후 3:8-14). 롯은 소돔성 안에 자식들이 있었다. 두 딸이 있었고 정혼한 사위 둘이 있었다. 그런데 롯의 가족사항에서 아들들에 대한 언급이 없다. 아들을 낳지 못했었는지 아니면 따로 분가해서 살았는지 알 수가 없다.

그리고 롯은 이곳에 오래 살았기 때문에 가까운 이웃들이 있었다. 아브라함에 의해 포로에서 풀려나고 전쟁으로 인해서 롯과 가까이 하는 이웃들이 많아졌을 것이다. 롯이 이들 모두가 여기서 죽는다고 생각할 때에 지체하며 머뭇거린 것이라고 생각된다.

그러나 예수께서는 "인정, 인간의 애정을 끊고 나를 좇으라"고 요구하신다. 롯의 딸들의 경우도 약혼남 외에 친구들이 있었고 롯의 아내 역시도 그러했을 것이다. 그러나 인정에 끌려 함께 망할 수는 없는 일이다.

하나님의 말씀을 믿지 못했기 때문이다. 롯이 두 사위에게 가서 전도했다. "여호와께서 이 성을 멸하실터이니 너희는 일어나 이곳에서 떠나라"고 한 것이다. 그런데 사위들은 "농담으로 여겼다"고 했다.

농담은 이삭이라는 말과 같은 어근에서 온 말로 "비웃다(17:17)", "희롱하다(39:17)"라는 뜻이다. 그러므로 이것은 롯의 말에 대하여 사위들이 조소와 건성으로만 들었다는 것이고 영적인 귀가 막혀 있었다는 것이다.

홍수심판 전의 노아의 전도에 대하여 귀가 막힌 사람들 뿐이었다. 그러므로 들을 귀가 있는 자는 복이 있는 자이다. 롯의 사위들이 농담으로 장인의 말을 들었다는 것은 자녀들에게 마저도 평상시에 신용이 없었다는 것을 알 수 있다. 롯은 참말을 했다. 그런데 그 사위들은 그 참말을 농담으로 여겼다. 그 심각한 순간에도… 신앙이 없는 전도자의 말은 이렇게 무시를 당하기가 쉽다.

롯은 소돔에서 사업에는 성공하여 재산은 모았는지 몰라도 자녀교육에는 실패한 자이다. 어떻게 교육했기에 사위들이 장인의 진지한 말을 농담으로 여기며 두 딸들이 아버지에게 술을 먹이고 부끄러운 일을 할 수 있는가? 오늘날에도 하나님의 말씀을 농담으로 여기는 사람들이 있다.

3. 두 천사가 그들을 성밖으로 이끌어냈다.

천사가 롯에게 재촉하였다. 다음날 동이 트는 때에 천사는 롯을 재촉하여 아내와 두 딸이라도 이끌고 성 밖으로 나가라고 하였다. 그것은 하늘에서 쏟아질 진노의 유황불이 소돔성에 임박했기 때문이다.

에스겔은 "가령 어느 나라가 불법하여 내게 범죄하므로 내가 손을 그 위에 펴서… 사람과 짐승을 그 나라에서 끊는다 하자. 노아, 다니엘, 욥, 이 세 사람이 거기 있을지라도 그들은 자기의 의로 자기의 생명만 건지리라"(겔 14:14)라고 하였다.

천사들이 롯과 그 가족을 안전지대로 이끌어 주었다. 롯은 지체하고 있었다. 그래서 천사들은 그에게 재촉한 것이다. 그것은 하나님의 크신 은혜이다. 머뭇거리는 롯을 끝까지 포기하지 않으시고 재촉하시는 것은 하나님의 사랑인 것이다.

지금도 인류에게는 하나님의 심판이 준비되어 있기 때문에 어느 때까지나 지체만 하고 있을 수는 없다.

"도끼가 나무 뿌리에 놓였고"(마 3:10), "심판주의 손에는 키를 들고 오시고 계시며"(마 3:11-12), "천체를 녹일 뜨거운 불"(벧후 3:7-12)은 활활타고 있는 것이다.

롯이 지체할 때에 천사가 인도하였다. 아브라함은 언제 어디서나 어떤 경우에도 하나님의 명령을 받으면 즉시 민첩하게 순종했다. 그런데 롯은 하나님의 말씀에 지체하고 머뭇거렸다. 롯의 우유부단함은 온 가족들에게 위험을 가져오는 것이었다.

천사들이 롯과 그의 아내와 두 딸의 손을 잡아 인도하여 안전하게 성밖에 둔 것은 강권적인 은혜이다. 사람의 구원은 하나님의 강권하시는 은혜의 역사에 있는 것이고 인간의 공로나 수단에 있는 것이 아니다. 하나님께서는 인자를 더하셨다.

하나님의 인자하심이 아니면 인간의 망설임이 우리를 멸망시키고 말았을 것이다. 인자는 상대방의 행위에 관계없이 그저 베푸는 긍휼과 동정을 의미하는 것이다.

하나님은 롯의 못마땅한 여러 죄악된 요소에도 불구하고 인자를 더하셔서 천사를 통하여 소돔성에서 안전한 밖으로 이끌어 내셨던 것이다.

도망하여 생명을 보존하라 하였다. "도망하여"는 "네 영혼을 위해서"라는 뜻이다. 영혼을 상실한다는 것은 생명의 파괴인 것이다. 도망하지 않으면 망한다는 두려움은 구원의 도피에 큰 도움이 된다.

유다는 "어떤 의심하는 자들을 긍휼히 여기라 또 어떤 자를 그 육체로 더럽힌 옷이라도 싫어하며 두려움으로 긍휼히 여기라"(유 22-23)고 하였다.

요셉은 도망하여 이성의 끈질긴 유혹을 물리쳤다(창 39:12). 도망할 때에 "돌아보거나 들에 머물지 말고 산으로 하라"고 하였다. 그것은 하나님의 무서운 불심판을 보지 못하게 하고 되돌아 가려는 욕망을 제어하며, 속히 도망가게 하려 함이었다.

소돔의 들판은 애굽과 같고 에덴과 같이 아름답고 기름졌지만 지금은 심판의 위험 때문에 머물러 있을 수 없었고 산으로 도망함은 모압산일 것이다. 영해하면 구원의 산성이신 하나님에게로 가라는 것이다. 산은 요동함이 없고 멸망 가운데서도 안전한 곳 곧 교회의 모형이기도 하다.

내 주여 그리 마옵소서

(창 19:18-23)

소돔의 멸망은 장차 이세상과 회개하지 않는 모든 영혼들에게 닥칠 비참한 결과에 대한 예표이다. 그리고 소돔이라는 이 장망성에는 롯이라는 의인이 살고 있고, 롯의 아내라는 형식적인 종교인이 있으며, 롯의 사위들이나 소돔성의 악인들같은 지독한 불신앙의 사람들이 살고 있다는 것을 보여준다.

의인들은 죄인들을 바라보면서 슬퍼하고 괴로워하고 하나님의 말씀을 외친다. 그러나 죄인들은 세상에 너무 깊이 주저앉아 있어서 일어나려고도 않고 도리어 농담으로 넘겨버리고 만다. 하나님께서는 롯의 가족만이라도 구원하시기 위하여 강권적으로 천사의 손에 의해 이끌어내사 안전지대에 옮겨놓으셨다.

한 때 알프스의 고요한 계곡, 눈덮인 산맥의 그늘 밑에는 번영한 마을이 있었다. 그런데 그 마을은 눈사태의 무서운 재난에 놓이게 되었다. 어느날 밤에 한 사람이 불길한 소리를 들었다. 그는 거대한 얼음덩어리가 무너져 내리는 것이라고 믿었다.

급히 잠자리에서 일어나서 딸을 깨워서 도시의 문을 향해 도망쳐 나아갔다. 그러나 딸은 보석상자 생각이 나서 그것을 가지러 돌아갔다. 다음 순간 눈사태의 재난이 천둥과 같은 소리를 내면서 도시를 파묻고 말았다.

아침의 태양은 빛났으나 아버지와 딸은 영원히 만날 수 없었다. 지체하고 망설였던 롯과 그 아내와 딸들이 안전지대에 옮겨진 것은 순전히 하나님의 은혜였다.

천사들은 도시에서 끌어낸 후에 도망하고 들판에도 머물지 말며 산으로 가서 안전하게 피난하라고 하였다. 이말이야 말로 얼마나 안전한 것인지 모른다.

그런데 롯은 "내 주여 그리 마옵소서" 하면서 나는 그리 도망하지 못하겠다고 긴급요청을 하는 것이었다. 롯의 긴급요청은 심히 약한 마음의 상태에서 비롯된 것으로 두려워 하고 제멋대로 하며 지나친 이기심인 것이다.

아브라함의 관대하고 헌신적인 소돔성을 위한 기도는 아무런 소용이 없었고 롯의 이기적인 기도 곧 자기만 편리한 곳으로 피난하겠다는 기도는 받아들여졌다.

그것은 항상 응답받는 기도가 축복만 되는 것은 아닌 것을 가르쳐준다(시 78:30-31). 롯은 소돔에서 많은 신세를 지고 그들과 함께 했으며 지도층의 위치에 있으면서 소돔 사람과 친척을 맺었다. 그러나 소돔성의 멸망에 대하여 한 마디의 기도도 하지 않았고 다만 한 마디 기도했다면 "내 주여 그리 마옵소서… 저 작은 가까운 성으로 도망하게 하소서" 했을 뿐이다.

1. 롯은 도망하여 산까지 갈 수 없다고 하였다.

롯은 자기 생각을 앞세웠다. 두 천사들은 "산으로 도망하라 그리하면 네 생명이 보존되리라"고 분명하게 지시했다. 그것은 천사들이 정한 곳이라기보다 하나님께서 정하신 것이다. 여기서 산은 사해동편 고지대에 있는 모압산인 듯 하나 영적으로 생각하면 하나님이 지정해준 산으로 성도의 피난처 곧 교회이다. 다윗은 "여호와는 나의 산성, 나의 피할 바위"(시 18:2-3)라고 노래했다.

롯은 하나님께서 가라는 산보다 자기가 정한 곳이 더 안전하니 그리로 가게 해달라고 구한 것이다. 이사야는 "여호와의 말씀에 내 생각은 너희 생각과 다르며 내 길은 너희 길과 달라서 하늘이 땅보다 높음같이 내 길은 너희 길 보다 높으며 내 생각은 너희 생각보다 높으니라"(사 55:8-9)라고 하였고, 예레미야는 "너희를 향한 나의 생각은 내가 아나니 재앙이 아니라 곧 평안이요 너희 장래에 소망을 주려 하는 생각이라"(렘 29:11)고 하였다.

롯은 산으로 도망하는 노력을 하지 않았다. 천사는 구원을 얻기 위해서 안전한 산까지 도망하라고 하였으나 롯은 그 산까지 가기 전에 죽을 것만 같다고 하면서 거기까지 가지 않게 해달라고 구한 것이다. 구원에 이르기 위해서는 최선의 노력을 아끼지 말아야 하는 것이다.

짐작할 수 있는 것은 높은 산을 모르기 때문에 체력이 부족했거나 아니면 소돔 고모라에 대한 미련을 완전히 버리지 못했기 때문이 아닌가 한다. 그는 아직도 심판의 긴박성을 인식하지 못했다고 볼 수밖에 없고 구원의 산을 제시해 주시는 데도 그곳에 이르기 위한 노력은 자신이 해야 함에도 불구하고 그렇지 못했다. 구원은 하나님의 은혜로 받으나 그 구원의 정상에 오르는 노력은 인간이 해야 하는 것이다.

롯은 하나님을 믿지 않았다. 여호와께서는 구원의 산을 지시하였다. 그런데 롯은 산으로 가는 도중에 재앙을 만나 죽을 것 같다면서 두려워한 것은 하나님의 말씀을 믿지 못한 것이다.

또한 롯은 "주께서 큰 인자로 내 생명을 구원하시오나 내가 갈 수 없다"고 하였다. 롯이 지체할 때 소돔에서 끌어내신 그 하나님이 산까지 이끌지 못할 것처럼 말한 것이다.

이것 역시 그의 불신을 말해준다. 큰 죄악에서 구원하신 하나님이 이제 보다 작은 악에서 구원 못하실 하나님이 아니시다. 아무튼 어디를 가든지 함께 동행하시고 보호해 주시는 하나님의 손길마저 의심하는 것이었고 구원에 이르는 생명의 길 되신 여호와 하나님을 믿지 못하는 것이었다.

2. 롯은 작은 성으로 피난하겠다고 하였다.

롯이 도망하기에 가까웠기 때문이다. 롯은 하나님이 제시해 주신 구원의 장소에 대하여 이의를 제기하고 순종치 않으며 자기가 도망하기에 가까운 곳을 스스로 정했다.

이런 점에서 롯은 자의로 믿는 신자요 욕심과 이기심으로 구하는 잘못된 사람이었다.

하나님이 제시하신 구원의 산이 아무리 멀어도 그 길을 달려가기만 한다면 하나님은 그가 그 산에 도착하기 까지는 불심판이 보류되고 있는 것이었다. 그런데 롯은 이것을 믿지 못했고 눈 가리고 아웅하듯이 아무데나 가까운 곳에 숨으면 그곳이 피난처가 되는줄 알았다.

세상에는 막 도망쳐 나온 죄악의 자리에서 멀지 않은 곳에 머무르려는 유혹을 받는다. 그러나 그곳은 위험한 곳이다. 멸망받는 도성에서 멀리 떨어진 산으로 갈수록 안전한 것이다. 롯은 하나님의 말씀을 어기면서 이기적으로 가까운 곳으로 가겠다고 간구했으니 한심하기까지 하다.

애굽의 바로왕은 이스라엘이 하나님께 제사하려고 한다고 할 때에 "너희는 가서 이땅에서 너희 하나님께 희생을 드리라"(출 8:25)고 하다가 "너무 멀리는 가지 말라(출 8:28)"고 하였다. 마귀는 지금도 성도들이 마귀의 지배권 안에 머물러 있기를 원한다는 것을 알 수 있다.

작은 성이기 때문이다. 소돔의 다섯 성읍 중에서 소알은 가장 작은 성읍으로 하나님의 작은 긍휼만 미쳐도 내가 살지 않겠느냐는 의미이다.

롯은 생각하기를 이웃의 작은 도시는 멸망의 대상이 아닌줄로 알았다. 그 작은 도시는 하나님의 관심에 그리 깊지 않다라고 생각했지만 하나님의 심판은 작은 것이라고 해서 면제시키지 않으신다.

"작기도 하오니"는 작은 죄악들, 작은 일들의 모형이라고 할 수 있다. "작은 도시 소알 땅"은 작은 죄라 할 수 있다는 것이다. 우리는 작은 죄까지 버려야 한다.

작은 구멍이 큰 제방을 무너뜨리고 바늘구멍이 황소바람이 들어오게 한다. 죄가 작아 보이지만 그 작은 죄는 눈덩어리처럼 커지고 큰 죄악을 낳아 인간을 지옥으로 끌고가는 것이다.

롯은 잘못 생각한 것이다. 작은 성에도 하나님의 심판은 떨어진다. 작다고 해서 하나님이 묵인하고 그 작은 죄악의 성을 사하시지 않는다.

작은 일이란 없는 것이다. 작은 일들이 모여 인류의 역사와 개개인의 일생을 이루는 법이다. 하나님은 큰 일 못지 않게 사소한 일에 관심이 많으시다. 작은 사건들이 커지는 것이기 때문이다. 작은 한 날이 일생이 되기 때문이다.

내 생명이 보존되겠기 때문이다. 롯은 아직도 비록 작아도 도시라는 소알을 마음 속에 그리워 하고 있는 것이 분명하다. 아브라함과 분가할 때에 롯은 도시를 택하였는데 도망가는 이순간에도 산 보다는 도시로 가려고 했던 것이다. 산으로 도망가서 생명을 보존하는 것보다 작지만 도성이 건설된 곳으로 가서 살면 편리하리라고 믿는 것이었다. 롯은 화염속에서 아직도 불타고 말 도시 문명에 대한 욕망을 버리지 못했으니 거듭나지 못한 자이다. 성도는 신령한 시온산 교회에서 영생을 보존하는 것이다. 롯은 그러므로 구원의 교회 산과는 거리가 멀었다.

3. 롯의 간구를 들어 주셨다.

그의 소원을 들어주었다. "들었은즉"은 내가 네 얼굴을 들었은즉이라는 말로 간구하는 자는 땅에다 얼굴을 대고 간구하는데 그의 소원을 들어준 후에는 얼굴을 들어서 상대방을 보게 된다.

롯의 간구에는 지극히 이기적인 것이었으나 금방 허락한 것은 하나님의 긍휼이며 또 더 이상 지체할 시간적 여유가 없었기 때문일 것이다.

하나님께서는 인간에 대해 때로 아무 희망을 가지지 않으시고 그들이 구하는 것을 불쌍히 여겨서 주시며 그들의 야심의 대상이 되는 이생에서 보잘 것 없는 지위를 주시는 것이다. 응답받는 기도가 어떤 경우에는 축복이 아닌 경우가 있다.

롯은 곤경에 처한 때에 초조하고 가련하게 철없는 어린애처럼 부르짖으나 자신의 안락, 이기적인 것만 위해 간구한 것이기 때문에 하나님은 그저 그대로 들어주신 것이다.

거기 이르기까지 아무 일도 할 수 없다고 했다. 하나님께서는 부족한 기도지만 작은 성을 구원해 주셨다.

의인의 간구는 역사하는 힘이 많은 것이다(약 5:16-18). 아브라함의 중보기도처럼 작은 성에 대한 롯의 기도가 응답되어 멸망되지 않은 것이다.

그리고 하나님께서는 롯이 안전하게 피난하는 동안 소돔의 멸망을 보류시키셨다. 언제든지 부족하지만 성도의 간구는 하나님의 심판을 연기시킨다. 그것은 하나님께 한 사람이라도 구원하시고 보호하시기 위함이시다(계 7:3, 겔 9:4).

그 성의 이름은 소알이며, 작다는 뜻이다. 장망성이라는 죄악의 세상을 떠나 영생의 나라에 이르는 길은 작은 길이다. 좁은 길이다.

예수께서는 넓은 길과 좁은 길이 있으니 좁은 길이 생명의 길"(마 7:13-14)이라고 하셨다. 곧 예수의 길이다(요 14:6). 예수라는 길은 좁은 길이고, 협착하고, 고독한 길이다. 고난의 길이요 시련의 길이다. 그러나 아버지께 이르는 영생의 길이시다.

롯이 소알에 들어갈 때 해가 돋았다. 롯이 소돔을 떠날 때는 동틀 무렵이었는데(15절) 소알에 도착한 때는 해가 돋는 아침이었다. 이는 그 거리가 가까운 것을 알 수 있다. 그리고 영적으로 볼 때 해가 떠오르는 아침에 심판의 불이 벌써 비춰지고 있다는 사실을 소돔성 안에 사는 사람들은 모르고 있었다는 것이다. 그 날의 태양빛이 예전과 다를바 없었으나 그 땅은 영원히 다시 빛을 볼 수 없는 불심판을 받는 날이었다.

롯이 소알을 향하여 갈 때에 해가 돋았다. 하나님의 사람이 어떤 곳에든지 들어가면 그와 더불어 하나님의 빛을 가지고 간다(마 5:13-16). 그리하여 하나님의 영광을 나타내야 하는 것이다. 구원의 빛을 보고 구원되었다.

얍복 강변에서 하나님의 축복을 받은 야곱이 "브니엘을 지날 때에

해가 돋았다"(창 32:30-31)고 했다. 브니엘은 하나님의 얼굴이라는 뜻
으로 하나님은 태양보다 더 밝은 해(시 84:11)이시다. 그러므로 성도
가 어디로 가든지 그 길에는 해가 돋는다.

소돔 고모라의 멸망

(창 19:24-29)

부패하고 타락한 소돔과 고모라가 하나님의 심판으로 멸망했다. 어떤 이들은 소돔 고모라의 멸망이 화산폭발에 의한 자연적 현상으로 우연일 뿐이라고 하지만 그 주장은 천부당 만부당한 말이다. 어느 세대나 부패와 타락한 곳에 멸망이라는 심판을 내리시는 이는 역사를 섭리하시는 하나님이시기 때문이다.

하나님께서 심판의 재료로 유황과 불을 사용하셨기 때문에 이 심판에서 한 사람도 피할 수 없었다.

소돔 고모라는 오늘의 사해가 있는 곳이 아니었나 생각한다. 북쪽에서 요단강이 끝나는 지점으로 시작하여 120리 길이에 폭 40리의 큰 사해에는 지금까지 생물들이 살지 못한다. 사해 바다가 끝나면서 심판의 흔적이 시커먼 흙과 소금 기둥들로 적나라하게 드러나고 있다.

사해는 해면 보다도 450m나 낮다고 한다. 싯딤 평원에는 유황과 역청들이 분출한다. 오늘에 이 부근에서 발견되는 역청과 사해에 함유된 풍부한 광물질은 이 지역에 과거 대단한 지각 변동이 있었음을 증명하는 것이다.

하나님은 소돔 고모라를 심판하실 때 그 지역의 자연현상을 사용했으리라고 믿어진다. 심판의 주체가 바로 천지를 창조하시고 다스리시며 섭리하시는 하나님이심을 알 수 있다.

하나님의 심판은 차별적이시다. 하나님의 손에는 키를 들고 타작마당에 오셔서 알곡과 쭉정이를 갈라놓으신다. 악인은 불에 던지시고 의인은 천국에 올리신다.

하나님의 심판은 의인들의 간청으로 지연이 될 수는 있어도 취소하시지는 않으신다. 의심할 여지없이 하나님의 심판은 정확히 때가 정해져 있다.

하나님의 심판은 최종적인 심판을 앞에 두고 있다. 사람들은 소돔과 고모라의 경우에서 악인들이 충분히 벌을 받았고 지역적인 재난, 화산, 지진, 질병, 전쟁 등에서 그 심판을 통과했다고 할지 모르나 최종적인 심판은 인류 앞에 다가오고 있고 소돔 고모라의 멸망보다 더 무서운 불로써 천체와 지구 덩어리를 태워 없애게 될 것이다(벧후 3:7, 계 19:20, 21:8). 그것을 예언하며 경고해 주는 심판인 것이다.

1. 여호와께서 유황과 불을 내렸다.

하나님께서 직접 하셨다. 소돔 고모라에 유황과 불을 비같이 내려서 심판하신 이는 여호와 자신이시다. 이 때는 해가 돋은 때라고 한 것은 자연의 과정으로가 아니라 하나님께서 직접적인 권능으로써 하신 것을 암시하는 것이다.

어떤 이들은 소돔과 고모라의 멸망 원인이 자연적인 화산 폭발이라고 주장하지만 소돔 고모라의 심판은 전적으로 하나님 자신이 직접 내리신 것이다. 하나님은 나라를 세우기도 하시고 멸하시기도 하신다.

의로운 도시에는 복을 내리시고 죄악의 도시는 용서없이 심판하신다. 예루살렘은 거룩한 성이요 하나님의 성전이 있는 도시였으나 우상숭배하고 하나님 말씀을 거역했을 때 바벨론 군대에 의하여 불바다가 되게 하고 멸하셨다.

유황과 불을 비같이 내렸다. 수아사람 빌닷은 "유황이 그 처소에 뿌려진다"(욥 18:15)고 하였고, 욥은 "불의자에게는 환난, 행악자에게는 재앙이 아니겠느냐?"(욥 31:3) 하였으며, 다윗은 "악인에게 그물을 내려 치시리니 불과 유황과 태우는 바람이 저희 잔의 소득이 되리라"(시 11:6)고 하였다.

유황은 가스의 유출로 인하여 공기 중에 떠다닐 수 있는 역청질 형태의 물질일 것이라고 하는데 원자탄의 그림자이다.

원자탄은 땅에 있는 모든 것을 뒤엎어놓고 28절같이 연기가 옹기점 연기같이 치밀음을 보았으니 그것이 폭발하는 것과 같은 모습이다.

유황은 역청, 불은 불의 방편, 비는 타는 역청, 역청의 땅을 타게 하는 번개나 아니면 화산폭발 등의 기적적 성질이 있고 징계의 특성이 있는 것이다.

모든 것을 황폐케 하였다. 그 성과 온 들과 성에 거하는 모든 백성과 땅에 난 것을 다 엎어 멸하였다. 다시 복구될 수 없는 철저한 파멸이다.

시편에 보면 "그 거민의 악을 인하여 옥토로 염밭이 되게 하시며"(시 107:34)라는 말씀이 있는데 소돔의 다섯 성읍 중에서 아드마, 스보임, 베라, 소알 등지가 황폐해졌다.

다 엎어 멸하였다는 것은 케이크같이 뒤엎어버리는 것을 의미하는 것으로 완전한 파멸이다(민 29:23, 벧후 2:6). 이 곳을 염해(민 34:12)라고 부르는데 길이 30마일 폭이 10마일이고 그 속에는 생물이 살지 못하고 바람이 불어도 물결을 일으키지도 않으며 냄새가 불쾌하고 어떤 물건도 쉽게 가라앉지 않는다. 여기에 죄의 비참함을 보여주는 것이다.

이스라엘이나 바벨론이나 에돔, 모압, 암몬의 멸망의 예표이고, 오히려 영원한 불의 형벌에 대한 본이 되는 것이다(유 7, 벧후 2:6).

2. 롯의 아내는 소금 기둥이 되었다.

롯의 아내는 뒤를 돌아 보았다. 천사는 롯에게 "도망하여 생명을 보존하라. 돌아보거나… 하지 말라"(19:17)고 하였다.

롯의 아내는 안전지대 가까이에까지 와서 그만 뒤를 돌아보고 말았다.

예수께서는 "롯의 아내를 생각하라"(눅 17:32)하셨고, "손에 쟁기를 잡고 뒤를 돌아 보는자는 하나님의 나라에 합당치 아니하다"(눅 9:62)고 하셨다.

바울은 "뒤에 있는 것은 잊어버리고"(빌 3:13)라고 하였으며, 히브리서 저자는 "뒤로 물러가 침륜에 빠질 자"(히 10:39)라고 하였다.

롯의 아내는 뒤를 따라 가면서 뒤돌아 본 것이다. 이것은 그의 뒤에 남겨 놓은 것을 동경하는데서 사용된 어휘이다. 그는 하나님의 말씀을 순종치 않았다. 또한 그녀는 하나님을 불신하는 죄를 지은 것이다. 소돔이 멸망할 것을 믿지 않았다. 소돔 안에 있어도 안전할 것이라고 생각했다. 롯의 아내는 돌아가고 싶었다.

그녀는 뒤에 남아있는 사위들, 친척들, 이웃과 친구들에게 지나치게 관심이 많았고 소돔에 있는 화려한 집과 재산과 가축 등을 동경했다. 예수께서는 인자의 나타나는 날에도 이때와 같으리라고 하시면서 "지붕 위에 있는 자는 그 세간이 집안에 있어도 그것을 가지러 내려 가지 말것이요 밭에 있는 자도 뒤로 돌이키지 말라"(눅 17:29-31)고 말씀하셨다.

롯의 아내는 이러한 관계로 돌아가고 싶었던 것이다. 그녀와 함께 거주하던 사람들에게 물들어서 그 도시의 악함을 생각하지 못했고 재물욕에 앉아 있고 싶어서 불에 타고 없어질 재에 불과하다는 사실을 생각하지 못했다.

그러므로 "우리는 두려워 할찌니 그의 안식에 들어갈 약속이 남아 있을지라도 너희 중에 혹 미치지 못할 자가 있을까 함이라"(히 4:1)고 하였고 이스라엘이 믿지 아니하여 광야에서 죽고 가나안 땅에 들어가지 못했다고 하였다(히 3:16-19).

롯의 아내는 선채로 죽었다. 롯의 아내의 죽음은 갑작스러운 것이고 전혀 예기치 못한 것이었다. 롯의 아내는 하나님의 일격에 죽고 말았다.

육체가 소금 기둥으로 변하여 버린 것은 인간의 육체가 그다지 중요하지 않다는 것을 시사하고 인간의 육체에 일종의 멸시를 보내는 것이라고 할 수 있다.

그리고 땅에 단단히 붙은 정착물이 인간이 죽었을 때의 인간 특질의 고착을 상징할 수도 있는 것이다.

그녀의 몸은 넘어지지 아니하고 마치 기둥이나 기념비처럼 꼿꼿이 세워져 있게 되었다. 결국엔 좋지못한 방향에서 저주스러운 표식이 된 것이다.

그녀의 육체는 소알에 가까이 가 있었으나 마음은 소돔에 가 있었기에 그 자리에서 움직일줄 모르는 기둥이 되어 죽었다. 하나님께서는 사람의 육체를 소금과 돌로 변화시킬 수 있다. 롯의 아내를 생각하라.

롯의 아내의 소금 기둥은 심판이 두렵다고 하면서도 하나님께로 돌아서지 않는 사람들을 상징한다. 소돔과 소알 중간에 자리잡고 그리스도에게 갈 필요가 없다고 하는 자들이다. 하나님과 함께 하기 보다 소돔의 죄인들과 함께 살고자 했다. 흉칙한 시체의 소금 기둥이여! 차라리 형체가 없다면…

3. 아브라함이 소돔 고모라의 멸망을 보았다.

아브라함이 아침 일찍이 일어나서 눈을 들고 소돔성을 향하여 바라보았다. 자신이 기도한 그 기도의 결과가 어떻게 되었는가를 알아보기 위하여 나아갔다는 것을 암시하는 것이다. 그는 여호와 앞에 섰던 바로 그곳으로 가서 본 것이다(합 2:1). 우리가 기도한 다음에는 그 응답이 어떻게 이루어지는가를 조심하면서 기다려야 한다.

아브라함은 이 시간에 조카 롯이 어떻게 되었는가 염려하여 달려나온 것이기도 하다. 기도하는 사람은 하나님을 향하고 사람을 사랑한다. 그러므로 해가 중천에 뜨도록 잠자리에 있을 수가 없었던 것이다.

소돔 고모라와 온들을 향하여 눈을 들어 보았다. 이것은 아브라함이 소돔 고모라의 일을 두려운 마음으로 관찰했다는 것이다. 그는 전에 하나님 앞에 엎드렸던 자리에 서서 침묵중에 소돔과 고모라를 보았다. 의인 열 명을 요구하신 하나님의 말씀을 생각했다. 하나님의 공의의 심판이 얼마나 무서운가를 목도했다. 그리고 겸손한 마음을 모아 하나님께 찬양을 올렸을 것이다.

아브라함의 조카 롯은 겨우 부끄러운 구원을 받았다. 천사들의 손에 강제로 이끌려 나옴으로 저주의 장소에서 빠져나올 수 있었다. 마지막 종말적 불심판이 행해지는 날에 롯과 같이 부끄러운 구원을 얻는 자도 있을 것이다(고전 3:15).

연기가 옹기점 연기같이 치밀음을 보았다. 여호와의 동산같고 비옥한 애굽 땅과 같았던 도성이 마치 옹기점 연기같이 불타오르는 것을 보았다. 아브라함은 소돔 고모라의 멸망을 직접 목격한 증인이 되었다. 그 이후부터 성경에는 하나님의 진노와 심판을 설명할 때의 실례로 기록되곤 했다.

한 군데 말씀을 읽어보면 "…그 땅의 재앙과 여호와께서 그 땅에 유행시키시는 질병을 보며 그 온 땅이 유황이 되며 소금이 되며 또 불에 타서 심지도 못하며 결실함도 없으며 거기 아무 풀도 나지 아니함이 옛적에 여호와께서 진노와 분한으로 훼멸하신 소돔과 고모라와 아드마와 스보임의 무너짐과 같음을 보고 말할 것이요…"(신 29:22-23)라는 것이다(사 13:19, 렘 49:18, 50:40, 애 4:6, 암 4:11 등).

끝으로, 하나님께서 아브라함을 생각하셨다. 소돔과 고모라를 심판하실 때에 하나님은 아브라함을 생각하시고 그의 조카 롯을 구원해 내셨다. 이것은 하나님께서 아브라함의 기도를 들으시고 기억하셨다가 그대로 이루어 주셨다는 것이다. 아브라함의 기도는 헛되지 않았다. 의인의 간구는 하나님께 드리는 중보기도 때문에 구원에 이르기도 하고 축복된 생을 영위하기도 한다.

롯과 두 딸의 부끄러운 수치

(창 19:30-38)

일본의 내촌감삼은 이 부분을 하나님의 말씀이라고 할 수 없다고 하였다. 옛부터 이 부분의 말씀을 공석에서는 낭독하지 않은 것은 덕스럽지 못하다는 이유에서이다. 그러나 이 말씀도 성경이라고 우리는 믿는다. 하나님의 말씀은 정직하여 필요한 경우에 인간의 죄악을 그대로 드러내어 인간에게 경고를 준다. 사실을 그대로 기록하는 진실성은 도리어 그 기록이 하나님의 말씀임을 증명하는 것이다.

야곱의 넷째 아들 유다는 며느리 다말과의 관계에서 베레스와 세라를 낳았는데 그의 후손으로 다윗이 출생했다. 그러므로 그는 예수의 조상이 된 것이다.

이렇게 인간의 혈통이나 가문은 자랑할 수 없이 더럽다는 것을 볼 수 있다. 유대인은 혈통주의이다. 그러나 그 죄악의 더러운 핏줄로는 구원을 받을 수 없다. 그럼에도 불구하고 우리 하나님은 그들까지 예수의 생명 족보에서 빛나게 하셨다.

여기서 우리는 유황과 불의 심판에서 겨우 구원된 롯과 그의 두 딸의 수치스러운 혼음과 그로 인하여 모압과 암몬 자손이 세상에 나게 됨을 본다.

롯은 소돔 고모라에 가는 때부터 옳지못한 선택을 했다고 우리는 판단해 왔는데 결국 그의 생애에서 가장 비참한 때를 맞게 하는 동기가 되고 말았다.

아내는 소금 기둥으로 선채로 죽어 징그러운 모습이 되고, 두 사위는 죽고, 친척과 친구들을 잃었으며, 그렇게 탐낸 재산도 잃었는데 수치스럽게도 두 딸과 혼음하여 인간이 지니는 기본적인 도덕성마저도 잃었다. 롯의 두 딸을 볼 때 롯은 소돔에 사는 동안 신앙생활을 하지 않았던 것 같고 기본적인 자녀교육도 못했다고 할 수 있다. 소돔성에서의 성적 타락 가운데 그 두 딸은 많은 것을 보면서 그것이 부끄러운 죄악이라는 생각조차 갖지 않을만큼 물이 들었었다.

성적 범죄에는 통간, 강간, 수간, 동성애, 근친상간 등이 있다. 통간은 배우자 이외의 이성과 관계를 갖는 것으로 두 사람 모두 죽였다. 강간은 처녀일 경우는 처녀 아버지에게 돈을 주고 결혼해야 하고 유부녀와의 강간일 경우는 죽여야 했다.

수간은 짐승과 관계하는 것으로 사형에 처하고 동성애는 하나님 모시기를 싫어하는 부패한 인간의 죄악이며 근친상간은 율법에서 엄격히 금지하고 있다(레 18:6-18).

1. 롯이 소알에 거하기를 두려워 했다.

롯은 신적 심판에 대한 두려움이 있었다. 롯은 소알 땅으로 피신하게 해달라고 간청하여 허락받은 곳에 있으면서 그곳이 두려워서 살 수가 없었다. 그것은 여러 가지 원인이 있을 수 있겠으나 하나님의 심판에 대한 두려움 때문이었다.

소돔 고모라의 심판 장면이 그에게 두려움이 되었고 심판 후에 요단강에서 내려오는 물이 불어나면서 여러 가지 노폐물로 뒤섞여져 사해를 형성하는 것을 볼 때에 매우 낮은 위치에 있는 소알 땅에 위험이 다가온다고 생각했을 것이다. 하나님의 뜻을 따르지 아니하고 자기 마음대로 이기적으로 선택한 곳이 안전한 피난처는 되지 못한다는 것을 그는 알았다.

롯은 사람들에 대한 두려움도 컸고 양심의 두려움은 더했을 것이다. 소알 땅에 사는 사람들은 롯 때문에 불심판에서 제외되었건만 소돔이 망한 것은 롯 때문이라고 생각했을 것이기 때문에 그 땅 사람들이 무서웠다.

하나님을 두려워하는 사람은 인간을 두려워하지 않는다. 그러나 하나님을 두려워하지 않는 자는 사람이 나를 해칠까 두려워 한다(마 10:28).

롯은 소알 사람들이 자기를 해치려 하지 않는다 해도 그동안의 지은 죄 때문에 양심의 두려움으로 떨었다. 하나님을 진정 모시고 사는 의인이라면 어디에 있든지 두렵지 않다.

롯은 두 딸과 함께 산에 올라가 거했다. 롯은 두려워하는 불안함 때문에 처음에 하나님께서 지시하신 산으로 가려고 두 딸을 데리고 소알 땅에서 나왔다. 롯은 아브라함에게 많은 사랑의 빚을 지고 신앙적으로 받은바 감화도 컸었다.

적어도 분가해 가기 전까지는 그랬다. 이제 비통한 처지에 놓였을 때에 그나마 아브라함의 도고에 힘입어 구원을 얻었으니 아브라함에게 가서 하나님의 뜻이 어디에 있는가를 살펴야 했다고 생각한다. 그러나 롯은 아브라함에게 가지 않았다.

세상에는 자신의 최선이 무엇인가를 모르는 사람들이 있다. 그러나 다행한 것은 자기의 선택했던 소알에 실망하고서 하나님의 명령하신 방향으로 갔다. 하나님의 사람들에게는 하나님의 말씀대로 따르는 것이 가장 행복한 것이다.

롯은 두 딸과 함께 굴에 거하였다. 롯과 두 딸이 거한 굴은 모압인들이 거주했던 동굴 가운데 하나일 것이다. 동굴은 그 지역의 원주민들이 이미 거처로 사용하였었다(창 14:6). 롯은 재산을 많이 늘려서 어디에다 높이 쌓을까 하다가 소돔 고모라로 갔었다. 아브라함과 다투면서까지 물욕을 부렸다. 돈을 모으는 것이라면 웃사람까지도 밀쳐내고 배신하면서라도 기를 쓰고 덤볐다.

그런데 이제 롯은 그 모든 것을 다 잃고 말았다. 그의 손에는 실타래 하나 쥐어져 있지 않았다. 자기의 호화롭던 주택도 광활한 목장도 폐허가 되고 말았다. 산속 동굴이 자신의 주택이 되고 좁고 어두운 곳에 앉아서 공포에 떨어야 했다. 외롭고 적적하며 서럽고 비통하여 말문이 닫히고 말았다.

소돔에서 밝고 높은 성문에 앉아 재판하는 명예로웠던 지난 날의 행복이 이제 이 캄캄한 굴속에 묻혀버리고 짐승들의 거처에서 살지 않으면 안되었다. 하나님은 자기의 자유와 풍부함을 낭비하는 자들에게 빈곤함과 속박을 주신다.

2. 롯의 두 딸과 혼음하는 죄를 범했다.

소돔 고모라의 심판에서 구원받은 후에 범죄했다. 소돔과 고모라가 하나님께서 시행하시는 유황과 불로 심판을 받는 중에 롯은 하나님의 강권하시는 구원사역에 의한 은혜로 구원을 받았다. 그런데 이렇게 크고 무서운 불심판에서 구원을 받은 직후에 산에 피신해서 굴에 거하고 있던 롯이 두 딸들과의 수치스러운 죄를 저질렀던 것이다.

"섰다고 하는 이들은 넘어질까 조심하라"(고전 10:12)고 하신 것이다. 대개는 은혜받은 후에 시험이 오는데 그 시험을 이기려면 경성하여 깨어 있어야 한다. 노아도 홍수심판의 무서운 환난 후에 술에 취해 있다가 시험에 들었었다.

어떤 이들은 "롯의 두 딸"의 간계에 대해 이해하는 방향으로 생각한다고 한다. 남편감이 없고 저주받은 가나안인과 결혼할 수도 없고 혹시 아버지의 이름이 보존되고 자기들의 자손 중에서 메시야가 탄생할지 모른다는 기대감이 있었다는 것이다. 그러나 이것은 말도 안되는 주장이다.

술취하여 범죄했다. 두 딸들의 계획은 악한 것이었다. 그들의 도성이 음탕한 짓 때문에 저렇게 망했는데 그 욕정의 불길이 아버지에게 타올랐다는 것은 얼마나 악하고 천박한 것이었는지 모른다.

그들이 자식을 얻기 바라면 하나님께서 짝을 지어 줄 수 있는데 하나님이라는 생각은 머리털 만큼도 그들 심중에는 없었다. 딸들은 두 번씩이나 아버지에게 술에 취하게 하여 수치스러운 죄를 의논해서 범했다.

롯은 두 번씩이나 술에 취하여 딸들과 혼음을 행하여 결국은 소돔 고모라 사람들보다 더 악한 죄를 범했다. 소돔인들은 음탕하여 남색까지는 범했으나 아버지와 딸 사이의 수치스러운 혼음은 기록되어 있지 않다. 그리고 롯은 근친상간을 당했다. 그것은 술에 취했고 우매와 방심 때문이었다. 이틀 밤이나 죄를 범한 것이다.

소돔에서는 순결을 지켰던 롯이 부끄럽게도 딸들과의 관계라는 더러운 죄를 지었다. 성도가 하나님을 떠나면 이와같이 부끄러움에 던져지는 것이다.

하나님을 불신하여 범죄했다. 아브라함은 가는 곳마다 제단을 쌓고 여호와의 이름을 불러 예배하며 찬송하고 기도했다. 애굽으로의 시험에 빠져 나온 직후에도 그는 제단을 쌓으며 예배드렸고, 노아도 홍수 심판 후에 새 땅에 나오는 때에 단을 쌓고 제물을 드려 예배했다. 그런데 롯은 소돔에 있는 때에도 예배했다는 기록이 없고 엄청난 멸망의 소돔에서 하나님의 은혜의 손에 이끌어 구원을 받았으면서도 하나님이라는 이름조차도 그 입에 올리지 않았고 따라서 감사예배 한번 드리지 않았다. 세속에 깊이 빠진 거듭나지 못한 인간이다.

누가 이 사람을 의인이라고 했는가? 그가 의로워서 구원받은 것이 아니고 하나님의 일방적인 은혜때문이었다.

가장 가까운 사람과 범죄했다. 외적인 공격에 대해서 절제하고 순결했던 롯이 딸들의 저속한 행위로 인하여 죄에 빠지고 말았다. 언제든지 나를 파멸시키는 시험과 유혹은 가장 가까운 그리고 가장 사랑하는 또한 존경하고 우러러 보는 사람으로부터 오는 것을 성경은 말씀하고 있으므로 항상 신앙으로 깨어 자신을 지킬 수 있어야 한다.

두 딸들은 외로운 아버지를 유혹했던 것이다. 롯은 홀로 있으면서 외로웠다. 대체로 시험의 시간은 홀로 외로이 있는 시간이다. 다윗이 왕궁 옥상에서 홀로 거닐다가 밧세바를 범했고(삼하 11:2-5), 요셉도 자기 여주인과 홀로 있을 때에 유혹을 받았으나 그는 시험을 물리쳐 승리했으며(창 39:11), 심지어는 하나님의 아들 예수께서 광야에 홀로 있을 때에 사단이 시험해 왔다(마 4:1-11).

그러므로 예수께서는 "원수가 집안 식구"(마 10:36)라고 까지 하셨다.

3. 롯이 범죄한 결과 족보에 기록되지 못했다.

두 딸들이 아들을 낳았다. 큰 딸은 아들을 낳고 모압이라 하였는데 오늘날 모압 족속의 조상이 되었다. 모압이란 아비에서 나온 말이고 근친 관계에서 낳았다는 것을 암시하는 것이다.

모는 물, 즉 남성의 정액에 대한 아랍어적 완곡어법이다. 이들은 원래에 얍복과 아르논 사이(신 2:20) 사해의 동북쪽 지역에 거하였으나 후에는 아르논 남쪽의 암몬인에 의해 쫓겨났었다고 한다.

작은 딸이 벤암미를 낳았는데 오늘날 암몬 족속의 조상이 되었다. 벤암미란 내 백성의 아들이라는 뜻이다. 그의 아들이 그녀의 혈연이나 같은 피의 후손이라는 것을 의미하는 말이다. 암몬 족속은 얍복과 아르논 사이에서 유랑한 족속이다. 그들은 그곳에서 르바임족과 삼숨밈족을 쫓아내고(신 2:22) 랍바를 건설했다(삼하 11:1). 그들은 이주성과 약탈성이 강했고(사 15:-16:, 렘 48:) 몰록신을 섬겨 가증한 것이 되었다(왕상 11:7).

족보에 기록되지 못했다. 여기 모압과 암몬을 기록한 것은 사실 그대로의 진실만을 구속사적 측면에서 기록했다. 이스라엘의 성군 다윗이 바로 모압여인 룻에게서 나왔고(마 1:5-6) 메시야 예수 그리스도께서 그의 가계를 좇아 탄생하셨다.

하나님은 인간의 부끄러운 죄악의 씨를 가지고 구속사에 아름답게 가입시키시는 분이시다. 그러면 롯은 이 부끄러운 사건 이후에 어떻게 되었는가?

성경은 롯에 대하여 그 이후의 기록을 찾을 수 없다. 완전히 롯에 대해서는 사라져 버리고만 것이다. 모르긴 해도 그가 하나님 앞에 회개는 했겠지만 두 딸의 부끄러운 일로써 그의 관한 기록이 끝나는 것으로 보아 부끄러운 여생을 살았을 것이다.

롯은 외롭고 쓸쓸히 죽어 갔다. 롯의 만년에 대해서 즉 어디서 무엇을 하다가 언제 어떻게 죽었다는 어떤 기록도 성경은 밝혀주지 않았다.

제자식이면서 손자가 되는 부끄러운 생명들을 치닥거리하면서 쓸

쓸히 살았을 것이다. 딸들이 아들을 낳은 후에 롯 앞에서 부끄러워서 멀리 종적을 감추지 않았을까 짐작할 수 있다.

그리고 롯의 무덤도 우리는 알 수 없다. 산중턱 동굴에 묻혔는지 요단강 계곡에 장사되었는지 지금까지 알려지지 않는다. 그는 확실히 술취함과 망각 속에 묻히고만 인물이다. 아내는 소금기둥으로 묘지가 높이 솟아 있어 세상에 이런 죽음의 처음이며 마지막 여인이 되고, 롯은 두 딸과 혼음한 어느 세대에도 없는 부끄러운 남자로 성경 속에 남아 있으면서 만세에 욕을 받고 있는 것이다.

아브라함과 사라의 거짓말

(창 20:1-7)

아브라함은 24년전 애굽에 내려가서도 아내를 누이라고 거짓말한 적이 있었다. 아브라함이 블레셋의 그랄에 가서 똑같은 거짓말로 실수를 재연하는 것을 여기서 보게 된다. 소돔 고모라의 의인 구원을 위한 도고를 올리는 성숙한 신앙을 보여주었던 아브라함이 옛날의 실수를 재연하는 것은 그의 신앙의 하락상태를 보여주는 것이 아닌가 생각된다.

인간에게는 자신의 생명에 대한 보호본능이 있는 것이다. 그래서 아브라함은 그랄 땅에 당에 내려가서 사람들에게 죽게 되지나 않을까 하여 자기 생명 보호책으로 부부가 의논해서 거짓말을 했다. 아브라함같이 훌륭한 사람도 약점이 있고 실수가 있을 수 있다. 그러나 똑같은 실수를 두 번이나 한다는 것은 이해하기 어렵다.

24년전의 거짓말과 지금의 거짓말에서 그 죄의 무게는 지금의 것이 훨씬 무겁다고 할 수 있다. 왜냐하면 전에는 애굽왕의 왕후가 될 뻔 했는데 그때는 사라의 몸에 후사가 없었고 이번에는 약속의 아들을 임신하고 있었기 때문이다. 아브라함과 사라와의 사이에서 언약의 후사를 낳을 것인데 사라가 다른 이방인의 왕과 자리를 같이 한다면 하나님의 섭리와 언약은 깨지고 마는 것이다. 아브라함은 이제 자신과 아내와 복중의 생명을 지키기 위하여 하나님을 온전히 의지해야만 하는 것이었다.

하나님의 거룩하신 이름을 이방 땅에서 더럽혔으나 하나님께서는 이 사건에 개입하셔서서 초자연적인 역사로 사라의 정절을 지키고 아브라함을 지켜 주셨다. 이것은 아브라함의 실수를 용납하심이 아니라 아브라함과 사라를 통하여 주시기로 약속하신 후사에 대해 약속을 지키시기 위함이었다.

그러므로 아브라함이 믿음의 조상이 되고 약속의 후사를 얻을 수 있었음은 온전히 하나님의 역사에 있는 것이었으며 하나님은 인간의 실수에도 불구하고 구속적 계획과 섭리를 차질없이 성취시키시는 것을 여기서 볼 수 있는 것이다.

인간은 자력으로는 자신의 생명 하나도 지킬 능력이 없다. 거짓말과 비진리의 처세술은 더 큰 고통과 불행을 몰고 온다. 인간의 한 가지 죄는 주의하지 않을 때 습관적으로 변하고 만다는 점 등을 이곳에서 볼 수 있다.

1. 아브라함이 아내를 누이라고 했다.

아브라함이 거기서 남방으로 이사하였다. 아브라함은 지금까지 마므레 상수리 수풀 근처에 있었다. 그곳은 제단이 있고 여호와의 이름을 부르며 예배드렸으며 하나님이 직접 방문한 은혜의 장소였다. 그런데 갑자기 아브라함이 무엇 때문에 이렇게 은혜스러운 곳을 떠나 블레셋 땅으로 이사를 했는지 알 수 없다. 소돔 고모라의 멸망 후에 이사한 점으로 보아 그 도성의 멸망으로 두려워한 것이 아닌가 모르겠다. 소돔의 멸망 때문에 그 주위의 땅들이 피해를 입어서 이사했을 수도 있을 것이다.

혹은 롯이 근친상간을 범한 일 등으로 가나안 사람들이 아브라함을 비난하여 비통한 마음으로 그곳을 떠났는지도 모른다. 어떤 이유에서 이곳으로 이사했는지는 분명하게 알 수는 없지만 나그네와 순례자로서 거주하는 이 세상에서는 언제나 한 곳에 있기를 기대할 수는 없다. 성도는 이 세상에서 언제까지나 나그네 신세이다.

아브라함은 가데스와 술 사이 그랄에 우거하였다. 그랄은 가사에서 남쪽으로 10마일쯤 되는 곳인데 그랄은 노아의 손자 가나안 즉 함의 아들 가나안의 후손들이 이룩한 곳으로 불효자요 당시에 하나님을 모르는 자들 뿐이었다. 아브라함이 차라리 새 지역을 개척해서 정착했으면 좋지 않았나 생각된다. 악한 자들의 땅, 하나님도 모르는 자들의 땅으로 간 것이 화근이 된 것이다.

여기서 아브라함이 과거의 실수를 다시 재연하는 연약성과 부패성을 보게 된다. 과거에는 기근으로 인하여 애굽으로 내려갔다가 사람을 두려워하여 아내를 누이라고 거짓말해서 위기에 빠진 경험이 있는 아브라함의 신앙의 내리막길을 보는 듯 하다.

아브라함은 아내의 정조와 자손의 순결을 위태롭게 했다. 지금으로부터 24년전, 그러니까 아내의 나이 65세 때 애굽에 갔을 때에는 약간의 젊음이 있고 미모는 대단했었다.

그때에 애굽의 왕은 아브라함에게 많은 선물을 주면서 제 아내로 삼으려 했다. 만일 그 때에 하나님께서 사라의 순결을 지켜 주시지 않으셨다면 어떻게 되었을 것인가? 아브라함은 그 때에 참으로 놀라지 않을 수 없었다. 기가 막혔다. 아내는 바로 궁으로 들어갔고… 하나님께서 바로에게 재앙을 내려 죄악을 막으시고 아브라함은 무사히 빠져 나올 수 있었다. 그런데 24년이 지난 지금 사라의 나이는 89세이고 사라의 몸에는 이미 약속의 후사가 잉태되어 있었던 것이다.

우리는 아브라함이 왜 은혜의 제단을 떠났는지 알지 못한다. 그곳에서 내년 이맘때면 이삭이라는 아들을 낳는다는 구체적인 약속을 받았다.

아내의 나이가 89세이고 늙은 아내가 잉태한다는 사실을 생각할 때 굳이 험악한 이사를 감행할 필요가 있었느냐는 물음을 하지 않을 수 없다.

사라의 몸에는 약속의 후사가 태동했는데 그랄왕이 그 아내를 동침하여 왕후로 삼는다면 사라의 정조는 어찌 되며 약속의 후사의 순결성은 어찌되는가?

2. 아비멜렉왕이 사라를 취했다.

그랄왕이 사람을 보내서 사라를 취했다. 아비멜렉은 아버지 왕이라는 뜻으로 언제나 블레셋 왕들의 칭호는 이렇게 불렀다. 애굽왕은 바로, 세겜왕이 하몰이라고 칭한 것과 같다(12:15, 34:4).

아비멜렉이 사라가 아브라함의 누이라는 말에 그만 아내로 취하여 궁궐에 들게 했다. 아브라함과 사라의 거짓말이 아비멜렉으로 하여금 죄를 짓게 한 것이다. 아비멜렉이 사라를 아내로 취한 이유는 무엇인지 알 수 없다. 사라가 89세의 나이지만 미모에 빼어나기 때문일 수도 있다(12:11). 그리고 후손을 얻을 수 있을 만큼 젊어보이고 원기가 왕성해져서 였을지는 모를 일이다. 아니면 사라를 아내로 삼음으로 당대의 거부인 아브라함과 동맹을 맺고 교류하기 위함인지도 알 수 없다.

어떤 이유에서였건 사라가 아비멜렉과 관계를 갖게 된다면 사라의 정조는 더럽혀지고, 후사의 순결성은 입증할 수 없으며 하나님의 지금까지의 언약은 파기되는 것이다.

그랄왕은 아브라함과 사라의 거짓말을 믿었다. 왕은 5절에서 "아브라함이 나더러 이는 내 누이라… 그 여인도 그는 내 오라 비라 하였다"고 하였다.

아브라함은 비겁해 있었다. 약속의 아들이 아내의 태속에 있는데 그를 보호해야 되고 돌보아 주어야 할 책임이 있는 남편으로서 누구 앞에서나 "이는 내 아내라"고 소개해야 했다. 그럼에도 불구하고 임신하고 있는 아내를 누이라고 속임은 아비멜렉을 두려워하기 때문이었다.

아브라함은 하나님의 변할 수 없는 약속을 받고 있는 사람이었다. 그러므로 세상 왕을 두려워할 아무런 이유가 없는 것이다.

아비멜렉은 아브라함과 사라가 합의하여 자기를 속여서 부부관계인 줄을 몰랐다고 하였다. 두 사람의 속이는 말 때문에 애굽의 바로왕이나 블레셋왕이 다같이 간음죄에 빠질 뻔 했다.

그랄왕은 사라에 대하여 결백했다. 아비멜렉은 하나님이 가로막고 나오지 않았다면 사라와의 간음죄를 범했을 것이다.

그러나 하나님께서 범죄하기 전에 아비멜렉에게 현몽하셔서 아브라함과 사라는 부부지간이라는 것을 알려주었다. 그는 "이 여인을 가까이 아니했다"고 하였고, "의로운 백성"이라 하였으며, "온전한 마음과 깨끗한 손으로"라고 하였다.

하나님께서는 그랄왕의 말을 그대로 인정하셨다. 하나님께서 아비멜렉의 행위동기가 남의 아내를 빼앗으려는 것이 아니었던 것을 아셨던 것이다. 그리고 아비멜렉이나 그의 백성들은 하나님에 대해서 어느 정도의 지식을 가지고 있었고 근래의 소돔성 심판을 알고 있었다.

3. 하나님께서 간섭하시고 명령하셨다.

하나님께서 꿈으로 범죄를 막아 주셨다. 성경이 성문화 되기 전에는 꿈으로 하나님을 계시하신 경우가 많이 있다. 바로의 꿈이나 느부갓네살의 꿈 등은 이방인에게 꿈으로 하셨다.

이때에 아비멜렉에게도 하나님은 꿈으로 나타나셔서 사라는 남의 아내라 "너를 막아 내게 범죄치않게 하였다"고 하셨다. 여기 "내게 범죄"라고 하신 것을 보니 그가 사라를 범하면 그 죄는 곧 하나님께 짓는 것이라는 것이다.

하나님께서 24년전 애굽에서와 같이 막아주셨다. 그리하여 아비멜렉은 사라를 범치 않을 수 있었고 아브라함은 부정한 일을 당치 않게 되었으며 사라는 순결을 지킬 수 있었고 약속의 아들은 예정대로 출생할 수 있었다. 언제나 하나님은 인간이 행하려는 악행을 막아주신다. 그것은 우리가 받는 은혜 중에 큰 은혜이다.

하나님께서 아비멜렉을 알았다고 하셨다. 아브라함의 죄는 옛날의 죄였으니 옛 본성은 오랫동안 숨어있었다. 성도는 옛 사람을 버리고 새 사람을 입었다. 과거의 습성까지 변화되지 못하여 24년만에 다시 구습이 고개를 들고 나온 것이다. 아브라함은 고의적인 거짓말, 하나님보다 사람을 두려워하며 부당하게 상대방을 의심하는 실수를 저질렀다. 그러나 아비멜렉은 "온전한 마음"이라고 하나님은 인정하셨다. 이방 땅에도 도덕적으로는 칭찬할만한 사람이 있다는 것을 알 수 있다. 아비멜렉은 소돔성의 심판으로 약간 하나님에 대한 지식이 생겼고 의인은 멸하지 않는 하나님인줄 알았다. 하나님께서도 그를 인정하셨다. 그래서 그에게는 자제시키고, 조명시키고, 직접 은혜를 주시고 아브라함에게는 보호와 책망과 명예를 주셨다.

하나님께서 사라를 아브라함에게 돌려주라고 하셨다. 첫째로, 아브라함은 선지자라고 하셨다. 하나님께서는 아브라함을 예언자라고 소개함으로 아브라함이 신변을 보호받을 수 있게 하셨다. 선지자는 하나님의 종이기 때문에 그 종을 해롭게 하면 하나님의 형벌을 면치 못하는 것이다.

둘째로, 아브라함이 기도한다고 하셨다. 선지자는 특별히 남을 위해 기도하는 사람이다. 아브라함은 문제거리가 되어 있는 아비멜렉을 위하여 기도했다. 하나님은 우리가 은밀히 기도하는 것까지 아시고 계시며 그 기도하는 문제를 은혜스럽게 해결해 주신다.

셋째로, 네가 정녕 죽을 줄 알라고 하셨다. 하나님께서는 "네가 사라를 돌려보내지 않으면 너와 네게 속한 자가 다 정녕 죽을 줄 알찌니라"고 말씀하심으로써 아브라함편에 서서 역사하셨다. 아브라함은 하나님의 이름을 욕되게 했으나 하나님은 아브라함을 감싸며 안전하게 보호하신다. 우리는 이세상에 나그네로 있는 동안에는 결코 안전한 곳이 없다. 그러나 하나님 안에서는 안식할 수 있다.

아비멜렉과 아브라함

(창 20:8-18)

인간은 역시 인간이다. 인간은 인간 이상일 수가 없다. 신앙의 사람들도 때로는 인간으로서 실수할 때가 있었다. 노아는 술취하여 실수했고 아브라함은 두 번씩이나 고의적인 거짓말로 실수했다. 아브라함은 그랄 지방에 이사 가서 신앙을 모르는 아비멜렉 왕에게 아내를 누이라고 거짓말을 함으로 그랄왕을 범죄할 위험에 빠뜨렸고, 아내의 순결을 빼앗길 뻔 했으며, 하나님의 언약의 후손을 얻지 못할 뻔 했으며 하나님의 거룩하신 이름을 욕되게 했다.

아브라함이 거짓말하게 된 가장 근본적인 이유를 "이곳에는 하나님을 두려워 함이 없기 때문"(11절)이라고 했다. 이 말은 이곳에는 하나님이 없는 곳이므로 하나님의 법이 아닌 이 곳의 법을 따랐다는 것이 된다. 다시말해서 하나님께서 싫어하시는 줄 알면서도 세상의 법을 좇았다는 것이다.

아브라함은 두 번 다 사람을 두려워하고 하나님을 절대 의지하지 않았다. 자기 생명을 보호받으려고 아내를 위험에 던지고 그랄왕을 기만했다.

따라서 하나님께서 이러한 아브라함에게 맺은 언약을 파기하실 수도 있으셨다. 그러나 하나님은 참고 이 약속을 유지시켜 나가셨다. 그것은 하나님은 약속을 기업으로 받는 자들에게 그 뜻이 변치 아니하시기 때문(히 6:17-18)이다. 아브라함이 믿음의 조상이 된 것은 그의 행위에 의한 것이 아니고 전적으로 하나님의 은혜에 의한 것임을 알 수 있다.

바울은 "나의 나 된 것은 하나님의 은혜"(고전 15:10)라고 했다. 우리는 하나님의 은혜로 구원받고 하나님의 은혜로 오늘의 내가 있는 것이므로 항상 겸손하여 하나님께 감사하면서 영광을 돌리는 것이 마땅한 것이다.

우리가 본장 전체의 이야기에서 주목할 점은 하나님께서 이방인의 눈앞에서 아브라함을 천하게 하고 벌하는 대신에 분명하게 아브라함의 편을 드셨음을 알 수 있다. 그것은 의인들도 실수할 수 있는데 그 실수하게 하는 인간의 본성은 계속적인 시련 속에서 점차로 완성되어지기 때문이다.

1. 아비멜렉이 아브라함을 책망했다.

이방인의 책망이다. 아비멜렉은 아침 일찍이 일어나서 간밤에 꿈에 현몽하여 말씀하신 하나님을 두려워하면서 모든 신복들을 불러놓고 자기의 잘못을 자백했다.

그리고 사라로 인하여 어떤 실수도 있어서는 안된다고 경고하는 모습에서 하나님을 두려워하는 왕의 겸손을 볼 수 있다. 아비멜렉은 자기 신하들이 있는 자리에서 아브라함을 불러놓고 "어찌하여 우리에게… 네가 나와 내 나라로 큰 죄에 빠질 뻔 하게 하였느냐?"하면서 책망을 퍼부었다.

하나님의 사람이요 하나님의 선지자며 하나님께 기도한다는 사람이 이방 사람에게 책망을 들었으니 얼마나 부끄러운 일인가? 예수께서는 "실족케 하는 일들이 있음을 인하여 세상에 화가 있도다… 실족케 하는 그 사람에게는 화가 있도다"(마 18:7)라고 하셨다.

하나님을 공경한다는 선지자가 거짓말을 하여 큰 죄에 빠진다면 그것은 타인을 실족시키는 것으로 마땅히 화를 받아야 하는 것이다.

합당치 않은 일을 행했다고 책망했다. 블레셋 왕은 많은 궁궐의 신하들이 있는 자리에서 "네가 무슨 의견으로 이렇게 하였느냐?" 따지면서 책망했다. 망신을 당하는 것이고 하나님께서도 이 자리에서 부끄러워 숨으셨을 것이다. 아브라함은 보호해 주시는 하나님을 불신하고 이웃을 실족케 하는 행해서는 안되는 일을 범하여 자신 망신, 아내 망신, 하나님 망신을 시켰다. 아비멜렉의 추궁하는 논조는 강했으나 지극히 온유하게 했다. 그를 비난하거나 모욕을 주는 것이 아니었다. "이것이 너의 신앙의 행위냐?"라고 꾸중하는 것이다.

참으로 오늘 우리에게 교훈을 주는 말이다. 아브라함은 할례받지 못한 이방인에게 책망을 들었다. 하나님의 가족 식구들이 세인들에게 비난을 당하면 예수 그리스도가 다시 십자가에 못질을 당하는 것이 아닐까?

범죄할뻔 했다고 책망했다. 아비멜렉은 무심중에 죄를 범할 뻔 했다고 시인하였다. 그로 인하여 벌이 내려진다고 했다. 간음죄를 범했다면 자신과 나라는 하나님의 진노를 받았으리라고 한다.

한 나라의 왕이 범죄하면 그 나라 전체에 재앙이 되기도 한다. 그러므로 왕은 백성들을 위해서도 두려워할 것은 죄악인 것이다. 아브라함은 이들을 죄에 빠지게 했다고 하였다. 죄에 빠지는 자를 건져야 할 하나님의 선지자가 오히려 죄에 빠질뻔하게 미끼를 준 것은 이방인에게 책망받아 마땅한 것이다.

2. 아브라함이 변명하였다.

"하나님을 두려워함이 없으니… 사람이 나를 죽일까 하여"라고 했다. 아브라함은 사람을 두려워하는 비겁한 자리에 내려가 있었다. 무슨 말이냐 하면 하나님을 의지하는 신앙이 없었다는 것이다.

얼마전 까지만 해도 하나님과 비밀없는 대화를 나누고 소돔성을 위하여 간구해서 그대로 응답하셨는데 그러한 능력있는 높은 수준의 믿음은 어디로 가고 이방땅 블레셋에 와서 사람을 그토록 두려워하다니 참으로 안타깝기 그지 없다.

아브라함은 그랄 지방에 대해서 나쁘게 생각하고 있었다. 그곳에는 하나님을 두려워함이 없다고 믿었다. 물론 그렇다. 하나님을 모르는 곳에서는 어떤 선한 것도 기대할 수 없다. 또 하나님의 사람들에게 안전하다고 할 수 없다.

그러나 우리가 생각하는 그 이상으로 하나님을 두려워하는 사람들이 많이 있다. 하나님에 대한 지식의 차이는 있겠지만 그렇다고 해서 이방 땅에는 무조건 악한 사람들이라고 생각한 것은 아브라함의 오판이다.

사라가 사실적으로 누이라고 했다. 사라가 누이라는 말은 사실이지만 그것은 거짓말이다. 사라는 데라의 손녀요 아브라함에게는 이복 누이였다.

지금 그들은 분명한 부부관계인데 두 사람이 오라버니와 누이로 부르자고 한 것은 속일 의도가 있는 모호한 언사이다. 그리고 이복 남매일 뿐이고 부부가 아니라면 어떻게 지금까지 부부생활을 할 수 있었는가 하는 질문을 던지지 않을 수 없다.

옛날 근친간의 결혼은 인구가 많이 분산되지 못한 때에 그 가문의 혈통 보존을 중요시 여겨서 했었다고 한다.

전부터 아내와 합의했다고 했다. 아브라함은 고향을 처음 떠나 나그네로 다닐 때에 아내와 이미 남매라고 하자고 합의했던 것이라고 말하여 이번에 아비멜렉을 계획적으로 곤경에 빠뜨린 것이 아니라고 변명한 것이다.

첫째로, 아브라함은 아비집을 떠난 자였다. 인생은 누구나 아비집을 떠난 자이다. 아브라함의 아비는 우상 주의자였는데 하나님께서 부르실 때에 그 집을 결단성있게 떠나서 이 세상 낯선 땅으로 전전하며 고아와 같이 사는 것이다.

아브라함은 아비집으로 돌아가려고 마음을 먹었으면 언제든지 갈 수 있었을 것이다. 그러나 그는 더 좋은 본향을 사모했기 때문에 뒤엣 것은 돌아보지 않았다.

둘째로, 아브라함은 두루 다니는 나그네였다. 성도의 국적은 하늘에 있고(빌 3:20), 하늘나라 시민이며 권속이고(엡 2:19-), 그 나라의 생명책에 녹명되어 있다(눅 10:20). 그러나 지금은 이 세상을 두루 돌아 다니는 나그네이다. 아브라함은 사라가 죽었을 때에 헷족속에게 "나는 당신들 중에 나그네요 우거한 자…"(창 23:4)라 하였고 그의 손자 야곱이 또한 바로 앞에서 "내 나그네 길의 세월이…"(창 47:9)라고 했다.

이스라엘이 애굽 땅에서 "나그네이었고…"(출 22:21) 모세가 미디안 땅에서 나그네 되었으며(행 7:29), 다윗도 말하기를 "주 앞에서는 우리가 우리 열조와 다름없이 나그네와 우거한 자라 세상에 있는 날이 그림자 같아서 머무름이 없다"(대상 29:15)고 하였다(대하 30:25). 하나님께서는 "너희는 나그네요 우거하는 자로서 나와 함께 있느니라"(레 25:23) 하셨고, "우리 조상들을 택하시고 애굽 땅에서 나그네 된 그 백성을 높여 큰 권능으로 인도하여 내셨다"(행 13:17)고 하였다.

베드로는 "흩어진 나그네(벧전 1:1)", "너희는 나그네로 있을 때를 두려움으로 지내라(벧전 1:17)" 하였고, "나그네와 행인같은 너희에게 권하노니 영혼을 거스려 싸우는 육체의 정욕을 제어하라"(벧전 2:11)고 하였다. 믿음을 따라 죽은 선진들도 땅에서는 외국인과 나그네로라 증거하였으니(히 11:13) "나의 나그네 된 집에서 주의 율례가 나의 노래가 되었나이다"(시 119:54)라고 고백할 수 있게 살 살아야 하는 것이다.

셋째로, 아브라함은 나그네 생활의 처신을 잘못했다. 아브라함과 사라는 부부면서 세상 사람을 두려워한 나머지 생명을 보존하고자 하여 남매라고 하자고 합의하였다. 그것이 그들의 처세술이었다. 물론 세상은 위험하다. 그러기에 예수께서도 "내가 너희를 보냄이 양을 이리 가운데 보냄과 같도다. 그러므로 뱀과 같이 지혜롭고 비둘기같이 순결하라"(마 10:16)고 하신 것은 처세술이다. 그러나 아브라함의 처신은 위험한 불신앙적 방법이었다. 가장 안전한 방법은 하나님이 방패(15:1)라고 하셨으니 그를 의지할 것이고 인간의 얄팍한 잔꾀로 할 것이 아니다. 하나님이 동행하시는 것을 잊지말아야 하는 것이다.

3. 아비멜렉의 호의와 아브라함이 기도하였다.

아비멜렉이 양과 소와 노비와 사라를 돌려보냈다. 하나님께서 아브라함은 선지자라고 아비멜렉에게 알려주셨기 때문에 아비멜렉은 아브라함을 하나님의 종으로 생각하여 후대했다.

그는 양과 소와 은 천 개를 아브라함에게 주고 사라도 돌려보내 주었다. 아브라함이 생각했던 것처럼 사람을 죽일 왕은 아니라는 것임이 드러났다. 오히려 후한 친절을 베풀었다.

이것은 아비멜렉에게 나타나셔서 역사하신 하나님의 은혜였다. 아비멜렉은 아브라함에게 "좋은 땅을 취하라"고 하였다. 이방세계에도 이렇게 좋은 사람들이 있다. 아비멜렉은 하나님께서 아브라함과 함께 계심을 보았기 때문에 자기 땅에 머물기를 요청한 것이다. 24년전 애굽왕은 그땅에서 내어쫓았었는데 그랄왕은 그땅에 거하는 것을 허락했다.

둘째로, 사라의 수치를 풀게 하였다고 한다. 네 수치를 풀게는 "위를 덮는다", "가리우다"라는 뜻으로 "네 눈은 가리우게 하였으니"이다. 이것은 네 눈에 베일을 씌워 보지 못하게 하였다는 말로 사라의 순결성을 확인시켜 주는 것이다.

이것은 "아브라함이 너에게 보호자가 될 것이다. 타인의 정욕에서 너를 보호하되 베일로 가리운 것 같이 하리라"는 것이거나 "이 선물은 내가 네게 범한 죄에 대한 속죄 보상이 될 것이라"라는 뜻일 것이다.

키토(Kitto)는 "네 얼굴을 가릴 베일의 구입비이다. 얼굴을 가리어서 타인에게 유혹의 기회를 주지 않기 위해서이다."라고 해석했다.

사라의 입장에서는 자신을 범하려고한 아비멜렉의 잘못을 보지못하게 하였다는 것이거나 타인의 입장에서는 사라를 욕정의 눈으로 보지 못하게 하였다는 것일 것이다.

셋째로, 아브라함이 아비멜렉을 위해 기도했다. 아브라함은 "그 하나님" 그러니까 인격적인 하나님께 기도했다. 그 기도는 "하나님이 치료하사 생산케 하셨다"고 하였다. 아비멜렉이 받고 있는 질병의 심판은 아브라함에 의하여 제거될 수 있었다. 이렇게 할 수 있는 영광을 하나님께서 아브라함에게 주신 것이다.

미리암의 문둥병은 모세의 기도로 고침을 받았고(민 12:13), 욥의 친구들은 욥의 기도로 화해할 수 있었다(욥 42:8-10). 의인의 기도는 반드시 응답된다. 그런데 그들이 당했던 질병은 생산불능인데 아비멜렉이 사라를 취할 때에 하나님께서는 사라에게의 접근을 막으시기 위하여 질병을 주셨던 것이다. 그것은 약속의 후손에 대한 순결성 때문이었다.

하나님께서 주신 언약은 인간의 실수나 잘못에도 불구하고 지켜지고 있는 것이다. 하나님은 이방인들의 태를 닫고 여시는 것까지도 주관하신다. 참으로 하나님은 은밀한 부분까지도 하나님의 뜻대로 하시는 것이다.

약속의 아들 출생과 성장

(창 21:1-8)

구약에서의 여러 사람들 중에서 이삭처럼 큰 기쁨과 기대 속에 태어난 사람은 거의 찾아볼 수가 없을 것이다. 왜냐하면 이삭이 메시야의 한 모형이 되어야 했기 때문이다.

아브라함은 약속받은 지 25년만에 아들을 얻게 되었다. 오랫동안 고대하던 소망이 이루어진 것이다. 그러므로 참고 약속을 기다리는 자가 복이 있다.

창세기에는 여러 가지 족보가 나오는데 여러 종족들이 계통을 밝히려는 궁극의 목적은 선민의 혈통을 나타나 보이려는데 있다. 아담에서 예수 그리스도까지의 장구한 세월의 족보는 정계와 방계로 크게 구별할 수 있다. 정계는 이삭을 따라 나는 계보로 신앙적 족보이고, 방계는 이스마엘을 따라 나는 족보로 육적인 혈통을 보여주는 것이다.

여기 21장에서는 그것을 기록하고 있다. 정계는 하나님의 뜻대로 자유하는 여인에게서 난 자이지만 방계는 사람의 뜻대로 종에게서 난 자니 이 둘은 절대로 아브라함의 집에서 같이 공존할 수가 없는 것이다. 그러므로 방계의 자식은 아브라함의 집에서 쫓겨나게 된다. 하나님의 지시가 그러했다.

아브라함의 가정은 교회의 상징이다.

바울은 "아브라함이 두 아들이 있으니 하나는 계집종에게서 하나는 자유하는 여자에게서 났다 하였으나 계집종에게서는 육체를 따라 났고 자유하는 여자에게서는 약속으로 말미암았느니라 이것은 비유니… 너희는 이삭과 같이 약속의 자녀라 그러나 그때에 육체를 따라 난 자가 성령을 따라 난 자를 핍박한 것 같이 이제도 그러하도다 그러나 성경이 무엇을 말하느뇨 계집종과 그 아들은 내어쫓으라 계집종의 아들이 자유하는 여자의 아들로 더불어 유업을 얻지 못하리라 하였느니라"(갈 4:22-31)고 했다. 시내산으로부터 종을 낳은 하갈은 율법이요 위에 있는 예루살렘의 자유하는 자 곧 우리 어머니는 복음이다.

하나님은 진실로 신실하시다. 약속하신 언약을 그대로 이루셨기 때문이다. 하나님은 능력이시다. 경수가 끊어지고 태가 완전히 죽었으나 아들을 주셨기 때문이다. 아브라함은 신앙으로 승리한 믿음의 조상이었다.

1. 아브라함의 아내 사라가 아들을 낳았다.

여호와께서 그 말씀대로 아들을 낳게 하셨다. 바울은 "이삭은 성령을 따라난 자"(갈 4:29)라고 하였다. 마리아는 "나는 사내를 알지 못하니 어찌 이 일이 있으리이까?"(눅 1:34)라고 하였다. 그때에 천사는 "성령이 네게 임하시고 지극히 높으신 이의 능력이 너를 덮으리니…"(눅 1:35) 하면서 "대저 하나님의 모든 말씀은 능치 못하심이 없느니라"(눅 1:37)고 하였다. 마리아는 "주의 계집종이오니 말씀대로 내게 이루어지이다"(눅 1:38)라고 하였다.

하나님의 능력은 "엘리사벳도 늙어서 아들을 배었다"(눅 1:36)고 하신 말씀처럼 못하심이 없으신 것이다. 하나님께서는 후사를 말씀하시고 반복해서 말씀하시다가 25년만에 그 말씀대로 아들을 낳게 하셨다.

마리아에게도 "성령으로 잉태하실 하나님의 아들"에 대하여 말씀으로 하셨을 때 마리아는 "말씀대로 이루어지이다"하면서 응답을 했다. 사라의 경우에는 늙어 경수가 끊어지고 태가 죽은 상태에서 아들을 얻었고 마리아의 경우에는 처녀로 사내를 알지 못하는 상태에서 예수를 낳았으니 이 두 여인의 생산은 하나님의 말씀의 능력으로 말미암았다고 할 수 있다.

여호와께서 사라를 권고하셔서 아들을 낳게 하셨다. 권고하셨다는 말씀은 "방문하다" "특별한 하나님의 은혜와 호의"(50:24, 삼상 2:21, 룻 1:6)를 의미하여 사랑으로 기억하시고 은혜를 베푸셨다는 것이다.

성경에 "자식은 여호와의 주신 기업이요 태의 열매는 그의 상급이라"(시 127:4)고 하였다. 여자가 아이를 낳는 것은 하나님의 권고하시는 은혜인 것이다.

사무엘상 2:21에 보면 "여호와께서 한나를 권고하사 그로 잉태하여 세 아들과 두 딸을 낳게 하셨다"고 했고, 레아는 르우벤을 낳으면서, "여호와께서 나의 괴로움을 권고하셨다(창 29:32)"고 고백했으며 여섯 째 아들을 낳으면서는 "하나님이 내게 후한 선물을 주셨도다(창 30:20)"하며 감사했고, "하나님이 라헬을 생각하사… 그 태를 여신고로 그가 잉태하여 아들을 낳고… 요셉이라 하였더라"(창 30:22)고 하였다. 그러므로 여호와께서 권고하사 은혜를 베푸심으로 자녀를 선물로 낳는 것임을 알 수 있다.

여호와께서 늙은 아브라함에게서 아들을 낳게 하셨다. "말씀하신 기한에 미쳐 늙은"은 "그의 늙은 나이에"라는 뜻으로 하나님은 시간을 엄수하신다는 것을 암시하는 것이다.

사람이 조급해서 기다리지 못하고 인간의 수단 방법을 동원하지만 하나님은 하나님의 정한 때에 약속을 정확하게 이루신다.

가나 혼인잔치집에 가신 예수께서도 "아직 내 때가 이르지 아니하였다"(요 2:4)고 하셨다. 여기 늙은 아브라함은 도저히 아들을 낳을 수 없는 노령의 사람이라는 것을 나타내는 것이다.

아브라함은 생산능력에 있어서는 "죽은 자와 방불한 사람"(히 11:12)이었으며 사라도 "나이 늙어 단산하였으나"(히 11:11)라고 하였으니 도저히 이들 부부는 자식을 가질 수 없는 때에 있었다.

그러나 하나님은 전능하사 능치 못하심이 없으시다. 아들을 낳았으니 이 아들을 통하여 신앙의 정통 노선이 이어져 그리스도를 탄생시켰고 아브라함의 아들은 그의 씨로써 모든 족속이 그 씨를 인하여 복을 받는다(행 3:25-26, 13:22-23).

2. 아브라함이 아들의 이름을 짓고 할례를 행했다.

아브라함은 하나님의 말씀대로 순종했다. 하나님께서는 아브라함에게 아들을 낳을텐데 그 이름을 이삭이라고 하라(창 17:19) 명령하신 바가 있다. 자식에게 이름을 지어주는 것은 부모의 책임이다. 아브라함으로서는 너무나도 귀하게 얻은 아들이기 때문에 고귀한 이름으로 그 아들의 이름을 지어주고 싶은 마음도 있었을 것이다. 하나님께서 아들을 낳기 전에 벌써 이름을 지어 명령하셨기 때문에 아브라함은 하나님의 명령하신대로 순종하여 이삭이라고 했다.

예수께서 탄생하실 때에도 "그 이름을 예수라"고 하신 하나님의 말씀대로 예수라고 이름했다. 얼마나 철저한 순종인지 모른다. 순종에는 쉬운 것이 있고 대단히 어려운 것이 있다.

아브라함은 쉬운 것에 순종했다. 이삭은 그리스도의 모형이다. 그의 이름이 "웃음, 기쁨"이듯이 예수는 구원의 기쁨이시다.

그의 출생이 특이한 환경과 배경이듯이 예수도 기이하게 오셨다. 이삭이 독자이듯이 예수는 하나님의 독생자로 십자가의 제물이 되셨다. 이삭은 번제나무를 지고 갔는데 예수는 십자가를 지고 가셨다. 이삭이 제단에 결박당했는데 예수는 십자가에 달리셨다. 이삭이 살아서 내려온 것같이 예수는 부활하셨다.

이삭은 웃는다, 기쁨, 즐거움이라는 뜻이다. 아브라함은 전에 신앙적인 웃음을 웃어서 기뻐했었다(17:17, 19). 사라는 일시적 불신앙의 웃음을 웃었었다(18:12).

이삭이라는 이름은 그 부모의 웃음과 관계된 이름인 듯 하다. 그러므로 이삭이라는 이름은 인력으로는 할 수 없는 놀라운 기적적 출생을 생각하게 하는 명칭이다.

죄는 사망을 낳는다. 그러나 신앙은 웃음을 낳는다. 예수께서 말씀하시기를 "여자가 해산하게 되면 근심하나 아이를 낳으면 세상에 사람 난 기쁨을 인하여 그 고통을 다시 기억지 아니하느니라… 너희 마음이 기쁘니니 너희 기쁨을 빼앗을 자가 없느니라"(요 16:21-22)라고 하셨다.

예수의 영적 해산으로 태어난 우리는 빼앗길 수 없는 기쁨을 누린다. 그것은 세상에 주는 일시적인 평안이 아니다.

영혼이 웃으며 기뻐하는 평안과 행복인 것이다. 이삭이 육신의 사람들에게 웃음과 기쁨을 주었다면 예수는 인류에게 구원의 기쁨을 주셨다.

성장하면서 이삭은 이스마엘에게 웃음을 당했다(9절). 하나님의 아들의 사랑을 받는 자들도 세상의 못된 사람들에게 웃음거리가 되는 경우가 있다. 그것은 핍박이다. 그러나 구원의 즐거움을 가진 자들은 개의치 않았다.

아브라함이 이삭에게 할례를 행했다. 난지 8일은 하나님의 원창조 기간이(7일) 지난 재창조의 첫날(막 16:9)로서 거듭 태어난 새생명의 새 출발을 의미하는 날이다.

아브라함은 그의 아들에게 할례를 행하는 것도 하나님의 말씀하신대로 순종하여 실행에 옮겼다(창 17:9-27). 할례가 이방인들에게는 어떤 고통과 질병 등을 제거하려는 미신적인 성격이 있거나 아니면 생식수단으로서의 의미가 있었지만 히브리인의 할례는 언약과 관련하여 하나님의 명령에 근거한 철저한 종교적, 영적인 의미를 지니고 있다.

그러므로 할례는 아브라함의 자손이 하나님의 백성됨을 표하는 행사이다. 생후 8일밖에 안되는 아들에게 살을 베어 피를 흘리는 것은 괴로운 일이었으나 그렇게함으로 성별되게 구별시킨 것이다.

3. 아브라함의 아내 사라에게 큰 기쁨이 있다.

사라는 웃게 하신다고 노래하였다.

아브라함은 약속받은지 25년만에 그러니까 100세에 아들을 낳았다. 그것은 믿음과 인내에 대한 귀한 실례이다. 이삭의 출생은 성적관계에서 보다 하나님의 능력이었다. 그래서 사라는 웃게 하신다고 노래하는 것이다. 이삭이라는 아들이 자기에서 출생했다는 역사적 기쁨을 시적으로 노래하는 것이다.

그는 "하나님께서 나를 웃게 하셨다. 나로 하여금 기뻐할 수 있는 명분과 동시에 마음까지 주셨다"고 하면서 찬송하는 것이다. 후에 마리아는 하나님의 아들의 탄생에 대하여 찬송했는데(눅 1:46-47) 같은 약속의 후손이지만 차이가 있다. "하나님이 나로 웃게 하신다"는 것이다. "하나님이 웃게 하시니 웃게 하시니" 두 번 노래하여 강조하고 있다. 그러므로 이제는 사라의 웃음은 의심하는 불신앙의 웃음이 아니고 신앙적 희열의 웃음이라는 것이다(창 18:12). 하나님은 우리 마음 속에 그리고 가정에 웃음이라는 기쁨과 행복을 주시니 우리는 웃고 노래하여 그 하나님께 감사해야 하는 것이다.

"듣는 자가 다 함께 웃을 것이라"는 것이다. 우리는 즐거워 하는 자와 함께 즐거워 할 줄 알아야 한다(롬 12:15). 함께 즐거워 하는 것으로(눅 1:58) 인하여 하나님을 영화롭게 하는 것이다.

아브라함 노경에 내가 낳았다고 했다. 사라는 "누가 사라가 젖먹이겠다고 말했겠는냐?" 하였다. "말하였으리요"는 경악을 표현하기 위하여 시적으로 "누가"라는 말이 사용된 것이다. 그러므로 이것은 지금 사라가 생산한 이 사건이 하나님의 사역에 의해서만 되어졌다는 것을 의미하는 동시에 그의 넘치는 기쁨을 강조하는 것이다. 아브라함은 노경에 있었으므로 인간의 지식으로는 믿을 수가 없는 일이다.

아이가 성장하여 아브라함이 대연을 베풀었다. 유대인은 3-4세쯤 되면 젖을 떼는 것이 보통이다.

누가는 "그리스도가… 자라매"(눅 2:40)라고 했다. 약속의 자녀들도 성장한다(눅 1:80). 성도에게는 영적인 젖이 있으니(히 5:11-14, 벧전 2:2) 곧 하나님의 말씀이다. 어려서 먹는 신령한 양식이다. 그러나 신앙이 성장하면 단단한 음식(히 5:11-14)을 먹는데 그것은 성경상 까다로운 교리 부분 같은 것이다. 젖은 성서에서 초보적인 말씀들로 성도는 중생하면 젖을 먹다가 장성한 다음에는 단단한 음식을 먹는다.

아브라함이 대연을 베풀었다. 이삭이 젖뗀 때가 세 살이라면 이스마엘은 열일곱 살이 되었을 때이다.

아브라함이 이때에 이르러 대연을 베푼 것은 아들을 자라게 하신 하나님의 은혜를 감사하고 찬양하기 위함이었다.

이스마엘의 추방

(창 21:9-21)

창세기 20장에서는 아브라함의 비겁한 처신에 대해서 실망하게 된다. 자신의 생명을 보존하기 위해서 아내를 위험에 던져버린 치욕적인 졸장부 아브라함의 모습은 우리를 저으기 실망시켰다.

그런데 여기 와서 사라의 순결을 끝까지 안전하게 보존해 오신 하나님께서 언약의 아들을 출생시킴으로써 아브라함에게 믿음의 조상, 언약 가계의 선조라는 영예, 억제할 수 없는 기쁨을 갖게 하신 것을 보면서 크게 웃으며 찬송한다.

이삭의 출생은 언약의 절정을 향한 첫 걸음으로 장차 오실 여인의 후손을 확실하게 드러나게 한다. 생명의 주체는 하나님이시다. 하나님은 불가능한 중에도 가능케 하시는 전능자시다.

이제부터 구속사의 주인공은 이삭이다. 빛이 오면 어두움이 사라지듯이 참빛의 그림자인 이삭이 출생하므로 어두움이라는 이스마엘은 축출되어 사라져야 하는 것이다.

이스마엘은 장자권이 없었다. 왜냐하면 주인에게 예속된 첩들의 아들들은 상속권이 전혀 없었기 때문이다.

한때 아브라함이나 사라는 이스마엘에게 상속권이 있다고 생각했었다. 그러나 사라가 아들을 낳게 되면서부터 이스마엘은 여기에서 같이 거할 수 없었다. 이삭을 위해서는 이스마엘을 내어쫓는 것이 현명한 일이었다. 이삭은 얌전하고 온유하며 부드러운 순종 잘하는 성품이었으나 이스마엘은 무척 거칠고 적개심이 강하여 화합될 수가 없었다.

더욱이 언약의 백성은 이방인과의 관계로부터 분리되고 성별된 백성이어야 했다. 이스마엘의 친모는 이교도의 노예였다. 순수한 신앙이 전달되어야 할 가족인데 이스마엘과 같은 이교도와 접촉함으로 그 순수성을 보호하지 못하게 된다면 이것은 큰 일이 아닐 수 없다.

그리하여 결국에는 이스마엘을 아브라함 집에서 추방하게 된다. 이 것은 교회와 세상, 영의 일과 육신의 일을 비교하는 것 같은데 매정하고 몰인정하게 서자 아들을 내어 쫓은 것이 아닌가 하고 동정하게 되지만 모든 것이 인류를 다스려 가시는 하나님의 주권적인 통치 방법이기에 겸손히 엎드려 주여 뜻대로 하옵소서 할뿐이다.

1. 하갈과 이스마엘을 추방하였다.

이스마엘은 이삭보다 14세가 연상이었기 때문에 나이어린 동생을 보살피는 것이 의무이다. 그런데 이스마엘은 이삭을 희롱했다.

희롱은 조롱하는 것, 멸시하고, 자극하며 비웃는 것을 나타내는 것으로 그것은 불신앙, 시기, 교만에서 나온 것이다. 바울은 이삭에 대한 핍박이라고 하였다(갈 4:29).

이스마엘은 이삭이 젖떼는 때쯤부터 조롱하고 상속권 때문에 핍박했을 것이며 이때로부터 4백년동안 이삭의 후손들은 이스마엘의 후손들에게 박해를 받았다(15:13).

하나님께서는 아이들이 노는 것, 만나는 것, 싸우는 것, 희롱하는 것 모두를 보고 계신다. 육신의 부모는 모르는 것이 있을지라도 하나님은 다 아신다. 이제부터 뿌리깊은 적의가 시작되었으니 뱀의 자손과 여인의 후손 사이에 깊은 적의의 뿌리가 내려졌다.

약속의 자녀들은 조롱과 핍박을 받을 각오가 돼 있어야 한다. 두 아들은 필연적으로 가정불화를 몰고 왔다.

이삭이라는 새 사람과 이스마엘이라는 옛 사람이 한 집에서 싸우고 있는 하나님의 교회 또한 그렇다. 율법과 복음이 한 교회에 양립할 수 없다. 계집종과 자유하는 어머니가 같이 살 수 없다. 함께 기업을 얻을 수 없기 때문이다.

사라는 아브라함에게 "여종과 그 아들을 내어 쫓으라"고 했다. 이 말은 매우 잔인해 보이는 처사같다. 그러나 이것은 하나님의 섭리로 되어지는 것이었기 때문에 정당한 처사였다고 할 수 있다. 처음부터 이스마엘은 약속된 기업을 받을 자가 아니었다. 사라의 몸에서 난 자는 성령으로 난 자라 했으니 그가 기업을 받을 아들이다.

이스마엘과 이삭은 마땅히 분리되어야 한다. 사라는 영적인 근심을 하고 있었다. 사라는 하갈과 그녀의 아들에 대해서 감정이 좋을 리가 없었다.

이삭이 하나님이 주신 기업의 후사라는 확신이 있기 때문에 이스마엘로 인하여 그 언약이 성취되는데 장애가 되는 것이라면 양보할 수 없었다. 성도는 내 가정과 교회에 육의 정욕이 영을 희롱하지 못하도록 육을 사정없이 내몰아야 한다.

교회 안에는 신, 불신이 섞여 있다. 육을 따라 낳고 중생 못한 자, 율법 아래 머물러 있으면서 복음의 약속을 거절하는 자들은 신령한 성령을 따라 중생한 성도들을 핍박한다(살전 2:16).

그러므로 내쫓아야 한다. 세상에는 하나님의 백성들과 친밀한 교제를 나누면서도 하나님의 자녀의 유업에 참여 못하는 자들이 있고 교회에도 같이 형제처럼 먹고 마시고 교제하나 하나님 나라를 상속하는 자와 상속하지 못하는 자로 구별되어 있다.

하나님의 명령이 있었기 때문이다. 아브라함은 깊은 근심을 하게 되었다. 그것은 아브라함에게 있어서는 이스마엘에 대한 애정이 있었고 적어도 그가 출생후 몇 년까지는 가통을 이을 상속자라고 생각했었다(17:18). 그런데 이제 약속의 아들이 태어났고 이복형제간에 싸움이 잦으며 두 여인의 갈등은 심화되고 가정이 평화롭지 못했다. 그런데다가 사라가 강경하게 이스마엘을 축출하라고 하니 근심이 아닐 수 없었다.

하갈이 그 아들을 바로 교육하지 못하며 가정불화가 생기므로 하갈로 인하여 근심하고 바로 잡을 수 없는 자녀들을 어떻게 해서든지 교화시켜야 하는데 사라의 요구가 원체 강경하여 더 할 수 없는 고통으로 근심했던 것이다. 그런데 하나님께서 그렇게 하라고 지시하시는 것이었다. 하갈은 하나님에 의해 아브라함의 아내로 인정받지 못하고 여종으로 취급된다. 하나님께서 어떤 형태로 말씀하셨는지는 알 수 없으나 아브라함은 큰 근심중에 기도하고 있었을 것이고 그때 하나님께서 말씀하셨을 것이다. 성도에게 있어서 곤고한 때의 위로는 하나님의 말씀이다.

하나님은 "사라가 네게 이른 말을 다 들으라"고 하셨다. 전에는 사라의 말을 듣고 하갈을 취첩했다가 이렇게 되었으나 이번에는 사라의 말이 옳으니 들으라는 것이다. 사라는 후사에 대한 확고한 믿음 위에 서 있는데 아브라함은 영육사이의 두 여인에게서 고민하고 있을 때였다.

하나님은 이삭에게서 난자라야 네 씨라 칭할 것이라고 하셨으니 씨는 이전에 약속된 씨이다. 교회와 그리스도는 이삭의 씨이다(롬 9:7). 그러므로 아주 멀리 쫓아내서 이삭을 괴롭히지 못하게 하고 그의 권리를 침해하지 못하게 하라고 하셨고 하갈의 자식도 아브라함의 씨이므로 그로 큰 민족을 이루게 하리라는 위로의 약속을 주셨다.

세상적 자녀들은 언약의 자손들 보다 세상에서 더 잘 될 수도 있다. 아브라함은 이 말씀에 위로와 힘을 얻고 곧 결행할 수 있었다.

2. 즉각적으로 추방하였다.

아브라함이 아침 일찍이 추방하였다. 하나님께서는 전날 밤에 아브라함에게 명하셨고 아브라함은 아침 일찍이 일어나서 하갈과 이스마엘을 내어 보냈으니 하나님의 말씀에 따라 즉각적으로 순종한 것이다.

참으로 아브라함은 순종하는 일에 있어서는 최대의 모범자였다. 하나님의 부르심을 받았을 때에도 곧 말씀대로 따랐고(12:1-4) 독자 이삭을 바치라고 하실 때에도 즉시 순종하여 만고에 다시 없는 믿음을 보였다.

약속의 후사는 아니라 해도 여종의 몸에서 난 소생이라 할지라도 하갈과 이스마엘을 매정하게 추방한다는 것은 쉬운 일이 아니었을 것이다.

그는 자기의 생각과 판단을 포기하고 순종했다. 하갈과 이스마엘은 쫓겨났다. 그러나 믿음의 아버지 덕분에 한 민족을 이루리라는 축복을 약속받으면서 추방된 것이다. 특권을 남용하면 이렇게 된다. 아브라함의 가정에서의 큰 은혜를 모르고 배은망덕하는 그녀는 추방되어 마땅하다.

떡과 물 조금을 메워 주고 추방하였다. 아브라함은 하갈과 이스마엘을 내어쫓으면서 인정사정없이 음식물도 주지않고 한 것이 아니다. 아무도 사람을 딸려 보내지 않았고 걸어가게 했으며 음식도 많이 주지는 않았다. 많은 것을 지워 보낼 수도 없었다. 그것은 하나님께서 한 민족을 이루시겠다고 약속하신 말씀을 생각할 때에 매일 매일의 일용할 양식은 하나님이 주시리라고 믿었다. 그리고 하나님께서 이런 약속을 주셨기 때문에 그들 모자가 어디로 가든지 하나님이 길을 인도하시고 어떤 위험에 처하든지 하나님이 보호해 주실 것을 믿었다.

아브라함은 인정을 끊고 추방하였다. 하갈은 근본이 여종이지만 아브라함에게는 처음으로 아들을 낳은 여인이었다. 그리고 아들에 대한 애정은 여인에 대한 정보다 더했을 것이다. 아브라함은 이 여인과 이 아들을 끊어야 했다. 육적인 인간의 애정보다 하나님의 말씀을 더 사랑해야 한다. 아브라함은 인정을 끊는 믿음이 있었다.

후에 이삭을 모리아산의 제단에 바칠 때에도 독자 이삭에 대한 깊은 애정을 끊고 하나님의 말씀에 순종했다.

예수께서도 말씀하시기를 "누구든지 나의 제자가 되기를 원하는 자는 부모, 형제, 자녀, 자매를 미워하라"고 하셨다.

예수를 더 사랑하고 그리고 육신의 사람들을 사랑하는 자라야 한다는 말씀이었다.

3. 하갈과 이스마엘이 브엘세바들에서 방황했다.

그들은 브엘세바들에서 방황하였다. 들은 팔레스틴과 애굽 사이에 있는 불모지이고 방황하더니는 그가 길을 잃었기 때문이다(37:15). 광야의 길이 익숙치 못했거나 감정에 격해서 길을 잃었는지 알 수 없다.

"브엘세바"는 지중해와 염해 사이의 분수계 근처에 위치해 있다. 오늘도 가정과 교회를 잃고 영생에 이르는 생명길 예수를 잃고 세상에서 방황하는 인생이 많이 있다. 하갈과 이스마엘은 아브라함 집에서 추방되었다.

하나님의 교회에서는 육적인 하갈과 이스마엘이 있어서 언약받은 하늘의 후사라는 성도를 핍박하고 교만 방자하다가 결국은 쫓겨나고 마는 것으로 그것은 하나의 큰 비극이다. 그러나 하늘나라의 약속을 이어나갈 영의 후손들이 보호되어야 하기 때문에 분리되지 않을 수 없는 일이다.

이스마엘이 지쳐 죽어가고 있었다. 가죽부대의 물이 다하여 지치게 되었다. 이스마엘은 아브라함의 집에서 살 때에는 배부르게 먹고 마셨다. 그러나 이제 추방당하여 방황하는 중 양식은 다 떨어지고 마실 물마저 없어져서 기진맥진하여 쓰러지고 말았다.

물은 생물체들의 생명으로 하나님의 일반 은총이다.

이스마엘은 떨기나무 아래 쓰러졌다. 뜨거운 태양빛에 지쳐서 떨기나무라도 그늘이 질까하여 그곳에 가서 쓰러진 것이다. 하나님의 집을 떠나 세상 광야로 추방당한 인생에게는 양식과 생수가 있을 수 없으며 시원한 그늘이 되어줄 사막의 오아시스가 있을 수 없다. 엘리야는 로뎀나무 그늘에 쓰러졌었다(왕상 19:4-8).

17절에 보면 "저기 있는 아이의 소리를 들으셨나니"라고 하여 이스마엘이 하나님께 부르짖어 기도했음을 말해주고 있다(시 50:15).

이스마엘은 생사기로에 있을 때 하나님께 부르짖었던 것이다. 그것은 아브라함 가정에서 보아왔던 일이었다. 그의 부르짖음이 온전한 믿음에서의 간구는 못되었을지라도 하나님께서 그의 소리를 들으셨던 것이다. 이스마엘의 부르짖음의 내용은 알 수 없지만 하나님께서 들으셨다.

하나님은 죄인들도 추적하시고 살피시고 보호하시는 우주에 편재하신 만국의 주인이시다.

하갈이 방성대곡하였다. 아브라함 집에서 추방당한 하갈과 이스마엘이 외롭고 황량한 광야에서 굶주리고 목말라 죽게된 것은 죄값이다. 하갈은 자식의 죽어가는 것을 볼 수 없다고 하였다.

이 말은 근심스럽게 쳐다 본다는 뜻인데 미신적인 소리였다. 이방인의 말이다. 하갈은 아브라함의 자식까지 낳으면서 오래 한 집에 살았는데도 아브라함의 하나님을 찾지 못하고 이방인의 미신적인 소리를 발했으므로 중생하지 못한 애굽 노예의 신분상태 그대로였다.

마주앉아 바라보았다는 것은 그녀가 주저앉는다는 뜻으로 동작이 그녀에게 매우 중요했음을 암시한다. 그러니까 모성애와 어머니의 책임성을 강조하는 말이다. 살 한 바탕쯤은 화살의 사정거리인데 270m 가량 될 것이다.

아이를 위해 일어났다고 한 것은 그가 아들을 위해 할 수 있는 일을 하려는 것으로 일어나서 아이를 일으켜 세우며 손으로 붙드는 것이다. 하갈은 아이를 위해서 몇 가지 한 일이 있다.

첫째는, 자식을 위해 통곡하며 부르짖는 기도이다.

둘째는, 두려워 말라는 하나님의 음성을 듣는 체험적 신앙이다.

셋째는, 자식을 위해 일어나는 희생적 어머니이다.

넷째는, 자식을 일으켜 주는 용기를 불어넣는 것이다.

다섯째는, 자식을 손으로 붙들어주는 조력이다.

여섯째는, 영안이 열려 생수를 보는 것이다.

일곱째는, 아이에게 생수를 먹이는 일이다.

여기서 생수는 하나님이시니(렘 2:13, 17:13, 요 4:7-12) 부모는 자녀들에게 하나님을 믿게해 주어야 한다. 그래야 그 자녀가 산다.

4. 하갈과 이스마엘에게 하나님께서 찾아 오셨다.

하갈아 두려워 말라고 말씀하셨다. 하나님께서는 하늘로부터 내려오셔서 하갈을 부르시고 두려워 말라고 말씀하셨다.

하갈은 방성대곡했고 이스마엘은 기진맥진하여 속으로 하나님께 부르짖었을 것인데 그것을 하나님은 들으셨다. 하나님은 하늘에 계시면서도 광야 떨기나무 아래에서 속으로 부르짖는 아이의 기도를 들으시고 여기에 내려오신 것이다.

그리고 두려워 말라고 하셨다. 아브라함이나 사라는 그들을 버려 내어쫓았으나 하나님은 처음부터 여기까지 그들을 따라오사 죽음이라는 심각한 문제로 몸부림치는 때에 두려워말라고 말씀하시면서 용기와 소망을 주셨다.

양식도 물도 없는 들판에서 어떤 구조도 기대할 수 없는 절망적인 순간에 하나님이 오셔서 살려주신 것이다. 하나님은 하갈에게 아이를 붙들라고 말씀하셨다. 하나님께서 직접 그 아이를 일으켜 세우실 수 있으시다. 그러나 아이를 붙들고 일으켜 세우는 일을 그 어머니에게 하라고 맡기셨다.

마치 죽은 소녀를 말씀으로 살리시고, 먹을 것을 주는 일은 그 부모에게 하신 것같이 나사로를 말씀으로 살리시고 무덤의 돌이나 얽어맨 것들을 옮기고 풀어놓는 일은 산 사람들에게 맡기심과 같다고 할 수 있다. 인간은 어떤 면에서 하나님의 동역자들이다.

내가 그로 큰 민족을 이루게 하겠다고 약속하셨다. 죽지 않고 사는 것만도 감격한 일인데 그가 살아서 큰 민족을 이루게 된다니 얼마나 큰 은혜인가? 하갈은 있는 힘을 다하여 아이를 붙들어 일으켰다. 부모는 아이들의 장래는 알 수 없으나 하나님은 우리 자녀들을 계획하시고 섭리하신다.

하갈의 눈을 밝혀 샘물을 보게 하셨다. 하나님은 절망 가운데 있는 인간을 위하여 모든 것을 준비해 두셨다. 샘물은 이미 있던 것인데 하갈이 그것을 발견하는 눈이 어두웠던 것이다. 인간의 슬픔과 비탄은 영안을 어둡게하여 보지 못하게 한다. 하나님은 군데 군데에 인간에게 필요한 것들을 준비해 놓으셨으나 인간들이 그것을 보지 못해서 낙심하고 절망하는 것이다. 샘물은 생수가 솟아나는 샘이다. 그것은 생수의 하나님이시다.

그 생수는 인간들 주변에 이미 주어져 있어서 샘솟고 있는 것이다.

눈이 어두워서 생수 곁에 있으면서도 그것을 보지 못하고 죽어가는 인간들이 무지기수이다. 예수는 생명의 밝은 빛이시다. 그런데 영안이 어두운 인간들이 횃불이라는 빛을 밝히며 예수를 찾았다.

예수는 진리시다. 그런데 빌라도는 진리 앞에서도 "진리가 무엇이냐?"고 질문했다. 눈이 어두워서 생수되신 예수, 진리되신 예수, 빛되신 예수를 보지 못했다는 것이다.

하나님이 그 아이와 함께 계셨다. 거치른 사람에게는 가장 알맞은 거처가 광야이다. 그는 유랑생활을 하고 정착된 생활을 하지 못했다. 육을 따라 난 자는 세상이라는 광야에 집착하지만 성령을 따라 난 자들은 하늘나라에 갈 때까지 이 세상에서 안주하지 못한다.

이스마엘은 활쏘는 자가 되었다. 무사가 된 것이다. 그리하여 그의 족속들은 전쟁을 좋아했고 오늘의 아라비아족이다.

에서는 사냥을 좋아하는 붉은 공산주의의 시조가 되었고, 니므롯이 여호와앞에서 특이한 사냥군이 되어 무신론주의자가 되었고, (10:8-9, 25:27) 이스마엘이 활쏘는 직업으로 호전주의자가 되어 광야의 대상들을 약탈하는 조상이 되었다.

이스마엘은 애굽여인과 결혼했다. 어머니의 나라 여인이다. 그리고 에서의 자손과 그두라의 자손, 모압·암몬 자손 등 모두 방계 자손과 결연 동맹해서 아랍족속을 이루고 회교를 신봉하여 이삭의 후손인 이스라엘에 대해 원수가 되었다.

또한 그들은 상업을 발달시키고 이스라엘은 농경을 주로 하여 서로 상거래를 했다. 불신자가 우리에게 해롭게 하는 경우도 많지만 생활에 서로 도움을 주는 경우도 있다. 방계자식이라도 하나님이 함께 하시므로 세계 인류는 하나님 안에서 복을 누리는 것이다.

브엘세바의 언약

(창 21:22-34)

  때에 아비멜렉이 아브라함에게 "너와 나와 내 아들과 내 손자에게
하나님을 가리켜 맹세하라"고 제의해 왔다. 때에는 어느 때를 의미하
는지 미상하다. 다만 바로 전절에 연결시켜 볼 때에 이삭의 나이 어
린 때, 하갈과 이스마엘이 추방당한 때라고 할 수 있을 것이다.

  그렇다면 아브라함이 하갈과 이스마엘을 보내놓고 인간적으로 괴
로움을 가지면서도 잘 자라는 이삭을 보면서 이 아들이 언약의 자식
이요 가나안 땅의 주인이 된다는 하나님의 말씀을 새기면서 신령한
포부와 담력을 가지고 있을 때였다.

  하나님은 아브라함을 부르시고 축복하시면서 "네 이름을 창대케
하리라"(12:2)고 하셨다. 그런데 이방땅 나그네 생활을 하고 있는 아
브라함에게 블레셋 그랄왕이 아브라함과 평화조약을 맺자고 제의해
옴으로써 서서히 그의 이름이 유명해지고 창대해지기 시작하고 있는
것이다.

  아브라함은 거짓말했던 사건으로 아비멜렉과는 아는 사이였고 당
시에는 변방에 약소민족을 약탈하고 전쟁으로 땅을 빼앗는 일이 다반
사였기 때문에 아비멜렉은 아브라함과 평화의 조약을 맺어서 그 주위
에 유명해진 아브라함과 친구가 되었다는 것을 과시하고 싶었을 것이
다.

  "네가 무슨 일을 하든지 하나님이 너와 함께 계시도다"라고 했으므
로 가나안 땅 원주민들이나 그랄 땅 주민들 마저도 아브라함이 섬기
는 여호와를 관심있게 생각하였다.

사라의 사건 때에도 하나님이 아브라함과 함께 계심을 그는 경험했다. 그리하여 이제 동맹을 맺고 맹세하게 되었다. 이로써 우리는 한갓 나그네에 불과하고 유랑객에 불과했던 아브라함이 점차적으로 가나안 땅의 주역으로 등장하여 부각되어지는 것을 볼 수 있다.

이것은 아브라함에게 약속하시고 그 약속을 성취시켜 나가시는 여호와 하나님의 역사하심이다. 그러므로 먼저 그 하나님께 감사하면서 찬양해야 한다.

1. 평화언약을 아비멜렉이 제안하였다.

언약의 대행자는 비골이었다. 비골은 "모든 자의 입, 모든 자의 대변인, 모든 자의 지도자, 유명한 자" 등의 뜻으로 아비멜렉의 군대장관 즉 군대 총사령관이었다. 아비멜렉은 "왕의 아버지"라는 뜻으로 그 나라의 왕은 그 나라의 아버지이다. 그는 아브라함이 거주하고 있던 지역의 최고 통치자였으나 하나님에 의해 강성해지고 있는 아브라함이 사실 두렵게 느껴지는 존재였다.

인구도 부족하고 나라의 조직도 미비한 당시에 정치상황은 침략을 당하는 일이 많았던 터라 강한 세력으로 자리잡아 가는 아브라함과 손을 잡고 동맹을 맺는다는 것은 생존과 국가 운명에 직결되는 일이었다. 그리하여 왕은 자기 휘하의 고관이나 수상쯤 되는 비골을 통해서 그 계약을 대행하게 했다. 아비멜렉은 정세에 밝았고 사람을 볼 줄 아는 눈을 가지고 있었다고 할 수 있다.

언약의 동기는 하나님이 함께 계심을 알기 때문이다. 아비멜렉은 사라와의 사건으로 아브라함과 친근해졌다.

이삭이 출생하고 재산이 늘어나고 명성은 높아졌으며 여호와를 믿는 신앙은 대단해서 하나님이 아브라함과 함께 계시는 것을 아비멜렉이 분명히 보았다.

그것은 아브라함이 하나님의 사람으로 인정을 받았다는 말과 같은 것이다. 후일에 이삭이나 야곱이나 요셉 등도 이방인들로부터 이와 같은 고백을 듣는다(26:28, 30:27, 39:3).

그러므로 다윗은 기도하기를 "은총의 표징을 내게 보이소서 그러면 나를 미워하는 저희가 보고 부끄러워 하오리니 주는 나를 돕고 위로 하심이니이다"(시 86:17)라고 하였다.

사업이 번창하고 가세가 재흥하며 하나님이 함께 계시다는 고백이 나오게 될만큼 성도가 이방인들에게 인정을 받게 되면 사람들은 성도에게 접근하고 교제하기를 원하며 우호 관계를 맺기를 원한다. 그러기에 스가랴는 "그날에는 방언이 다른 열국 백성 열 명이 말하기를 하나님이 너희와 함께 하심을 들었나니 우리가 너희와 함께 가려하노라 하리라"(슥 8:23)고 하였다.

언약의 맹세는 하나님을 가리켜 했다. 맹세한다는 동사는 일곱에서 난 말인데 히브리인들은 7이라는 수를 거룩한 완전수라고 여겼으며 맹세의 엄중성 및 신성성을 의미하는 것이다.

성서에서의 7이라는 수는 천지창조 기간과 관계하여 거룩한 수라고 하는데 동서남북 4 방위와 성부 성자 성령이 삼위를 합한 수로 하나님의 완전수이고 구속사적 맥락에서 이 맹세의 일곱 숫자는 그리스도의 가상 칠언에서 결정적으로 나타난다.

그들은 손자대까지 맹세했으니 곧 이 맹세의 효력은 자기의 후손과 자기의 백성 모두에게 미치기를 바란 것이다.

언제나 좋은 성품의 사람들은 당대만 생각하지 않는다. 자기에게 속한 자들과 자손만대에 이르도록 성도들과의 교제를 원한다. 그리고 거짓되이 행치 않기를 맹세했다.

그들은 어제나 오늘이나 언제나 영원토록 변하시지 않으시는 하나님을 가리켜 맹세했다. 그러므로 그들 중에 어느 쪽이든지 약속을 위반한다면 진실하신 하나님께서는 그를 벌하실 것이다.

또한 서로 후대하자고 맹세했으니 아비멜렉은 아브라함에게 후대했다. 그런데 아브라함은 강성해져 가고 있고 싸움이 아니라 평화의 조약으로서 화친하자고 하였다. 사람은 서로 후대하는 것이 곧 나에게 돌아오는 것임을 알아야 한다.

2. 아브라함이 평화언약에 동의하였다.

아브라함이 맹세하였다. 아브라함은 온유 겸손한 신앙자로 평화의 사람이었다. 오래 전에 조카 롯과 함께 목축을 하다가 그 종들이 싸우며 다투는 때에도 아브라함은 평화롭게 롯이 분가해 갈 수 있도록 일을 해결했다.

아비멜렉이 화친하자고 제의하였을 때 아브라함도 기꺼이 응했다. 신앙은 결코 독선일 수 없다. 우리와 노선을 달리한다고 해서 원수 취급하고 등을 돌려서는 안된다. 나의 종교와 같지 않은 친구라고 해서 멀리하고 나의 뜻과 맞지 않는 이웃이라고 해서 배척해서도 안된다.

아브라함은 나그네였으며 땅도 없는 비천한 인물이었으나 그랄의 왕과 일대일로 우호 조약을 맺었다.

그의 배경은 하나님 뿐이셨다.

하나님은 사귐을 막지 않으신다. 이방인이라고 해도 좋은 관계로 지내고 하나님의 덕성을 나타내기를 기뻐하신다. 아브라함은 맹세하되 신앙으로 진실하게 맹세했다.

아브라함이 아비멜렉을 부드럽게 책망했다. 아브라함은 아비멜렉의 종들이 자기와 다툰 우물의 사건을 가지고 아비멜렉을 부드럽게 책망하였다.

우물은 이 지역에서 큰 재산이며 유목민인 아브라함에게 있어서 우물을 빼앗긴다는 것은 가장 큰 피해를 입는 것이다.

사람이 우리에게 잘못했으면 정중하고 부드럽게 책망해서 해결을 보는 것이 옳은 일이다. 아비멜렉 자신은 도무지 그것을 몰랐다고 대답했다.

아래 사람의 잘못으로 윗사람이 책망을 받는 경우는 많다. 아브라함은 아비멜렉이 그런 잘못을 몰랐다고 진실하게 말했을 때에 즐겁게 받아 들이고 조약을 맺었다.

종들의 잘못을 주인에게 돌릴 수는 없는 것이고 상대방이 진지하게 한 말을 의심한다는 것은 도리가 아니다.

우물의 소유권을 확인했다. 아브라함은 우물 때문에 또 어떤 시비가 생기는 것을 방지하기 위하여 소유권이 자기에게 있다고 확인했다. 그것은 지혜요 정당한 일이다.

그리고는 아브라함이 그에게 선물을 준 것은 양과 소였다. 아비멜렉이 아브라함에게 준 호의와 친절에 대한 감사와 두터운 우정의 표시였다.

잠언서에 "선물은 그 사람의 길을 너그럽게 하며 또 존귀한 자의 앞으로 그를 인도하느니라"(18:16) 하였고, "선물을 주기를 좋아하는 자에게는 사람마다 친구가 되느니라"(19:6) 하였으며, "은밀한 선물은 노를 쉬게 한다"(21:14)고 하였다.

그러나 "선물한다고 거짓 자랑하는 자는 비없는 구름과 바람 같으니라"(잠 25:14) 하였다.

두 사람은 맹세로써 약속을 조인했다. 그런데 이삭 때에 가서 아비멜렉이 우물을 빼앗는다(26:12-16).

그러므로 세상 사람들은 맹세해도 다 믿을 것은 못된다.

그들이 맹세하고 약속한 장소를 브엘세바라고 이름했는데 맹세의 우물이라는 뜻이다. 그리고 일곱의 그 우물이라는 뜻도 있어 아브라함이 아비멜렉에게 일곱 마리의 양을 준 것을 기억하기 위한 것이다.

3. 언약의 결과와 아브라함의 생활이 있다.

언약의 결과는 평화가 이루어졌다. 아비멜렉과 비골은 계약한 후에 블레셋으로 돌아갔다. 얼마동안은 그들과 그들의 종 사이의 싸움은 생기지 않았다.

화평케 하는 자는 복이 있다. 아브라함은 이 언약을 기념하기 위하여 두 가지 조치를 취하였다.

샘물을 브엘세바라고 칭한 것과 장막 곁에 에셀나무를 심은 것이다.

아브라함은 평화협정을 맺고 마음이 기뻤다. 아브라함은 블레셋 땅에서 나그네 생활을 했다.

그들은 후에 이스라엘을 괴롭히는 족속이 되지만 아브라함의 경우에는 이런 일들이 훈련이 되고 교육이 되었다. 브엘세바는 이방인의 땅이었으나 이 세상의 것은 더 좋은 축복을 받게 하는 통로가 되기도 한다. 아브라함이 이방 땅에 있어서 평화조약을 맺고 좋은 영향을 끼쳤듯이 성도는 세상에서 하나님의 영광을 나타내야 한다.

아브라함은 여호와의 이름을 불렀다. 아브라함은 브엘세바에 에셀나무를 심었다. "에셀"이란 수풀을 의미하고 일곱 우물이라는 브엘세바에 심은 것은 아브라함이 그곳을 평화스럽게 정착하고 있다는 상징적인 의미가 있다. 한편에는 일곱 우물의 생수가 있고 또 한편에는 수풀이 있으니 영적으로 해석하면 이방 땅에 세워진 교회이다.

"1년을 두고는 곡식을 심고, 십년을 두고는 나무를 심고, 백년을 두고는 사람을 심고, 영원을 두고는 말씀을 심어"는 말이 있는데 우리는 나그네 땅에서 무엇을 심을까?

아브라함은 영생하시는 하나님의 이름을 불렀다. 즉 믿음의 언약을 영원히 주관하시는자, 믿는 자의 안위와 평강의 끝없는 근원이 되시는 하나님께 예배하는 생활을 했던 것이다.

21장에는 하나님이라는 성호가 여러 번 기록되어 있다. 사라가 아들을 잉태, 출산하는 것은 엘로힘(능력의신)으로 되었고(21:2, 4, 6), 하갈과 이스마엘이 축출된 때에 능력의 신으로(21:12, 17, 19, 20), 이방인 왕과의 관계에서도 능력의 신 하나님(21:22, 23)으로 되었다.

하나님은 영생하시는 하나님이시다. 세상이 있기 전에 계셨고 미래에도 계실 하나님이시다(사 40:28). 아브라함은 나그네 땅에 잠간 머물다 갈 것이지만 하나님은 영생하신다.

신령한 샘과 수풀이 있는 교회에서 하나님을 예배했다. 아브라함이 블레셋 땅에서 여러 날을 지냈다.

아브라함은 이방 땅에 오랫동안 머물면서 그곳 사람과 사귀며 선한 모범을 보였다.

그들은 그들의 우상 종교에 젖어 있었고 아브라함은 영생하시는 하나님의 이름을 부르며 예배하였으나 마찰없이 생활한 것 같다.

성도는 어디에 가든지 믿음의 선함과 아름다움을 보이고 그 지역 주민들에게 감화를 주어야 한다.

베드로는 "나그네와 행인같은 너희는 …영혼을 거스려 싸우는 육체의 정욕을 제어하라 너희가 이방인 중에서 행실을 선하게 가져 너희를 악행한다고 비방하는 자들로 하여금 너희 선한 일을 보고 권고하시는 날에 하나님께 영광을 돌리려 함이라"(벧전 2:11-12)고 하였다.

그를 번제로 드리라

(창 22:1-2)

하나님께서는 아브라함에게 "네 사랑하는 독자 아들 이삭을 데리고 모리아 땅으로 가서 내가 네게 지시하는 한 산 거기서 번제로 드리라"고 말씀하셨다. 하나님은 갈대아 우르라는 우상의 땅 평지에서 아브라함을 불러 내셨다. 그동안 여러 가지의 시험과 연단을 거쳐 오게 하시더니 이번에는 모리아 산이라는 높은 산상의 제단으로 올라가라고 지시하신 것이다. 그 하나님이 선택해 놓으신 높은 산은 우상과는 비교도 안되는 여호와 하나님의 성전이 세워질 곳이었던 것이다.

하나님은 아브라함에게 이삭의 후손이 하늘의 별같이 많고, 영화로워지며 바다의 모래와 땅의 티끌같이 번성하리라고 하셨다. 여기서 그 유일한 씨라는 이삭을 제물로 바치라고 하심으로 아브라함의 신앙을 시험해 보신 것이다.

야고보는 "사람이 시험을 받을 때에 내가 하나님께 시험을 받는다 하지 말찌니 하나님은 악에게 시험을 받지도 아니하시고 친히 아무도 시험하지 아니 하시느니라"(약 1:13)고 하였다.

그러므로 하나님께서 아브라함을 시험하신 것은 악한 동기에서가 아니고 이 시험을 통하여 영광과 존귀를 얻게 하기 위한 것(벧전 1:7)이었다.

하나님은 시험한 돌이시니(사 28:16) 분초마다(욥 7:18) 폐부를 시험하시고(렘 17:10) 의인을 시험하신다(렘 20:12). 그런데 하나님께서 의인까지 시험하시는 것은 "마음이 어떠한지 그 명령을 지키는지 안 지키는지 알려 하심"이라(신 8:2).

"마침내 네게 복을 주려 하심이었느니라"(신 8:16)하였고, "그 열조의 지킨 것같이 나 여호와의 도를 지켜 행하나 아니하여"(대하 32:31)서이다. 또한 "여호와께서 모세로 그들의 열조에게 명하신 명령들을 청종하나 알고자 하셨다"(삿 3:4)고 하였고, "내 뜻과 내 마음을 단련하시기 위해서"(시 26:2)이며, "은같이 연단하며 금같이 시험"(슥 13:9) 함이다.

율법을 준행하나 시험함이요(출 15:25, 16:4), 나를 살피사 내 마음과 뜻을 아시려(시 139:23)는 것이다. 그러나 경건한 자는 시험에서 건지신다(벧후 2:9).

1. 하나님께서 그 일 후에 아브라함을 시험하셨다.

그 일 후에란 지금까지 주어진 하나님의 축복과 언약, 그리고 사건이라는 뜻이 있다. 지금까지 하나님께서 축복하시고 언약하셨던 것과는 다르고 지금까지의 일어난 사건들과는 다른 새로운 사건에 대한 머리말로 이해할 수 있는 것이다.

따라서 앞의 사건과는 어느 정도의 격차가 있는 것을 의미하는 것이다. 스펄전은 그 일 후에를 아홉 가지의 커다란 시험을 겪은 후에라고 설명하였다. 그러면 지금까지 아브라함에게 일어났던 사건들 후에 이면 그 동안 그는 몇 차례의 시험을 거쳤는가?

첫째, 갈대아 우르를 떠날 때에 본토, 친척, 아비집을 버리고 정처 없이 발길을 옮기는 것은 중대한 모험적 결단을 촉구하는 것이었다.

둘째, 말씀을 좇아 가나안 땅으로 이주를 했다.

그것은 나그네 인생이었고 이방인들의 위험을 각오하는 노정이었으므로 세상에서 완전히 떠나 구별되게 살아야 한다는 시험이었다.

셋째, 가나안의 흉년으로 애굽에 내려가서 거짓말을 하는 실수를 했다. 성도의 위치는 언약의 땅이므로 인내하지 못하고 세상으로 내려가는 것은 깊은 시험의 수렁에 빠져드는 것임을 교훈해 주었다.

넷째, 조카 롯과의 헤어짐으로 세속적인 것과 타협하는 모든 육적인 것에서의 분리라는 시련을 통과한 것이다.

다섯째, 조카 롯과 소돔인들을 구출하기 위해 전쟁에 참예했던 것 같이 성도는 영적인 싸움에서 승리해야 한다는 시험이었다.

여섯째, 하갈을 취첩하여 가정에 불화가 생기고 하갈이 도망하였다. 아브라함은 가정제도에 있어서 하나님의 일남일녀 결혼을 파기한 때의 시련이 어떠한 것인가를 경험했다.

일곱째, 아브라함과 사라의 이름을 하나님께서 개명하시고 언약의 자손을 얻게 되는 인으로서의 할례를 행했다. 아브라함은 자신부터 남자들에게 할례를 행하여 성결하게 하는 의식을 가진 것이다.

여덟째, 블레셋 그랄 땅으로 내려가서 사람을 두려워한 나머지 아내를 누이라고 속여 아내의 정조가 빼앗길 뻔한 실수를 저질렀다. 24년 전의 애굽 땅에서 실수한 그대로였다. 옛날의 인간 습성은 뿌리가 깊음을 알게 했다.

아홉째, 이스마엘이 이삭을 희롱하고 비웃으며 핍박하였으므로 하갈과 이스마엘을 아브라함 가정에서 추방하여 혈육과 애정에서 떠나야 하는 영과 육의 분리를 경험하지 않으면 안되었다.

그리고 블레셋 그랄왕은 아브라함이 하나님의 사람인 줄 알게 되면서부터 평화의 협정을 맺어 아브라함은 그땅에서 이삭이 청소년이 될 때까지 살고 있었다. 그때에 하나님이 아브라함을 시험하신 것이다.

시험 하시려고라는 말씀은 사단이 범죄에 빠뜨리려고 하는 시험과 같은 시험이 아니다. 사단은 아담과 하와를 넘어뜨리고 심지어는 하나님의 독자 예수 그리스도에게 찾아와서 끊임없이 시험했다.

뿐만 아니라 사단은 지금도 시험하여 자기 식구를 삼으며 멸망으로 몰고 가려고 한다.

그러나 하나님께서 아브라함을 시험하신 것은 그의 신앙을 테스트하는 것이었다. 즉, "하나님께서 아브라함을 들어 올리셨다"는 뜻이다.

이것은 블레셋 그랄왕이 아브라함을 높이 올려 조약을 맺은 것 그 이상으로, 가나안 지경 사람들이 아브라함을 우러러 보는 것 이상으로 모리아산상 만큼이나 높이 들어 올려 놓으시기 위하여 테스트하신 것이라는 말씀이다.

학생들에게 시험을 치르는 것은 그 학생을 낙제시키려는 것이 아니고 진급시키기 위한 것이다. 하나님은 이제 하나님의 손으로 아브라함을 높이 올리시려고 하신 것이다. 하나님은 욥을 시험하신 후에 높이 동방의 의인으로 올려 놓으셨고, 요셉을 애굽의 감옥에까지 처넣으사 시험하시고 연단하신 후에 높이 애굽의 총리로 올려 주셨다. 그러므로 하나님이 우리에게 주시는 시험은 축복인 것이다.

하나님은 아브라함을 말씀으로 부르셔서 시험하셨다. 오래전에 하나님께서 아브라함을 갈대아 우르에서 부르실 때에 아브라함에게 계시하셨던 같은 방식으로 말씀하신 것이다. "아브라함아" 하심은 명령을 말씀하시기 위한 부르심이다. 단 한 마디로 이루어져 있는 것은 아브라함으로 하여금 당시 상황의 긴박성과 긴장감을 느끼게 하는 것이었다.

아브라함은 "내가 여기 있나이다"라고 대답했다. 무슨 말씀을 하시든지 그대로 따르겠다는 결의에 찬 응답이다. 성도는 항상 내 앞에 하나님이 말씀하시고 계시고 나는 곧 그 말씀대로 순종할 준비를 갖추고 사는 것을 잊지말아야 하는 것이다. 하나님의 말씀은 지금도 살아 역사하신다.

그리고 말씀은 우리를 시험하신다. 그러나 성경에 기록된 하나님의 말씀은 우리의 영혼을 높이 올려서 믿음의 고도의 세계로 인도하기 위한 시험인 것이다.

어떤 사람은 여기 하나님께서 아브라함에게 이르신 말씀에 대하여 직접적인 말씀이 아니고 아브라함 자신의 마음에 감동받거나 느껴진 것이라고 한다. 그러나 우리는 하나님께서 직접 하나님의 음성으로 말씀하셨다고 생각한다. 우리는 하나님의 말씀 앞에 그 말씀이 우리에게 시험이 되는 경우를 많이 체험한다. 그 말씀은 우리를 높이 올려놓기 위한 말씀인 것을 의심치 않는다.

2. 하나님께서 아들을 드리라고 시험하셨다.

언약의 아들을 바치라는 것이다. 하나님께서는 아브라함에게 언약의 아들을 약속하신 지 25년 만에 그러니까 아브라함의 나이 100세 때에 주셨다. 취첩하여 낳은 이스마엘이 있었으나 하나님께서는 그 모자를 집에서 내어쫓는 일에 동의하셔서 매정하게 추방했다.

하나님은 "이삭에게서 나는 자라야 네 씨라 칭할 것이라"(21:12)고 하시면서 그들을 내어쫓으라고 하셨던 것이다. 또한 최초에 소명을 받을 때부터 "너로 큰 민족을 이루고…"(12:2)라고 하셨다.

하늘의 별과 같이 빛나는 후손, 바다의 모래와 같이 세계에 산재한 자손들, 땅의 티끌같이 무수히 많은 후손을 이삭을 통해서 주시겠다고 약속하셨다.

그리하여 이삭이 잘 성장하는 것을 보면서 아브라함은 아내와 함께 서서히 지상 가나안에서 천국의 가나안으로 물러나게 되고, 구속의 새역사 주인공이라는 아들이 그 땅의 자리를 채워가는 모습을 보았던 것이다.

그런데 이제 느닷없이 하나님께서는 그렇게 언약하셨고 그렇게 믿고 소망했던 아이를 장가도 들여보지 못한 채 바치라고 하셨다. 아브라함은 참으로 깊은 고민과 갈등에 빠지지 않을 수 없었다. 왜냐하면 하나님의 지금까지의 언약이 지켜질 수 없다고 생각했기 때문이다. 그러나 아브라함은 사람의 생각과 하나님의 생각은 다르다고 믿었다.

아브라함은 100세나 되어 하나님의 언약을 따라 난 아들이기 때문에 얼마나 그 아들을 사랑했는지 모른다. 육체를 따라 난 이스마엘이 멀리 나가버린 이후부터 아브라함은 자기의 온 애정을 아들에게 쏟았을 것이다.

더욱이 그 아들은 여인의 후손의 조상이 되리라고 믿었기 때문에 더 사랑했다. 그러나 하나님께서는 질투라도 하시는 양 그 아들을 죽여서 제물로 바치라고 요구하셨다.

하나님께서 아브라함에게 사랑하는 아들을 바치라고 시험하신 것은 아브라함이 하나님과 아들 중에 누구를 더 사랑하는가를 알아보시려고 하신 것이었다.

믿음은 가장 좋은 것, 가장 사랑하는 것을 하나님께 바치는 것이다. 구약시대 때 제물을 바칠 때에는 흠이 없고 건강한 짐승을 구별해서 드렸다. 가장 좋은 것으로 드려야 하기 때문이었다.

예수께서 말씀하시기를 "아비나 어미를 나보다 더 사랑하는 자는 내게 합당치 아니하고 아들이나 딸을 나보다 더 사랑하는 자도 내게 합당치 아니하고…"(마 10:37)라고 하셨다. 죽으셨다가 부활하셔서 디베랴 바닷가에 가신 예수께서 베드로에게 "네가 이 사람들보다 나를 더 사랑하느냐?"(요 21:15)고 물으셨다.

하나님은 네 독자 이삭을 바치라고 하셨다. 우리는 여기서 네 아들, 네 사랑하는, 독자 이삭이라는 3중적으로 강조된 점층법적 표현을 볼 수 있다. 네 아들 중에는 여러 아들일 수도 있고 정이 없는 아들일 수도 있을 것이다.

그러나 사랑하는 아들, 독자 아들이라는 것은 참으로 귀한 아들임을 알 수 있다. 아브라함이 사랑을 많이 했을 아들이라는 것은 가히 짐작할 수 있다.

독자 이삭이라는 말씀은 언약의 아들로 유업을 이어나갈 아들은 이삭뿐이라는 것이다. 왜냐하면 아브라함은 이스마엘이라는 아들도 있었기 때문이다.

육체로 난 자, 혈과 육으로 난 자는 천국의 기업을 얻을 수 없다. 성령으로 난 자, 언약으로 난 자, 독자 이삭으로만이 기업을 잇는 것 같이 하나님의 독자 예수 그리스도로만 구원의 유업을 얻을 수 있는 것이다.

독자 이삭을 드리라고 하셨다. 이삭이라는 이름은 웃는다, 즐거워한다는 뜻으로 행복한 상태를 의미한다. 아브라함에게 있어서 노년에 독자 이삭이 최대의 웃음이요 즐거움이요 행복이었던 것이다.

이삭이 있음으로 그 가정에는 웃음이 시작되었고 즐거운 행복이 가득했다. 그런데 하나님께서 그 장본인인 이삭을 바치라는 것이다.

아브라함은 묵묵히 하나님의 말씀대로 바쳤다. 그것은 그의 믿음의 표현이었다. 아들도, 웃음도, 사랑하는 것도 모두 하나님이 선물로 주셨다가 다시 바치라하실 때 돌려드리는 것은 당연한 일이었기 때문이다.

3. 하나님께서 한 산에서 번제를 드리라고 시험하셨다.

모리아로 가서 지시하는 한 산에서 드리라고 하셨다. 여기 한산은 모리아에 있는 산으로 예루살렘에 있는데 하나님께서는 그 산을 예비하시고 선택하여 놓으셨다. 아브라함이 있는 곳에서 모리아산 까지는 사흘이 걸렸다.

모리아라는 명칭은 "비전, 예배, 높음", "여호와의 외모", "여호와의 계시, 선택된 것", "하나님의 뽑으신 것" 등의 뜻이 있다. 가장 사랑하는 독자를 제물로 드리는 장소를 이곳으로 선택하셨던 것이다. 하나님은 이곳에서 다윗에게 나타나시고 솔로몬이 이곳에다 성전을 지어 (대하 3:1) 수많은 제물을 바쳤다.

따라서 모리아 산은 골고다 산의 그림자로 예수께서 하나님의 독자로 인류의 속죄 제물이 되어 십자가에 죽으시고 사흘 만에 부활하셨다. 이삭이 사흘 길을 가고 나무를 지고 올라갔다가 살아 내려온 것과 같았다.

오늘날에도 하나님의 교회는 "번제의 희생과 피"가 바쳐진 모리아 위에 세워지는 것이다. 거기에 여호와의 외모가 있고, 비전이 있고, 예배와 높음, 하나님의 계시와 부활의 생명이 있는 것이다.

그를 번제로 드리라는 것은 독자 아들 이삭의 몸을 제물로 바치라는 것인데, 번제는 제물을 불로 태우는 것이다. 단순히 아들을 죽이는 것만 아니라 소나 양을 번제물로 태우듯이 바쳐야 하는 것이다. 이러한 하나님의 명령은 인간의 이성으로는 도저히 납득할 수 없는 것이었다. 아브라함은 잠시 놀라워했을 것이다. 왜냐하면 이방인들은 우상에게 자기들의 가장 잘 생긴 아들을 제물로 바치는 악습이 있었기 때문이다.

하나님은 인간의 피를 흘려 우상이 좋아하듯이 인신으로 바치는 것을 좋아하시지 않을 것이라고 믿어 온 아브라함으로서는 어떤 갈등이 있었을 것이다. 그러나 아브라함은 주저없이 실천에 옮겨 준비하여 모리아산으로 향했다. 폭풍같은 충격, 깊은 갈등, 먹구름같은 의심 모두를 떨쳐 버리고 하나님께서 주신 것을 마땅히 하나님께 바치리라 결심하고 침묵하면서 산을 오른 것이었다.

바울은 말하기를 "사람이 감당할 시험 밖에는 너희에게 당한 것이 없나니 오직 하나님은 미쁘사 너희가 감당치 못할 시험 당함을 허락지 아니하시고 시험당할 즈음에 또한 피할 길을 내사 너희로 능히 감당하게 하시느니라"(고전 10:13)고 하였다. 참으로 귀한 말씀이 아닐 수 없다. 하나님은 우리가 감당할 수 있는 시험을 주시고 또한 피할 길을 열어주시는 하나님이시다.

하나님은 인간이 가능한 것을 요구하시고 명령하신다. 인간으로 도저히 할 수 없는 일을 하라고 강요하시지 않는다. 이스라엘은 홍해 앞에서 아우성치고 있었다. 애굽의 마병은 가까이 달려오고 있다. 진퇴양난에서 죽음의 절규를 외친 것이다. 그 때 하나님은 모세에게 "네 지팡이를 들어 홍해를 가리키라"고 하셨다. 바람이 물을 갈라 놓으며 육지가 되게 하였다. 하나님은 그 군중들에게 홍해 바다의 물을 그릇으로 퍼내서 육지가 되게 하라고 말씀하시지 않으셨다. 인간이 할 수 없는 명령은 안 주신다.

죽은 지 나흘이나 되는 나사로를 산 사람들에게 살려내라고 하시지 않으셨다. 살아서 걸어나오게 하는 일은 주님이 하시고 돌을 옮기는 일이나 풀어놓아 다니게 하는 일은 사람들에게 명령하셨다.

수만 명이 굶주린 벳새다 뜰에서 예수는 "너희가 이 무리들에게 공급하라" 하시지 않으셨다. 보리떡 다섯 개를 가진 소년이 예수께 드렸다. 없으면 못드렸을 것이다. 할 수 있는 것을 했을 때 예수는 그들을 배불리 먹게 하셨다.

아브라함의 삼종신앙

(창 22:3-10)

하나님께서 아브라함에게 "네 아들 네 사랑하는 독자 이삭을… 번제를 드리라"고 명령하셨고 아브라함은 아침에 일찍이 일어나서 아무에게도 말하지 않고 아들을 번제물로 바치기 위하여 준비했다.

본문에서 아브라함의 삼종신앙을 볼 수 있는데 삼종이란 순종, 복종, 묵종한 것이다. 순종은 순순히 따르는 것이고, 복종은 할 수 없이라도 따르는 것이며, 묵종은 예수의 침묵처럼 아무 말도 없이 묵묵하게 따르는 것을 의미한다. 예수님이 하나님께 대하여 삼종했다.

사실 아브라함이 하나님의 명령에 대하여 순종, 복종, 묵종하는 데는 여러 가지 난관이 있었다. 그것은 우선 율법의 말씀과 너무나 모순이 되는 명령이었다. 하나님은 살인을 금지시켰고 피흘리는 것을 싫어하셨다. 그런데 아들을 죽여 번제물로 제단에 바치라고 하신 것은 모순이 아닌가? 그리고 아버지와 아들의 사랑에 역행하는 행위라는 점이다. 부모가 자식을 죽일 수 있는가?

예수께서도 아들이나 딸을 나보다 더 사랑하는 것은 내게 합당치 않다고 하셨지만, 아버지가 아들을 죽일 수 있다는 그런 말씀은 어디에서도 하시지 않으셨다.

또한 하나님께서 상세한 어떤 설명도 없이 무조건 바치라고 하시므로 아브라함으로는 난관이 아닐 수 없다.

하나님께서 이스마엘을 추방하라고 지시하실 때 아브라함은 순종하고 복종했다. 그러나 이제 이스마엘도 없는데 약속의 아들을 아무런 약속이나 설명도 없이 바치라고 하셨기 때문이다.

그보다도 더 어렵고 고통스러운 걱정은 그 지역 이방인들의 비방과 아내 사라가 어떻게 받아들일지 하는 것이었다.

이방인들은 여호와 하나님도 독자를 제물로 요구하느냐 할 것이고 이방 우상신과 무엇이 다르단 말인가 할 것이며, 아브라함이 제정신이라면 독자를 죽이고 내려올 수 있느냐는 것이었다.

사라는 아무말 없이 부자가 제사드리러 간다고 해놓고서는 독자를 죽여 온통 피투성이 되어 내려오는 아브라함을 본다면 정신을 잃거나 아브라함을 얼마나 원망할 것인가? 아들을 바치라는 명령에 복종하는 데는 많은 난관이 있었다는 것을 알 수가 있다. 그러나 아브라함은 삼종했다.

1. 아브라함의 믿음은 순종하는 믿음이었다.

아브라함은 아침 일찍이 일어나서 준비를 했다. 하나님께서 아브라함에게 독자 이삭을 바치라는 말씀을 하신 것은 바로 전날 밤이었을 것이다.

아브라함은 밤새도록 잠을 잘 수 없어서 여호와께 기도했을 것이다. 그리고 그는 아침 일찍이 일어나 하나님께서 명령하신 대로 준비를 갖추었다. 이것은 아브라함이 하나님께 즉각적으로 순종했음을 우리에게 알게 하는 것이다. 아브라함은 고민하고 주저하며 더 생각해보려고 시간을 지연시키려 하지 않았다.

하나님의 말씀은 언제나 우리에게 불가능한 것을 강요하는 것이 아니기 때문에 생각하고 따지고 고민할 여지가 없는 것이다.

하나님의 뜻을 행하는 사람은 신속하게 행해야 한다. 시편 기자는 "주의 계명을 지키기에 신속히 하고 지체치 아니하였나이다"(시 119:60)라고 하였다.

아브라함은 일찍이 일어나 여호와의 앞에 섰던 곳에서 소돔 고모라의 멸망을 보았고(19:27), 하갈과 이스마엘을 추방시키는 때도 아침 일찍이 일어난 때(21:14)였다.

신앙은 순종하는 것이다(롬 1:5, 16:26). 쉬운 순종이 있고 어려운 순종이 있다. 나아만의 순종은 쉬운 것이었고 아브라함의 순종은 어려운 것이었다.

아브라함은 일찍이 일어나서 나귀에 안장을 지우고 두 사환과 그아들 이삭을 데리고 번제에 쓸 나무를 쪼개어 가지고 떠났다. 그것은 하나님께서 말씀하신 그대로 실천하는 행동이었다. 아브라함은 하나님께서 자기에게 그렇게 말씀하셨고 사라의 몸에서 났지만 사라와 의논해서 하라는 별도의 지시가 없었으며, 자신에게 준 명령이기 때문에 그 하나님의 말씀대로 순종한 것이다.

아브라함은 아내와는 상의하지 않았다. 아들을 마지막으로 볼 수 있는 기회라도 주는 것이 도리였을 것이다. 이제 헤어지면 다시 만날 수 없는데도 아내에게는 한 마디도 없이 실행에 옮겼다. 아내는 이 사실에 복종할 만큼의 신앙이 없었거나, 자기보다 아내의 충격이 더 클 것을 염려했을지도 모른다.

그가 상의하지 않은 것은 하나님의 말씀이 자기에게 명령하신 것이고, 또 자기가 이렇게 순종하려 할 때에 아내가 이 사실을 안다면 지장을 받을 것이었기 때문이다.

바울은 "내 어머니의 태로부터 나를 택정하시고 은혜로 나를 부르신 이가… 그를 내 속에 나타내시기를 기뻐하실 때에 내가 곧 혈육과 의논하지 아니하고 또 나보다 먼저 사도된 자들을 만나려고 예루살렘으로 가지 아니하고…"(갈 1:15-17)라고 했다. 신앙은 혈육과 의논하거나 사람과 상의하는 것이 아니다.

아브라함은 행동이 따르는 믿음을 가졌다. 순종하는 일은 마음에서만 아니라 표면상으로도 행동에까지 나타나야 한다. 행함이 없는 믿음은 죽은 것이라고 하였다(약 2:17).

야고보는 "우리 조상 아브라함이 그 아들 이삭을 제단에 드릴 때에 행함으로 의롭다 하심을 받은 것이 아니냐? 네가 보거니와 믿음이 그의 행함과 함께 일하고 행함으로 믿음이 온전케 되었느니라"(약 2:21-22)고 하였다. 기생 라합이 사자들을 접대하여 다른 길로 나가게 할 때에 행함으로 의롭다 하심을 받은 것이라고 했다.

영혼없는 몸이 죽은 것 같이 행함이 없는 믿음은 죽은 것이다. 아브라함은 번제 준비를 제사법대로 차분하게 아무도 눈치채지 못하게 하였다. 행동이 따랐다. 아마 보통 사람 같으면 손발에 맥이 풀리고 낙심이 돼서 도저히 실행하지 못했을 것이다. 그러나 아브라함은 만반의 준비를 갖추고 멀리 사흘길을 떠났다.

2. 아브라함의 믿음은 묵종하는 믿음이었다.

나귀와 두 사환과 이삭을 데리고 갈 때에 말이 없었다. 아브라함은 아내에게나 사환에게나 아들 이삭에게 일체 무슨 말을 하지 않았다. 침묵하면서 나귀에 안장을 지우고 두 사환과 아들과 번제에 쓸 나무를 쪼개어 가지고 떠났다.

아마도 아내와 아들은 아브라함에게 질문했을 것이다. 그러나 아브라함은 아들에 관하여 입을 열지 않았을 것이다. 하나님께서 우리에게 요구하시는 것을 수행하기 위해서 외부의 방해를 이겨야 하는 것처럼 우리는 우리 마음 속에 있는 많은 방해물을 극복할 수 있어야 하는 것이다. 아브라함은 아무 말도 없었다. 그러나 그가 준비하는 모습에서 먼 곳에 가서 제사를 드리려는 결심이 보였다. 자신이 직접 준비하는 헌신적인 모습이 있고 침착하게 하나님의 명령에 묵종하며 수행하는 경건함을 볼 수 있다.

참된 헌신자는 말이 없다. 예수께서도 "한 마디도 대답지 아니하시니…"(마 27:14)라고 했다. "그가 곤욕을 당하여 괴로울 때에도 그 입을 열지 아니하였음이여 마치 도수장으로 끌려가는 어린 양과 털 깎는 자 앞에 잠잠한 양같이 그 입을 열지 아니하였노라"(사 53:7)라는 예언을 응하셨다.

아브라함은 하나님이 지시하신 산으로 말없이 갔다. 모리아산까지의 삼일 길, 즉 80km의 여정은 묵종의 길이었다. 지성소를 향한 속죄의 길이었다고 할 수 있다. 왜냐하면 멀리 바라다 본 모리아산에서 이삭을 대신하여 수양을 번제물로 드렸듯이 후에 이 장소에 세워진 솔로몬의 성전에서 인간을 대신한 희생이 있었고, 마침내 하나님의 독자 아들 예수께서 골고다의 번제물로 바쳐질 것이기 때문이다.

모리아산은 예수께서 십자가를 지신 곳으로 하나님이 이삭을 바치라고 하실 때 벌써 예수를 속죄 제물로 주시기로 결정하셨던 것이다. 아브라함이 사흘 길을 가서 멀리 눈을 들어 보았다고 한 것은 영광의 소망이다. 장차 골고다에 하나님의 아들이 높이 설 것을 멀리서 바라다 보았다. 그의 영안은 밝았고 그의 믿음은 골고다의 소망이었다.

전승에 의하면 이때에 하나님께서 햇빛에 빛나는 구름덩이를 모리아산에 머물게 하여 아브라함에게 보여주심으로 그가 제단 쌓을 곳을 알 수 있었다고 한다. 아브라함의 영안은 밝았기 때문에 머나먼 역사의 후에 골고다에 나타날 영광의 구름을 바라본 것이다.

아브라함은 사환에게 "너희는 나귀와 함께 여기서 기다리라 내가 아이와 함께 저기 가서 경배하고 너희에게 돌아오리라"고 하였고, 번제나무를 취하여 이삭에게 지우고 자기는 불과 칼을 손에 들고 두 사람이 동행했다고 하였다.

이때까지도 사환과 아들에게 이삭이 제물로 드려진다는 말을 하지 않았다. 모리아산에 올라가서도 제단을 쌓고 아들을 결박하여 단 나무 위에 놓고 칼을 잡고 그 아들을 잡으려 할 때에도 아들에게조차 말하지 않았던 것이다. 아들이 동행하면서 "번제할 어린 양은 어디 있나이까?"라고 아브라함에게 의아해서 질문했을 때에도 "하나님이 자기를 위하여 친히 준비하시리라"할 뿐 네가 "번제할 양이라"는 말을 하지 않았다.

왜 아브라함은 이렇게 끝까지 침묵하고 묵종했을까? 그것은 사환들에게 말했더라면 그들이 아브라함의 결행하려는 일에 장애가 되고 만류하여 방해하는 결과가 생길까 하는 염려 때문이다. 또한 아들에게 말했다면 혹시 아들이 반항하고 도망하면 하나님의 말씀을 순종할 수 없는 낭패가 올 것이라고 생각해서였을 것이다.

사람은 감당할 수 없는 일을 당했을 때 여러 사람에게 그것을 말하고 상의하며 조그만 위로라도 얻게 된다. 아브라함의 마음은 엄청난 동요가 없지 않았으나 묵종했다.

아브라함은 부활의 믿음이 있었으므로 말이 없었다. 아브라함은 사환들에게 "너희는 나귀와 함께 여기서 기다리라 내가 아이와 함께 저기 가서 경배하고 너희에게로 돌아오리라"고 하였다. 이것은 아브라함의 부활의 믿음을 보이는 것이다. "아이와 함께 경배하고… 돌아오리라"고 한 것은 아이는 죽지 않고 살아서 내려올 것을 믿었던 것이다.

이것은 예수께서 골고다에 올라가서 십자가에 죽으셨다가 사흘만에 부활하실 것의 예표가 되는 것이었다.

아브라함은 아내가 늙어 잉태의 소망이 없는 중에도 아들을 얻었던 경험에서 하나님의 부활의 능력을 보았었다. 참으로 놀라운 믿음의 사람이다. 하나님께서 이삭을 통해서 하늘의 별과 같은 후손을 약속하셨기 때문에 모리아산에 번제로 아들을 바친다고 해도 그 아들은 살아서 내려오게 될 것을 믿었던 것이다.

3. 아브라함의 믿음은 복종하는 믿음이었다.

아브라함은 아들과 함께 둘이서 모리아 산으로 올라가는데 번제나무를 그 아들 이삭에게 지웠다. 이것은 하나님의 독자 예수께서 십자가 나무를 지고 골고다로 올라가는 것의 모형이다. 하나님께서 그에게 번제 나무를 지게 하신 것이다. 이것은 이삭의 복종을 시험한 것이다. 예수는 자기의 십자가를 지고(요 19:17) 죽기까지 복종하셨다고 하였다(빌 2:8).

아브라함이 칼을 들고 간 것은 아들을 죽이는 것으로 하나님께서 예수를 나무에 못박는 못이다. 하나님을 위해서는 고난이나 혈육의 정까지도 무시하고 그 말씀에 복종해야 하는 것이다.

하나님께서 "아들을 번제로 드리라"고 하신 명령을 따라 그 말씀대로 아브라함이 복종하였는데, 아브라함의 아들 이삭 역시도 아버지가 시키는 대로 말없이 불평없이 따지는 것 없이 묵묵히 복종하는 것을 여기서 볼 수 있다.

번제나무를 지고 모리아 산상으로 올라가는 것은 고난의 길이요 죽는 것이었다. 그러나 그것을 개의치 아니하고 복종했다. 그리고 두 사환은 예수께서 십자가에 달리시는 때에 함께 한 두 강도라고 할 수 있을까? 꼭 그렇게 연결시키는 것은 아니다. 다만 그들에게 아브라함이 한 말 즉, "여기서 기다리라"고 한 말은 우리에게 좋은 교훈이 된다고 할 수 있다. 왜냐하면 믿음은 기다리는 인내이기 때문이다. 종이 등불을 들고 주인이 올 때를 기다리는 것(눅 12:35-37), 처녀가 신랑 오기를 기다리는 것(마 25:1-13), 재림약속을 기다리는 것(딛 2:13)은 믿음에서 되어진다. 기다리는 믿음이 있으므로 하나님이 구원하신다(사 30:18, 단 12:12, 잠 8:34).

아브라함과 함께 동행한 이삭은 "불과 나무는 있거니와 번제할 어린 양은 어디 있나이까?" 하고 물었다. 아브라함은 "아들아 번제할 어린 양은 하나님이 자기를 위하여 친히 준비하시리라"고 하면서 하나님이 그에게 지시하신 곳에 이르게 되었다.

두 사람이 산을 오르면서 특히 아브라함은 '네가 번제할 어린 양'이라고 속으로 대답했을 때 마음이 아팠을 것이다. 그런데 아브라함이 아들을 번제할 양으로 바치기 위하여 말씀에 복종할 수 있었던 것은 그의 믿음 때문이었던 것을 알 수 있다. 즉 아브라함은 하나님께서 자기를 위하여 친히 준비하시리라는 것을 믿었다.

하나님께서는 아브라함에게 어린 양으로 번제를 드리게 하겠다고 미리 말씀하신 바가 없다. 혹시나 하고 아브라함이 양을 준비해 가지고 온 것도 아니었다.

그러나 하나님께서 분명히 아들은 살려주시고 제물은 따로 준비해 놓으심을 믿었다. 참으로 놀라운 믿음이었다. 그가 복종할 수 있었던 것은 이러한 하나님을 믿었기 때문이다.

이스라엘은 수없는 어린 양을 잡아 죽여 제단에 바쳤으면서도 하나님이 예비하신 어린 양이 어디에 있는지를 몰랐다.

그러나 아브라함은 세상 죄를 지고 가는 어린 양(요 1:29)이 하나님께서 예비해 놓으신 예수 그리스도라는 것을 알았다.

하나님이 예비하신 어린 양 예수 그리스도의 속죄의 제사로 인하여 아들이 부활하고 영원히 살 것을 믿은 믿음이었다. 그래서 아브라함은 복종할 수 있었다.

아브라함은 아들을 결박하여 잡으려 하였다. 아브라함이 이렇게 할 때에야 비로소 이삭은 자기가 어린 양의 제물이라는 것을 알게 되었을 것이다. 청소년 나이에 있는 이삭이 마음만 먹으면 노쇠하신 아버지를 뿌리치고 도망하여 산 아래로 내려올 수도 있었을 것이다. 그러나 하나님의 뜻에 따라 복종하는 것이라고 믿은 이삭은 아버지의 뜻대로 할 수 있도록 묵묵히 결박당하고 눕혀지고 죽기로 했다. 그러니까 하나님의 말씀에 복종하는 아버지, 아버지의 뜻에 조용히 복종하는 아들이었다.

"칼을 잡았으니"라고 한 것은 아브라함이 할 수 있었던 동작이었다. 이삭은 이제 죽은 목숨이었다. 이삭은 아직 죽지 않았으나 죽은 것이다. 이삭은 죽었으나 부활한 것이다. 이삭은 칼 아래 결박되어 있었으나 한 마디의 말도 없이 잠잠했는데 훗날 예수 그리스도께서 로마 병정들의 칼과 창 앞에서 못과 옆구리를 찌르는 창에 찔리면서도 잠잠하셨던 것이다.

신앙자의 걷는 길은 고난의 길이다. 인내 없이는 갈 수 없는 길이다. 자신이 매달려 죽을 십자가를 지고 올라가는 험악한 길이다. 마지막에는 칼 앞에 죽어 제단에 제물이 되지 않으면 안되는 순교의 길이다. 그러므로 순종하고 묵종하며 복종하는 믿음이 없이는 한 발자욱도 걸을 수 없는 길이다.

네 독자라도 내게 아끼지 아니하였으니

(창 22:11-19)

순종하는 것은 보배와 같이 귀한 것이다. "순종하는 자는 열국 중에서 내 소유가 되겠고"(출 19:5)라고 하였다. 소유라는 말은 "독특한 보배" 혹은 "특별한 보석"이라는 뜻으로 베드로는 "믿음을 보배"(벧전 1:7)라고 하였다.

히브리어에서 순종은 오직 혹은 가장 좋은 것이라는 뜻이다. 가장 좋은 것은 "오직 순종"으로써만 구원을 얻기 때문이다. 순종은 곧 믿음이라고 했다.

예수 그리스도는 하나님의 아들이지만 "받으신 고난으로 순종함을 배워서 온전하게 되었은즉 자기를 순종하는 모든 자에게 영원한 구원의 근원이 되셨다"(히 5:8-9)고 하였다.

아브라함은 순종하는 믿음의 대표적 인물이며 조상이다. 그는 자기의 사랑이요, 사라의 웃음이며, 교회의 희망이요, 약속의 상속자였던 독자 아들을 하나님의 말씀 한 마디에 온전히 순종하고 묵종하며 복종했다.

이것은 우리를 위하여 독생자를 희생의 생축으로 십자가에 죽게 하신 하나님의 사랑을 보여주는 동시에 우리 편에서는 하나님이 주신 것을 되돌려 드리는 의무를 표현하는 것이다.

침묵은 영원처럼 깊고, 회화에 있어서의 기교이며, 말보다 한층 더 자신을 웅변하는 것이다. 아브라함은 삼일 동안 아들과 종들을 거느리고 가면서도 입을 열지 않았다. 인내하는 것은 자신의 육신을 지배하는 힘이고 영혼의 힘을 강하게 하며 가정과 교회의 화목의 요소이다.

아브라함은 노쇠하여 높은 산상을 오르는 데 어려움이 있었지만 인내하며 말이 없었다. 마음은 무거운데 산길은 가파르고 아들은 순진하게 말을 걸어왔다. 그는 지금 인간으로는 아무도 걸어본 적이 없는 길을 걷고 있었다.

하나님은 우리에게 마음대로 가고 싶은 곳에 가서 번제를 드리라고 말씀하시지 않으신다. 아무 길로나 걷는다고 그것이 신앙의 길이 되는 것이 아니다. 하나님이 지시하신 길 하나님이 가라고 하신 산으로 가고 하나님의 방법으로 예배해야 하는 것이다.

아브라함과 이삭은 그 계시된 길을 걸었고 하나님의 율례를 따라서 제사를 드렸다. 그 결과 하나님은 아브라함에게 만족하셨다.

1. 하나님께서 아브라함을 인정하셨다.

여호와의 사자가 내려오셨다. 여호와의 사자는 하갈에게 나타나셨던(16:7) 분과 동일한 성육신 이전의 예수 그리스도시다. 여호와의 사자는 하나님 제이위시며 영원한 말씀이요 계약의 하나님이시다. 그 하나님이 하늘에서부터 모리아 산상에 내려오셨던 것이다. 하나님은 "토단을 쌓고 번제와 화목제를 드려 내 이름을 기념하게 하는 곳에서 네게 강림하여 복을 주리라"(출 20:24)고 하셨다. 하나님은 하나님이 지정하신 곳에 제물을 준비한 자에게 나타나신다.

여기 보면 하늘에서 내려온 여호와의 사자가 "아브라함아"하시고 두 번이나 그 이름을 부르셨다. 두 번이나 부르신 것은 긴급성을 의미하는 것이다. 1절에는 "아브라함아" 하고 한 번 부르셨는데 여기 모리아 산상에서는 반복하여 두 번을 부르셨다. 모리아 산상에는 아브라함을 부를 사람이 없었다. 사환들도 따라올라오지 않았고 아들이 아버지의 이름을 부를 리도 없었다. 하나님께서는 아브라함의 지금까지의 일거수 일투족을 내려다 보시고 다 아시고 계셨다.

아브라함은 "내가 여기 있나이다"라고 대답했다. 아브라함이 이때처럼 하나님의 어떤 말씀을 고대하며 기다려 본 적은 없었을 것이다.

우리가 곤고하여 죽을 지경에 처할 때 하나님의 말씀은 생명이요 소망이며 위로가 되는 것이다.

하나님은 아이에게 손을 대지 말라고 하셨다. 아브라함에게 독자이삭을 번제를 드리라고 명령하신 하나님께서 그 아이에게 손을 대지 말라고 하셨다. 하나님은 그 아이를 진정 죽게 하여 바치게 하시려는 것이 아니고 아브라함이 그렇게 바칠 수 있는 마음이 있는가를 보시려고 하신 것이다. 아브라함은 이미 마음으로는 그 독자를 번제물로 바친 것이었다. 하나님은 그 마음을 받으셨다. 이로써 아브라함은 독자 아들보다 하나님을 더 사랑한다는 사실을 나타낸 것이었다. 하나님이 원하셨던 것은 아브라함의 마음의 제물이었으며 그것을 기쁘게 받으셨으므로 "그 아이에게 손을 대지 말라"고 긴급하게 말씀하신 것이다.

아브라함이나 그 아이의 생명은 하나님의 손에 달려있는 것이다. 하나님은 천만 수양의 고기와 피 제사를 원하시지 않는다. 하나님은 독자라도 하나님의 요구에 따라 바칠 수 있는 믿음을 원하신다. 믿음이 없이는 하나님을 기쁘시게 못한다(히 11:6)고 하면서 참마음과 온전한 믿음으로 하나님께 나아가자(히 10:22)고 한 것이다.

하나님의 시험은 끝났다. 아브라함의 위대한 믿음은 하나님의 인정을 받았다. 모리아 산상에서 하나님은 아브라함을 만나주셨다.

예수께서 십자가에 달려 번제물로 죽으실 때에 성소와 지성소 사이에 있는 성전의 휘장이 찢어져서 믿는 자들은 누구든지 지성소에 계시는 하나님 보좌에 들어가 하나님을 뵈올 수 있게 길을 여셨다. 그러므로 "그 길은 우리를 위하여 휘장 가운데로 열어놓으신 새롭고 산 길이요 휘장은 곧 저의 육체니라"(히 10:20)고 한 것이다.

아브라함은 모리아 산에서 하나님을 만났다. 그의 후손들은 교회의 제단에 나아와서 예배드리며 하나님과 인간 사이의 교통을 이루는 만남의 축복을 누리게 된다. 하나님은 "내가 이제야 네가 하나님을 경외하는 줄을 아노라"고 기뻐하시고 인정하셨다.

아브라함의 말씀을 따르는 신앙을 이어받았던 가버나움의 한 백부장이 있었다(마 8:5-13). 그는 아브라함처럼 "주여 말씀만 하옵소서" 하는 믿음이었다. 예수께서는 "기이히 여겨 좇는 자들에게 이르시되 내가 진실을 너희에게 이르노니 이스라엘 중 아무에게서도 이만한 믿음을 만나보지 못하였노라" 하시며 인정하셨다. 그리고 "아브라함과 이삭과 야곱과 함께 천국에 앉으리라"고 축복하셨던 것이다.

2. 하나님께서 수양을 준비하사 번제를 드리게 하셨다.

아브라함이 눈을 들어 살펴보았다. 아브라함의 눈은 밝았다. 그가 모리아 산상에서 하나님의 인정을 받은 즉시 눈을 들어 살펴보니 한 수양이 뒤에 있는 것을 보았다.

하나님께서는 그것으로 번제물로 드리라는 말씀을 하시지 않았다. 그러나 아브라함은 "아들아 번제할 어린 양은 하나님이 자기를 위하여 준비하시리라"(8절) 하신대로 하나님께서 수양을 준비하신 줄 믿고 그것으로 제사를 올렸다. 아브라함의 눈은 밝고 예리하며 통찰력이 있었다. 그는 보이지 않는 모리아 산상의 번제할 어린 양이 있을 것을 보았고, 멀리 바라보았고(4절), 살펴보았다. 멀리 보았다는 것은 모리아 산상에 성전이 예비되고 수양과 소와 각종 제물이 바쳐지며 하나님의 아들이 번제물로 예비되어 있음을 보았다는 것이다.

수양은 살펴보니 뒤에 있었다. 세상 죄를 지고가는 어린 양 예수라는 수양이 훗날에 골고다에서 죽게 될 것임을 본 것이다. 아브라함은 눈을 들어 동서남북을 바라 보았다(13:14-17)고 했고, 높이 하늘의 뭇 별을 눈을 들어 보았다(15:5)고 하였다. 자기 처소에 오고 있는 세 사람의 나그네를 보았을 때에도 눈을 들어 보았다(18:1-2). 소돔 고모라의 멸망을 눈을 들어 보고(19:27-28) 비통해 했었다. 그러므로 아브라함의 눈은 신앙의 눈으로 아주 밝았던 것이다.

우리의 눈이 밝아진 때는 안약을 사서 바름으로(계 3:18), 기도를 받음으로(왕하 6:16-18), 떡을 축사하시고 떼어 주실 때(눅 24:30-31), 예수의 말씀을 들을 때(요 20:14-18), 실로암 못에 가서 씻을 때(요 9:7), 꿀을 먹을 때(삼상 14:27, 29)이다.

아브라함은 수양을 잡아 번제물로 드렸다. 요한은 예수 그리스도를 가리켜 "보라 세상 죄를 지고 가는 하나님의 어린 양이로다"(요 1:29)라고 하였다.

수양이 남성이듯이 예수는 남자로 하나님의 독생자시다. 수양은 하나님께서 그때 초자연적인 방법으로 새로 지으신 짐승이었으므로 한 가닥의 풀도 먹어본 경험이 없는 깨끗한 것이었다.

예수는 무죄 성결하셔서 남자를 모르는 처녀의 몸에 성령으로 잉태하셨고, 아무도 타보지 아니한 나귀새끼를 빌려 타셨으며, 장사되실 때에도 아리마대 요셉의 새 무덤에서 쉬셨다.

바울은 "그는 우리를 위하여 자신을 버리사 향기로운 제물과 생축으로 하나님께 드리셨느니라"(엡 5:2)라고 하셨다.

수양은 아브라함이 아들에게 번제에 대해 설명할 때 예언했다. 이삭이 "번제에 드릴 어린 양은 어디 있느냐?"고 물었을 때 아브라함은 하나님께서 준비하시리라고 대답했었다.

하나님은 아브라함과 이삭을 위하여 수양을 준비하셨다. 하나님은 미물의 수양이나 참새 한 마리까지 주장하신다. 결코 하나님의 백성을 좌절에 빠지게 하지 않으신다.

여호와 이레는 "여호와께서 돌보신다" 또는 "여호와께서 나타나셔서 준비해 주신다"는 뜻이다. 그러므로 하나님의 사람들의 쓸 것을 미리 아시고 때에 맞게 예비해 주시는 하나님을 찬양하는 것이다.

여호와의 산에서 준비되리라는 것은 여호와의 산에서 보게 되리라는 뜻이다. 하나님께 온전히 헌신했던 그 산에서 하나님이 준비해 두신 수양을 보게 된 축복을 얻었다는 것이다. 성도의 구원은 하나님의 미리 예비하신 구원계획을 우리가 믿고 순종할 때 온전히 이루어지는 것이다.

하나님은 언제나 하나님의 백성을 구원하시기 위해서 준비해 놓으신다. 하나님은 모리아산에 내려오시고 육신으로 우리의 장막에까지 낮게 오셔서 우리를 구원하셨다(요 1:14).

하나님은 애굽에서 학대 속에 종살이하는 이스라엘에게 모세를 준비하셨다. 칠 년의 흉년에 야곱의 열한 번째 아들 요셉을 준비시켰다. 이스라엘의 광야 40년에 필요한 것들을 준비하셨다. 죄악에서 영원히 구원할 하나님의 아들 예수를 준비하셨다. 심지어는 하갈과 이스마엘 앞에도 샘물을 준비하셨다. 깊은 바다에 던져지는 요나를 위하여 큰 물고기를 준비하셨다. 그러므로 성도는 어떤 처지에서도 염려할 것이 없는 것이다.

3. 하나님께서 축복을 다시 확인하셨다.

하나님께서는 자신보다 더 높은 존재가 없기 때문에 자신을 가리켜 맹세하여 아브라함에게 큰 복을 주시겠다고 하셨다. 그 약속은 결코 변개될 수 없으며 엄숙하게 시행될 것이라는 것을 말씀하셨다(삼상 15:29, 히 6:13-18).

여기에 나오는 큰 복은 무엇을 의미하는 복인가? 그것은 성령을 선물로 주심을 의미하는 것이다. 성령의 약속은 예수 그리스도를 통하여 이방인 남종과 여종들에게까지 미치게 되는 것이다. 그러므로 바울은 "이는 그리스도 예수 안에서 아브라함의 복이 이방인에게 미치게 하고 또 우리로 하여금 믿음으로 말미암아 성령의 약속을 받게 하려 함이니라"(갈 3:14)고 하였다.

누가도 "이 약속은 너희와 너희 자녀와 모든 먼 데 사람 곧 주 우리 하나님이 얼마든지 부르시는 자들에게 하신 것이라"(행 2:39)고 하였다.

성령이 어째서 큰 축복인가? 성령이 우리를 중생 성결케 하고 변하여 새사람이 되게 하며 영원한 구원과 영생과 소망을 주시기 때문이다. 성령으로 거듭나지 못하면 하나님 나라에 들어갈 수 없고 하나님을 뵐 수 없다.

네 씨로 크게 성하여지게 한다고 했다. 여기서의 씨는 지난 날에 거듭해서 약속했던 자손의 축복을 재차 확인하시는 것이다. 영적으로는 이스라엘 나라요 오늘의 교회를 의미하는 것이다.

아브라함의 자손인 교회가 하늘의 별과 같이 영원토록 빛나고 바닷가의 모래같이 영육간에 부흥발전 증가하는 축복을 주신 것이다.

세상에는 두 가지의 씨가 있다. 하나는 악한 자의 씨고 하나는 의인의 씨이다. 의인의 씨가 하늘에나 땅 위에 많이 번성해야 세상에는 복된 것이다.

하나님은 말씀하시기를 네 씨가 대적의 문을 얻는다고 하셨다. 신앙인의 후손이 번성해야 세상을 정복하고 암흑의 불신세력을 정복하고 따라서 세상은 의인의 세상이 된다.

이것은 역사적으로는 이스라엘이 원수를 이기고 가나안을 점령하는 것을 가리키고 영적으로는 예수께서 원수 마귀를 이기고 죽음을 정복할 것이라는 뜻이다. 따라서 하나님의 교회와 성도가 복음으로 세상을 정복할 것을 예언한 것이다.

"네 씨로 말미암아 천하만민이 복을 얻으리라"고 했는데, 네 씨는 복의 근원이 될 특정한 씨를 의미하는 것으로, 여인의 후손 메시야 예수시다(갈 3:16, 창 3:15). 예수로 말미암아 세계에 복음이 퍼지고 인류가 구원이라는 축복을 받게 되리라는 것이다. 예수는 진실로 가장 큰 축복의 씨이다. 바울은 "그리스도 안에서 하늘에 속한 모든 신령한 복으로 우리에게 복주시되… 그의 아들이 되고… 구속을 받았고… 약속의 성령으로 인치심을 받았다"(엡 1:3-14)고 하였다.

하나님께서는 아브라함에게 축복하시는 원인을 말씀하셨다. 그것은 "아브라함이 하나님의 말씀을 준행하였음이니라" 하셨다는 것이다. 예수께서는 "잘하였도다 착하고 충성된 종아 네가 작은 일에 충성하였으매 내가 많은 것으로 네게 맡기리니 네 주인의 즐거움에 참예할지어다"(마 25:21, 23)라고 하셨다.

리브가의 혈통

(창 22:20-24)

아브라함은 모리아산에 올라갈 때에 "사환에게 이르되 너희는 나귀와 함께 여기서 기다리라 내가 아이와 함께 저기 가서 경배하고 너희에게로 돌아오리라"(5절)고 하였다. 아브라함은 이삭이 죽지 않고 살아서 내려오게 될 것을 믿었던 것이다. 아브라함은 산상에서 아들을 번제로 드리려는데 하나님께서 벌써 그 마음을 받으시고 수양을 준비하셨다. 아브라함은 그것으로 번제를 드렸고 하나님은 큰 축복을 그에게 선언하셨다.

아브라함은 그 사환에게로 돌아와서 함께 떠나 브엘세바에 가서 거기서 거하였다. 브엘세바에서 아브라함은 창조주 하나님으로부터 인정을 받은 것에 만족하고 감사하면서 서서히 아들의 혼기를 맞게 되었다. 여기서 하란에 살고 있던 나홀, 곧 아브라함의 동생의 족보에 대해 기록하는 것은 아브라함의 자부감 리브가에 대해 소개하기 위한 것이다.

물론 하나님의 말씀에는 우연이라는 것은 없다. 성령 하나님께서 성경을 기록하실 때 필요한 자리에 쓰시는 것이다.

아브라함은 친척들에 대하여 관심이 많은 인정있는 사람이었다. 궁금해하던 친척에 대한 소식과 함께 이삭이 신부감에 대한 예비 기록을 여기서 볼 수 있다.

성경에는 족보를 지루하게 나열한 곳이 몇 군데 나타나고 있다. 그것은 허탄한 이야기가 아니며 무미한 것이 절대로 아니다. 그것은 구속사의 주역이 누구냐를 밝혀주고 있다.

특히 여기 나오는 족보는 아브라함의 형제 나홀의 가문에 대한 것인데 나홀의 가문은 아브라함 가문과의 근친 결혼으로 이삭과 야곱 등으로 혈통과 연관을 갖고 있는 것을 볼 수 있다.

브두엘은 리브가와 라반을 낳았는데, 리브가는 후에 이삭의 아내가 되고 라반은 야곱의 두 아내가 된 레아와 라헬을 낳았다. 여기의 족보는 약속의 후손의 아내가 될 리브가를 소개하는 것이 그 중심 목적이라고 할 수 있다.

그리고 하나님은 인간의 생애와 역사를 주관하시되 특히 성별하신 씨를 예비하고 보존하시는 사실을 알게 하며 인간이 결혼하여 삶을 창조하는 것까지 하나님의 섭리에 있음을 볼 수 있다. 따라서 성별된 의인들은 결혼을 중요시하여 성별된 가계의 짝을 찾아 결혼해야 하는 것이다.

1. 아브라함에게 좋은 소식이 들려 왔다.

아브라함은 블레셋 땅에 오랫동안 방황하며 나그네 생활을 했다. 그동안 이방 나그네 생활 중에는 어려운 일들이 많았고, 두려운 일도 있었다. 얼마 전에는 독자 이삭을 모리아 산상에 번제로 드려야 하는 시험을 치러야 했다. 그런데 지금에 와서야 하란에 있는 고향의 소식을 들었으니 성경상의 최초의 이민생활을 시작한 아브라함에게 있어서 고국의 가정소식을 듣는다는 것은 큰 기쁨이었을 것이다.

아브라함은 아들 이삭을 모리아산에 드리려고 할 때 하늘에 계신 하나님으로부터 축복의 소리를 들었다. 하늘의 복음을 들은 아브라함이 이어서 이제는 고향의 가까운 가족, 친척들로부터 기쁜 소식을 들었다.

아비야 반열의 제사장 사가랴의 아내 엘리사벳이 수태하지 못하여 무자했었다. 그런데 주의 사자가 사가랴에게 성전에 나타나 "엘리사벳이 네게 아들을 낳아 주리니 그 이름을 요한이라 하라" 하셨다.

엘리사벳은 늙어서 수태하여 6개월이 된 때에 조용한 산중에서 경건한 시간을 보내고 있었다.

그때에 마리아에게 예수를 잉태하게 된다고 천사가 알려주었고 마리아는 엘리사벳을 찾아갔다. 두 사람의 기쁨은 컸던 것이다. 그리하여 복중 아이는 뛰놀며 마리아는 찬양했다. 엘리사벳과 마리아는 친척이었다(눅 1:36). 멀리 있는 친척 간에 기쁜 소식이 오고 간다는 것은 가정에 큰 축복이다.

아브라함은 형제 나홀에 관한 소식을 들었다. 사람에게는 나이가 많아도 자기가 나서 자란 곳, 즉 고향에 대한 향수는 사라지지 않는다. 아브라함은 비록 자기의 고향이 우상지역으로 유명했지만 고향에 대한 그리움은 컸다. 하지만 영원한 하늘나라 고향을 사모하는 신앙 때문에 고향에 돌아갈 기회가 있었는데도 참고 포기했다.

아브라함이 멀리 위치해 있는 고향을 잊지 못하는 것은 그곳에 있는 형제들, 친척들에게 깊은 관심을 가지고 있었기 때문이다. 그런데 아주 오랜만에 고향으로부터 들려온 소식은 그곳에 살고 있는 형제들이 잘 살고 있다는 소식이었으니 얼마나 기쁜 소식인지 몰랐을 것이다.

바울은 "누구든지 자기 친족, 특히 자기 가족을 돌아보지 아니하면 믿음을 배반한 자요 불신자보다 더 악한 자라"(딤전 5:8)고 하였다. "형제는 위급한 때까지 위하여 났고"(잠언 17:17) 언제까지나 어디에 있으나 관심의 대상이요 그리움의 대상인 것이다.

예수께서는 "하나님의 뜻대로 행하는 자라야 부모요 형제요 자매라"(마 12:46-50)고 말씀하셨고, 요한은 "형제들아 우리가 서로 사랑하자"고 하였다.

육신의 형제를 무관심하거나 등한히 하면 그것은 하나님을 공경하는 사람의 바른 인간관계가 아니다.

형제가 연합하여 동거하는 것은 선하고 아름다운 것이지만(시 133:1), 헤어져 살아야 한다면 서로 기도하고 깊은 관심을 가지고 사는 것이 형제간의 도리일 것이다.

아브라함은 밀가가 나홀에게서 자녀를 낳았다는 소식을 들었다. 두 형제가 헤어져서 살아오는 동안 그들 중에 어느 한 사람도 가정을 이을 자녀가 없었던 모양이다. 그런데 나홀과 밀가가 결혼하여 아들을 낳았다는 소식이 들려오므로 나홀의 가정에 꽃이 피는 듯 하고 밀가의 아름다운 모습이 그의 손녀 리브가에게 나타나는 듯 했다. 이로써 아브라함의 아들 이삭과 결혼하게 될 리브가를 소개하기 시작하는 것이다.

여호와께서 집을 세우지 아니하시면 세우는 자의 수고가 헛되고, 자식은 여호와의 주신 기업이요 태의 열매는 그의 상급이다. 젊은 자의 자식은 장사의 수중의 화살 같으니 그 전통에 가득한 자는 복이 있다고 했다. 왜냐하면 저희가 성문에서 그 원수와 말할 때에 수치를 당치 아니하고 오히려 이기게 되기 때문이다.

하나님께서는 모리아 산상의 아브라함에게 "네 씨로 크게 성하여 하늘의 별과 같고 바닷가의 모래와 같게 하리니 네 씨가 그 대적의 문을 얻으리라"(22:17)고 축복하셨다. 그런데 밀가와 나홀에게도 씨를 주시고 큰 복을 주사 이삭의 아내가 출생하게 하셨다.

2. 먼 땅으로부터 아브라함에게 온 소식이다.

먼 땅에서 오는 소식은 냉수와 같은 것이다. 잠언에는 "먼 땅에서 오는 좋은 기별은 목마른 사람에게 냉수같다(잠 25:25)"고 하였고, "눈의 밝은 것은 마음을 기쁘게 하고 좋은 기별은 뼈를 윤택하게 하느니라"(잠 15:30)고 하였다.

아브라함은 먼 땅과 같은 하나님 나라인 본향으로부터 좋은 소식을 들으며 그 하나님과 신령한 교제를 나누어 왔다. 게다가 주위 사람들과 먼 땅에 살고 있는 친족들과의 기쁜 소식이 전해졌으니 하나님과의 관계나 이웃과의 관계가 평화스럽고 정다운 상태에서 살았다.

본토 친척 갈대아 우르에서 아브라함에게 온 좋은 기별은 심히 목말라 애타듯 그리워하고 있던 그가 냉수를 마심과 같이 만족한 기쁨을 주었다.

아브라함에게 먼 땅의 좋은 소식을 가지고 온 사람이 누구인지 알 수 없다.

마리아에게는 먼 땅이라는 하늘로부터 천사가 와서 "보라 내가 온 백성에게 미칠 큰 기쁨의 좋은 소식을 너희에게 전하노라" 하였다(눅 2:10). 그 좋은 소식은 "구주가 나셨으니 곧 그리스도 주시니라"는 것이었다(눅 2:11).

세례 요한은 "백성에게 좋은소식을 전했다"(눅 3:18)고 하였으며 "요나단은… 아름다운 소식을 가져오는도다"(왕상 1:42)라고 하였으며, "예수는 좋은 소식을 가져오며 평화를 공포하며 복된 좋은 소식을 가져온다"(사 52:7)고 하였다. 다윗은 "내가 대회 중에서 의의 기쁜 소식을 전하였나이다"(시 40:9)라고 했고, "아름다운 소식을 시온에 전하는 자 아름다운 소식을 예루살렘에 전하는 자여"(사 40:9, 41:27, 61:1)라고 했다. 나훔 선지는 "볼찌어다 아름다운 소식을 보하고 화평을 전하는 자의 발이 산 위에 있도다"(나 1:15)라고 하였다.

그러므로 우리는 비록 먼 땅에 있는 사람들에게까지도 아름다운 복음의 소식을 전하여 주기 위하여 하늘나라로부터 내려오신 예수를 본받아서 먼 땅에 살고 있는 사람들에게 좋은 소식을 전해주는 전도자의 발걸음이 되어야 할 것이다.

바울은 "아름답다 좋은 소식을 전하는 자들의 발이여…"(롬 10:15)라고 이사야 선지자의 말씀을 인용하였다.

먼 땅에서 온 소식은 때에 맞는 것이었다. 어느 누가 이 소식을 전해왔는지는 알 수 없지만 아브라함의 지금과 같은 시기에 이러한 소식이 왔다는 것은 매우 때에 맞는 것이다.

이때에 아브라함은 모리아 산상의 큰 시험이 지나가고 브엘세바에 있으면서 아들 이삭의 결혼 준비 중에 있었던 때였다. 이러한 기회는 우연의 일치가 아니라 하나님의 섭리였다는 것을 깨달을 수 있었다.

성경에는 우리에게 필요없는 것은 기록하지 않았다. 성경에 기록되어져 있는 모든 말씀은 우리에게 유익한 것들이다.

기쁜 일이나 슬픈 일, 작은 어려움이나 큰 시련 등이 우연이 아니다. 하나님의 섭리이며 그것은 때에 맞게 주어진다. 참새 한 마리가 땅에 떨어지는 것, 들의 백합화가 피고 지는 것, 해가 동에서 뜨고 서

산으로 지는 것 모두가 하나님의 섭리인데 그것은 인간에게 유익한 것이다. 그러므로 우리는 하나님의 섭리에 순종해서 살아야 하는 것이다.

3. 밀가와 나홀의 낳은 후손들의 계보이다.

아브라함의 동생 나홀의 처 밀가의 소생은 여덟이다. 그 맏아들은 우스로 견고하다는 뜻이다. 아람의 아들(10:23)로 되어 있고 에서의 후손으로 되어 있는데(36:28) 우스가 욥의 조상이라는 것은 욥기 1:1에 기초한 것으로 생각된다.

우스의 동생은 일곱인데 부스는 "경멸, 멸시하다"는 뜻으로 아라비아 족속으로 드단과 데마와 같이 나온다(렘 25:23). 그리고 그는 아마 엘리후의 조상인지도 모른다(욥 32:2, 6).

우스의 동생 중에 다음의 동생은 아람의 아비 그므엘이다. 그므엘은 "하나님의 회중, 하나님께서 영존하신다"는 뜻으로 아람 지파의 족장이다.

아람은 람(Ram)으로 기록되었는데 아람 사람으로(왕하 8:29) 람으로 기록되었다(대하 22:5).

다음에는 게셋으로 "죄악, 증가"라는 뜻이다. 나홀의 넷째 아들이며 아브라함의 조카이다. 하소는 "환상, 선지자"라는 뜻이고 딜다스는 "불의 불꽃"이라는 뜻으로 나홀의 여섯 번째 아들이다.

이들랍은 "그는 우신다, 용서시킨다, 불순물을 제거하는 자"라는 뜻이고, 브두엘은 "하나님의 사람, 하나님에게서 거하는 자, 하나님의 거처"라는 뜻으로 리브가의 아버지이다. 그는 신앙이 경건한 인물이었던 것 같다. 왜냐하면 그의 이름이 그렇기 때문이다. 이상의 여덟 명은 나홀의 처 밀가의 소생으로 아브라함의 조카들이다.

나홀의 첩 르우마의 소생은 네 명이다. 나홀에게 첩이 있었는데 르우마라고 하였다. 그는 "숭고한, 일어난, 높아진, 진주나 산호" 등의 뜻이고 그가 네 명의 아들을 낳았다. 데바는 "소의 도살, 굵은, 경건한"의 뜻으로 한 지파의 족장이다(22:34, 대상 18:8).

가함은 "암흙, 타오르는"의 뜻이다. 다하스는 "침묵을 지키다, 불그스레한"의 뜻이다. 마아가는 "이해, 억압"이라는 뜻인데 여기에서 마아갓 족속이 기원되었는지 알 수 없다(신 3:14, 수 12:5).

나홀의 첩의 소생 네 아들에 대해서 자세히 알 만한 자료를 성경에서 찾을 수는 없다. 그러면서도 언약의 가계와 결혼할 가계에서 여러 사람의 이름을 밝힌 것은 역사적으로 리브가에 대해 보석처럼 감싸고 있는 주위의 사람들을 분명하게 보이고 있다. 성경은 이렇게 분명한 것이다.

브두엘은 리브가를 낳았다. 브두엘은 하나님 안에 거하고 하나님 역시 그의 안에 거처를 삼은 하나님의 사람이었을 것이라고 그 이름을 보아 짐작해 본다. 브두엘은 아브라함의 여덟째 조카 아들인 것은 나홀의 아들인 까닭이다. 하나님께서는 이스라엘의 2대 왕을 삼으시기 위하여 이새의 집 아들들이 여덟이 있었으나 말째 아들 다윗을 택하여 기름을 부어 왕위에 오르게 하셨다(삼상 16:10-13).

하나님은 사람을 외모로 보시지 않으시고 중심을 보시는 것이다. 그러기에 나홀에게는 여덟 아들이 있었으나 그중에 "하나님의 사람"이라는 브두엘을 선택하셔서 그의 딸 리브가를 생산하여 천만인의 어미(24:60)가 되게 섭리하셨다. 우리는 이곳의 계보에서 나홀과 아브라함, 나홀의 정실 아내의 소생 여덟과 첩의 소생 네 명의 남자, 여자는 밀가와 르우마, 그리고 리브가를 볼 수 있다.

이로써 이 족보의 초점은 리브가에게 맞추어지고 있는 것을 알 수 있다. 리브가는 "매혹, 함정, 올가미가 있는 줄"이라는 뜻이 있는데 아름다운 미로써 타인을 미혹시킬만 했던 듯하다. "그 소녀는 보기에 심히 아름답고 지금까지 남자가 가까이 하지 아니한 처녀더라"(24:16)고 하였다.

사라의 죽음과 장례

(창 23:1-20)

남성 위주의 사회에서 히브리인들은 여자에 대한 언급을 회피하는 경향이 있었다. 주후 3백년경까지도 여자에게 영혼이 있는가? 라는 주제로 토의를 할 정도였다. 그러나 성경에는 몇 사람의 여인들의 공적을 나타냄으로써 하나님 앞에 인간은 평등하다는 것을 암시하고 있다. 향년 127세라는 구체적인 연한과 기럇 아르바에서 죽었다는 것을 언급한 것은 사라의 경우 뿐이어서 구속사에 있어서 사라의 역할과 고결함을 하나님께서 인정하셨다는 표시를 받아들이게 된다.

아브라함의 동반자 사라의 죽음으로 믿음의 조상 아브라함의 시대는 천천히 막을 내리면서 그의 언약의 아들 이삭의 시대가 도래함을 보여주는 것이다.

이제 하나님께 소망을 두고 살았던 거룩한 부녀 사라는 죽었다. 그리고 그녀는 영원한 천국 가나안에 들어갔다. 아브라함은 아내의 죽음으로 인하여 비로소 가나안땅의 일부를 합법적으로 사서 자기의 소유를 삼았다.

이것은 아브라함과 사라에게 하늘나라 가나안과 이 땅의 가나안을 동시에 주심으로써 죽음의 비애와 슬픔을 승화시켜 복된 나라의 영원한 안식을 얻게 하신 것이다. 그러므로 시편 기자는 "성도의 죽는 것을 여호와께서 귀중히 보시는도다"(시 11615)라고 노래한 것이다.

톨스토이는 "그대가 이 세상에 태어날 때 그대는 울고 주위 사람들은 웃었다. 그러나 그대가 이세상을 떠날 때 주위의 많은 사람들이 울겠지만 그대는 미소지을 것이다" 라고 말했다고 한다.

죽음은 사라에게도 찾아왔다. 그러나 사라는 미소지으며 천국에 들어갔으므로 결코 죽음은 끝이 아니라 생의 시작인 것이다.

1. 사라가 죽자 아브라함이 애통하였다.

사라는 127세를 살고 죽었다. 위에서도 말하였거니와 여자의 향수를 밝힌 것은 성경에서는 사라밖에 없다. 그만큼 그녀가 구속사에 비치는 비중은 큰 것이었기 때문이라고 생각한다.

그는 아들이 있을 것이라고 하늘의 손님들이 말씀했을 때에 "내가 노쇠하였다"(18:12)고 하였는데, 그때로부터 40년이 되는 것이다. 아들 이삭이 결혼하기 전에 그는 눈을 감았다.

그녀는 믿는 자의 어머니요(히 11:11), 소망을 가지고 살았으며(벧전 3:6), 남편을 주라 복종하여 봉사했으며, 약속된 언약의 아들을 낳아 키운 어머니요, 유명한 열국의 어머니로 127세라는 장수한 세월을 살다가 죽었다.

참으로 이세상에서 유명한 여왕일지라도 죽음 앞에 사라져가는 인간의 모습을 보면서 우리는 어떻게 살아야 할 것인가를 생각하지 않을 수 없다.

사라는 헤브론 곧 기럇 아르바에서 죽었다. 기럇 아르바는 "아라바 도시"라는 뜻으로 헤브론의 별명이다(35:27, 수 14:15). 사라는 블레셋 땅에서 죽지 않고 가나안 땅에서 죽었다. 그곳에서 그는 60년 이상을 살았다. 고향은 아니지만 오래 체류하면서 정이 많이 든 곳이었다.

그는 남편의 사랑, 그렇게 소원했던 아들의 장성함보다 좋은 하늘 가나안을 소망하면서 믿음으로 살다가 가족들이 지켜보는 가운데 죽었다. 훗날에 아브라함도 죽어 사라의 묻힌 곳에 묻혔다. 사람이 믿음으로 살다가 어디에서 죽는가 하는 것도 중요하다. 곧 사라는 약속의 땅에서 죽었으니 더욱 그러함을 생각하게 된다.

아브라함이 슬퍼 애통하였다. "슬퍼하며 애통하였다"고 이중으로 그의 슬픔을 표현하고 있다.

"슬퍼하며"는 가슴을 치며 크게 곡하는 것으로 비관의 표시이고(왕상 14:13), "애통하다"는 스스로의 감정을 자제하며 조용히 눈물을 흘리는 슬픔의 표시이다.

아브라함이 이렇게 한 것은 아내에 대한 본능이요 종교적으로도 합당한 것이다. 곧 그는 내세의 소망을 가졌기 때문에 이렇게 한 것이다(살전 4:13). 여기서 아브라함이 얼마나 아내를 사랑했는가를 알 수 있고, 동시에 내세의 부활의 소망을 가지고 믿음으로 과도한 슬픔을 억제하는 것을 볼 수 있다.

"그가 그 시체 앞에서 일어나…"라고 한 말씀은 분명하게 그의 부활신앙을 보여주는 동작이다. "앞에서"는 "…의 얼굴 위에서"라는 뜻으로 사라가 죽은 때에 아브라함이 자기의 얼굴을 사라의 얼굴 위에 파묻은 애정을 보게 하는 것이다. "일어나"는 아브라함이 일어나듯이 사라도 언젠가는 부활하여 일어날 것을 확신했다는 뜻이다. 물론 그가 일어나는 것은 죽은 아내의 시신을 잘 처리하려는 것이었다(삼하 12:15-23).

2. 사라의 묘지를 구입하였다.

아브라함은 그 시체 앞에서 일어나 나갔다. 아브라함의 슬픔은 컸지만 언제까지 그럴 수는 없었다. 고인의 시신을 정중하게 매장하는 일을 주선해야 했다. 그리하여 일어나 나갔다. 그가 일어난 것은 사라가 부활할 것을 믿었다는 것이다. 부활할 때까지는 매장하지 않을 수 없었다(살전 5:14, 단 12:1-2).

중국에서는 시신을 수장하고, 일본은 화장하며, 유대인은 매장한다(창 3:19). 그것이 성서적이다. 예수께서도 매장되셨었다. 헷족속은 가나안의 아들 헷의 후손인데 아브라함이 그들에게 정중하고 겸손하게 장지에 대해 말했다. 그것은 그의 품행이나 행동이 고상함을 나타낸다. 성도는 이방인의 땅에 살면서 저들과의 인간관계가 아브라함처럼 맑고 고결해야 하는 것이다.

아브라함은 "나는 나그네요 우거한 자"라 하였다. 나그네는 자국을 떠나서 사는 자요, 우거하는 자는 정들지 않은 땅에 사는 자이다. 아브라함은 하늘나라에 그 기업이 있는 것을 믿었다. 그러므로 그에게 는 이세상의 것이 기업이 아니었다. 그는 이세상에서는 나그네요 우 거자일 뿐이었다.

그는 매장지를 부탁했다. 최초의 매장에 대한 기록이다. 사람은 자 기 땅에 묻히고자 하나 사실은 하나님의 것이다. 매장지란 작은 언덕 에 구멍을 파는 것으로 영원한 인간이 안식처가 아니라는 것이다.

헷족속이 아브라함에게 쾌히 허락하였다. 헷족속은 아브라함에게 존칭을 붙였다. "내주여… 하나님의 방백…"이라고 한 것이다. 내주여 는 단순히 상대방을 높여서 부르는 존칭어이고, 하나님의 방백은 "하 나님께서 인정하시는 임금"이라는 뜻으로 위대하고 선하다는 것이다.

아브라함은 그들의 땅에 나그네요 거류자라고 말했으나 그들은 아 브라함을 하나님의 방백이라고 하였다. 겸손한 자는 높임을 받는다. 성도는 이방인 중에서도 사람들에게 칭찬받는 생활을 해야 하는 것이 다.

헷족속이 좋은 곳을 택하라고 하였다. 유대지방은 더운 지방이기 때문에 시체를 당일이나 24시간 내에 매장하는 것이 통례이다. 히브 리인은 위생문제로 신속하게 처리한다. 그리고 그들은 죽음이라는 것 은 육체와 영혼이 스올이라는 지하세계에 제한적으로 존재하는 것으 로 믿어 동굴 등에 시체를 장례한다. 헷족속 사람들은 아브라함에게 자기들 땅중에서 가장 높은 곳을 택하여 매장하라고 하였다.

이것은 아브라함의 신앙, 사자에 대한 정성, 아브라함이 그 사회에 차지하는 위치 등을 볼 수 있게 하는 대목이다.

아브라함이 막벨라 굴을 택하였다. 첫째로, 아브라함이 몸을 굽히 고 말하였다. 앉아서 사고 팔고 하는 것이 관습인데 아브라함이 그들 앞에서 일어나서 말한 것은 그들을 존경하는 예절의 자세이다.

몸을 굽힌 것은 나그네로서 그들에게 겸손하게 처신한 것이다. 성 도에게 있어서 겸손만큼 귀한 덕성은 또 없다. 아브라함은 하나님께 대하여 겸손했고 나보다 못한 자들에게도 겸손의 미덕을 나타냈다.

겸손한 자에게는 적이 있을 수 없고 하나님의 은혜가 고이지 않을 수 없다.

둘째로, 밭머리에 있는 막벨라 굴을 택하여 말했다. 막벨라굴은 이중으로 된 굴이라는 뜻으로 소알의 아들 에브론의 것이었다.

이 굴은 헤브론의 좁은 골짜기 동쪽에 있는데 현재 회교도들이 파수하고 있다. 아브라함은 그곳을 거저 달라고 하지 않았다.

준가를 받고 내게 달라고 한 것이다. 준가는 많은 은을 의미하며 충분한 돈으로 사겠다는 것이다. 성경에서 물물교환으로 금속이 사용된 첫 번째 기록이다(창 13:2).

에브론이 거저 주었으나 아브라함은 땅값을 지불했다. 당신께 드리오니는 완전히 끝난 행동을 의미하여 이방세계에도 혹 예상 외에 너그러운 사람도 있다는 것과 아브라함이 그곳에서 선한 사람으로 인정받고 있었음을 알 수 있다.

아브라함이 땅값을 지불하겠다는 것은 에브론에게 손해 끼칠 수 없다는 생각에서이고 지금은 땅 주인이 이렇게 후대하지만 마음이 달라지게 되면 아브라함을 비난할 소지가 있으며 후손대에 가서 소유권 싸움이 생길 수 있기 때문이었다. 언제나 조심있게 행동해야 하는 것은 은인이 내일의 적이 되는 경우가 있기 때문이다.

땅값은 4백 세겔이었다. 세겔은 무겁다는 것으로 성경에 처음 나오는 돈이다. 지금까지도 유대인의 돈은 세겔이다.

"나와 당신 사이에 어찌 교계하리이까?" 한 말은 의미있는 것이다. 어떠한 인간 관계도 돈으로 계산할 수 없는 것이다. 그러므로 형제끼리 재산 때문에 싸운다는 것은 큰 잘못이다.

3. 아브라함이 막벨라굴에 사라를 장사하였다.

은 4백 세겔을 장지대금으로 지불했다. 아브라함은 그의 "땅값은 은 4백 세겔이라"는 말에 그들이 보는 데서 깎거나 흥정하지 않고 선뜻 지불하였다.

가나안 땅을 아브라함의 후손에게 주겠다는 하나님의 약속이 있었지만 지금은 그 땅의 일부를 값을 주고 산 것이다.

그것은 이방인들에게 결백함을 나타내고 인심이 후덕하다는 것을 암시하는 동시에 그들은 몰랐지만 아브라함은 이 세상의 것을 소유하는 것보다 하나님나라 땅을 소유하고자 한다는 것이다. 확실히 아브라함은 나그네였지만 부요했다. 그러기에 이렇게 큰 거금을 주저없이 지불한 것이다.

매장지의 소유권을 가지게 되었다. 아브라함은 가나안 땅을 끝까지 소유할 수 없는 나그네였으나 하나님의 약속의 대망자로서 이렇게 한 것이고 후손들에게 위대한 신앙생활을 분명히 보여줌으로써 그 신앙을 모본하려 했던 것이다. 언제나 계약에는 세밀하게 했고 여러 증인들 앞에서 행하여야 함으로 이것은 진지한 것이었다.

아브라함이 산 이 매장지에는 장차 자신도 묻힐 것이었다. 아브라함이 아내의 장지를 매입하면서 자신의 매장지로도 준비한 것이 된다. 사람은 언제 죽음에 닿게 될지 모른다. 그러므로 육체의 죽음이 묻힐 곳을 위하여 장지를 마련하는 것처럼 영혼이 들어가 쉴 곳 하나님 나라도 준비해야 하는 것이다.

사라를 막벨라굴에 매장하였다. 이때 아브라함이 산 장지에는 아브라함, 이삭, 리브가, 야곱, 레아가 장사된다. 라헬이 여기서 빠진다.

아브라함이 가나안에서 소유한 최초의 땅은 매장지였다. 그는 가인이나 니므롯처럼 큰 도시를 마련한 것이 아니었다. 그것은 자기와 자기 후손에게 끊임없이 죽음을 기억하고 매일 죽기를 배우게 함이었으며 밭끝에 장지가 있었음은 우리의 소유가(9절) 무엇이든간에 그 소유의 끝에는 우리의 매장지가 있다는 것이다.

죽은 시체에 대한 세심한 배려에서 사람의 몸이 부활한다는 것을 배운다. 가나안땅의 상속자가 실제적으로 소유한 아브라함의 땅은 최후에 육체가 안식할 장지였다는 것은 그의 궁극적인 기업이 죽음과 함께 유업으로 받을 하늘나라 천국이라는 것이다.

이삭의 결혼 준비

(창 24:1-9)

열국의 어머니 사라가 127세를 향수하고 죽어 막벨라 장지에 장사되었다. 아브라함이 슬픔을 믿음으로 이기며 장차 가통을 이어나갈 이삭의 결혼을 서두르게 되었다. 창세기 24장은 창세기 중에서는 제일 긴장인데 그 주제는 이삭이 리브가와 결혼하는 것이다.

그의 결혼에 대한 이야기들이 이렇게 길게 기록되고 있는 것은 언약의 씨를 순결하게 보존해 나가는 결혼이 그만큼 중요한 것이었기 때문이다. 이제 언약의 실체이신 메시야를 향하여 점점 가까이 가는 때에 아브라함도 머지않아 구속사의 무대 뒷편으로 퇴장하게 되고 언약의 아들 이삭이 주역으로 등장하는 것이다.

이삭은 어머니를 장사지내고 모성애에 울고 늙으신 아버지의 고독해하는 안타까운 모습을 보면서도 선뜻 결혼에 대해서 아버지에게 제의하지 않았다. 이삭은 언제나 부모의 말씀에 순종했기 때문이다. 히브리인들은 눈에 보이는 부모 순종을 통하여 보이지 않는 하나님 순종하는 법을 배워나갔다.

이삭은 아버지가 결혼상대자를 구해주기까지 조용히 기다렸다. 이삭은 40세에 리브가와 결혼했다(25:20). 사실 유대 랍비 시대의 결혼적령기는 소녀는 12세요 소년은 13세였다고 하는 것에 비하면 이삭은 늦게 결혼한 셈이 될 것이다.

아브라함은 믿음의 순결한 가통을 이어나가기 위하여 가나안 땅에 살았으나 그 땅의 딸 중에서 자부를 얻을 수는 없었다. 왜냐하면 미신 우상과 세속적인 이방의 땅이었기 때문이다. 그리하여 내 고향

내 족속 중에서 자부를 얻어 순결한 씨를 지켜 나가게 했다.

창세기 24장의 이야기에서 신령한 표적이 있다는 것을 서론에서 먼저 상고하고 은혜받을 필요가 있다고 생각한다. 아브라함은 삼위일체 하나님 중에서 성부 하나님을 모형한다. 이삭은 독자 아들로 삼위 중 이위이신 성자 예수님을 모형한다. 늙은 종은 많은 선물을 가지고 갔는데 성령 하나님을 모형한다. 리브가는 이삭의 아내가 되었으므로 예수의 신부인 교회를 모형한다.

성령은 오순절에 신부된 교회에 많은 신령한 은사의 선물을 주었다. 그리고 신부가 신랑집으로 갔듯이 교회는 예수의 집으로 시집을 가는 것이다.

1. 아브라함이 늙은 때에 준비했다.

이삭의 나이가 40세였다. 아브라함은 나이 많아 늙고 이삭의 나이는 40세나 되었다. 당시에는 40세 미만에 많이 결혼을 했는데 무슨 이유 때문인지는 성경에 나타나 있지 않으나 이삭은 40세가 되도록 결혼을 하지 않았던 것이다. 짐작해서 생각할 때 하나님께서 결혼에 대하여 지시해 주시기를 기다렸을 수도 있다.

왜냐하면 이삭은 언약의 자손이요 성령으로 난 자이기 때문에 아브라함이 마음대로 하려고 하지 않았을 수도 있기 때문이다. 아니면 사라를 잃은 슬픔 때문인지도 모르는 일이다. 그렇다고 해서 이삭이 가나안 땅에 살면서 자기 마음에 드는 여자를 찾아 자유결혼을 하려고는 절대로 하지 않았을 것이었다. 아무튼 아들의 나이가 40이나 되었으니 결혼을 서두르지 않을 수 없는 일이었다.

아브라함이 나이 많아 늙었다. 이때 아브라함의 나이는 140세였다 (18:11, 25:10). 아들이 결혼하여 후사를 이어나가는 것을 보고자 함은 하나님이 주신 부모의 마음일 것이다. 사랑하는 아내가 죽고 아들은 40세의 혼기에 있고 자신은 나이 많아 늙었으니 얼마나 더 땅에 살지 모르는 일이었다. 하나님의 말씀같이 그의 후손이 하늘의 별같이 바다의 모래같이 땅의 티끌같이 번성한 때까지는 살 수 없어도 아들이 결혼하고 자식을 얻는 것을 보고 싶은 것은 인지상정이다.

여기서 아브라함이 늙고 나이가 많다는 점을 강조하고 있다. 그것은 아브라함의 세대는 가고 또 한 세대가 등장할 시점이 되었다는 것을 예고하는 것이다. 이제 아브라함은 최후의 중대사로 자부를 맞는 일이 남아있었다. 그러므로 아들의 결혼을 서둘지 아니하면 자신도 사라처럼 이 마지막 중대사를 놓고 죽을지 모르는 일이었기에 결혼을 서두르는 것이다.

하나님께서 그의 범사에 복을 주셨다. 아브라함은 아들이 결혼한다고 해도 그에게 물려줄 수 있는 많은 재산을 가지고 있었는데 그것은 여호와께서 그의 범사에 복을 주셨기 때문이라고 하였다. 하나님은 복의 근원이시다. 그러므로 하나님은 하나님께 헌신하는 성도들에게 그 범사에 복을 주시는 것이다.

여기서 그의 범사에 복을 주셨다는 말씀이 물질적인 복만을 의미하는 것은 아니라는 것이다. 그는 75세에 부름받아 175세에 세상을 떠나지만(25:7) 험악한 나그네 생활에서 하나님이 영육간에 축복을 해 주셨다.

신명기 28장에는 복이라는 말씀이 많이 나오는데 복은 "무릎을 꿇다"라는 뜻으로 모든 복은 위로부터 오기 때문에 겸손히 무릎 꿇고 경배하며 순종할 때 받는다는 것이고 두 가지 차원의 복이 내포되어 있으니 첫째는 물질적이고 현세적인 것이요, 둘째는 영적이고 내세적인 것이다.

2. 아브라함이 늙은 종을 맹세시켰다.

늙은 종은 모든 소유를 맡았다. 늙은이라는 말은 장로라는 말이기도 하며(50:7, 룻 4:2) 존경을 나타낸다.

60년 전에 이 늙은 종은 아브라함이 자기의 상속자로 생각했던 엘리에셀이다(15:2). 그는 이스마엘이나 이삭이 태어난 후에 아브라함의 집 모든 소유를 맡은 집사직에 있으면서 주인에게 충성을 다했던 것이다.

아브라함은 그 노종에게 관리자로 청지기로 그 집의 노인으로 신임했다. 예수께서는 달란트 비유를 말씀하시면서 "그 종들에게 자기의 소유를 맡김과 같다"(마 25:14-15)고 하셨다. 그리고 "잘하였도다 착하고 충성된 종아 네가 작은 일에 충성하였으며 내가 많은 것으로 네게 맡기리니"(마 25:21, 23)라고 하셨다. 그러므로 주인의 모든 소유를 맡은 종은 작은 일에도 충성해야 하는 것이다.

바울은 "종들로는 자기 상전들에게 범사에 순종하여 기쁘게 하고 거스려 말하지 말며 떼어먹지 말고 오직 선한 충성을 다하게 하라"(딛 2:9) 하였고, "종들아 모든 일에 육신의 상전들에게 순종하되 사람을 기쁘게 하는 자와 같이 눈가림만 하지 말고 오직 주를 두려워하여 성실한 마음으로 하라 무슨 일을 하든지 마음을 다하여 주께 하듯 하고 사람에게 하듯 하지 말라 이는 유업의 상을 주께 받을 줄 앎이니 너희는 주 그리스도를 섬기느니라"(골 3:22-24)고 했다.

늙은 종에게 여호와를 가리켜 맹세시켰다. 아브라함은 "네 손을 내 환도뼈 밑에 넣으라"라고 하였고 하늘의 하나님 땅의 하나님 여호와를 가리켜 맹세하게 했다.

환도뼈밑에 넣는 것은 충성의 맹세나 절대복종을 엄숙하게 서약한다는 고대의 관습이다(47:29). 혹설에는 후손이 생기는 부분을 허리(히 7:5)라고 하기 때문에 그 후손에 관련하여 맹세한 것이라고 한다. 애굽의 베드윈족 가운데서 엄숙한 맹세를 남근의 부분 위에 손을 얹는 관습이 있다고 한다.

하늘의 하나님, 땅의 하나님이신 여호와는 우주의 절대 주권자시다. 천지만물의 절대자는 인간을 주장하신다. 그러므로 그 하나님께서 맹세를 받을 수 있고 하나님 앞에서 맹세한 것은 진실하게 이루어지는 것이기 때문에 여호와로 맹세시킨 것이다.

내 고향 내 족속에게로 가서 택하라고 맹세시켰다. 가나안 땅의 딸들 중에서는 아브라함이 자부감을 구해서는 안되었다. 그 이유는 종교적인 문제 때문이다. 그들은 우상과 타협했고 방종 타락했기 때문에 곧 멸망할 것이었다.

그는 아들을 자기의 혈통과 결혼하게 하여 순수성을 보존시키려고 한 것이다. 우리는 우리 자녀들의 결혼 대상을 택하는데 있어서 신중하게 하지 않으면 안된다.

옛날에는 한 가족 중에서 택하여 결혼하는 것이 공인된 관습이었고 결혼에 대한 사회법칙에도 어긋나는 것이 아니었다. 그리고 아브라함은 이 마지막 대사를 추진하는데 있어서 많이 기도했다.

외관상으로 보기에는 이삭의 결혼을 아브라함이 혼자 생각하고 실행하는 것 같으나 아브라함 보다 더 슬기롭게 지시하고 계신 분이 하나님이셨던 것이다.

그것은 그 하나님의 독생자 메시야가 이삭의 계통을 따라 탄생되어야 하기 때문에 이방여자나 도덕적으로 타락한 여자나 우상숭배에 젖어있는 여자에게 나게할 수 없었다. 그러므로 이삭의 신부감 선택에 있어서는 하나님께서 합당하게 성사되도록 세심한 역사 가운데 진행되는 것이다.

3. 종의 질문과 아브라함의 분부가 있다.

종이 아브라함에게 질문하였다. 아브라함의 신임받는 늙은 종은 "여자가 나를 좇아 이땅으로 오고자 아니하거든 내가 주인의 아들을 주인의 나오신 땅으로 인도하여 돌아가리이까?"라고 질문했다.

이것은 종이 보기에 신부감으로 합당하다고 생각되는 처녀가 있어서 아브라함의 집으로 데리고 오고자 할 때에 그 처녀가 거절한다면 이삭을 그 처녀 있는 곳으로 데리고 갈까요 하는 질문인 것이다.

신부감이 낯선 노종의 말을 듣고 보지도 못한 총각에게 오겠다고 할 처녀가 어디 있을까? 문명의 도시 하란에 비해 가나안은 척박한 곳이었고 하란에서 가나안까지는 800km의 거리이기 때문에 20여일 이상 걸렸으며 여인의 몸으로 친족과 친척, 친구와 이웃을 떠나 낯선 땅을 향해 따라나설 수는 없는 일이었다.

아브라함이 종에게 아들을 데리고 가면 안된다고 대답했다. 첫째로, 이삭은 약속의 땅을 지켜야 하기 때문이다. 늙은 종이 "여자가 나를 좇아 이땅으로 오고자 아니하면 주인의 아들을 데리고 가오리이까?"
라고 물은 질문에 대하여 아브라함은 단호하게 거절하였다. 이삭을
그땅으로 데려가서는 안되는 이유는 그는 하나님의 약속의 땅을 지켜
야하기 때문이라는 것이다.

삼가라는 말은 본분을 온전히 행하라는 뜻으로 "너 자신을 조심하
여…"라는 의미로 보아 아브라함이 그 종에게 간곡하게 당부함을 알
수 있다.

아브라함이 본토를 떠난 것은 하나님의 명령이었기 때문에 하나님
의 다른 지시가 있기 전에는 가나안을 떠날 수 없다는 것이다. 아브
라함이 하나님의 명령을 순종하는데 있어서 얼마나 철저했는가를 알
수 있다.

둘째로, 이삭은 이땅의 상속자이기 때문이다. 아브라함이 가나안에
옮겨온 것은 하나님의 소명에 복종해서 되어진 일이고 아브라함의 씨
가 되는 후손에게 이 땅을 주리라는 예언이 있었기 때문에 이제 아들
이 본토로 돌아간다면 하나님 명령에 불복종함이요 후사에 약속한 약
속의 위반이 되는 곳이다.

이삭은 이땅의 상속자이기 때문에 이삭을 여기서 데리고 나가 본
토로 간다는 것은 절대 불가하다고 하는 것이다.

이삭은 말이 없고 겸손하며 순종을 잘했다. 그러므로 본토에 간다
고 해도 세상적인 덫에 걸리거나 하지는 않는다고 해도 하나님의 약
속을 어기는 일이기 때문에 데리고 가서는 안된다고 한 것이다.

셋째로, 하나님이 그 사자를 앞서 보낼 것이기 때문이다. 늙은 종이
아브라함의 족속의 땅에 갔으나 가나안으로 오려는 신부감이 없으면
하나님께서는 다른 방법으로 이삭의 아내될 처녀를 예비하려는 것이
분명한 일이므로 그 하나님의 하시는 일에 순종할 따름이라고 하는
것이다. 이는 마음의 소원과 일의 계획은 인간이 한다 해도 그것을
이루시는 분은 하나님 뿐임을 믿는 자의 말이다.

하나님께서는 사자를 그의 앞서 보내사 선한 길로 인도하실 것이
때문에 염려할 것이 아니라고 하였다.

"인도하여 보호하신다"는 말씀은 이스라엘과 교회와 하나님의 사람들에게 주어진 약속이다.

넷째로, 여자가 오려 하지 않으면 하나님이 정한 짝이 아니라는 것이다. 아브라함은 고도의 신앙가였고 늙은 종에게 한 말은 신앙적인 말이다. 여자가 오려고 하지 않으면 이삭을 그리로 데려가지 말것이니 그것은 하나님이 허락하시는 신부가 아니기 때문이라고 하였다.

참으로 하나님은 인간들의 가정사까지 세심하게 배려하시며, 가정의 가장들은 언제나 하나님의 뜻이 무엇인가를 분별할줄 아는 높은 영지가 있어야 한다.

종이 환도뼈 아래 손을 넣고 맹세하였다. 아브라함의 고향에 가서 이삭의 아내될 처녀를 만나고 못만나는 일은 하나님의 뜻에 달려있는 일이므로 너는 최선을 다하기만 하라고 아브라함이 종에게 신앙으로 일러주었다. 종은 자신의 사명의 성격을 이해하며 안심하면서 사명에 충성을 다하겠다는 약속을 진실한 맹세로써 표시했다.

엘리에셀과 리브가의 만남

(창 24:10-27)

인간은 만남에서부터 시작된다. 남녀가 만나 부부가 되고 너와 내가 만남으로 사회를 이룬다. 잘 만나면 행복하다. 그러나 잘못 만나면 불행하다. 부모를 잘 만난 자식들은 복되다 그렇지만 자식을 잘못 만난 부모는 비참해진다. 어떤 부모를 만나느냐에 따라서 또한 어떤 자식들을 만나느냐에 따라서 성공할 수도 있고 실패할 수도 있다.

사회에 나가서 친구를 만나고 이웃을 만난다. 어떤 사람을 만나느냐에 따라 사회적인 활동 반경을 예측할 수 있다. 그러므로 인간에게 있어서 가장 중요한 것은 만남이라고 할 수 있다. 만남에 있어서 보다 더 중요한 것은 인간이 하나님과 만나는 일이라고 할 수 있다.

아브라함은 하나님께서 찾아오사 만나주셔서 백년 동안을 친구가 되셨다. 아브라함에게 있어서 하나님을 만남은 가장 큰 축복이었다.

아브라함은 사라가 죽은 후 어느 기간까지 기다렸다가 아들의 결혼식을 올리게 되었다. 이것은 한 세대가 가고 한 세대가 온다는 자연의 이치에 따르는 것이기도 했다. 그가 이제 죽기 전에 아내의 장례를 직접 치렀고 마지막 중대사가 될 아들 결혼을 서두르게 되는 것이다.

이삭은 조용하고 온유한 성품을 지니고 있었고 40세가 되는 나이에도 자기의 결혼에 대해서는 깊이 고려하는 것 같지가 않았다.

이에 아브라함은 자기 세대는 황혼에 걸려 있고 아들의 세대가 동터오는 것을 보고 결혼을 주선하지 않을 수 없었다.

이삭은 어머니가 90세에 낳은 독자로써 어머니의 사랑을 독차지하며 성장했기 때문에 어머니에 대한 과거의 추억에 잡혀 미래의 언약 성취가 늦어지는 것이 아닌가 하는 아브라함의 걱정도 있었을 것이다.

그러므로 이삭을 결혼시켜 어머니에 대한 추억의 자리를 메꾸고 새로운 일에 몰두하여 용기를 가지고 살아가게 하려 했던 것이다. 이것은 어느 부모나 마찬가지 마음일 것이다. 아브라함은 엘리에셀을 신임하고 중매자로 보냈다. 늙은 종의 길에 벌써 하나님은 신부를 예비시켜 놓고 계셨다.

1. 엘리에셀이 나홀의 성에 도착했다.

종은 주인의 약대 열 필을 취하여 떠났다. 이삭은 중매결혼을 한 모범자로 늙은 종은 성령의 모형으로써 예수와 교회를 중매하는 것으로 해석할 수 있고 또한 전도자의 모형이라고 할 수도 있다.

세례요한은 "신랑과 신부(예수와 교회) 사이의 친구"(요 3:28-30)라고 했고 바울은 "내가 너희를 정결한 처녀로 한 남편인 그리스도께 드리려고 중매함이로다"(고후 11:2)라고 하였다.

아브라함의 종 엘리에셀은 명예롭고 성스러운 사명을 받고 지혜있게 주인의 명령에 순종하였으니 하나님의 종들은 그렇게 성실하지 않으면 안된다.

그가 주인의 약대 열 필을 취하여 길을 떠났다. 그것은 신부감을 만나게 되면 그에게 줄 예물을 운반하기 위해서 그리고 자기가 하고 있는 사명의 위엄성을 나타내고 돌아오는 길에 신부와 그 일행과 신부의 물품들을 운반하기 위해서였다.

그는 이번에 떠나는 이 길에 하나님께서 꼭 신부를 준비시켜 주실 것을 의심치않고 믿었던 것이다.

주인의 모든 좋은 것을 가지고 떠났다. 엘리에셀은 신부에게 필요한 모든 것을 가지고 떠났다. 아브라함은 부자였기 때문에 독자 아들의 결혼에 있어서 아까울 것이 없었다. 아브라함에게 있어서 좋은 모든 것, 그가 선택한 좋은 모든 것을 가지고 간 것이다.

교회는 신랑 예수의 신부이므로(계 21:9) 하나님 아버지에게 없는 것이 없기 때문에 하나님의 모든 좋은 선물들을 성령이라는 엘리에셀을 통해 받을 수 있는 것이다.

성령께서 오순절에 오실 때에 하나님 교회에는 놀라운 아버지 하나님의 선물을 가지고 오셨다. 성령의 은사 아홉가지 뿐만이 아니다. 성령이 신부된 교회에 가지고 온 예물은 필설로 다 기록할 수 없는 값지고 귀중한 것들이었다.

메소보다미아로 갔다. 메소보다미아란 두 강들의 아람이라는 뜻으로 두 강은 티그리스강과 유브라데스강이고 아람은 고지 또는 산지를 의미한다.

이것은 티그리스와 유브라데스 사이의 높은 고원지대를 가리키니 히브리와 헬라 문명에 크게 영향을 준 근원이요 고대 문명의 발상지이다.

나홀의 성은 아브라함의 동생 나홀이 사는 도시이다. 확실하게 알 수는 없으나 우르에서 데라를 따라 함께 왔다가 하란에서 정착했거나 데라가 떠난 후 얼마 안 있어 하란으로 이주했었는지 모른다.

엘리에셀은 저녁 때에 우물 곁에 와서 약대들을 꿇렸다. 그때는 여인들이 물을 길러 나오는 시간이었다. 사람들이 모여 사는 마을에는 물이 있었다.

성 밖에 우물이 있었던 것은 수질을 좋게 하기 위함이었을 것이다.

그곳에는 낮에는 더위로 인하여 피하고 아침이나 저녁에 물을 긷는다. 큰 성읍에서는 남자들이 물을 길어 나귀나 어깨에 메고 나르며 시골에서는 여자들이 물 항아리를 어깨에 메고 떼를 지어 긷는다.

우물 곁에서 모세는 십보라를, 엘리에셀은 리브가를, 야곱은 라헬을, 예수는 사마리아 여자를 만났다.

2. 엘리에셀이 하나님께 기도하였다.

순적히 만나게 하사 주인에게 은혜베푸소서라고 했다.

첫째로, 우리 주인 아브라함의 여호와라고 기도했다. 엘리에셀은 아브라함이 가정에서 항상 기도 생활을 했기 때문에 그것을 보면서 그의 마음 속에 기도하고자 하는 마음이 일어났다. 한 영혼을 신랑 예수께 인도하는 종의 기도야말로 얼마나 귀한가? 엘리에셀은 "우리 주인의 여호와"라고 했다. 지금 혼사문제보다 더 어렵고 곤란한 지경에 빠졌을 때에도 그 여호와는 말씀하시고 이상중에 나타나시고 해결해 주셨으므로 이 발걸음에 함께 하사 잘 만나게 해달라는 기도를 올린 것이다.

둘째로, 순적히 만나게 해달라고 기도했다. 이것은 내 앞에 만나게 하사, 일이 바로 맞도록 하사라는 의미이다. 즉 내 앞에서 길을 형통하게 하사라는 뜻이다.

엘리에셀은 하나님께서 자신의 걸음을 순탄하게 인도해 주실 것을 믿고 기도했다. 신앙생활은 이렇게 사람 만나는 일까지도 구하고 인도함을 받기를 원하여 낱낱이 기도하는 것이다. 그러므로 잠언에는 "너는 범사에 그를 인정하라 그리하면 네 길을 지도하시리라"(잠 3:6)고 한 것이다.

셋째로, 아브라함에게 은혜를 베푸소서라고 했다. 엘리에셀의 생각은 오로지 자기 주인 아브라함 뿐이었다. 그리고 하나님께서 아브라함에게 은혜를 주시겠다고 약속하신 말씀에 근거하여 기도했으므로 종으로써 주인을 생각하는 마음이 정성된 것이었고 이삭의 신부를 찾고자 하는데 열심이었으며 자신을 생각지 않는 겸손함으로 이렇게 기도한 것이다.

그는 인간적은 수단을 강구하지 않았다. 그는 지극히 작은 일 까지도 믿음으로 기도하면서 주인의 명령을 순종하는 것이었다.

엘리에셀은 한 표적을 원하여 기도했다. 첫째로, 물길러 나오는 처녀를 원하여 기도했다. 나홀의 성중에는 많은 사람의 딸들이 있었다. 엘리에셀은 그 많은 사람의 딸들 중에서 물길러나오는 처녀 중에서 신부를 찾게 해 달라고 했으니 리브가는 처녀의 몸으로써 물을 긷는 근면한 여자였던 것이다.

약대가 열 마리였는데 엘리에셀을 만난 후에 그녀는 그것들에게도 물을 먹였으니 얼마나 물 긷는 수고가 컸을까는 짐작이 간다.

약대는 3-4일간 물이 없어도 지낼 수 있다고 한다. 어떤 기록에는 짐을 실은 약대가 일주일 동안이나 물이 없이 지냈다고 한다. 짐을 운반하는 약대는 하루 평균 28마일 정도를 아무 어려움없이 여행하고 발빠른 약대는 한 사람의 기수만을 태우고 100마일 가까운 거리를 13시간 내에 주파한 기록이 있다고 한다.

한 번 물을 마시게 되면 여러 날 먹을 수 있도록 자기 몸안에 저장하기 때문에 리브가가 열 마리를 물먹였다는 것은 처녀로써는 큰 노동의 봉사를 한 것이다.

둘째로, 나로 물을 마시게 하라 하여 친절하게 하는 처녀를 원하여 기도했다. 엘리에셀은 하나님께 기도하기를 "여러 처녀들 중에서 물항아리를 기울여 나로 마시게 하라 하면 그의 대답이 마시라 내가 당신의 약대에게도 마시우리라"하면 그녀가 신부로 정해져 있는 것으로 알겠다고 기도했다.

낙타는 여행한 후에는 많은 물을 섭취하는 짐승인데 엘리에셀과 그의 동행자들과 열 마리의 낙타에게까지 물을 길어 먹이는 처녀라면 상냥하고 친절하며 눈치가 빠른 여자일 것이다. 순수한 사랑과 봉사 정신과 재치있는 지혜를 갖춘 처녀를 이삭의 아내로 택하겠다고 기도했다.

셋째로, 주님께서 정하신 자로 알겠다고 한다. 위의 근면, 친절, 사랑, 봉사 정신 외에 이삭의 신부는 아름답고 예쁘고 남자를 가까이 아니한 처녀여야 한다는 것이었다. 어찌 되었거나 인간적인 기준에서가 아니라 하나님께서 이삭을 위하여 정해놓으신 자라야 한다는 것이다.

하나님의 섭리는 지극히 사소한 일에까지 미치고 그 작은 일을 통하여 하나님의 목적을 이루시는 분이 하나님이시니 우리의 때와 사건 자체까지 하나님의 손에 달려있음을 알 수 있다.

말을 마치지 못하여서 그대로 이루어졌다.

첫째로, 속히 응답되었다. "말을 마치지 못하여"는 기도하자마자 그 기도가 즉각 응답됨을 의미하는 것이다. 곧 직응이라는 것이다.

이사야는 "그들이 부르기 전에 내가 응답하겠고 그들이 말을 마치기 전에 내가 들을 것이며"(사 66:24)라고 하였고 엘리바스는 "네가 무엇을 경영하면 이루어질 것이요 네 길에 빛이 비취리라"(욥 22:28)라고 하였다.

인간은 기도하는데 게으르지만 하나님은 인간의 기도를 들으시는데 있어서 신속하시다(단 9:21). 그런데 우리의 기도에 방해가 되는 것들이 몇 가지 있으니 이것을 먼저 제거시키지 않으면 안된다. 죄악(시 66:18, 사 59:12), 불순종(잠 28:9), 정욕(약 4:3), 믿음없음(히 11:6, 약 1:6), 용서못함(마 5:22, 6:12), 우상(겔 8:5-14, 11:1-3) 등이다.

둘째로, 만족하게 응답되었다. 엘리에셀이 하나님께 표적을 구하여 기도했던 것과 같이 리브가가 그때 물길러 나온 것을 비롯하여 그녀의 친절, 상냥, 봉사 등이 그대로 이루어졌다.

리브가는 "동물을 결박하기 위한 밧줄", "밧줄에 얽매임"이라는 뜻으로 남자를 유혹하고 결박하는 어떤 힘을 지닌 아름다움의 여자임을 암시하는 것이다.

사람을 결박하는 줄은 우리들에게도 있어야 한다. 주님에게 결박된 사랑의 줄은 무엇으로도 끊지 못한다(롬 8:35-39). 리브가는 아브라함의 동생 나홀의 아내 밀가의 아들 브두엘의 소생이었다.

밀가는 "여왕" "충고"의 뜻으로 리브가의 할머니이다. 리브가는 소녀요 심히 아름답고, 지금까지 남자가 가까이 하지 아니한 처녀였다.

"남자가 가까이 하지 아니한"은 "격리되다"라는 뜻에서 온 말로 남자와 성관계를 갖지 아니한 순결한 처녀임을 의미한다. 예수의 아내되는 교회와 성도는 세상과 분리되어 순결하여야 한다.

셋째로, 리브가의 봉사는 보상이 있었다. 리브가는 아브라함의 종과 여러 약대들을 보고 우물가에서 다른 여자들과 같이 그냥 그렇게 자기 물긷는 일에만 열중하지 않았다.

물을 길어 약대에게까지 마시게 하여 봉사함으로써 하나님의 귀한 보상을 받은 것이다.

냉수 한 그릇에도 보상이 따른다(마 10:42). 하나님의 언약의 아들의 아내가 되는 영광을 얻는 봉사를 리브가는 기쁨으로 했던 것이다.

3. 엘리에셀이 하나님께 감사했다.

묵묵히 주목하여 리브가를 보았다. 주목하며는 리브가를 바라보고 놀란 상태를 의미한다. 신앙은 다른 사람을 놀라게 한다. 엘리에셀은 하나님께서 자신의 기도에 이렇게 신속하게 응답하신데 대해 놀라움과 기쁨에 사로 잡혔고 신중하게 리브가를 관찰하기 위하여 묵묵히 주목했다. 그리고 그는 여부를 알고자 했다. 리브가는 아름답고 친절하며 봉사정신이 강하였으나 참으로 하나님께서 택하신 이삭의 아내감인가? 아브라함과 친척지간인가를 알아 보았다.

바울은 "너희에게 나아갈 좋은길 얻기를 구하노라"(롬 1:10)고 기도했는데 엘리에셀 역시 그렇게 기도하였다. 기도자의 앞길에는 좋은 길이 전개되는 것이다.

묵묵히 주목하였다는 것을 엘리에셀의 약점이라고 칼빈이 말한 것은 하나님께 기도로 표적을 약속한대로 이루어졌는데도 엘리에셀이 믿기를 주저했다는 것이다. 그러나 사실 엘리에셀의 침묵은 하나님의 놀라운 응답에 감사하는 믿음의 태도라고 할 수 있다.

금고리 한 개와 손목고리 한쌍을 주었다. 엘리에셀이 리브가에게 금고리 한 개와 손목고리 한 쌍을 준 것은 신부에게 주는 예물이 아니다. 리브가가 종에게 베푼 친절과 선행에 대해서 감사의 표시로 준 선물일 뿐이다.

약대는 물을 많이 마시고 제 몸에 저장하는 짐승이기 때문에 나약한 처녀가 열마리에게 물을 마시게 한 것은 대단히 힘들고 어려운 일이었다. 보통 때의 인내보다 몇 배의 수고와 인내를 했을 것이다.

엘리에셀은 리브가에게 이러한 선물을 주어 답례한 것이다. 대접을 받고자 하는대로 대접하라는 것이 성경의 교훈이다. 금고리는 귀고리나 코고리인데 동양 여인들은 이러한 장식을 좋아했다.

금손목고리는 동여맨다는 말에서 난 말로 손목이나 팔에 차는 금

환고리를 의미한다. 그리고 엘리에셀은 "뉘 딸이냐 유숙할 곳이 있느냐?"고 물었다.

리브가는 "브두엘의 딸이요 짚과 보리가 족하며 유숙할 곳도 있나이다"라고 대답했다. 우리는 하나님께서 보내신 성령이 예수의 신부 감되는 교회와 성도에게 오셔서 "네 집에 유숙할 곳이 있느냐?"하실 때 가장 좋은 방을 제공할 수 있는가?

엘리에셀이 머리숙여 경배하였다. "머리를 숙여"는 머리를 숙여 경의를 표함이고 경배는 몸을 완전히 부복하여 절하는 자세로 이 두 가지 태도는 엘리에셀이 여호와께 깊은 감사를 표현하는 자세이다.

하나님의 은혜를 간구하는 것도 귀하지만 그 하나님께 감사하는 것은 더욱 귀하다. 믿음의 최상의 열매가 감사인 까닭이다(골 2:6-7).

아브라함의 하나님 여호와를 찬송했다. 하나님은 언제나 신실하시고, 발걸음을 인도하시며, 속으로 묵상하며 기도한 것까지 듣고 응답하시고, 인간에게 값없이 은총을 베푸신다. 그래서 아브라함의 하나님을 찬송하는 것이다.

여기서 우리는 세 가지를 배울 수 있는데 머리숙여 부복하는 겸손, 아브라함의 하나님 찬송, 우리 길에 은혜 베푸시는 하나님께 감사가 그것이다.

이삭과 리브가의 결혼

(창 24:28–53)

창세기 24장에 나오는 아브라함은 하나님으로, 그의 독자 이삭은 예수로, 엘리에셀은 성령으로, 리브가는 신부인 교회로 모형하고 있다는 것을 말한 바 있다.

엘리에셀이 아브라함의 고향에 간 목적은 리브가를 선택하여 이삭의 아내가 되게 하려는 것이었다. 오순절에 성령이 강림하신 목적은 교회를 택하여 예수에게 신부가 되게 하려는 것이다. 교회가 아직도 땅 위에 있는 것은 예수를 맞을 준비가 되지 못했기 때문이다. 우리는 예수께서 우리에게 오시기를 기다린다고 말하는데 그것은 잘못 알고 있는 것이다. 예수께서 오히려 교회를 기다리시고 계시는 것이다. 그러므로 우리가 예수에게로 가야 하는 것이다.

엘리에셀은 리브가를 만나서 그가 기도한대로 성취되는 것을 확인했기 때문에 금고리와 손목고리를 선물로 주었다. 그것은 리브가가 엘리에셀을 영접했기 때문이다. 리브가는 가난했으나 이제 부자 아브라함이 보낸 패물을 받음으로 부요해졌고 마음이 한없이 기뻐서 아주 놀랍게 변하였다.

성령은 예수의 신부감을 찾아오시고 누구든지 기쁨으로 마음을 열고 회개하여 영접하면 그에게 성령으로 인을 치사 변화시켜 자신과 다른 사람들까지 놀라게 한다. 이것은 성령을 영접함으로 중생한다고 하는 것이다.

이제 리브가에게 엘리에셀은 "네 부친의 집에 우리 유숙할 곳이 있느냐?"고 물었고 리브가는 "있다"고 하였다. 가족 식구 중에서 예수를 믿어 구원을 받으면 그 집이 모두 성령을 모셔 구원의 기쁨을 얻게 되는 것이다.

엘리에셀은 리브가의 집에 들어가서 아브라함과 이삭에 대하여 자세히 설명하였다. 성령은 우리에게 하나님과 그 독생자 예수에 대하여 자세하게 증거하신다. 그리고 그 아브라함의 부요와 독자 아들과 그의 신부를 선택하려는 목적과 앞으로 위대한 상속자가 되리라는 사실까지 말하였다.

1. 리브가의 오라비 라반이 접대했다.

리브가가 달려가서 고했다. 리브가는 아버지나 형제에게 달려가지 않고 어머니에게 달려갔다. 당시에는 여자들이 남자들의 장막과는 따로 구분되어 있었기 때문이 아닌가 생각된다. 리브가가 달려가서 어미에게 고한 것은 기쁜 소식을 전하는데 민첩함을 알 수 있다.

성경에는 매우 신비한 일이 간단히 기록되기도 했으나 여기에는 사소한 일 같은데도 자세하게 일일이 기록되어 있다.

하나님은 총명한 자들에게는 숨기시고 일상적인 것을 아이들과 같은 사람들에게 보여주신다. 인간의 삶 속에 있는 작고 평범한 사건에서 하나님의 섭리를 깨닫게 되므로 우리는 가정에서부터 모든 행실이 은혜스러워야 하는 것이다.

라반이 종을 영접했다. 첫째로, 라반은 달려가서 종을 영접했다. 라반은 "희다" "새하얀" "영화로운" 등의 뜻이다. 엘리에셀은 "하나님은 나의 원조자시다"는 뜻으로 지금 그는 하나님의 원조를 받으면서 여기까지 온 것이었다. 인간은 하나님의 원조를 받을 때 형통하고 행복하다.

라반은 리브가가 받은 고리와 손목고리를 보았고 또한 엘리에셀의 한 말을 리브가에게 듣고는 즉시 우물로 달려가서 종을 만났다. 성경에 "선물은 그 사람의 길을 너그럽게 하며 어디로 향하든지 형통케 한다"(잠 18:16, 17:8)고 했다. 리브가가 받은 선물은 성령의 인침으로 다른 사람들을 크게 감동시키는 것이다.

둘째로, 라반은 친절하게 종을 영접했다. 라반은 종에게 달려가서 "여호와께서 복을 받은 자여 들어오소서 어찌밖에 섰나이까 내가 방과 약대의 처소를 준비하였나이다"라고 하였다. 여호와께 복받은 자를 환영하고 영접하는 일은 우리가 마땅히 해야 할 의무이다.

라반은 우상숭배자요(31:3), 하나님을 온전히 믿지 못한 자였다. 그러나 여호와라는 이름을 어떻게 알았는지는 알 수 없다. 라반은 신앙이 있어서라기 보다는 반가운 손님에게 대하는 예의로써 이렇게 했을 수도 있다.

이때까지 리브가의 아버지는 나타나지 않았고 라반이 하고 있다. 그 가정의 장자가 누이의 문제에 관심을 갖는 것이 당시의 관습이었는지 모를 일이다.

셋째로, 발씻을 물과 식물로 영접했다. 라반은 가축의 사료로 탈곡한 것을 주고 엘리에셀과 그와 동행한 종자들에게 발씻을 물을 주었으며 식물을 제공하였다.

사막에서는 손님의 방문이 있을 때에 발씻을 물을 주는 것은 가장 먼저 행하던 풍습이었다. 그것은 손님에 대한 최대의 경의를 표시하는 것이었다. 의인은 그의 육축의 생명을 돌본다(잠 12:10). 라반은 축복받은 종의 짐승 떼에까지 세심한 관심을 가지고 수고를 아끼지 않았다.

엘리에셀이 사명을 밝혔다. 일반적으로 손님이 음식을 다 든 후에 그에게 질문을 하는 것이 관습인데 엘리에셀은 자기에게 대접한 음식을 먹기 전에 그가 여기까지 온 내막을 말하였다. 엘리에셀은 먼 길을 왔기 때문에 지쳐있었다고 할 수 있다. 그러나 그는 자신의 몸은 돌보지 않고 맡은 바 사명을 다하려고 했으니 자기를 잊으시고 타인을 위하여 열심히 일하신 예수 그리스도와 같다고 할 수 있다(막 6:31, 요 4:34).

예수께서는 음식 잡수실 겨를도 없이 일하셨다. 사마리아성에 가셔서는 사마리아 여인에게 식사하시는 것마저 잊으시고 말씀하셨던 것이다.

엘리에셀은 음식보다 사명을 우선적으로 힘썼고 자신이 아브라함의 명령을 받고 온 종이라는 것과 주인 앞에서 맹세한 것을 잊지않았다.

2. 엘리에셀이 라반에게 고했다.

엘리에셀은 자기는 아브라함의 종이라고 했다. 엘리에셀은 아브라함의 집에 많은 종들 중에 재산관리를 맡은 신임받는 종이었다. 그는 자신을 종으로 소개하는 것으로 족했고 오로지 주인 아브라함을 내세운 자세는 겸손함을 나타낸다.

하나님의 종들은 언제나 이렇게 주인 되신 하나님만 높이는 겸손한 미덕이 있어야 하는 것이다. 아브라함은 그들에게는 가까운 친족이기 때문에 잘 알려졌고 존경받는 이름이었다. 엘리에셀이 아브라함의 종으로 만족했듯이 바울은 예수 그리스도의 종된 것을 최상의 영광으로 삼았다(롬 1:1).

엘리에셀은 아브라함의 재산을 소개했다. 하나님께서 아브라함을 축복하사 창성케하여 은금, 우양, 노비, 약대, 나귀 등을 많이 거느렸다. 엘리에셀은 지혜로운 종이어서 아브라함의 재산을 숨김없이 말하고 또 그것이 아들에게 주어졌다고 했다.

그가 이렇게 말한 것은 리브가가 이 집에 시집간다면 가난으로 인한 고생은 없을 것이고 하나님이 함께 하사 하나님이 주신 축복이므로 결코 패배자적인 삶을 살게 되지는 않을 것이라고 하는 것이다.

결혼하는데 재산이 중요하다고 할 수는 없지만 시집을 보내는 신부쪽 부모로서는 신랑측 재산이 없다는 것보다는 있다는 것이 마음에 안심될 것이다.

엘리에셀은 아브라함의 자부는 여호와를 공경해야 한다고 했다. 종은 아브라함의 자부를 친척 중에서 택하라고 명하셨다는 사실을 설명하였다. 그동안 아브라함이 멀리 떨어져 타향에서 나그네로 지냈으나 고향에 있는 친척들을 잊지 않고 기억하고 있다는 것을 언급한 것이다.

이삭의 아내는 여호와 하나님을 잘 경배하는 처녀라야 하며 이 일을 아브라함과 맹세하였다고 하였다. 그러므로 리브가는 하나님의 섭리에 의해서 이삭의 신부감이라는 것이다.

엘리에셀의 입에서 여호와의 성호가 자주 인용되는 것은 그의 신앙의 경건을 보여주는 것이다. 여호와 하나님은 엘리에셀의 여행 도중이나 리브가의 선택에 있어서 아주 세심하게 징조를 보여 주셨다. 그가 묵도했는데 하나님은 마음 속으로부터의 묵도까지도 다 듣고 아신다. 하나님은 그를 바른 길로 인도하셨다(시 107:7). 경건한 신앙자는 하나님의 인도하심을 받는다.

엘리에셀은 그들의 결정을 요구했다. 엘리에셀은 지금까지 우연으로 되어진 일이 아니고 기도와 그 기도의 응답으로 되어진 사소한 징조까지 낱낱이 그들에게 고했다.

그것은 중요하다. 그의 기도에 대한 하나님의 응답을 체험하고 확신한 것을 진실하게 고하는 것이 곧 신앙고백이다. 엘리에셀은 그러한 체험을 귀중히 여겨 일을 추진시켰다. 그런 의미에서 리브가의 부모에게 속히 결정을 내려달라고 요구함으로 신앙에는 결단이 필요한 것이다.

3. 라반과 브두엘이 승낙하였다.

여호와께로 말미암았으니 가부를 말할 수 없다고 했다. 이것은 엘리에셀의 청혼에 대하여 수락여부를 말할 수 없다고 하는 말이 아니라 모든 일이 하나님으로 말미암아 되어지는 일인데 어떻게 인간이 이 문제를 가타 부타 할 수 있겠느냐 하는 것이다. 하나님의 예정과 섭리에 라반과 브두엘이 별 수 없이 허락하는 것이다. 라반이 여호와를 공경하지는 않았지만 하나님의 역사와 아브라함의 신앙심과 종의 불타는 사명감에서 그리하였을 것이다.

그들은 아브라함만큼의 절대 여호와를 공경하지는 못했다해도 나홀의 후손으로서의 경건함이 있었기 때문에 대소사간에 하나님의 뜻에 따르겠다고 하면서 하나님의 뜻에 순종했다.

여호와의 명대로 아브라함의 자부가 되게 하라고 했다. 자녀의 결혼문제에 관해서 당사자보다 가문과 부모의 의견이 더 중요시되었던 고대근동 지방의 관습이었다.

라반과 브두엘이 엘리에셀에게 리브가를 데리고 가서 그로 그대의 주인의 아내가 되게 하라고 정식으로 허락했다. 그런데 그들이 이렇게 허락한 것은 "여호와의 명대로"라고 한 말씀을 보아 하나님의 정하신 바요 하나님의 명령인 줄로 믿었기 때문이었다.

언제나 사람은 가부를 말할 수 없고 여호와로 말미암으며 무슨 일이나 여호와의 명대로 순종할 것이며 사람의 생각대로 하지 말아야 하는 것이다.

리브가의 오라비나 아버지는 노종을 통해서 어느 정도 신앙이 생긴 것 같다.

엘리에셀이 여호와께 엎드려 절했다. 엘리에셀이 그들의 허락하는 말을 듣자마자 땅에 엎드려 여호와께 절했다고 하였으니 그가 이렇게 결혼 중매에 성공한 것은 하나님의 역사임을 믿었기 때문에 감사하는 마음으로 절한 것이다. 쉬지않고 기도하는 사람은 범사에 감사하고 하나님께 찬송한다.

엘리에셀은 훌륭한 신앙의 사람이었다. 아브라함의 가정에 오래 살면서 아브라함에게서 고귀한 믿음의 경건을 훈련받았다. 하나님의 종은 엘리에셀같이 사람을 예수께로 중매하는 것으로 만족해야 하는 것이고 언제나 기도함으로 순탄한 길을 가기를 원할 것이며 하나님의 응답하심과 섭리하심 앞에 엎드리어 감사해야 하는 것이다.

은금패물과 의복을 리브가에게 주었다. 앞에서(22절) 준 선물은 감사의 표시였으나 여기서 이것들을 준 것은 결혼성립을 뜻하는 공식적인 예물이다.

결혼 때에는 신부에게와 그 가족에게 예물을 주는데 그것은 결혼이 성립되었다는 증거품이기도 하다.

어떻게 보면 그것은 아브라함은 부하고 너그러운 인물이라는 것과 리브가의 부모에게 감사하다는 표식도 되는 것이었다.

패물은 "끝난다"는 말에서 기원된 말인데 그릇과 의복은 덮는 옷, 겉옷으로 신부의 단장할 옷이며, 보물은 "귀중한"의 뜻에서 난 낱말로 리브가의 부모에게 정중하게 선물한 것이다.

시집가는 리브가

(창 24:54-67)

우리는 앞에서 아브라함은 성부, 이삭은 성자, 엘리에셀은 성령으로 해석하여 리브가는 예수의 아내된 교회라고 했다. 우리는 이 이야기에서 구원의 과정을 살펴볼 수 있다.

구원의 첫 걸음은 하나님의 선택에 있는 것으로 라반과 브두엘도 "이 일이 여호와께로 말미암았으니…"라고 한 것이다. 그러나 바울이 말한 것과 같이 "듣지도 못한 이를 어찌 믿으리요 전파하는 자가 없이 어찌 들으리요 보내심을 받지 아니하였으면 어찌 전파하리요… 아름답도다 좋은 소식을 전하는 자들의 발이여"(롬 10:14-15)라고 하는 것은 엘리에셀과 같이 전도하는 이가 없이는 구원을 얻을 수 없다는 것이다.

그러므로 하나님의 선택된 자들에게 구원의 소식을 전하는 전도가 있어야 하고 그 전도자의 말을 믿음으로 받아들여야 한다. 그리하면 성령 하나님께서 그에게 인을 치시고 마음의 변화, 가정의 변화 그리고 신랑 예수를 위해 아내로서의 헌신적 생활을 하게 되는 것이다.

리브가는 결혼을 허락하고 예물을 세 가지를 받았다.

첫째는 금 그릇이다. 리브가는 가난한 가정의 딸이었으나 금그릇을 받은 후에는 부요한 여자가 되었다. 아브라함의 부요함이 이제 그녀의 것이 되는 것이다. 생명의 풍부함이다.

둘째는, 은그릇이다. 은은 성경에서 구속을 의미하고 있다. 히브리서에는 큰 구원, 온전한 구원, 영원한 구원을 말했다.

셋째는 의복이다. 리브가는 신부로서의 의복이 준비되어 있지 못했다. 그런데 신랑집에서 의복을 준 것이다. 성령의 옷(눅 24:49-), 그리스도의 옷(롬 13:14), 세마포 옷(계 19:8)이다.

이제 엘리에셀은 빨리 신랑 집으로 떠나자고 재촉하고 나섰다. 그러나 리브가의 부모들은 적어도 열흘을 우리와 있게 하라고 만류하며 붙잡았다.

엘리에셀은 빨리 가자 하고 부모들은 더디 가라 하므로 누가 결정할 문제인가? 리브가는 "가겠나이다" 하였다. 그녀는 결혼문제를 논의할 때도 한 마디 말이 없었다. 그러다가 여기서 비로소 간단하게 가겠다는 말을 했다. 성령이 우리를 빨리 오기를 원하신다면 우리는 어떻게 해야 할까?

1. 엘리에셀이 빨리 돌아가겠다고 재촉했다.

아침에 일어나서 주인에게로 돌아가겠다고 했다. 엘리에셀이 아침에 일어나서 이렇게 주인집에서 돌아가게 해달라고 한 것은 조금도 지체할 의향이 없었던 것이다.

왜 그래야만 했을까 생각할 수 있다. 비록 리브가의 집에서 여러 가지로 극진한 대우를 받고 불편한 것은 하나도 없었다. 그러나 엘리에셀을 보내놓고 초조하게 소식 오기만을 기다릴 아브라함을 생각할 때에 한시라도 빨리 가서 이 기쁜 소식을 전해야겠다는 충정심 때문이었다.

다른 이유가 있었다면 결혼식 하는 때까지는 자신의 사명이 끝난 것이 아니라는 투철한 사명의식 때문이었을 것이다.

성령은 주님께 헌신하고자 하는 사람들에게 머뭇거리지 않고 지금 곧 결단을 내려 따르기를 원하시는 것이다.

리브가의 오라비와 어미는 열흘을 함께 있게 하라 했다. 이것은 그렇게 무리한 요구는 아닌 것 같다. 왜냐하면 리브가를 시집보내는데 이렇게 갑자기 보낼 수는 없는 것이기 때문이다. 웬만한 것으로라도 기본적인 신부의 준비시간이 필요한 것이다. 마음도 정리하고 시집가서 당장 필요한 것들을 준비하려면 며칠은 걸릴 것이었다.

그들은 리브가가 좋은 가문으로 시집가는 일에는 기뻤지만 금방 그 딸을 보내야 하는 서운함이 따랐다. 슬픔이 깃들지 아니한 순수한 기쁨이란 있을 수 없다. 예수를 신랑으로 모신 자는 이 세상 집에서 몇날일지라도 더 머뭇거릴 필요가 없는 것이다.

리브가 자신이 가겠다고 결정했다. 첫째로, 엘리에셀이 만류치 말라고 하였다. 엘리에셀은 성령의 모형으로 우리를 주님께 인도하는데 몇 단계로 하시는 것을 알 수 있다. 리브가를 만나 그의 뜻을 타진한 것은 성령을 잘 받아 들이는지 알고자 함이다. 우리가 마음을 열어 주님을 맞아 들이게 하는 것이 첫 단계이다.

이삭의 아내가 되겠는가를 물은 것은 신랑 예수를 위하여 일생을 헌신하게 하는 것이 둘째 단계이다. 리브가를 데리고 이삭에게 가서 그의 아내가 되게 한 것처럼 성령은 우리를 데리고 가서 천국 혼인 잔치에 들어가게 함이 셋째 단계이다.

엘리에셀은 이러한 중대한 책임완수를 다하여 하나님을 기쁘시게 하고자 해서 서두르게 된 것이다. 하나님의 뜻을 따르는 데 인간적인 생각 때문에 지장이 생겨서는 안되는 것이기 때문이다.

둘째로, 그들이 리브가에게 물었다. 오라비와 어미가 리브가에게 물은 것은 결혼에 있어서 부모나 보호자보다 본인의 의사를 존중한 것으로 귀한 원칙이다. 자녀는 부모 동의, 부모는 자녀 동의를 얻어서 결혼해야 하는 것이다.

리브가가 "가겠나이다"라고 짧게 말한 것은 그것은 하나님의 뜻에 즉각적으로 순종하는 믿음과 용기의 대답이다. 그의 이 순간의 결단이 얼마나 중요한 결과를 가져왔는가?

신앙은 결단이다. 머뭇거려서는 안된다. 시험이 생기기 때문이다. 정든 부모형제, 남매, 친구, 고향을 단번에 포기하는 결심이었으므로 아브라함과 같은 용단을 내린 것이다(창 12:1).

셋째로, 유모와 함께 리브가를 보냈다. 리브가의 유모는 드보라 (35:8)인데 이렇게 유모를 같이 보내는 것은 당시 부유층과 저명인사들 사이에서 행했던 관례였다.

낯선 사람들과 함께 살기 위하여 유모를 같이 가게 한 것은 아주 잘한 일이라고 생각된다. 이제 리브가는 지금까지의 모든 것들을 뒤로 하고 얼굴 한 번 보지 못한 신랑의 집을 향하여 결단성있게 가는 것이다.

2. 오라비와 어미가 리브가를 축복하고 보냈다.

그들이 리브가에게 축복했다. 그들은 그들의 딸과 누이가 새로운 환경속으로 들어가는 때에 진심으로 하나님의 축복을 받기를 원하였다. 우리는 우리의 친척이나 이웃이 축복된 삶을 살기를 원해야 한다.

하나님의 사람들은 언제나 자녀들을 축복하였고(히 11:20-21), 심지어는 그들을 핍박하는 사람들에게도 축복했다(눅 6:28, 롬 12:14, 고전 4:12). 여호와의 이름으로 축복하고(신 10:8, 시 129:8, 대상 16:2, 삼하 6:18, 20), 영으로 축복했다(고전 14:16). 그러나 "이른 아침에 큰 소리로 이웃을 축복하면 도리어 저주같이 여기게 되리라"(잠 27:14)고 하였다.

바울은 "내가 그리스도의 충만한 축복을 가지고 너희에게로 가리라"(롬 15:29)고 말하였는데 성도는 누구에게 가나 그리스도의 충만한 축복을 가지고 가야 한다.

너는 천만인의 어미가 될찌라고 축복했다. 이것은 자손이 번성하게 되기를 원하는 축복으로 그들은 아마도 엘리에셀에게서 아브라함과 그 후손에게 약속한 하나님의 축복에 대하여 상세하게 들었을 것이다. 하늘의 별과 같이 모래같이 티끌같이 많이 번영할 것을 믿었다.

그러나 만약에 엘리에셀에게서 아브라함의 자손 번성의 약속에 대한 것을 듣지 못했었다면 그들이 리브가에게 축복한 것은 우연이 아니다. 하나님께서 그들의 마음과 입을 주장하셔서 자손번영을 예언한 것이라고 할 수 있다.

일반적으로 부모는 자녀가 결혼하면 자녀를 생산하기를 원하고 있다. 라반과 그 어미의 이러한 "천만인의 어미가 될찌니라"는 축복은 하나님의 감동없이 할 수 없는 것이었다.

네 씨로 그 원수의 성문을 얻게 할찌니라고 축복했다.

아브라함이 모리아산에서 이삭을 제물로 바친 때에 하나님께서 "네 씨가 그 대적의 문을 얻으리라"(창 22:17)고 축복하셨다. 그것은 그의 자손의 장막의 터가 넓어지는 것이고 적을 이기고 승리하는 생활을 할 것이라는 의미이다.

솔로몬의 성전에 올라가는 때에 "자식은 복인데 저희가 성문에서 그 원수와 말할 때에 수치를 당치 아니하리로다"(시 127:5)라고 하였다. 그러므로 자식은 장사의 수중의 화살과 같다. 아브라함의 후손 예수 그리스도는 그 대적의 문 곧 사단 마귀 지옥의 문을 얻게 되는 것이다. 참으로 놀라운 영감으로의 축복이었다.

3. 이삭과 리브가가 결혼을 했다.

종이 리브가를 데리고 갔다.

첫째로, 엘리에셀이 리브가를 데리고 갔다. 엘리에셀을 성령으로 모형하여 성령이 이 땅에 온 것은 교회를 예수께 중매하고 신부라는 교회가 떠날 준비가 다 되면 신랑집으로 인도하는 것이다. 신랑 집으로 가는 길은 멀고 험했으니 성도가 세상에서 천국까지 가는 노정에도 많은 환난과 어려움이 있다.

엘리에셀을 전도자로 해석할 때 전도자는 사람들에게 예수를 소개하여 믿게 하며 예수께로 데려오는 사명이 있는 것이다.

둘째로, 엘리에셀이 이삭을 소개했다. 눈을 들어 이삭을 본 리브가가 종에게 "들에서 배회하는 자가 우리에게로 마주 오는 자가 누구뇨?"라고 물었다. 엘리에셀은 "이는 내 주인이니이다"라고 대답했다. 엘리에셀은 리브가의 집에서 이삭에 대하여 설명한 바가 있지만 여기서 직접 만나는 순간에 주인이라고 소개했다.

성령은 우리가 모르는 것에 대해 밝히 알게 하시는 스승이다. 그리고 예수께서 보내셔서 사역하는 종과도 같다(요 14:26).

엘리에셀이 여기서 "내 주인"이라고 함은 예수 그리스도는 모든 것에 주인이시다. 성경의 주인이시다.

만물의 주인이시고 교회의 주인이시고 성도들의 주인이시며 천국의 주인이심을 의미한다.

셋째로, 엘리에셀이 그 행한 일을 다 이삭에게 고했다. 성령은 신부되는 교회의 성도에 대하여 아름답고 훌륭한 점을 들어 일일이 신랑 예수께 고한 것이다. 리브가에게는 신랑을, 신랑에게는 리브가를 소개한 것이다.

지금은 우리가 희미하게 말씀을 듣고 보지만 그때에는 얼굴과 얼굴을 대하여 볼것이라(고전 13:12)고 바울은 말했다. 리브가는 종의 말만 듣고 신랑에 대한 인상을 희미하게 그려보았었으나 이제는 서로 얼굴을 대하여 보게 된 것이다.

종은 메소보다미아에서 리브가를 만난 경위로부터 리브가의 아름다운 점과 헌신적인 봉사와 결단성있는 믿음, 그리고 수일간의 여행 길에서도 몸가짐이 참으로 훌륭했다는 것을 소상하게 고했던 것이다. 성령은 우리의 연약함을 도와주시고 허물을 덮어서 예수에게 좋게 고하신다.

이삭은 묵상하고 있었다. 첫째로, 이삭은 브엘라해로이에서 왔다. "브엘라해로이"는 "나를 아시는 살아계신 하나님의 우물"이라는 뜻이다.

이곳은 하갈이 여호와의 사자를 만나서 샘물을 마셨던 가데스와 베렛 사이의 술길가 샘물이다(16:11-14). 예수 그리스도의 모형인 이삭이 나를 아시는 살아계신 하나님의 우물이라는 곳에서 온 것은 예수는 영생의 우물이시기 때문이다. 하나님은 하갈에게 이 샘물을 마시게 하여 살게 하셨고 사마리아 여자에게 영원히 목마르지 아니한 생수를 이 샘에서 마시게 하셨다(요 4:8-).

둘째로, 이삭이 남방에 거하였었다. 아브라함은 사라가 죽을 당시에 헤브론 지역에 거주하고 있었다(23:2).

아브라함은 사라의 죽음 이후에 이삭과 함께 헤브론을 떠나 남방에 이주하여 살고 있었던 것 같다. 아브라함은 남방을 좋아했다고 할 수 있다.

최초에 부름을 받고 가나안에 들어갔을 때에도 "점점 남방으로 옮겨갔더라"(12:9)고 했기 때문이다. 남방은 하루 중에 빛을 가장 많이 받는 지역으로 그는 빛 되신 하나님을 바라며 살았다고 할 수 있다.

셋째로, 저물 때에 들에 나가 있었다.

저물 때는 유대인 시간 계산으로는 하루가 시작되는 시간이다(창 1:5). 유대인은 저녁 6시부터 그 다음날 저녁까지를 하루로 계산한다. 그러나 영적으로 해석할 때 저문 때는 말세이다. 이 저문 때는 곧 다음날의 시작이기 때문이다. 현세의 시대는 끝나고 예수와 교회가 공중 잔치에 들려올라가는 새 시간의 시작이다.

신랑 예수는 지상의 신부 교회를 기다리신다(마 25:1-13). 그러나 이 순간 다음에는 새날이 시작되듯이 성도가 공중에 올려 혼인잔치 하는 새 날은 다가오고 있는 것이다.

들은 어머니 사후에 이삭이 가끔씩 찾아가서 조용히 애도하고 외로움을 달래던 장소였을 것이다. 경건한 마음을 가다듬기에 좋은 곳이다.

들에서 두 사람이 만난다. 들은 공중을 의미한다. 이삭이 자기 장막 집에서 나와 밭에 있는 것은 예수께서 장차 하늘에 있는 집에서 내려오사 공중에 강림하실 것의 그림자이다. 사람들은 예수의 재림이 더디다고 하지만 예수의 재림이 더딘 것이 아니고 우리의 준비가 덜 되고 걸음이 느려서 더디되는 것이다.

넷째로, 저물 때 밭에 나가 묵상하고 있었다. 경건한 의인들은 조용한 장소에 가서 기도하기를 좋아한다.

묵상하다는 기도하는 것을 가리키며, 예수는 지상의 교회를 위해 기도하시고 계신다. 그가 기도할 때에 눈을 들어 보니 리브가가 오고 있었다. 기도의 응답이었다. 기도의 시간은 저녁에 기도의 장소는 밭에서였다. 성도는 하나님과 만나 마음의 대화를 할 수 있는 시간과 장소를 잘 선택해야 하는 것이다.

다섯째로, 들에서 배회하다가 마주 왔다. 이것은 이삭이 신부를 맞이하기 위하여 서두르는 모습을 의미한다.

하나님의 아들 예수는 지상의 교회 신부를 맞기 위하여 이렇게 서두르시며 기다리신다. 서로 얼굴은 못보았으나 성령을 통하여 약혼 선물까지 주고 받았기 때문이다. 예수의 재림은 가까워지고 있는 것이 분명하다. 왜냐하면 예수는 마주 오시고 계시고 교회는 예수를 향하여 가고 있기 때문이다. 그러므로 공중 혼인잔치는 얼마 남지 않았다.

여섯째로, 리브가를 인도하여 사라의 장막으로 들었다. 이때부터 리브가가 실질적인 새 안주인으로서 아브라함 집의 모든 특권을 누릴 수 있는 존귀한 위치에 들어간 것이다.

사라의 장막에는 가정의 귀중한 유물들이 많이 있었을 것이다. 그리고 사라의 장막 자체가 3년간이나 주인을 잃고 있었지만 그 가정에 최고의 유물이었을 것이다. 이제 리브가가 그 장막의 새 주인이 된 것이다.

일곱째로, 리브가를 취하여 아내를 삼고 사랑했다. 원시시대의 결혼의식은 증인들 앞에서 신부를 취하면 되었고(룻 4:13) 어떤 복잡한 절차가 필요없었다.

이삭과 리브가는 일남일녀로 일부일처의 모범적 결혼을 하여 거룩한 혈통을 이어나갔다. 교회는 순결한 처녀로서 예수의 신부가 되는 것이다.

이삭은 리브가를 무척 사랑했다. 그것은 곧 자기를 사랑하는 것이다. 아름답고 친절하며, 예의 바르고 희생적이며 하나님께서 짝지어준 여자이기에 더욱 사랑했다. 그리하여 모친상사 후에 위로가 되었다. 어머니 잃은지 3년만에 아내를 얻어 위로를 받게 되었으므로 아내는 남편의 위로자가 되어야 한다.

첫째로, 리브가는 엘리에셀의 인도를 받았다. 리브가는 몇 명의 몸종을 데리고 고향을 떠나 먼곳 신랑집까지 줄곧 종의 인도대로 따랐다. 한 마디의 불평도 없었다. 그들의 길은 순탄하지만은 않았을 것이다. 길이 멀고 험하며 맹수들이 있고 강도들의 위협을 받는 광야의 길이기 때문이다.

성령은 보혜사가 되어 교회와 성도를 안전하게 보호하시고 인도하신다(요 16:13). 아가서에는 거친 들에서 오는 교회를 위해서 60인의 용사가 옹위했고 다 칼을 잡고 싸움에 익숙한 자들이어서 밤의 두려움에도 안전했다(악 3:6-8)고 하였다.

둘째로, 이삭을 보고 약대에서 내렸다. 그것은 리브가의 바른 예의를 볼 수 있게 하는 태도였다. 내려는 성급하게 내리는 것으로 겸손과 정숙과 순종과 예의를 의미하는 것이다. 당시에는 여자가 낙타를 타고 가는 경우 남자를 만나면 빨리 낙타에서 내려서 예를 갖추는 것이 보편적인 예법이었다.

그는 신랑에게나 어느 누구에게도 불만스러운 태도를 하지 않고 짜증스러운 말로 말하지 않고 하나님의 손길이 자기보다 앞서 가는 것을 보면서 그의 새로운 인생관계로 적응해 가고 있었다.

셋째로, 면박을 취하여 스스로 가리웠다. 면박은 보통의 수건이다. 베일보다 훨씬 큰 너울로 지금의 면사포이다. 얼굴뿐 아니라 몸 전체를 가린다. 그 사람이 누구인지 분간할 수 없게 하는 것이다.

그러나 기혼녀는 면박을 사용하지 않고 신부도 결혼할 때까지 신랑 앞에서 면박을 벗지 않는다. 이 행동은 결혼하기 전의 신랑이 신부의 얼굴을 보아서는 안되던 당시의 관습에 따른 것으로 그의 겸양, 순결, 그리고 신랑에 대한 예의를 다 갖춘 것이다.

넷째로, 신랑의 사랑을 받으며 위로자가 되었다. 어느 시대나 어머니를 잊지 못하며 슬퍼하는 자식은 아내를 사랑한다. 이삭은 리브가를 사랑했으므로 리브가는 무척 행복했다.

리브가는 이삭의 위로자가 되었다. 아내는 남편의 위로자가 되고 친구가 되며 근심을 덜어주고 슬픔에서 위로를, 낙심에서 용기를 얻도록 격려할 줄 알아야 한다. 리브가는 그의 이름같이 이삭을 사랑의 줄로 묶었다.

아브라함의 죽음

(창 25:1-11)

아브라함의 생애는 파란만장한 것이었다. 갈대아 우르에서부터 나그네와 행인으로 정처없이 방황했고 장막을 치는 곳마다 많은 양과 소와 가축들을 목축했다. 하나님의 말씀의 지시가 있기까지는 어떤 경우에도 장막을 거두지 않았다.

가나안에 들어가 낯선 본토인들의 경계를 받으면서도 여호와의 이름을 부르며 제단을 쌓는 신본주의 생활을 했다. 한때의 기근을 인내하지 못하여 애굽으로 내려가서 시험에 든 때가 있었으나 거기서 나온 후에 조카 롯과 헤어졌다. 부름받은지 25년만에 언약으로 낳은 독자 이삭을 모리아 산상에 바치는 놀라운 시험을 겪었다. 그에게는 사라의 시신 묻을 땅 한 평도 갖지 못했다. 그는 한 평생을 순례자로 살았던 것이다.

아브라함같은 신앙의 사람에게도 죽음은 찾아오고야 말았다. 아브라함은 175세에 죽었다. 죽음이라는 것은 모든 사람들이 가는 길로 가는 것이다. 잠시나마 영과 육이 분리되는 것이다. 반드시 죽음은 오는 것이다. 이것으로써 12장 이후의 구속사의 초점이 되었던 아브라함은 끝나는 것이다.

그러나 하나님의 언약은 아브라함과 그 후손에게 미치는 영원한 불변의 것이므로 그 아들에게로 그 촛점이 모아지게 된다. 아브라함을 "그 열조에게로 돌아가고"라고 한 것은 우리는 죽음을 돌아가는 것으로 이해할 수 있는 것이다.

"너는 흙이니 흙으로 돌아가라"(창 3:19), "주께서 사람을 티끌로 돌아가게 하시고… 너희 인생들은 돌아가라 하셨사오니"(시 90:3)라고 했다. 육체는 흙에서 왔으니 흙으로 돌아가고, 영혼은 하나님께로서 왔으니 하나님께로 돌아가는 것이다.

이제부터는 아브라함의 생애가 끝나고 그 이후의 세대인 이삭과 야곱에게 구속사의 관심은 집중되고 있는 것을 보게된다.

특히 25장에는 아브라함과 이스마엘 두 사람이 죽고 에서와 야곱이 출생한다. 생과 사를 통하여 하나님의 거룩한 뜻을 이루어 가시는 하나님의 역사하심을 찾아보게 된다.

성경의 역사는 인간을 통해 인류구속과 신정국가를 건설하는 하나님의 뜻을 펼쳐가시는 하나님의 숨결이다. 그러므로 아브라함같이 위대한 인물까지도 구속사 전면에 두드러지게 부각되었다가 그 임무가 끝나면 곧 물러나게 되고 다시 하나님이 기뻐하시는 인물을 통해 역사를 진행시키신다(대상 1:32).

1. 아브라함이 후처를 취했다(1-4절).

아브라함의 후세는 "그두라(향기)"로 여종인 듯하고 사라가 죽은 후에 취한 듯 하다. 그가 자녀를 낳았는데 첫째로 시므란이다.

시므란(대상 1:32)은 "유명한" 혹은 "노래 부르는 자"의 뜻으로 메카의 서쪽이나 사해에 있는 자브란과 같은 지역이거나 아라비아 내에 있는 지마레니와 같은 곳인 듯 하다.

둘째로, 욕산은 "새사냥꾼"이라는 뜻으로 홍해에 있는 자의 마이트 족인데 남부 아라비아의 야키쉬에 사는 힘야릭 족속의 조상이라고 한다.

셋째로, 므단은 "분쟁, 심판"이라는 뜻으로(대상 1:32) 아카바만 머리에 있는 엘라드(Elath)의 남쪽으로 5일간 갈 수 있는 거기에 있었다고 한다.

넷째로, 미디안은 "투쟁, 논쟁"이라는 뜻으로(출 2:15-16, 대상 1:32-33) 아라비아의 서북쪽으로 널리 흩어져 있는 족속인데 간혹 미디안 사람과 이스마엘 사람은 동일시 되기도 한다.

다섯째로, 이스박은 "버리는 자, 자유로운, 공허한, 고갈된"의 뜻으로(대상 1:32) 에돔땅 쇼백(Scho-beck)에 거주한 것 같다.

여섯째로, 수아는 "번영, 침체자, 부귀"의 뜻으로(대상 1:32, 욥 2:11) 화란의 남쪽에 있었다고 한다.

그다음으로, 그두라의 손자들과 그 후손들이 있다.

첫째로, 그두라의 아들 욕산이 낳은 두 아들이 있다.

스바와 드단을 낳았다고 하였다. 스바는 "일곱번째, 맹세, 속박"이라는 뜻으로(대상 1:32) 아라비아의 서남쪽에 속했고 소와 나귀를 강탈했던 스바 족속의 조상이다(욥 1:15, 6:19). 드단은 "낮은" "그들의 우정"이라는 뜻으로(대상 1:32) 에돔 근처에 위치한 지역의 이름이기도 한데(렘 25:23) 드단의 자손은 앗수르 족속과 르두시 족속과 르움미 족속이다. 그들은 두로의 주요한 교역민이었다(겔 25:13).

둘째로, 드단 자손은 앗수르 족속 르두시 족속 르움미 족속이다. 앗수르 족속은 아라비아 북쪽 사막지대 족속이다.

르두시 족속은 "핍박을 당하는"자의 뜻인데 하야스에 있는 바누 라이츠족과 동일하지 않나 생각된다. 위의 앗수르는 "평원"이라는 뜻이다. 그러나 르움미는 "민족"이라는 뜻으로 바벨론과 메소보다미아까지 뻗친 바누람이란 족속과 동일한 듯 하다.

셋째로, 미디안의 아들은 에바, 에벨, 하녹, 아비다, 엘다아이다.

에바는 "어두움, 불분명함"의 뜻으로(대상 1:33, 사 60:6) 풍요로운 민족인데 아라비아 족이며 금과 향품을 무역했었다. 그러므로 그들은 풍부했다.

에벨은 "노새, 어린 송아지"라는 뜻으로(대상 1:33) 하야스에 있는 바누기파 족이 아닌가 생각된다.

하녹은 "성별하여 바친, 주종자"의 뜻으로(대상 1:33) 레녹으로도 나온다. 메디나에서 북쪽으로 사흘길에 위치한 하나키에 있었다.

아비다는 "지식의 아버지"라는 뜻으로(대상 1:33) 아살의 인근에 있는 아바이드와 바다족이다.

엘다아는 "하나님께서 그를 부르셨다"는 뜻으로(대상 1:33) 아살과 같다.

2. 아브라함이 자식들에게 소유와 재물을 주었다.

아브라함이 이삭에게 자기 모든 소유를 주었다. 아브라함은 자기의 합법적인 상속자이며 언약의 아들인 이삭에게 자기의 모든 소유를 물려주었고 더욱이 가나안 땅에의 언약의 상속권까지도 물려주었다. 이 것은 이삭을 자기의 상속자로 삼았다는 뜻이다. 이전에 하나님께서는 아브라함에게 그렇게 지시하신 바가 있었는데(15:4) 그대로 그 아들에게 모든 소유의 주인이 되게 한 것이다(24:36). 하나님께서 이삭을 특별히 언약의 후손으로 축복하셨기 때문에 아브라함은 하나님의 뜻대로 실행하였다.

사람의 죽음은 언제 올지를 모르는 일이다. 아브라함 같이 죽기 전에 가사를 정리하고 눈을 감는다는 것 또한 축복된 죽음인 것이다.

이것으로써 구속사의 주인은 아브라함에서 이삭에게로 완전히 넘어간 것이다.

아브라함은 서자들에게도 재물을 주었다. "재물"은 "선물" 또는 "혜택"이라는 뜻이다. 이것은 이삭이 아버지로부터 받은 모든 소유와는 다른 것으로 서자들은 재산 상속권을 요구할 수 없고 다만 아버지가 주는 것만을 받을 수 있는 곧 언약 밖의 자손인 것을 보이는 것이다. 아브라함은 처음에 빈손으로 내쫓았던 이스마엘이나 후처 그두라의 낳은 서자들에게도 재물을 선물 또는 혜택으로 적당히 나누어 주어서 그들을 돌보아 주었던 것이다. 그것은 공평하고 올바른 처사였다. 하나님께서는 인간들에게 복을 나누어 주신다. 그러나 계약의 축복은 약속의 상속자에게 주시고 지상의 물질적 축복은 세상적 자녀들에게 주신다.

아브라함은 서자들이 이삭을 떠나 살게 하였다. 이스마엘은 벌써 이전에 이삭을 떠났었고 서자들은 재물을 주어 살 수 있을 만큼 혜택을 베풀어 이삭을 멀리 떠나 살게 했다. 이 일은 아브라함이 살아 생전에 처리한 것이었다.

그것은 이복 형제들이 동거함으로 손해가 클 것을 염려한 것이다. 아브라함은 이삭이 어릴 때에 이스마엘에게 희롱당하는 것을 보고 이스마엘을 이삭에게서 멀리 떨어지게 한 경험이 있다. 이제도 이삭과 서자들이 동거하면 서자들이 이삭의 재산을 분배하자고 하거나 이삭에게 짐이 되거나 어떤 위협까지도 받을 수 있을 것이라고 생각했다.

요셉의 형들이 요셉을 시기하여 팔았는데 그 때 그 주종세력은 몸종의 몸에서 난 이복 형들이었다(37:1-24). 그러므로 아브라함은 자기가 살아있을 때 자기가 죽은 후에 발생할 수도 있는 이복 형제간의 분쟁을 미연에 방지하고 언약의 자손이 세상적 형제들에게 해를 당하는 일이 있음으로 해서 언약 자손의 순수한 혈통을 보존하는 중대한 일에 차질이 생겨서는 안되었기 때문에 이렇게 신중하게 처리한 것이다.

아브라함은 서자들을 동방으로 가게 하였다. 동방 곧 동국은 동쪽의 땅, 넓은 의미로는 아라비아이다(창 29:1). 그두라의 후손들은 동방 사람이라 불렸고 그 수가 많은 것으로 유명했다(삿 6:5, 33). 그 중 미디안은 모세의 장인 이드로를 냈고 수아는 욥의 친구 빌닷의 조상이며 스바와 드단은 유명한 아라비아 대상을 배출한 씨족이 되었다. 이들은 동방으로 이주하여 같은 지역에 거주하는 이스마엘 족속과 에서 족과의 친근 관계를 유지했으며 이들이 혼합되어 오늘의 아랍국이 형성되었다. 여기서 우리는 여러 여자를 통하여 이복 자녀들을 생산했을 경우 집안에 싸움이 생기고 근심거리가 된다는 것을 배울 수 있다.

첫째로, 이삭과 이스마엘이 함께 장례를 지냈다고 한다. 부모의 장례는 자식으로써 마지막으로 표할 수 있는 의무요 효행일 것이다. 이삭과 이스마엘이 어떻게 이렇게 사이가 좋아졌는지는 알 수가 없다. 아브라함이 생전에 자식교육을 잘했거나 아니면 이삭이나 이스마엘이 아버지에 대한 존경심이 죽음 앞에서 그렇게 나타났는지는 알 수 없으나 우리가 보기에 좋고 아름답다. 그러나 그두라의 소생들이 언급되지 않았다. 그 또한 무슨 이유에서였는지 알 수 없다.

둘째로, 막벨라굴에 장례했다. 예수 그리스도의 죽음이 하나님과 인간 사이를 화목하게 했듯이 때로는 가장의 죽음이 불목한 자녀로 하여금 감정을 해소하고 화목케 할 수가 있다. 이삭과 이스마엘은 화목한 중에 아버지를 막벨라굴에 장사지냈다. 막벨라굴은 마므레 앞 헷족속 소할의 아들 에브론의 밭에 있었다. 그곳에는 극진히 사랑했던 사라가 묻힌 곳이다. 죽어서도 헤어지고 싶지 않았고 함께 부활할 소망을 가지고 묻혔다.

이삭과 이스마엘은 아버지의 장례를 치르면서 무엇을 배웠을까? 에서와 야곱도 평소에는 사이가 좋지 않았으나 이삭의 장례로 화목했고(35:29) 요셉의 형제들이 그러했으나 야곱의 장례로 화목했다(50:15-21). 모두가 이생 저편의 무덤 한 자리 차지하고 사라져 가는 허무한 인생을 보면서 겸손해졌을 것이다.

셋째로, 하나님이 아브라함의 아들에게 복을 주셨다. 하나님의 축복은 자손대에 가서 나타나는 경우가 많다. 그것은 사람은 자기 당대에 한몫으로 다 받는 것이 아닐 수도 있기 때문에 그 부모가 죽은 후에 자손이 받을 수도 있는 것이다. 아브라함이 받은 축복은 그의 죽음과 함께 영원히 사라진 것이 아니고 이삭에게 그대로 전해졌다.

이삭의 받은 축복은 세상 물질적인 것보다 하나님의 언약에서 되어진 영적인 영원한 것이다. 이삭은 아버지를 잃고 한없이 슬펐을 것이다.

그러므로 하나님께서 그에게 관심을 가지시고 위로하시면서 축복해 주신 것이다. 이삭은 브엘라해로이 근처에 거하였다. 그곳은 하갈이 도망할 때 샘곁에서 여호와의 사자를 만나 위로와 축복을 받은 곳이고(16:14) 이스마엘이 한번 거주했던 곳으로(21:21) "나를 감찰하시는 생존자의 우물"이라는 뜻이다.

이삭은 아브라함의 아들답게 나를 감찰하시는 생존자의 우물에 거처한 것이다. 아버지는 가셨으나 나를 감찰하시는 생존자의 우물되신 영생의 하나님은 자기를 감찰하시고 보살펴 주실 것을 믿었던 것이다.

이스마엘의 족보

(창 25:12-18)

하나님께서는 아브라함에게 축복하시면서 열국과 열왕의 아비가 되게 해 주시겠다고 약속하신 바가 있다(17:5-6). 그것은 아브람을 아브라함으로 개명하시면서 하신 축복이었다. 조카 롯을 떠내 보내고 쓸쓸해 할 때 하나님은 아브라함에게 나타나시고 "내가 네 자손으로 땅의 티끌같게 하리니 사람이 땅의 티끌을 능히 셀 수 있을진대 네 자손도 세리라"(13:16)고 하셨다. 그것은 아브라함에게 크나 큰 위로요 힘을 주는 것이었다.

여기 언급되고 있는 이스마엘의 열 두 족장 후손들을 볼 때에 하나님의 약속의 성취라고 할 수 있으며 창세기 17:20에서 하나님은 이스마엘에게도 복을 주어 생육이 중대하여 크게 번성케 하고 열 두 방백을 낳으리라고 축복하시고 약속하신 것을 이루시는 하나님의 신실하심에 감사하지 않을 수 없게 하는 것이다.

사실 하나님은 아브라함에게 많은 후손에 대한 약속이 단지 이삭을 통해서만 성취될 것이라고는 말씀하시지 않으셨다. 하나님은 이삭을 통해서 구속의 혈통을 이어가고 하나님의 신정국가를 건설하는 구속의 언약자, 그리고 그의 많은 후손을 축복하셨다. 그러므로 구속의 언약 밖에 있는 아브라함의 육신의 후손도 약속한 것이기 때문에 모든 인류의 역사는 하나님의 통치에 있고 각 나라 민족들은 하나같이 하나님의 자녀라는 것을 알 수 있다.

이삭 계통의 아브라함 후손은 하늘의 신령한 축복으로 하시고 이스마엘이나 그두라라는 후처의 소생들은 이 땅에서의 축복으로 약속해 주셨다. 하나님은 언약 안에 있거나 밖에 있거나 적절한 은혜를 주시는 하나님이시다.

여기에 이스마엘의 계보가 아주 간단하게 기록되어 있다. 하나님께서는 하나님 자신의 영광과 교회를 위하여 세인들의 계보를 기록하실 때가 있으며 언약의 자녀를 보다더 육체의 자녀들에게 더 많은 씨를 허락하시는 경우도 있다. 그것은 이스마엘은 열 두 아들이나 두었지만 이삭은 오랜 세월이 지나서야 겨우 쌍둥이 아들을 얻었음을 보아 알 수 있다.

이스마엘도 장수한 편이었으며 거주지와 방대한 세계를 지배하게 하시고 마침내는 죽었다. 장수함이 반드시 좋은 것만은 아니며 어떻게 살고 죽었느냐 하는 것이 더 중요하다.

1. 이스마엘은 아브라함의 아들이다.

이스마엘은 존귀한 자의 아들이다. 이스마엘은 "하나님이 들으신다"는 뜻으로 하나님이 기도를 들으시고 계시다는 것과 하나님은 모든 것을 다 알고 계시다는 것이다.

이스마엘은 아브라함의 첩 하갈의 몸에서 낳은 아브라함의 아들이다. 육체를 따라 난 자로서는 첫째 아들인 셈이다. 물론 장자권이나 언약의 후손 자리는 이삭에게 주어졌지만 이스마엘은 아브라함의 아들인 것이다. 그러므로 그는 교회의 방백이라는 지도자는 될 수 없었으나 이 세상의 힘있는 방백은 될 수 있었다. 하나님의 은혜는 피로 계승되지 않지만 세상의 신분은 하나님의 아들이라는 것 때문에 계승되었다. 이스마엘은 여종의 자식이었으나 아브라함의 직계 후손이라는 점 때문에 존귀한 위치에 있게 되었다. 이것은 큰 축복이다. 아버지의 존귀함 때문에 얻는 영광이기 때문이다.

이스마엘은 특권있는 자의 아들이다. 여호와께서는 이스마엘이 아브라함의 후손이라는 것을 인정하셨고 그의 후예들이 12방백이 되리라고 하셨다.

이 세상에서 가장 추앙받고 존경받는 사람의 후손이 된다는 것은 참으로 영예로운 것이다. 구속사적인 은혜의 약속으로 유명하게 된 이삭이나 야곱의 후손이 되는 것만큼 영광스럽지는 못하다고 해도 그래도 세상에서는 그것이 얼마나 큰 특권이며 축복인지 모른다. 그러므로 부모나 자식이 서로 잘만난다는 것만큼 귀중한 것은 없다고 해도 과언은 아니다.

이스마엘은 책임있는 자의 아들이다. 인간이 세상에서 신분상 차이가 있는 것은 하나님의 작정하신 일이다. 누구는 이삭같이 누구는 이스마엘같이 난다. 왜 나를 이렇게 세상에 나게 했느냐고 불만항의할 수 없는 것이다. 왜냐하면 그것은 하나님께서 하시는 일이기 때문이다. 사람은 어떻게 났든지 사회적 위치에서 자기의 신분에 상응하는 책임이 있다는 사실을 알아야 한다. 많이 가진 자는 가진 자로서의 책임이 있고 지식이 박학다식한 사람은 그것으로서의 책임이 있다. 이스마엘은 언약외의 아들의 신분이지만 아브라함의 아들이라는 그 신분에 맞는 책임성도 동시에 있는 것이었다.

2. 이스마엘은 열두 아들을 두었다.

열두 아들의 이름이 기록되어 있다.

첫째로, 느바욧이다. 여기에 그 세대대로라는 것은 출생 순서대로라는 뜻이므로 출생 순서대로 기록했다는 것을 알 수 있다. 느바욧은 "농업, 높다"는 뜻이 있는데 목축으로 부요하게 된(사 60:7) 느바욧 족속의 창시자이다. 디오도루스에 의하면 상업과 약탈을 업으로 삼고 사는 족속이고 페트라에 의하면 이들은 종종 바벨론에까지 세력을 확장하였다고 한다.

둘째로, 게달이다. 게달은 "검은 피부"라는 뜻으로 활 쏘는 데 능숙한 족속으로 묘사했고(사 21:17, 시 120:4-5) 그들의 천막은 볼품이 있으면서 내구성이 강한 것으로 이름났다고 한다(렘 49:29, 악 1:5). 아라비아 페트라와 바벨론사이에 있는 광야 깊은 곳에 살았다고 한다 (사 42:11).

셋째로, 앗브엘이다. 앗브엘은 "하나님의 기적"이라는 뜻으로 아라비아 북방에 거주하여 살았다고 한다.

넷째로, 밉삼이다. 밉삼은 "달콤한, 즐거운, 향기로운 냄새"라는 뜻으로 정확하게 그의 거처가 어디였는지는 알 수가 없다.

다섯째로, 미스마이다. 미스마는 "듣는다, 주의하다"라는 뜻으로 마스마로 나오기도 하는데 메디나의 북동쪽에 있는 마이사이 메나이스족과 관계된다.

여섯째로, 두마이다. 두마는 "침묵"이라는 뜻으로 시리아와 바벨론의 경계선에 위치한 두맛 엘드엔델에 거주했다고 한다(사 21:11).

일곱째로, 맛사이다. 맛사는 "짐, 견디다"라는 뜻으로 두마의 북동쪽에 있는 미사노이에 정착했다.

여덟째로, 하닷이다. 하닷은 "침실, 날카로움"이라는 뜻으로 오만과 바레인 사이의 예멘에 있는 아라비아 해안 땅에 거주하고 이곳은 투창을 사용하는 것으로 유명했다고 한다.

아홉째로, 데마이다. 데마는 "광야, 오른 손을 사용하다"라는 뜻으로 두마 남쪽에 있으며 주로 무역에 종사했다고 한다(욥 6:19, 사 21:14, 렘 25:23).

열 번째로, 여둘이다. 여둘은 "봉한다"는 뜻으로 아라비아에 거주한 이두레안스족이라고 한다.

열한 번째로, 나비스이다. 나비스는 "숨쉼, 신성함"이라는 뜻으로 요단 동편에 거주하는 이스라엘 민족과 가까운 족속으로 여둘 역시 가까웠다.

열두 번째로, 게드마이다. 게드마는 "동쪽"이라는 뜻으로 그 이상은 알 수 없다.

이스마엘의 열두 아들은 방백들이 되었다. 여기서 이스마엘의 열두 아들들만이 부족의 족장이 되었다는 것을 의미하고 있다. 그것은 하나님께서 예언하신 대로(17:20) 성취된 것을 보여주는 것이므로 하나님의 말씀은 일점이라도 어김이 없이 그대로 되는 것을 알 수 있다.

그들 열두 방백 중에서 미스바, 두마, 맛사라는 이름을 나란히 읽을 수 있다. 미스바는 "들으라"는 뜻이고, 두마는 "침묵한다"는 뜻이며,

맛사는 "참으라"는 뜻이다. 참으로 그들의 이름 뜻은 오늘의 우리에게 좋은 교훈을 주는 것이라고 생각된다. 안타까운 사실은 그들이 방백이었다는 기록 외의 어떤 다른 것을 찾을 수 없다는 것이다.

이스마엘의 아들들은 아라비아에 거주했다. 그들은 큰 대륙을 차지하여 번성함으로 애굽과 앗수르 사이 곧 아라비아에 거주했다. 그들의 통치 영역은 광활했으나 가나안 땅 밖이었다는 사실을 알 수 있다. 이삭에게 준 기업 중에서 어떤 것 하나도 취하지 못했다. 세상적인 인력이나 무력도 하늘의 기업을 얻게 하지 못한 것이다. 그리하여 그들은 세상에 속한 것만 분깃으로 받은 것이다.

여기서 우리는 여러 가지 교훈을 배울 수 있다. 세상 사람들은 신앙계통의 사람들 보다 세상에서는 더 부요하고 숫자는 많이 번성하며 아브라함 같은 의인이나 이스마엘 같은 육체를 따라 난 자가 공히 죽는다는 것이다.

늙는 것, 죽는 것을 어떻게 할 수 없으나 성도는 내세의 영생과 부활의 소망으로 살고 세인들은 세상 것만 바라고 살다가 간다.

3. 이스마엘이 137세에 죽었다.

이스마엘은 기운이 진하여 죽었다. 아브라함도 기운이 진하여 죽기는 했으나 "그가 수가 높고 나이많아"라고 했고 이 말 뒤에 "만족히 살고"라는 말이 있는데 그것은 양심적으로 만족했던 것이다. 그는 죽기전까지도 하나님 한 분 만으로 만족하게 살았고 죽으면서도 만족한 상태로 죽은 것이다. 왜냐하면 영원히 사는 만족이 이어질 것이었기 때문이었다.

이스마엘 역시 "기운이 진하여 죽었다"고 했으니 흙으로 만들어 진 인간은 아브라함이나 이스마엘이나 연약할 수밖에 없다는 것을 알 수 있다. 이스마엘은 아브라함이 죽은지 48년만에 아버지와 같이 기운이 진하여 죽었다. 그의 향년 137세였다.

자기 열조에게로 돌아갔다. 아브라함은 이스마엘을 위하여 "이스마엘이나 하나님 앞에서 살기를 원하나이다"(17:18)라고 기도했었다. 그리하여 여기에 그의 나이를 기록하는 것은 아브라함의 기도가 응답되었음을 보이는 것이다. 그의 죽음에 대하여 "열조에게로 돌아갔다"라고 하고 오래 살았으면서도 "수를 다하였다"고는 하지 않았다. 그는 아브라함과는 달리 세상을 지루해 하지도 않았고 세상을 떠나고 싶어 하지도 않았던 것이다.

이스마엘의 자손들은 그 모든 형제의 맞은 편에 거했다. 이스마엘은 이삭과 같은 축복은 주어지지 않았으나 아브라함의 죽음에 대한 기사와 똑같은 필치로 그의 죽음을 언급했다. 그는 아브라함과 동일한 사후 거처에 들어가는 영광을 얻지 않았나 생각한다. 이제 그 자손들은 하윌라에서부터 앗수르로 통하는 애굽 앞 술까지 이르렀다. 술은 성벽이라는 뜻으로 브엘세바와 애굽 사이의 중간 지점에 있는 곳이다. "형제의 맞은 편에 거하였더라"는 "그의 형제들의 목전에서 넘어졌다" 또는 "엎드러지다(시 10:10, 사 3:8)"라는 뜻인데 여기서는 "오래 정착하여 살았다"는 뜻이다. 하갈이 아브라함 가정에서 쫓겨 도망했을 때 여호와의 사자가 하갈의 소생의 이름을 이스마엘이라 하라 하면서 "그가 모든 형제의 동방에서 살리라"(16:9-12)고 하신 말씀이 여기서 성취되었음을 보여주는 것이다. 이스마엘의 후손이 그들이 물려받은 땅에서 정복이나 강탈을 당하지 않고 번영하고 소유를 지키며 살았다는 것을 암시하는 것이다.

이삭의 쌍둥이 아들의 출생

(창 25:19-26)

창세기 24장에서는 리브가에 대하여 자세히 기록하고 있다. 여기서 또다시 리브가에 대해서 밝히고 있는데 리브가는 이삭의 아내라는 것과 리브가는 밧단 아람의 아람 족속 중 브두엘의 딸이요 라반의 누이라고 한 것이다. 언약의 아들은 이방인과 결혼한 것이 아니고 여호와를 잘 공경하는 백성 중에서 선택했다는 것을 강조함으로써 계약의 부부라는 것이다.

그런데 "그 아내가 잉태치 못하였다"고 하였다. 만민의 어미가 될 리브가가 결혼한지 20년이 되도록 아이를 가지지 못했다. 사라가 25년만에 하나님의 언약으로 이삭을 낳았으니 그 아들대에 이르러 다시금 자녀 때문에 시험이 되지 않을 수 없었다고 생각된다. 리브가에게 있어서 20년 동안 이삭의 아내로써 겸손해지고 인내하며 하나님의 은혜를 사모하게 하는 믿음을 갖게한 시련의 시기였다.

이삭에게 있어서도 그것은 하나님께 간구하는 믿음으로의 유익을 준 것이므로 알고 보면 감사한 일이 아닐 수 없다. 우리는 어떤 경우에 하나님의 약속이 금방 이루어지지 않는다고 낙심하고 심지어는 의심하며 하나님에게서 멀어지려는 조급함이 없지 않다. 그것은 하나님의 축복을 받을 수 없다.

참고 기다리면서 하나님의 때를 바라는 사람이 복을 받는다. 이삭과 리브가는 이러한 경험을 통하여 하나님의 능력을 체험하고 하나님의 약속의 신실함을 토대로 하는 진일보한 신앙을 가지게 되었다. 기도의 중요성과 모든 태가 하나님의 주권적 개입에 의해 열리는 것이고 하나님의 구속사에 주요한 역할을 담당할 사람들은 하나님의 간섭에 의하여 출생하는 것임을 그들은 체험하며 교훈을 얻었다.

본문 바로 위에는 비록 아브라함의 혈통이기는 하지만 약속의 후손이 되지 못한 그두라와 하갈의 후손들과 또 그들이 약속의 가나안 땅 밖에서의 번성한 축복을 받은 것을 보았다. 이제는 가나안 땅 안에 거하는 약속의 후손에 대하여 이렇게 20년이나 한 생명도 생산하지 못하고 기다리는 안타까운 모습을 보면서 대조적인 두 진영을 통하여 배우는바 크다고 할 수 있다.

1. 이삭의 기도로 잉태되었다.

결혼 후 20년만에 잉태되었다. 이삭이 40세에 결혼했고 20년만에 그러니까 60세에 가서 쌍둥이 아들을 얻었다. 그두라는 6형제를 낳았고 이스마엘의 12형제와 12방백을 이루고 있는 동안 이삭에게는 아이가 없었고 이삭은 당연히 리브가를 통하여 후사를 얻으려 했고 아브라함처럼 취첩하는 실수를 범하려 하지 않았다.

아브라함은 자식을 주마 약속하신 하나님의 약속의 성취가 지연될 때에 10년을 견디지 못하고 하갈을 취첩했다. 그러나 이삭은 20년을 참고 기다렸다. 하나님의 약속은 반드시 이루어지나 혹 더디는 때가 있다(합 2:3).

그것은 약속의 씨는 여호와의 주신 기업이요 자연적인 생산 과정만을 통해서 되어지는 것이 아니고 하나님의 은혜임을 보여주기 위함인 것이다.

이삭이 그를 위하여 여호와께 간구하여 잉태되었다. 여기 "위하여"란 "마주 대하여"라는 뜻으로 이삭은 항상 리브가를 염두에 두고 기도했다는 것이다.

간구하매는 "향을 피운다"는 의미의 어근에서 나온 것이다. 성경에 기도가 향같이 올라가는 것이라고 여러 곳에서 설명하고 있다(시 141:2, 계 5:8, 8:2-3, 행 10:4). 그러므로 기도는 하나님 앞에서 자신을 태우는 것이고 그러한 희생적인 기도를 하나님께서는 귀하게 여기셔서 대접에 담아 받으시는 것이다.

기도는 하나님을 향하여 가지는 소원이며(눅 6:12, 약 5:15), 하나님께로 가까이 나아가는 것이며(사 53:12), 하나님을 초대하는 것(신 4:7)으로 그 안에서 만나는 체험 중에(딤전 4:5), 작은 소리로 속삭이며 대화하는 것이다(사 26:16).

하나님께서 그 간구를 들으사 잉태되었다. 아브라함도 25년만에 이삭을 낳았는데 이삭도 20년간을 끊임없이 낙심치 않고 기도하면서 자식을 얻기 위해 기도했다. 그것은 그들의 믿음을 발전시켜 주기 위함이었다. 이삭은 리브가와 함께 기도했을 것이다.

부부가 함께 기도하는 것은 그들의 기도가 막히지 않기 때문이고(벧전 3:7) 이삭과 리브가는 자손이 번성할 것을 약속받았기 때문에 낙심할 이유가 없었다.

사무엘은 기도하는 어머니 한나의 아들이었다. 어머니의 간구에 의하여 출생한 하나님의 종이었다. 그러므로 그는 기도 쉬는 죄를 범하지 않겠다고 하였다(삼상 12:23). 왜냐하면 기도는 호흡이요 신앙을 성장시키는 비료와 같기 때문이다.

2. 리브가는 쌍둥이를 낳았다.

아이들이 그의 태속에서 서로 싸웠다.

첫째로, 싸운다는 말은 서로 치고 박는 모습을 의미한다. "싸우는지라"는 압박하다, 깨뜨리다, 서로 요동하다는 뜻으로 강렬한 내적 동요를 의미한다. 출생되기 전에 태속에서 벌써 치고 싸우는 것을 의미한다. 하나님께서는 우리가 기도하면 기도한 것 그 이상으로 후히 주시는 하나님이시다(약 1:5).

이삭과 리브가가 자식을 위하여 기도했으나 쌍둥이 아들을 달라고는 구하지 않았을 것이 분명하다. 그런데 하나님은 두 아들을 주신 것이다.

둘째로, 하나님의 은혜는 고통 속에 이루어지기도 한다. 하나님은 리브가에게 은혜를 주시되 갑절의 은혜를 주셨다. 그러나 그 하나님의 은혜를 받는 자로써 리브가는 갑절의 고통을 당하지 않을 수 없었다.

기도의 응답으로 쌍둥이를 얻는 은혜가 있었으나 거기에는 임부로서의 요동치는 고통의 비명을 질러야 하는 기쁘지 않은 일도 내포되어 있었던 것이다. 그러나 우리는 궁핍이나 부요함에도 일체의 비결을 배운다.

셋째로, 끊임없는 영적인 싸움이 계속되고 있다는 것이다. 하나님의 나라와 사단의 나라 사이에 끊임없이 싸우고 있다는 것이다. 아담이 타락한 때에 하나님은 여인의 후손과 뱀과의 처절한 전쟁이 시작되었다고 하셨다.

예수께서는 "검을 주려고 왔다(마 10:34)"고 말씀하셨다. 바울은 "우리의 싸움은 혈과 육이 아니라 공중 권세 잡은 자 악마"(엡 6:11)라고 하였다. 그러나 이 전쟁에서 예수가 승리하신다.

넷째로, 성도들의 마음 속에서의 싸움을 의미한다. 바울은 "내 속 사람으로는 하나님의 법을 즐거워하되 내 지체 속에서 한 다른 법이 내 마음의 법과 싸워 내 지체 속에 있는 죄의 법 아내로 나를 사로잡아 오는 것을 보도다. 오호라 나는 곤고한 사람이로다(롬 7:22-24)"라고 했다.

바울의 원하는 바는 선이었다. 그런데 선은 행치 않고 도리어 원하지 않는바 악은 행한다고(롬 7:19) 한탄한 것이다. 그러므로 우리의 마음 속에서 선이라는 것과 악이라는 두 세력이 싸우고 있다는 것을 알 수 있다. 바울은 선이 악을 싸워 이기게 하려고 "날마다 죽노라" (고전 15:31) 하였고 "내 몸을 쳐 복종케 했다"(고전 9:26-27)고 하였으니 "자기 마음을 다스리는 자는 성을 빼앗는 자보다 나은"(잠 16:32) 전사라고 할 수 있다.

리브가는 여호와께 여쭈었다. 리브가는 "이같으면 내가 어찌할꼬 하고 가서 여호와께 여쭈며 물었다"고 하였다. 임신으로 인한 육체적 고통이 어떠했던 것을 짐작케 하고 복중의 태아가 이렇게 심하게 싸우고 요동하다가 유산되면 어쩌나 하는 정신적인 갈등이 얼마나 심각했던가 그리고 하나님의 약속한 자녀가 뱃속에서 싸우는데 대한 영적인 불안함이 무척이나 깊었음을 알 수 있게 하는 말이다. 리브가는 "가서 여호와께 묻자와…"라고 했으니 그것은 "가서 여호와께 기도한 것"을 의미한다.

그러면 그는 어디로 갔다는 말인가? 그때 리브가의 집에는 하나님께 예배드리는 고정된 장소가 있었다는 것을 암시하는 말이다. 가정 제단 교회 제단이다. 그곳에 가서 하나님께 그의 육체적 고통, 정신적 갈등, 영적인 불안을 묻고 아뢰어 고하며 기도했다는 것이다.

시편에 "내가 어쩌면 이를 알까 하여 생각한즉 내게 심히 곤란하더니 하나님의 성소에 들어갈 때에야 저희 결국을 내가 깨달았나이다"(시 73:16-17)라고 하였다. 우리는 곤경에 처하게 된 때 일수록 여호와의 제단에 찾아 나아가 기도하면 큰 위로와 응답을 받는다는 사실을 기억해야 한다.

여호와께서 리브가에게 이르셨다. 여호와께서 리브가에게 이르신 말씀은 "두 국민이 네 태중에 있다"는 것과 "두 민족이 네 복중에서부터 나누이리라"는 것과 "이 족속이 저 족속보다 강하겠고 큰 자는 어린 자를 섬기리라"는 것이었다.

여기서 두 국민은 이스라엘과 에돔을 가리키는데 이들은 리브가의 복중에서부터 반목하고 나뉘게 되었다. 결국 이스라엘이라는 야곱이 에돔이라는 에서를 지배한다는 말씀인 것이다.

그리하여 에돔이 이스라엘을 섬기게 된다(21:8, 삼하 8:12-13). 강하겠다는 것은 "계속적인 강성함"이요 섬기리라는 것은 에돔 족속이 이스라엘의 지배 아래 있어 노예의 신분이 되어 경작하고 노동하며 일할 것을 의미한다.

이와같은 예언은 야곱 자손이 에서의 자손을 정복했던 출애굽사건과 다윗의 치세 중에 성취되었다. 따라서 에서는 장자였을지라도 그 장점을 자랑할 수 없었고 잘될 수도 없었다. 사람의 구원이 행위로 말미암지 않고 오직 하나님의 주권적 선택과 그 은혜로 이루어진다는 교리를 가르쳐 준다(롬 9:10-23, 말 1:2-4).

3. 쌍둥이의 이름에서 야곱이라 하였다.

먼저 난 자를 에서라 하였다.

첫째로, 에서는 붉은 색깔의 사람이었다. 붉고는 "붉은 머리", "붉은 색깔", "붉은 흙", "머리 팔 또는 안색이 붉은"이라는 뜻으로 아담이라는 말에서 유래했다. 이것은 아담과 같이 붉은 흙에서 온 인간이라는 암시가 있거니와 혈기왕성함을 의미하는 것이기도 하다. 에서라는 말이 "붉다"는 뜻으로 붉은 용(계 12:3) 사단과 같은 색깔이므로 무신론, 적그리스도의 조상이라고 할 것이다. 그러므로 에돔은 예루살렘을 훼파하라고 외치고 기독교회를 박해한 원수이다(시 137:8). 그 세력은 멸해야 마땅한 것이다.

둘째로, 에서는 전신이 갑옷 같았다. 갑옷은 "털이 많은 겉옷", "그의 전체가 털외투 같았다"는 뜻으로 곧 에서란 "털이 많은 자"란 의미이다.

그것은 에서가 매우 정열적이고 야성적이고 육욕적인 성품의 사람이라는 것이다. 그리고 그것은 그가 튼튼하고 건강한 체격을 가지고 용감하고 활동적이어서 짐승같이 성격이 난폭했음을 의미하는 것이다. 에서란 "거친", "털이 많은"의 뜻이다. 들판을 돌아다니면서 사냥꾼이 되어 육욕적이었음을 암시한다.

셋째로, 에서의 후손은 두마이다. 두마는 에돔으로 붉다는 뜻이다(시 137:1-7, 창 25:30). 에서는 붉은 공산주의의 시조이다. 두마(사 21:11-12)란 "죽은 자와 같이 침묵하다"라는 뜻으로 적막하고 황량함을 암시한다. 기상적으로 밤과 낮을 분별하기가 어려운 어두운 지역을 의미한다. 공산주의는 철의 장막이요 죽은 자와 같은 침묵의 사회이다. 에서는 팥죽 한 그릇에 장자의 기업을 팔았으니 물질주의자요, 사냥을 좋아했으니 살인을 일삼는 호전주의자요, 붉다는 뜻이니 공산주의자요, 죽는 자와 같이 침묵하는 암흑한 자며 캄캄한 지옥에 들어갈 조상이었다.

아우는 야곱이라 하였다.

첫째로, 야곱이란 발 뒤 꿈치를 잡는다는 뜻이다. 호세아 선지도

"야곱은 태에서 그 형의 발 뒤꿈치를 잡았고"(호 12:3)라고 하였다. 이것은 형 에서와의 출생에 있어서 짧은 시간적 차이가 있었음을 알 수 있으나 태중에서부터 장자권의 축복을 놓지 않으려고 본능적으로 먼저 태어나려 노력한 것이 아닌가 생각할 수도 있는 모습이다.

홋날에 이스라엘이라는 이름의 축복을 받을 때에 야곱은 가시려는 여호와의 발을 붙잡고 "당신이 나에게 축복하지 아니하면 가게 하지 아니하겠나이다"(창 32:26)라고 매달렸다. 붙잡는다는 것은 남의 앞길을 막는 것 같은 인상을 주기는 하지만 성공할 수 있는 우선적인 조건이 되는 것이다.

둘째로, 야곱이란 "속이다", "불의로 남의 뒤를 친다", "뒷면"이라는 뜻이 있다. 이 이름은 나쁜 의도로 사용될 때에는 "남을 사취하는 자(27:36)", "거짓말로 속이는 자", "불의로 뒤에서 타인을 친다"는 뜻을 내포하는 이름이다. 이사야가 "지렁이같은 너 야곱아"(사 41:14)라고 한 것은 연약한 것을 의미한다고 한다. 아무튼 야곱은 지렁이같이 생겨서 뱀이라는 사단과 흡사하여 구불구불 정직하지 못하고 온갖 수단 방법으로 속이며, 사기치면서, 잘 살아 보려는 인간 생래적인 모습 그대로의 이름인지 모르겠다.

셋째로, 야곱의 이름은 이스라엘 여수룬으로 변명되었다.

이사야 선지자는 야곱, 이스라엘, 여수룬(사 44:1-2)이라고 하여 한 곳에 한 사람에 대한 세 가지 이름을 기록했다. 거듭나기 전의 인간, 자연인이며 이스라엘은 얍복강변에서의 중생의 체험으로의 이름, 여수룬은 "의롭게 된"의 뜻으로 거룩하고 의로워진 야곱을 의미하는 것이다. 우리 성도는 야곱의 이름에서 중생못한 생태적 인간단계 이스라엘이라는 이름에서 중생의 이름으로 여수룬은 중생한 후에 의로워지는 거룩한 단계로의 변화가 있어지지 않으면 안된다.

이삭이 나이 60세 때에 쌍둥이를 낳았다. 이삭은 결혼하고 20년 동안 자식이 없었으나 한번에 두 아들을 얻는 축복을 받았다. 그런데 한 탯줄로 태어난 쌍둥이도 인간의 능력이 서로 다르고, 세상을 사는 방법도 다르며 그들의 선천적인 체질도 달랐다. 그것은 하나님의 은혜이며 부모가 마음대로 할 수 있는 것이 아니다.

　세상에서 에서는 야곱보다 강했다. 그러나 하나님은 약한 것을 택하여 강한 것들을 이기게 하시는 것이 하나님의 방법이시다(고전 1:26, 27).

장자의 명분을 팔고 사고

(창 25:27-34)

에서와 야곱은 이삭과 리브가의 사랑을 받으며 나란히 자라게 되었다. 참으로 그들이야말로 부모에게 있어서 꿈이요 소망이었다. 태중에서도 그렇게 발차기를 하여 어머니에게 고통을 준 그들 쌍둥이 형제는 자라면서도 부모에게 적지않은 고통을 주었다. 에서는 사냥꾼이었으며 모험심이 강하고 험악한 산과 들을 달리면서 수많은 짐승을 잡아다가 육식으로 포식할 수 있게 했다.

그러나 야곱은 조용히 장막에 거하면서 어머니의 곁에 따라 다녔다. 그는 유대민족의 조상이자 전형적인 유대인이었다.

우리가 야곱의 생활을 이해할 수 있다면 유대민족의 역사를 이해할 수 있을 것이다. 왜냐하면 그들 속에서 나타나는 요소들은 야곱에게서도 나타나기 때문이다. 야곱은 때를 기다릴줄 아는 사람이었다. 몇 년이 걸리더라도 한 가지 목표가 이루어지기까지 그것을 기다리고 간직할 수 있었다. 에서의 사냥 대상은 날마다 바뀌었지만 야곱의 영적 획득 대상은 바뀌지 않았다.

그의 평생 좌우명은 "당신이 내게 축복하지 아니하면 가게 하지 아니하겠나이다"(창 32:26) 바로 그것이었다.

그는 에서의 가장 약한 순간이 오기를 지키고 있다가 그것을 이용했고 사랑하는 여자를 위하여 14년간을 일했다. 그리하여 애굽 땅에서 숨을 거두면서도 라헬과 바로 엊그제 헤어지기나 한 것처럼 마음이 그녀에게 가 있었다.

그리고 어머니가 자기 쌍둥이를 잉태한 때에 하나님께서 하신 말씀 "큰 자는 어린 자를 섬기리라"는 것에 대해 많이 듣고 그 말씀에 집착해 있었던 것이다.

에서는 성격이 충동적이고 아무것도 믿을 수 없는 인격의 소유자였다. 충돌에 이끌리고 식욕에 정신이 팔리고 경우에 따라 이렇게 변하고 저렇게 변했다. 어떤 때는 장자명분을 귀중히 여기는 것 같다가도 그것을 경히 여겨 팔고 그리고는 곧 후회하고 통곡하며 울었다.

하나님께서 에서는 미워하시고 야곱은 사랑하셔서 야곱에게 장자권이 돌아가게 정해 놓으셨다. 그렇다고 해서 인간적인 방법을 동원하여 쌍둥이 형제가 장자의 명분을 팔고 샀다는 것은 이해하기가 어려운 문제이다.

1. 쌍둥이 아이들이 장성하였다.

그 아이들이 자랐다. 장성하매는 육체, 정신, 소유, 명예 또는 자존심 등의 측면에서 크게 된다. "자라나다 확대되다"라는 뜻이다. 가사를 충분히 분담할 수 있는 만큼의 나이에 도달한 것을 의미하는 것이다. 세례 요한은 "아이가 자라며 강하여지며 이스라엘에게 나타나는 날까지 빈들에 있으리라"(눅 1:80)라고 하였고, 예수는 "그 지혜와 그 키가 자라가며 하나님과 사람에게 더 사랑스러워 가시더라"(눅 2:52)라고 했다.

야곱은 잡는다는 뜻이다. 야곱의 후예들은 수천년을 지난 오늘에도 붙잡는 성격의 개성을 가지고 있다. 세계의 경제를 이스라엘 손에 붙잡고 있는 것이다. 유대인은 장사를 할 줄 안다. 세계의 금융은 그들의 손에 잡혀 있다.

그러한 개성이 야곱의 장성하는 것과 함께 그 손에 힘이 자랐고, 에서라는 붉은 공산주의 사단의 사냥이 점점 장성하여 세계를 무대로 하여 적화시켜 나갔다.

에서는 익숙한 사냥꾼으로 들 사람이었다. 익숙한 사냥꾼은 "알다, 깨닫다, 습득하다, 동침하다"는 뜻이므로 단순한 지식이 아니고 체험해서 아는 것이다. 곧 에서가 사냥에 그만큼 능숙했다는 것이다.

사냥꾼은 "곁에 엎드리다, 쫓다"라는 어근에서 왔으며, "예비하다, 양식, 식물" 등으로도 번역되어 에서가 사냥하는 데의 민첩한 기질과 양식을 위해 사냥하는 것을 의미한다.

들 사람은 농부가 아니라 사냥을 일삼는 사람이며 사람은 강하다는 뜻을 지닌 것으로 에서가 야성적인 늠름함이 있었다는 것이다. 에서는 확실히 이 세상 일을 추구하는 자로 니므롯이나 이스마엘과 같은 부류의 인간이었다.

야곱은 조용한 사람으로 장막에 거했다. 쌍둥이 형제는 외형상의 차이, 직업상의 차이, 성격상의 차이가 있었다. 에서는 사냥같은 모험, 교활, 오락, 무사같은 성격에 피흘리기를 좋아하여 행동과 성질이 야성적이었다. 그러나 야곱은 조용한 사람이라고 했다.

온화하고 예절바르며 목자로서 흠이 없으며 경건하고 의로운 것을 의미한다. 야곱은 에서와 대조적이었다.

장막에 거하니는 "거하다, 머무르다, 거주하다, 앉다, 우거하다"라는 여러 가지 뜻이 있다. 들사람이 된 에서와 달리 평화로우며 조용하며 가정적인 경건한 생활 방식을 좋아했다. 이 또한 에서와 대조적이었다. 에서는 흥분되고 모험을 좋아하며 사냥을 즐기는 들사람인 반면에 야곱은 조용하고 평화로이 가정에 머물기를 좋아했다. 야곱은 이 세상의 일보다 다른 세상의 일을 추구하는 인물이었음을 알 수 있다.

2. 이삭은 에서를 리브가는 야곱을 사랑하였다.

이삭은 에서의 사냥한 고기를 좋아하므로 그를 사랑했다. 에서의 사냥한 고기는 "그의 사냥에서 얻은 사냥물이 그의 입안에 있기 때문"이라는 의미가 있는 것으로 이삭은 에서가 사냥한 고기를 계속적으로 탐닉해 왔던 습관이 있었다는 것이다. 좋아하므로는 이삭이 에서를 사랑한 것이 에서의 사냥한 고기로 인함이라고 하였다. 그러나 꼭 그렇게 고기를 얻어 먹는 것 때문에 에서를 좋아하고 사랑했다기보다는 이삭이 야곱처럼 활발하지 못하고 온유 겸손했으면서도 활발하고 모험적인 에서를 사랑했을 것이라고 생각된다. 여기서 우리는

"좋아하므로"하는 말과 "사랑하였더라" 하는 두 가지 말을 볼 수 있다.

좋아하는 것과 사랑하는 것과의 차이는 무엇일까? 이삭은 식물에 대하여는 "좋아하였다"고 했고 사람에 대해서는 "사랑하였다"고 했으니 식성에는 좋아할 수 있고 싫어할 수 있는 것이지만 사람에 대하여는 작은 아들까지도 똑같이 사랑했을 것이라고 믿어진다. 우리는 사람에 대해서 좋아하고 사랑해야 하는 것이다. 하나님을 좋아하고 사랑해야 하는 것이다.

리브가는 야곱을 사랑했다. 첫째로, 야곱이 종용한 사람이었기 때문일 것이다. 종용한 사람이란 경건한 사람을 의미하는 것이다.

경건하다는 것은 "잘 예배한다"는 뜻이 있어서 야곱은 그의 가정에 준비되어 있는 제단에 나아가서 예배드리는 일에 힘써서 경건한 마음을 갖추었을 것이다. 목자로서 짐승들을 잘 길러 제단에 제물로 드리면서 조용하게 들려오는 하나님의 음성을 들었을 것이다.

둘째로, 야곱이 장막에 거하는 사람이었기 때문일 것이다. 에서는 익숙한 사냥군이어서 날이면 날마다 들에 나가서 사냥하는 일에 열중하다 보니 어머니와는 대화할 시간도 없고 산 짐승의 피를 흘리면서 돌아오는 에서보다는 집안에 거하면서 어머니를 시중들고 평화롭게 처신했기 때문에 리브가는 에서보다 야곱을 더 사랑했다.

셋째로, 야곱이 큰 자가 된다는 하나님의 말씀 때문일 것이다. 야곱은 목자였다. 그러므로 그는 가정에서 거하면서도 제사 제물에 대하여 거룩한 마음으로 조심스럽게 하나님께 나아가는 일에만 힘썼을 것이다.

쌍둥이를 임신하고 있을 때에 하나님께서는 리브가에게 작은 아들이 큰 아들보다 하나님이 선택한 자요 큰 자가 되리라는 말씀을 하셨다. 그러므로 리브가는 야곱의 일거수일투족을 보면서 야곱에게 온 정성을 다하여 쏟았던 것이다.

이삭과 리브가의 편애는 자식에게 영향을 미친다는 것이다. 이삭은 에서를 사랑했다. 그러나 리브가는 야곱을 사랑했다. 이삭과 리브가가 어떤 동기로 자식을 이렇게 편애했든지간에 자식 편애는 죄라고 볼 수는 없겠으나 정당하다고는 할 수가 없는 것이다. 부모의 자식 편애의 결과는 나쁜 결과가 나타나기 때문이다.

자식끼리 무의식중에 경쟁의식을 갖게 되고 성격형성에 좋지못한 영향을 가져오며 마침내는 불행한 결과를 낳고 마는 것이다. 야곱은 열 두 아들을 낳았으나 요셉을 무척 사랑했다(37:3). 그리하여 요셉이 시기와 질투의 대상이 되어 애굽으로 팔려가고 야곱은 음부로 내려가는듯한 슬픔을 당했던 것이다. 심한 편애는 순수한 도덕에 대해서 눈을 멀게 하고 더 심하면 자식을 우상숭배 내지는 자기 숭배에 빠지게 하는 것이다.

리브가는 야곱을 얼마나 사랑했던지 장자의 명분을 얻어주게 하려고 남편을 속이고 큰 아들을 배신하고 그리하여 형제끼리 칼부림을 몰고 왔으니 그것은 곧 가정의 비극이었다. 편애는 가정의 화근이다. 이삭의 가정에는 네 식구 뿐이었으나 두 파로 나누어졌고 마음의 근심이 떠나지 않았다(26:34-35).

3. 에서가 야곱에게 장자의 명분을 팔았다.

에서가 장자의 명분을 야곱에게 팔았다. 첫째로, 에서는 장자의 명분을 경히 여기고 팔았다. 모세시대의 장자의 특권은 아버지의 공적 권위 계승과 아버지의 재산 중 두 배 상속, 가정 제사 직분 수행의 권리를 갖는다. 그러므로 장자의 명분은 그 가정의 아버지를 계대할 수 있는 가장의 권리를 의미하는 것이다.

에서는 아버지의 맏아들로써 사랑을 독차지 했으면서도 그 아버지를 계승하는 권리를 포기한 것이다. 특별히 아브라함 가정에서의 장자권은 가나안에 대한 기업의 상속과 부계의 축복에 의한 언약의 축복을 소유 약속의 후손에 대한 장자권을 암시하고 있어서 오늘 우리가 성도라는 명분을 귀중히 여기듯이 참으로 귀중히 여겨야 할 권리였으나 에서는 그것을 경히 여겨서 판 것이다.

둘째로, 에서는 장자의 명분을 팥죽 한 그릇에 팔았다. 히브리서 기자는 "한 그릇 식물을 위하여 장자의 명분을 판 에서와 같이 망령된 자"(히 12:16)라고 하였다. 하와가 하나님이 금하신 나무의 열매를 먹음직스러워서 그것을 따먹은 이래로 인간은 한 그릇의 식물을 좋아한다.

죽은 "끓어오르다"라는 말에서 왔으므로 끓인 음식이다. 에서는 붉은 것을 좋아했으므로 자기의 이름이 에돔, 즉 붉다는 뜻이기 때문이었고 붉은 피부 색깔이었기 때문일 것이다.

잠언서에는 "포도주는 붉고…(잠 23:31) 너는 그것을 보지도 말지니라 라고 하였는데 에서는 붉은 것을 좋아하다가 장자권을 팔았다. 원문에는 "붉고 붉은 것"이라고 두 번 붉은 것을 반복하고 있다. 에서는 그것을 "먹게 하라"고 했는데 그것은 "나로 돌이키게 하라"는 것으로 에서가 식욕이 왕성함을 의미한다에서는 몹시 배가 고파서 허둥대고 있었던 것이다.

셋째로, 에서는 곤비하여 죽게 되어 장자의 명분을 팔았다. 에서는 사냥하고 돌아와서 "심히 곤비했다"는 말을 두 번이나 하고 있고 "내가 죽게 되었으니"라고 하였다. "죽게 되었으니"는 "죽어가고 있으니 굶주려서 죽어가고 있는 순간에" 있다는 뜻으로 내일 죽을 터이니 먹고 마시자는 방탕 정신이요 당장 죽겠는데 장자권이 무슨 소용이 있는가 하는 현실 지상주의의 외침이며, 사람의 수명이 짧은데 미래에 속한 장자의 명분이 무슨 의미가 있는가 함이요, 육에 속한 것을 너무 중시하고 신령한 것을 경홀히 취급한 불신이다.

즉 에서는 미래의 신령한 축복보다는 현재의 만족을 원한다는 것이다. 먹고 싶은 식욕을 참지 못함으로 지불해야할 대가에 대해 생각하지 못했다. 자기의 배를 위하는 자는 아무 것도 기대할 것이 없다.

넷째로, 에서는 장자의 명분을 판 후에 다시 찾으려 하지도 않았다. 에서는 먹고 마시는 것으로 만족했고 장자의 명분을 판 일에 대해서 반성하거나 후회하지도 않고 다시 찾으려고 힘쓰지도 않았다. 그러므로 히브리서에서는 "에서는 회개할 기회를 얻지 못했다"(히 12:17)고 지적하고 있다. 망령된 자(히 12:17)는 "대문간"에서 온 말로 거기서 "짓밟히는 것"과 "하나님의 신성성이 짓밟히는 것"을 뜻하는 말이 된 것이다.

단 한번의 행위가 선악간에 최대의 결과를 가져오는 것이다. 에서는 기회가 지나간 후에 통곡하면서 구했으니 구하는 일에 절대적인 조건은 시기라는 것을 알지 못했던 것이다. 그가 눈물을 흘리며 아버지께 구한 것은 장자의 축복이었고 잘못을 깨닫고 회개하여 우는 것은 아니었다.

야곱이 팥죽 한 그릇에 장자의 명분을 샀다.

첫째로, 비열한 방법이었으며 경건한 욕망으로 샀다. 장자의 권리는 세상적인 번영이 아니고 영적인 유산이다. 가문이나 종족이 제사장이 되는 권리로 메시야가 장차 이 장자의 혈통으로 될 것이었다. 야곱은 비열하게도 형을 배신하고 형제의 의를 저버린 야박한 처사로 형의 곤고한 순간을 부당하게 이용하였다. 그러나 야곱은 장자권을 경건한 욕망으로 샀던 것이다.

야곱이 장자권을 탐낸 것은 자만이나 야망에서 난 것이 아니었고 장막에 있으면서 어머니에게 복중에 있을 때에 하나님이 하신 말씀을 들었고 영적 축복의 귀중함을 알게 되었기 때문이다.

하나님께서 작은 자에게 장자권을 주시고자 하셨으니 어떤 방법이 있었으련만도 야곱은 인간적인 야비한 방법으로 장자권을 흥정에 붙였으니 이 일이 정당화 될 수는 없다. 그러기에 축복을 받은 후에 그는 집에서 도망하여 외방에서 오랫동안 고생하는 값을 치를 수밖에 없었던 것이다. 하지만 자기가 장자권을 가져야겠다는 경건한 욕망은 하나님이 주시는 특권을 간절히 사모하게 했다.

둘째로, 장자권의 귀중함을 알고 샀다. 에서는 식욕의 기쁨과 유혹에 졌고 명예와 존귀에 대한 신앙적 지식이 없었으며 장래의 신령한 메시야에 관한 그리고 그의 나라에 대한 어떤 소망이나 신앙도 없었다.

그는 장자의 명분을 경홀히 여겨 팥죽 한 그릇에 팔고 말았다. 그러나 야곱은 어떤 대가를 지불해서라도 장자의 명분을 사야 한다고 생각했으니 그만큼 야곱이 장자의 명분을 귀중히 여겼기 때문이다. 장자의 권리는 하늘나라의 영생의 축복이다. 하나님의 이름으로 받는 천상하지의 영적인 것들이 장자의 명분이다. 그러므로 바울은 "영생을 취하라"(딤전 6:12)고 했다.

오늘에도 많은 사람들은 에서와 같이 하나님께서 내려주시는 영적 특권에 대하여 경시하는 것이 사실이다. 현세에 사로잡혀서 미래를 생각하지 못하고 식욕과 정욕을 지닌 육체의 욕구에 따라 영적인 일보다 물질적인 일을, 천국보다 세상을, 영원보다 현재를 중요시하여 "그것이 내게 무슨 유익이 되겠느냐?"라고 말한다. 팥죽 한 그릇 만큼도 생각을 못한다는 것이다. 그러나 야곱은 장자의 축복이 어떤 것인가를 알고 그것을 샀다.

셋째로, 기회가 왔을 때에 그것을 선용하여 샀다. 야곱은 "가장 알맞은 때"에 장자권을 형에게서 샀다. 자기에게 모처럼 주어진 기회가 우연한 것이라고는 생각하지 않았다. 그 기회를 잘 선용했던 것이다.

물론 야곱이 형의 곤비하고 배고파서 죽을 지경이 된 때를 장자권 사는 기회로 삼았다는 것에 우리는 찬성하지 못하는 것도 사실이다. 형제간이면서 사냥꾼인 형의 사냥고기도 많이 얻어 먹었을 것으로 짐작된다. 그런데 형이 동생한테 팥죽 한 그릇 그냥 얻어 먹을 수 있는 일이다. 더구나 형이 지금 곤비하고 배가 고파 죽을 지경이라고 한 말을 들을 때에 동생이 되어 형에게 그 알량한 팥죽 한 그릇을 주면서 장자권을 달라니 교활하고 야비한 야곱이라고 비난할 수도 있다.

그러나 야곱은 분명 장자권은 자기에게 오게 되어 있는데 그 때가 어느 때일까 하고 장자권을 넘겨받는 순간을 얼마나 기다려 왔는지 모른다. 야곱의 이러한 처신에 대하여 우리는 무조건 비난만 할 일은 아니라고 생각한다. 기회는 우리가 포착하는 것이다.

넷째로, 붉은 팥죽 한 그릇으로 샀다. 에서는 당장 눈앞의 배고픈 현실에서 팥죽이 필요했으나 야곱은 지금은 팥죽을 먹지만 장차는 하나님나라의 장자권자가 되어 천국의 잔치상에서 먹기를 원했던 것이다. 에서는 세상 물질에 눈이 어두운 인간을 대표하는 인물이요 야곱은 미래 영적인 축복을 사모하는 자의 대표이다. 팥죽은 물질이요 땅의 것이요 장자권은 영적이요 하늘에 있는 것이다. 팥죽은 붉게 보이는 정열적인 것이요 장자권은 보이지 않는 것이다. 팥죽은 지금의 문제이지만 장자권은 미래의 것이다. 팥죽은 먹으면 또 배고픈 것이지만 장자권은 영원히 만족하고 배부른 것이다. 그러므로 우리는 팥죽이라는 세상적인 것을 다 팔아서 영원한 장자의 명분을 사야 하는 것이다.

천국 비유에서 밭의 보화를 발견하고 자기의 소유를 다 팔아 그 밭을 샀다(마 13:44)고 예수께서 말씀하셨다.

부자 청년관원은 재물이라는 팥죽 한 그릇을 버리지 못해서 천국의 영생을 얻지 못하고 슬픔을 안고 돌아갔다(마 19:16-22).

다섯째로, 에서에게 맹세시키고 샀다. 형제간의 싸움은 복중에서부터 였으니 할 수 없는 일이었으나 팥죽 한 그릇과 장자권을 흥정하면서 그것을 분명하게 하기 위하여 에서로 하여금 맹세하게 하였다.

형은 맹세하고 장자의 명분을 야곱에게 팔았다. 그러나 야곱이 형에게 맹세케 한 일도 너무 경솔했다고 생각된다. 왜냐하면 그것은 불신앙의 요구이며 간교한 방법이기 때문이다.

하나님께서 복중에 있을 때부터 야곱에게 장자권이 돌아갈 것을 섭리하셨다. 그렇다면 하나님의 정하신 때가 되면 하나님의 방법과 하나님의 섭리 역사에 의하여 장자권은 자기에게 올 것이 분명한 일이었다. 그런데 인간적인 수단 방법으로 맹세까지 시키면서 장자권을 사서 형제간에 칼부림이 나고 부모와 이별해야 했고 가정은 불화했다.

에서는 먹고 마시고 일어나서 갔다. 떡은 팥죽과 함께 먹는 빵인데 그것들을 "먹으며 마시고 일어나서 갔으니"라고 하였다. 그것은 에서가 "그리고 그가 먹었다. 그리고 그가 마셨다. 그리고 그가 일어났다. 그리고 그가 갔다"는 뜻이다. 계속 "그리고… 그리고" 이어지는 이 말은 자신의 행동에 관하여 생각할 여지도 없이 일을 해치우는 모습으로 목전의 욕망만 채우기에 급급한 육적인 사람의 상태를 생생하게 묘사하는 것이다.

에서는 어리석은 행위에 대하여 전혀 뉘우치는 빛이 없었다. 그의 강팍한 마음이 경홀히 여겼다는 말 속에 들어있는 것이다. 경멸했다는 뜻이기 때문이다. 진실로 에서는 망령된 자였다.

그것은 속된 욕심 때문에 하나님이 주신 거룩한 축복을 하찮게 다루는 자라는 뜻이다.

흉년에 그랄로 간 이삭

(창 26:1-11)

하나님의 약속의 땅에 또다시 흉년이 들었다. 아무리 약속의 땅이라고 할지라도 그곳 주민들의 죄악으로 인하여 황폐한 형벌이 내려진다. 이삭은 아브라함이 죽은 이후에 브엘세바에 있는 하갈의 우물에서 기거했으나 나그네 생활의 연속인 것이다. 이삭은 하나님께서 자기와 자기의 후손에게 그곳을 주시기로 약속하셨다는 하나님의 말씀을 믿고 의지하며 그곳에 살았다.

아브라함 때와 같은 흉년이 이땅에 들었던 것이다. 하나님의 백성들에게도 환난은 온다. 어떤 의미에서는 성도들에게는 세상 사람들보다 더 큰 환난과 시련을 당하는 수가 많이 있다. 가나안은 지리적으로 지중해성 기후와 아열대성 기후 및 사막기후가 교차하는 곳으로서 1년 강우량이 200mm 정도라고 한다. 겨울의 우기와 농작물의 풍년 흉년을 가늠할 수 있는 이슬이 따로 있어서 이때에 비나 이슬이 적절히 내리지 않는다면 이땅에는 치명적인 피해를 보게 된다고 한다.

가나안 땅에 가끔씩 흉년이 오는 것은 하나님께서 하시는 것이다. 하나님의 거룩하신 목적이 있으셔서 그 흉년을 통하여 하나님의 백성을 시험하시고 연단시키시며 동시에 피할 수 있는 길도 열어주시는 것을 볼 수 있다.

하나님께서 환난도 만드시고, 인간에게 주시며, 환난의 때에 연단시키신 후에는 안전한 곳으로 피하도록 가르쳐 주신다. 하나님의 백성들의 땅 가나안은 그들의 거처인 오늘의 교회이다. 하나님의 약속을 따라 가나안에 거하는 하나님의 백성들이지만 하나님은 여러 가지 흉년의 시험을 보내셔서 성도들을 교육하신다. 그러므로 성도에게 이러한 생존의 위험까지 받는 시험이 올 때에는 한 발자국도 그 땅을 떠나지 말고 하나님의 말씀과 약속을 소망하면서 끝까지 인내하는 것이 바람직한 자세이며 하나님의 기뻐하시는 뜻이다. 그것은 죽고사는 문제를 온전히 하나님께 맡기는 것이다.

1. 그 땅에 또 흉년이 들었다.

아브라함 때에 첫 흉년이 들었었다. 가나안 땅에의 기근 흉년은 흔히 있는 일이었다. 아브라함이 처음 가나안에서 흉년을 만난 때로부터 약 100년 후에 다시 그의 아들이 흉년을 만났고 야곱의 역사에 한 번 더 일어났다(42:5). 이것은 하나님의 비상한 섭리에 의한 것이요 결코 우연 때문은 아니었다. 가나안 땅의 농사는 거의 비와 이슬에 의존하는 바 흉년이라는 기근은 그곳 주민들의 생계에 엄청난 손해를 끼치는 것이었다.

아브라함이 그랄 땅에서 나그네 생활을 한 후 70-80년의 공백기간이 있었고 이때에 이삭은 또다시 흉년을 맞은 것이다. 하나님은 왜 약속하신 축복의 땅에 이렇게 흉년을 내리시는가 하는 생각을 하지 않을 수 없다. 이삭은 아버지가 겪었던 흉년을 겪었다. 그것은 하나님께서 이삭을 철저하게 교육하여 참고 인내하게 하심이 아닌가 생각한다. 이삭은 하나님의 약속을 믿었고 가나안 땅 자체에는 흉년이 들고 척박한 땅같이 보일수록 그는 가나안 땅을 귀중하게 평가하는 신앙의 법을 실제로 배울 수 있었던 것이다.

이삭이 그랄로 갔다. 아버지 아브라함 때와 같이 또 흉년이 들었을 때 이삭은 어찌 해야 좋을지 몰랐다. 아버지께서 살아계시다면 이때에 아버지에게 묻기라도 하고 의논했을 것이다.

아마 처음에는 이삭은 아버지같이 애굽으로 내려 가려고 했을 지도 모른다. 왜냐하면 애굽은 기름진 땅이요 흉년이 거의 없는 곳이기 때문이다. 그러나 이삭은 그랄로 갔다고 하였다. 그랄은 "거주지"라는 뜻으로 가사에서 남쪽으로 6마일쯤 되는 곳(유세비우스의 말)이라고 한다. 그곳은 풍요한 곡창지로서 약 70년 전에 아브라함이 머물렀던 곳이다(20:1).

성도는 이땅에서 우거하면서 하나님의 엇갈리는 듯한 섭리가 있더라도 하나님의 약속이 지니고 있는 내적인 가치는 결코 축소될 수 없다는 것을 명심하고 하늘나라의 영원한 축복을 사모하기를 배워야 한다.

블레셋왕 아비멜렉에게 이르렀다. 아비멜렉은 "아버지는 왕", "부친과 왕, 왕의 아버지"라는 뜻으로 아브라함 당시의 아비멜렉이 아니다. 아비멜렉은 블레셋 왕의 공식적인 칭호이다(시 34편의 표제). 그러니까 애굽의 공식적인 왕의 이름을 바로라고 칭하는 것과 같은 것이다.

이삭은 아비멜렉왕에게 가서 교우를 가졌다. 성도는 나그네된 이땅에 거하면서 얼마나 지혜롭게 처신을 할 것인가를 알게 해주는 것이라고 볼 수 있다. 공연히 남의 땅에 있으면서 적이 되고 비난의 대상이 될 필요는 없는 것이다. 하나님은 하나님의 백성들이 이 땅에서 시험을 받을 때에 불신자들을 통해서도 도움을 받게 섭리하신다. 그리고 하나님의 도움은 인간의 노력이 한계에 달할 때에 나타나고 하나님은 이방나라까지 다스리시는 것이다. 어디로 가나 하나님과 동행하는 행로라고 하면 안전한 것이다.

2. 하나님께서 이삭에게 나타나셨다.

애굽으로 내려가지 말라고 말씀하셨다. 여호와라는 명칭은 언약과 약속의 하나님으로 구속사의 전개에 중요한 위치를 차지하고 있는 이삭에게 언약은 큰 비중을 차지하는 것이다. 어찌할 바를 모르는 때에 여호와께서 나타나셨으니 이삭에게는 넘치는 만족이 아닐 수 없었다. 그것은 많은 가속을 거느린 자에게 큰 은혜였다. 동방박사들이 고민할 때에 밤중에 꿈으로 "헤롯에게로 돌아가지 말라"(마 2:12)는 지시를 받고 다른 길로 고국에 간 것과 같은 축복이다.

하나님은 가나안 땅에도 가끔씩 시험하신다. 그러나 감당못할 시험은 안주신다. 또 피할 길을 열어주신다(고전 10:13). 하나님은 길이시니 우리 앞에 길을 여시며 앞서 가시면서 우리를 인도하신다(요 14:6, 시 23:3, 믹 2:13, 출 14:29, 15:13, 19, 32:34). 하나님은 우리의 한 걸음 내디디는 것까지 간섭하시고 지시하신다. 그것은 "애굽으로 내려가지 말라"는 말씀으로 알 수 있다.

하나님께서는 아브라함 자손들로 하여금 애굽으로 내려가도록 정해 놓으셨다(15:13). 그러나 그것이 이삭으로 말미암아 실현될 시기가 아니었으므로 애굽으로 내려가지 말라고 하신 것이다. 하나님께서 하시는 일은 그 시기까지 확정되어져 있는 것이다. 야곱의 때에 가서 비로소 애굽으로 내려가라(46:3-4)고 하셨다. 그러나 아브라함 때에는 아무런 말씀이 없으셨었다. 애굽은 언제나 하나님의 백성들에게 시련과 훈련의 장소였으며 아브라함과 이삭과 야곱 세 조상에게 하나님의 역사가 다른 것은 그들 세 사람이 서로 다른 성격 때문이 아닌가 생각된다.

아브라함은 높은 경지에 도달하여 하나님과 밀접하게 교제했기 때문이고 이삭은 어려운 일에 견디기에 적합하지 못했기 때문이며, 야곱은 어떤 고생도 견디어 낼 수 있는 강인한 사람이었기 때문이다. 그러므로 우리는 하나님께서는 언제나 시험하시되 힘에 맞게 하신다는 것을 알 수 있다.

내가 지시하는 땅에 거하라고 말씀하셨다.

첫째로, 이 땅에 유하면 네게와 네 후손에게 복을 주겠다고 하셨다. "이 땅에 유하면"은 이 땅에 거하라는 것으로 이 땅은 블레셋 땅이 아니라 아브라함에게 약속한 가나안 땅 전체를 가리키는 것으로 "하나님의 뜻을 순종하면"이라는 말씀과 같은 것이다. 하나님께서 아브라함을 부르시고 인도하신 곳은 애굽이 아니고 가나안 땅이었다. 그러므로 아브라함과 그의 자손들이 그 땅에서 사는 것이 하나님의 뜻이었다.

둘째로, 메시야로 말미암은 영적 축복을 주시겠다는 것이다. 하나님께서는 아브라함에게 하신 것과 같이 이삭의 자손이 하늘의 별과 같이 번성케 하겠다고 하셨다. 이것은 그의 육체적 자손을 가리키는 말씀이나 아브라함의 영적 자손 곧 그리스도 신자들에 관한 것이다 (롬 4:18). "네 자손을 인하여 천하 만민이 복을 받으리라"라는 것은 그리스도 예수를 인한 영적 축복을 의미하는 것이다. 그런데 이것은 새로운 것이 아니고 아브라함에 하신 약속을 이삭에게 다시 새롭게 한 것이다. 어려운 때에 다시 기억케 함으로써 소망과 용기를 잃지않게 하려는 것이다.

셋째로, 아브라함의 순종을 일러 주셨다. 하나님께서는 "아브라함이 내 말을 순종하고 내 명령과 내 계명과 내 율례와 내 법도를 지켰음이니라"라고 말씀하심으로써 그의 아들 이삭도 순종하기를 바라신 것이다. 여기에서 우리는 아브라함이 준수한 신적인 규례가 여러 가지 어휘로 설명되어 그의 절대적인 순종의 신앙을 볼 수 있다.

순종하고는 "듣다", "준행하다"는 뜻으로 들은대로 실천하는 것을 의미한다. 신앙은 듣고 깨달으며 그것을 지켜 행함으로써 열매를 맺는 것이다. 내 명령은 "울타리를 치다", "지키다"라는 뜻으로 읽거나 듣고서 지키도록 하기 위해 인간에게 주어진 하나님의 모든 말씀을 뜻한다. 내 계명은 "명령하다" "짐을 맡기다" 즉 명령된 율법이다. 특별히 법규화 되거나 명문화된 하나님의 말씀, 나타난 질서를 의미한다.

내 율례는 "새기다" 즉 전인류가 마음 속에 새겨두어야 할 불변하는 하나님의 규례와 진리이다. 내 법도는 "가리키다" "교훈하다"는 뜻으로 일반적인 도덕 원칙 특히 십계명이나 모세오경만을 의미하기도 한다. 여기에 "내"라는 말씀과 말씀, 명령, 계명, 율례, 법도 등은 모세가 율법을 제정하기 이전의 명칭들이라는 것을 알 수 있다.

이삭이 그랄에 거하였다. 하나님께서는 "이 땅에 유하라"고 말씀하셨고 이삭은 하나님께서 명하신대로 그랄에 그대로 있었다. 애굽으로 내려가려는 생각을 버렸고 하나님께서 보여주신대로 순종하여 자기가 태어난 땅 그땅에서 자기에게 속한 사람들과 함께 정착했다. 그 땅에는 또다른 유혹이 기다리고 있었던 것을 알 수 있다. 그것은 아버지 아브라함이 빠졌던 똑같은 시험이었다.

성도의 생애는 나그네 생활이다. 나그네로 있는 땅에는 언제나 시험이 그칠 날이 없는 것이다. 하나님의 사람들은 항상 깨어 근심하므로 하나님과 동행하지 아니하면 실패할 수밖에 없는 것이다.

3. 이삭이 그랄에서 아내를 누이라고 했다.

그곳 사람들이 그 아내를 이삭과 어떤 관계냐고 물었다. 블레셋 사람들이 리브가가 아름다웠기 때문에 그 아름다움에 매혹되어 이삭에게 묻기를 어떤 관계냐고 한 것이다. 이때에 이삭은 그들이 자기를 죽이고 아내는 그들에게 빼앗기지 않을까 하여 리브가를 아내라고 하지 못하고 누이라고 거짓말했다. 그것은 그곳 사람들을 두려워하고 하나님을 믿지 못하는 불신앙이었다. 하나님께서 이곳에 있으면 복을 주고 신변의 보호를 책임지겠다고 하셨는데 흉년이라는 시험에서 이긴 이삭의 하나님을 믿지 않고 인간을 두려워하여 거짓말했다. 성도는 어떤 경우에 큰 시험에는 이기고 작은 시험에는 실패하는 수가 있다. 이삭은 아내가 그곳의 남정들 품에 던져질지도 모르는 위험에 던지면서까지 자기 자신의 신변 보호만을 생각하는 실수를 했으니 거짓말은 하나님을 두려워하는 믿음이 없었기 때문이다. 누이는 리브가가 같은 어버이에게서 태어난 자신의 누이라는 것이다. 아버지의 실수를 그대로 저질렀다. 인간은 언제나 실수할 수 있는 연약함을 지니고 있다는 것을 알 수 있다.

이삭이 리브가를 껴안은 것을 아비멜렉이 보았다. "아리따우니"는 좋다, 아름답다는 것으로 외모가 보기좋다는 말이다. 사라, 리브가, 라헬 모두 아주 아름다웠다. 그러나 하나님은 속사람의 미를 더 중하게 여기신다.

하나님은 이삭에게 "내가 너와 함께 하리라"(3절)고 약속하셨으나 이삭은 아내를 누이라고 거짓말했다. 그것은 사람을 기만하려는 거짓말이고 하나님께서 짝지어 주셔서 부부되게 하시고 그의 후손에서 메시야가 탄생하도록 예정하셨는데 이 구속사의 섭리에 역행한 것이며 아버지의 실수를 그대로 닮은 것이다. 부모의 잘못된 언행이 자녀에게 어떤 영향을 끼치는가를 보게 한 것이다.

이삭은 그곳에서 여러날 동안 있었다고 하였다. 어느날 "이삭이 그 아내 리브가를 껴안았다"고 했다. 이방 땅에서 불안 위험을 느낄 때에 이삭이 아내를 위로하기 위해서 그렇게 했을 것인데 "껴안은 것"은 웃다, 희롱하다 등의 여러 뜻이 있지만 여기서는 사랑함으로의 애무를 가리킨다.

그것은 남매간의 행동보다 더 밀접하고 남매로서는 어울리지 않는 모습이다. 그러므로 껴안은 것은 이삭이라는 자기의 이름과 같은 어근에서 나온 말로 그는 젊어서 취한 아내를 즐거워한 것이다(잠 5:18). 사실 인간이 가장 웃고 즐거워 하며 위로할 수 있는 것은 자기 아내와 가족들일 것이다.

아비멜렉은 그들이 부부라는 것을 알게 되었다. 거짓은 순간적으로는 통할지 모르나 얼마 못가서 드러나게 된다. 진실은 시간의 딸이다. 시간이 가면 진실은 밝혀지는 법이다. 그러므로 언제나 어디서나 진실해야 하는 것이다.

아비멜렉이 이삭을 책망했다. 이삭과 리브가가 부부라는 것을 본 아비멜렉은 이삭을 불렀다. 이는 소리치다, 부르다는 뜻이다. 신하를 시켜서 긴급히 오라고 부른 것을 의미한다. 아비멜렉은 이삭을 책망했다. 성도들이 이방인들에게 책망을 받았다는 것은 수치스러운 일이다. 특히 아비멜렉은 과거 아브라함 때에 궁중에서 이번 사건과 똑같은 일이 있었던 것을 잊지 않고 있었음이 틀림없다. 하나님의 사람이 거짓말 때문에 그 땅 사람이 이삭의 아내와 동침할 뻔 했으니(20:9) 참으로 큰 죄를 범한 것이다. 여기 죄는 큰 죄책이나 과오를 의미한다. 범하는은 "만지다", "타격하다"는 것으로 여기서는 리브가와 함께 눕다, 여자의 정조를 유린하다는 뜻이다.

그러므로 아비멜렉이 이삭을 해할 자가 아니었으며 오히려 그들 부부를 적극적으로 보호했다. 그러기에 "이사람이나 그 아내를 범하는 자는 죽이리라"고 한 것이다. 그것은 절대적 의미를 지니고 있는 엄중한 선언이다.

이삭이 판 우물

(창 26:12-25)

하나님께서는 이삭이 애굽으로 내려가려고 할 때에 가나안 땅에서 떠나지 말라고 지시하시고 그렇게 순종하면 복을 주겠다고 약속하셨다. 이에 이삭은 블레셋 땅에 안주하여 농사를 지었는데 놀랄만큼의 풍년이 들어 많은 소출을 얻었다. 그것은 하나님의 은혜였다. 언제든지 하나님은 하나님의 말씀에 순종하는 자에게는 이렇게 복을 주시는 것이다.

이삭은 그 땅에 우물을 파기 시작했다. 우기 외에 비가 오지 않는 가나안 땅에서 우물이나 물을 구한다는 것은 참으로 힘든 일이다. 더욱이 농업을 경영했던 이삭에게 우물은 제 2의 생명처럼 귀한 것이었다. 인공적으로 샘과 저수지를 만들어 물을 해결했다.

우물을 판다는 것은 큰 경비와 많은 인력이 동원되어야 하는 것이다. 이러한 우물의 중요성 때문에 우물이 누구의 것인가 하는 소유권 싸움이 자주 일어나는 것이다. 히브리인들은 우물은 하나님과 깊은 연관을 두었고 역사적인 명칭까지 붙이는 경우가 있었던 것이다.

이삭은 여호와의 복을 받았으나 그 땅 사람들에게는 시기의 대상이 되었고 그것은 아버지 아브라함 때에 그 종들이 판 우물을 막고 흙으로 메꾸는 불상사를 낳았고 이삭이 새로 판 우물까지 따라다니면서 방해하고 다투면서 메꾸는 것이었다. 마침내 아비멜렉은 이삭을 그 지경에서 내쫓아 버렸다. 그러나 이것은 성도가 낙심할 일이 아니다. 왜냐하면 하나님께서 이렇게 하신 것은 하나님의 백성들로 하여금 땅의 것을 믿지 못하게 하시고 하나님만 의지하게 하려는 배려인 것이다.

신령한 의미에서 이 사건을 다룰 때 믿음의 조상들이 애써서 파놓은 구원의 복음이라는 우물들이 오늘에도 블레셋 사람들이라는 자들에 의해 파헤쳐지고 메꾸어져 왔다고 할 수 있다.

이삭이 다시 파면서 끝까지 온유함으로 성공했듯이 우리는 구원의 우물을 다시 파지 않으면 안된다. 그러기 위해서는 삽과 곡괭이가 있어야 하고 많은 인력과 재력을 투자하지 않을 수 없다. 싸우지 않을 수 없다. 옛날 전쟁중에 우물 때문에 싸운 경우도 많이 있었다. 많은 영혼이 구원의 우물에서 물을 길어야 한다(사 12:3).

1. 아비멜렉이 이삭을 떠나라고 하였다.

이삭이 창대왕성하여 거부가 된 때이다. 첫째로, 이삭이 그 땅에서 농사하여 백배나 얻었다. 이삭은 흉년이라는 생활고를 겪었고 이제 블레셋 땅에서 그가 판 우물을 메우는 본거주자들의 폭력을 당했으며 아비멜렉과의 외교에 들어갔다. 아브라함은 유목민으로서의 생활을 했으나 이삭은 반유목민 즉 한편으로는 목축을 또 한편으로는 농업을 힘썼던 것을 알 수 있다.

"이삭이 그 땅에서 농사하여 백배나 얻었다"고 했으니 본토인만큼 농업에 대한 지식이나 경험이 많지 않았지만 그 수확은 백배였다는 것이다. "얻었다"는 것은 "발견했다"는 뜻으로 이삭이 들에 나가 수확할 것이 얼마나 풍성했는지를 연상케 하는 것으로 그것은 "여호와께서 복을 주시므로"의 축복인 것이다.

가인이 농사했었고(4:2), 노아가 농업에 종사했었는데(9:20) 이삭은 성경에 나오는 족장 중에 세 번째로 농업에 손을 대었다. 그리고 하나님의 은혜를 받아 백배의 분량을 얻었다.

둘째로, 여호와께서 복을 주셔서 거부가 되었다. 여호와는 복의 근원이시며 아브라함과 그의 후손들에게 복을 주시겠다고 약속하셨다. 이삭은 블레셋 사람들의 땅을 빌려서 농사했고 그것도 그 땅에 흉년이 들었던 바로 그 해에 백배나 얻었다. 갈릴리 바다의 어부들이 밤이 맞도록 수고를 하였으나 한 마리의 고기도 잡을 수 없었던 그 때에 예수의 말씀에 의지하여 그물을 던졌을 때 많은 고기를 잡을 수 있었다. 이삭 역시 그 땅에 흉년이 심했으나 그땅에 거하라고 말씀하신 하나님의 말씀에 그대로 순종했기 때문에 백배의 축복을 받은 것이다.

성경에는 갑절의 복이 있는데(욥 42:10, 삼상 1:5, 출 16:22, 사 61:7, 슥 9:12) 소유의 갑절, 영감의 갑절, 수치 대신에 배의 기쁨 등을 얻는 것으로 간구하고 기도하며, 말씀대로 성일을 지켜서 받는 복이다. 30배, 60배, 백배의 복이 있으니(막 4:20) 이것은 마음의 옥토에 말씀을 받은 자와 이삭같이 말씀에 순종하는 자가 받는 복이다.

그리고 천 배(신 1:11)의 후손의 축복이 있으니 여호와께서 그렇게 하시며 천대(출 20:6)의 은혜의 축복이 있으니 이것은 하나님을 사랑하고 하나님의 계명을 지키는 자가 받는 축복이다.

셋째로, 이삭이 창대하고 왕성하여 거부가 되었다. 이것은 영육간의 축복이다. 비록 나그네 땅에 살았지만 이삭은 양과 소가 떼를 이루고 노복이 심히 많아졌다. 재산이 더하면 먹는 식솔도 더해진다(전 5:11). 하나님은 이삭에게 종들이나 재물을 창대 왕성하게 하셨다. 의인의 집에는 보물이 있다(잠 15:6). 부지런한 자의 마음은 풍족함을 얻는다. 겸손하여 하나님을 경외할 때에 흉년 중에도 부요한 재물을 내려주시는 분이 하나님이시다. 하나님을 사랑하여 재물을 드려 공경할 때에 부자가 될 수 있다(잠 3:9-10, 말 3:8-10).

블레셋 사람들은 이삭을 시기해서 그 땅에서 축출시켰다. 자기들의 땅에 흉년이 든 때에 이삭이라도 백 배의 농업을 했으므로 그 땅에 물질이 풍부하게 유통되었을텐데 그들은 복을 차버린 격이었다. 시기는 "열심을 내다"라는 뜻으로 여기서는 질투하며 시샘하는 것을 의미한다.

질투란 말은 "탄다"는 뜻에서 온 말로 블레셋 사람들이 이삭에 대하여 마음이 불타듯이 질투했다는 것이다(신 29:20, 습 1:18, 3:8). 타인의 번영이나 잘됨에 대해 이렇게 시기 질투하는 것은 타락한 인간성의 한 면이다.

모든 우물을 막고 흙으로 메웠다. 첫째로, 아브라함 때에 판 우물을 막았다. 가나안 땅에서의 우물은 생존과 직결되는 문제였다. 왜냐하면 물이 귀한 지역이기 때문이다. 이렇게 귀한 우물을 블레셋 사람들이 막아버렸다는 것은 합법적인 전쟁도발 행위로 간주되는 것이다(왕하 3:25, 사 15:6). 간접적으로는 이삭을 추방시키려는 것이다. 이 우물은 이삭의 종들이 판 것이 아니고 아버지 아브라함 때에 그의 종들이 판 것이다. 그것을 이제 와서 그들이 메꾸어 버렸다는 것은 선전포고이며 우물은 생명수일뿐 아니라 농업과 목축을 경영하는 이삭에게 있어서는 생활수단이며 그들의 목숨인데 그것을 막고 메꾸는 것은 이삭의 생명을 끊는 것이나 다를 바가 없는 것이었다.

아버지 아브라함이 당시 블레셋의 왕과 화친하여 맹세까지 하면서 우물을 소유했던 것인데(21:25) 그 아들 이삭 때에 와서 그것을 막고 말았으니 이방인들과의 약속은 오래 가지 못한다는 사실을 알고 사람을 믿어서는 안된다는 진리를 이삭에게 가르쳐주는 것이라고 할 수 있다.

요셉이 애굽의 총리로 있을 때에는 이스라엘이 애굽에서 우대를 받으며 살 수 있었으나 요셉이 죽고 세월이 흘러 요셉을 알지 못하는 왕이 애굽을 다스릴 때에는 핍박을 받았던 것이다. 자기들에게 유익하면 화친하고 불리한 듯 하면 메꾸어 버리는 것이 세상 인심이다.

둘째로, 이방 땅을 믿고 안심할 수 없는 것이다. 이삭이 블레셋 땅에서 계속해서 존경받고 우대 받았다면 이삭은 그땅이나 그땅의 사람들을 믿고 의지하며 안심하고 살았을 것이다. 애굽으로 내려갔던 이스라엘도 그러했을 것이다. 하나님께서는 하나님의 사람들로 하여금 땅의 것을 의지하고 안심하여 살게 하시지 않으신다. 하나님은 하나님 한 분만 의지하고 믿고 살아가기를 원하시기 때문에 사람들을 사용하여 그렇게 역사하신다.

이삭이 농사해서 부자가 되고 노비가 많아지고 가세가 번창하여 그곳 사람들에게 존경을 받는다면 이삭은 어느 순간에 하나님도 모른다고 자고해 질 수도 있는 일이다.

그러므로 하나님은 이삭으로 하여금 지상의 것이 아닌 하늘나라의 것을 사모하고 사람이 아닌 하나님을 믿고 의지하게 하시려고 블레셋에서 추방당하게 하셨다. 이 또한 신령한 신앙교육의 한 방법인 것이다.

이삭이 블레셋 사람들 보기에 크게 강성했기 때문이다.

첫째로, 블레셋 사람들은 이삭을 시기하며 또 두려워했다. "강성한"은 "힘이 세다"(신 7:1)와 "수가 많다"(민 32:1, 잠 7:26)는 뜻으로 숫자적으로 이삭의 가세가 너무 강대하여 군사적으로도 블레셋 사람들에게 위협이 될 정도라는 것이다. "떠나가라"는 것은 "가져가다", "옮기다"는 뜻으로 네 모든 권속과 가산을 가지고 여기서 떠나라는 것이다. 맹세하면서까지 아브라함과 평화 조약을 맺었던 70년 전의 의리는 아랑곳 없고 강제 추방을 당하게 된 것이다.

애굽에서 이스라엘 자손은 생육이 중다하고 번식하고 창성하며 심히 강대하여 온 애굽 땅에 가득하게 되었을 때에 요셉을 모르는 새 임금이 등위하여 이스라엘 사람들을 노예로 전락시키고 남아는 출생 때 죽었으며 무섭게 핍박했다. 그것은 시기일수도 있고 두려움일 수도 있다. 블레셋 사람들이 이삭에 대해 그러했다.

둘째로, 이것은 인간의 타락상을 보여주는 것이다.

다른 사람이라도 잘되고 더구나 나그네로서 우리 땅에 들어온 사람이 부요해지고 번창해지면 기뻐하고 함께 모여 축하할 일이다. 왜냐하면 그것은 그들 자신에게도 축복이기 때문이다. 그런데 블레셋 사람들은 이삭이 잘되고 복을 받아 창대해지는 것에 대하여 시기하고 불타는 마음으로 질투하여 그 땅에서 추방해버린 것이다.

그들은 아브라함이 판 우물을 흙으로 메꾸어 버림으로써 그들의 악의를 그대로 나타내고 말았다. 언제나 타락한 인간성은 나보다 남이 잘되는 것을 시기 질투하는 것이다.

전도자는 "사람이 여러 가지 교묘한 일로 인하여 이웃에게 시기를 받으니"(전 4:4)라고 하였거니와 시기는 뼈를 썩게 하는 것이고(잠 14:30), 육신에 속한 자는 육체의 일로 하나님나라를 유업으로 받을 수 없는 것이며(고전 3:3, 갈 5:20-22), 세상적이고 정욕적이며 마귀적인 것이므로(약 3:14-15) 시기와 다툼이 있는 곳에는 요란함과 모든 악한 일이 있다고 하였다(약 3:16). 그러므로 밤이 깊고 낮이 가까운 때의 성도는 시기하지 말것이다(롬 13:13).

셋째로, 블레셋 사람들은 축복의 사람을 거부했다. 블레셋 사람들은 하나님의 사람 이삭이 많은 축복을 받은 사실을 보았다. 그것은 그들에게도 축복을 받을 수 있다는 증거이기도 했다. 왜냐하면 하나님께서는 이삭의 농토에나 목장에만 하늘의 우로를 내리시지는 않았을 것이기 때문이다(마 5:45).

하나님의 약속의 사람 이삭이 그 땅에 있기 때문에 흉년 중에도 축복이 내려진 것이므로 이삭을 더욱 귀히 여기고 이삭이 떠나려해도 간청하여 함께 살기를 원해야 했을 것이다.

예수께서 거라사인의 지방에서 더러운 귀신들려 무덤 사이에 있으며 벌거벗고 제몸을 상하던 사람을 불쌍히 여겨 귀신을 내어쫓고 그 귀신이 돼지떼에 들어간 후에 그 사람은 옷을 입고 정신이 온전하여 새사람이 되었다. 그런데 그 지방의 사람들은 "예수께 그 지경에서 떠나시기를 간구하더라"(막 6:17)고 하는 기록으로 끝이나는 것을 읽을 수 있다.

2. 이삭이 그곳을 떠나 그랄 골짜기에 우거했다.

이삭이 그랄 골짜기에 우거했다. 첫째로, 이삭이 아무말 않고 그곳을 떠났다. 이삭은 지금까지 이곳에다 많은 것을 투자했다고 할 수 있다. 아버지의 재산을 들여가면서 농경지를 개간하고 목장을 넓히며 우물을 팠다.

그런데 그곳 주민들이 떠나라고 할 때 아무말 하지 않고 떠났다. 아브라함이 고향의 재산을 두고 떠나듯이 항의나 반항을 하지 않고 떠났다. 이것은 세상의 재물을 버리고 하나님을 택한 자의 결단이 아닐 수 없다. 성도의 본분을 지킨 것이다(마 5:5, 롬 12:17-18, 히 12:14, 벧전 3:9). 이삭은 땅 계약서를 보이며 권리를 주장하지 않았고 많은 건장한 노비와 가솔들이 있었으나 무력으로 겨루어 보려고 하지 않았으며 평화롭게 그곳을 떠나 지금 그보다 훨씬 못한 그랄 골짜기에 장막을 치고 거기 우거했다. 성도는 온유함으로 양보할 수 있어야 한다. 악의의 표적이 되어 높이 앉아 있기 보다는 골짜기의 낮은 곳으로 간 이삭같이 조용히 물러설 수 있어야 한다. 예수께서도 왕으로 삼으려는 군중을 피하여 혼자 산으로 들어가셨다(요 6:15).

둘째로, 그랄 골짜기로 갔다. 그랄 골짜기는 가사에서 남동쪽으로 약 15km 거리에 위치했는데 골짜기는 산골짜기에서 물이 흘러 내려오는 낮고 평편한 시내를 가리키는 것이다. 그곳은 절벽지대라고 하는데 겨울에는 시냇물이 많이 흐르고 여름에는 마르는 경우도 있으나 그 지대 근처를 깊이 파면 샘물이 나기도 한다.

언제나 성도는 세상에서 핍박하는 사람들에게 돋보이게 될 때 가장 안전한 처신은 골짜기로 내려가서 숨는 것이다. 예수는 샤론의 수선화요 골짜기의 백합화시다(악 2:1). 성도라는 비둘기는 깊은 골짜기 어귀에 깃들이고(렘 48:28) 슬피운다(겔 7:16). 하나님은 에스겔을 골짜기 가운데 두셨으며(겔 37:1-2), 골짜기는 눈물이 고인 곳이요(시 84:6), 사망의 음침한 그늘이 있지만(시 23:4) 골짜기 가운데 샘이 나게 하시며(사 41:18, 시 104:10, 왕하 3:16-17), 기름진 골짜기가 되게 하고(사 28:1), 곡식이 덮이고(시 65:13), 가나안 땅의 골짜기는 시내와 분천과 샘이 흐르고 밀과 보리의 소산이며… 먹는 식물의 결핍함이 없고 아무 부족함이 없는 땅이다(신 8:7-10).

셋째로, 장막을 치고 거기 우거했다. 장막을 치고라는 말은 군대 술어로 진을 쳤다는 것이다. 그리고 "우거하며"는 "앉다"라는 뜻으로 오랫동안 거기에 거주한 것을 의미하는데 이삭은 블레셋에서 15년 동안 머물러 있었다. 그는 본토인들에게 쫓기긴 했으나 승리하는 하나님의 군대였다. 하나님의 축복을 받아 당대의 거부였으나 장막을 치고 나그네 같이 임시적인 생활을 했다. 왜냐하면 그의 삶은 옮겨 다녀야 하는 것이기 때문이다. 가인이 성을 쌓아서 안정되게 살고자 했고 니므롯이 탑을 쌓아서 인력으로 구원에 이르려고 했으나 아브라함이나 이삭 등 하나님의 사람들은 장막에서 사는 것으로 만족했던 것이다.

야영부대의 군대는 한 곳에 영주할 수 없다.

이삭은 아버지 때에 팠던 우물을 다시 팠다.

첫째로, 아브라함 때 판 우물을 블레셋인들이 메웠다. 이삭은 아버지때에 팠던 우물을 다시 팠다. 그것은 블레셋 사람들이 그 우물을 메웠었기 때문이다. 이삭은 아버지를 존경하는 마음을 가지고 아버지가 부르신 이름으로 우물의 이름을 불렀다. 그것은 아브라함의 종들이 판 우물이었는데 이삭이 되돌아와서 다시 팠다(왕하 20:5). 그러므로 아브라함은 브엘세바의 우물 외에 또다른 우물도 팠었던 것을 알 수 있다(21:31).

이 우물 때문에 아비멜렉이 아브라함과 싸운 적이 있었다(21:23). 이삭은 아버지의 판 우물의 이름을 회복시킴으로써 그 우물의 권리를 확인하고 아버지를 향한 사랑을 표시했다. 여기서 "우물"은 하나님의 교회이며 "물"은 진리이다. 우리의 신앙선조들은 많은 난관 중에도 우물을 팠다.

원수들이 그 구원의 우물을 묻어 버렸다. 우리는 조상들이 이루어 놓은 우물이라는 교회를 찾아서 다시 파고 생수를 마실 수 있게 해야 하는 것이다.

둘째로, 이삭의 종들이 골짜기를 파서 샘 근원을 얻었다.

"샘 근원"은 "살아있는 물" 즉 생수(레 14:5-6, 슥 14:8, 계 21:6)를 의미하는 것으로 이는 풍부하고 수질이 좋은 새로운 샘을 팠다는 것이다. 이 샘근원을 골짜기에서 파서 얻은 샘이라고 하는 것은 우리가 골짜기라는 낮은 자리로 내려가야 성령의 생수를 만날 수 있는 것이다.

이삭은 끊임없이 우물을 찾아 다녔다. 그것은 권속이 많고 가축이 증대했기 때문이었을 것이다. 우물을 파는 데는 공력과 재물이 투자되는 것이다. 부자였지만 노동하기를 즐겼고 미물의 짐승 한 마리까지도 관심을 갖고 가사를 총괄해 갔다. 성도는 어떤 악조건 속에서도 힘쓰고 노력할 필요가 있다. 예수께서는 "천국은 침노를 당하나니 침노하는 자는 빼앗느니라"(마 11:12)고 하셨다.

셋째로, 이삭이 에섹과 싯나라는 우물을 팠다. 그랄의 목자 곧 아비멜렉의 종들이 이삭의 종들이 얻은 샘이 자기들에게 속했다고 하면서 다투는 것이었다. 이삭이 우물을 파면서 참으로 많은 반대와 방해와 저항에 부닥쳤던 것을 알 수 있다. 처음에 판 우물의 이름을 에섹이라 하고 다음에 판 우물의 이름을 싯나라고 했다. 각 우물에 기념될 만한 이름을 붙인 것을 보면 가나안 땅에서 우물이 차지하는 중요성이 얼마나 큰가를 짐작할 수 있다.

에섹은 "억압하다" "강탈하다"에서 온 말로 "일반적인 다툼보다 불공평하게 강탈을 당하는 것"을 의미한다. 에섹이라는 우물의 이름에서 이삭이 이방 땅에서 겪은 고초와 비애가 어떤 것이었는가를 짐작하게 한다. 이삭은 힘이 있었지만 관대한 마음과 온유 겸손한 태도로 그 우물을 양보했다.

싯나는 "적대감"이라는 뜻으로 "원수같이 기다리고 있다"는 뜻의 사탄에서 유래했다. 첫 우물 때보다 더 악의적인 도전을 받은 것을 알 수 있다. 사단 마귀는 이렇게 우리의 원수이다. 기다리고 있다가 구원의 우물 교회를 막고 메우며 방해하고 성도를 못살게 한다. 그리하여 이삭은 그들의 땅이라고 주장할 수 없는 곳으로 조용히 옮겼다.

이삭이 다투지 아니한 르호봇이라는 우물을 팠다. 르호봇은 "넓은 공간", "넓은 지역"이라는 뜻으로 브엘세바에서 남방으로 약 8시간 반 되는 거리에(30km) 있다고 한다. 하나님께서 자기에게 적당한 곳을 주신데 대하여 감사하는 뜻에서 르호봇이라고 이름한 것이다. 온유한 자가 땅을 차지한다는 주님의 말씀에 비교할 수 있다(마 5:5). 이삭은 그들과 싸워 승리하기 보다는 평화를 택하여 싸움을 피했다. 평화를 구하는 자는 조만간 평화를 얻는다. 생수의 우물, 구원의 우물은 영적인 축복이지만 세상 사람들에 의해 방해를 받을 수 있다. 이곳에서의 우물 파는 생애가 방해를 받아 막히고 묻혀 버리는 때에 포기하지 말고 거기서 옮겨 다른 곳에 우물을 팔 때에 더 넓고 좋은 공간을 차지하게 되는 것이다.

3. 이삭이 거기서부터 브엘세바로 올라갔다.

그밤에 여호와께서 그에게 나타나셨다. 첫째로, 이삭이 브엘세바로 올라갔을 때 나타나셨다. 브엘세바는 전에 아브라함이 거했던 곳으로 (21:33) 낮은 곳에서 높은 곳으로 올라가거나 낮은 지위에서 높은 지위로 올라가는 것을 의미하지만 브엘세바는 지중해와 염해 사이의 분수계 근처에 위치했다.

이 말은 지중해 지역에서 가나안 지역으로 접근할 때는 언제나 올라간다고 표현했기 때문에 이렇게 브엘세바로 올라갔다고 한 것이다. 성도는 언제나 세인에게로부터 고난을 당할 때는 높이 계신 하나님에게로 올라가는 신앙이 있어야 하는 것이다.

둘째로, 그 밤에 여호와께서 나타나셨다. 어두움의 계절에 처한 하나님의 사람에게 하나님께서 나타나셨으니 참으로 감격스러운 위로였을 것이다. 밤은 고난의 시간이요 시련의 순간이다. 폭력으로써 이삭의 우물들을 강탈한 아비멜렉을 사랑과 인내와 온유의 신앙으로 이기고 높이 계신 하나님을 찾아 올라간 이삭에게 그 밤에 하나님께서 나타나사 위로와 안위를 주셨다. 그러므로 성도는 "밤"이라는 무서운 계절, 시험의 계절, 공포와 불안의 계절은 오히려 고요하게 다가오시는 하나님을 만나는 시간인 것이다.

여호와께서 네게 복을 주어 번성케 하리라고 하셨다. 여호와께서는 "나는 네 아비 아브라함의 하나님이라"고 하셨다. 블레셋 사람들은 아브라함을 벌써 잊어버리고 아브라함이 판 우물까지 메우면서 그의 아들 이삭에게 괴롭게 하였으나 여호와께서는 아브라함과 맺은 계약과 그에게 약속한 은혜와 그의 후손에게 베푸시겠다고 하신 모든 것을 잊지 않으시고 계신 것이다. 그러므로 여호와와 아브라함 사이의 언약된 모든 것은 지금도 지속되고 있는 것이다. 뿐만 아니라 이 언약은 그리스도 안에서 영적으로 아브라함의 후손된 성도들에게 계속 적용되는 것이다. 여호와께서는 이삭에게 "두려워 말라 내가 너와 함께 있다"고 말씀하셨다. 이삭에게는 더할 나위없는 위로가 되는 위로의 말씀이요 그를 살리는 생기의 말씀이었다(마 18:20, 28:20).

이삭은 그랄 주민들에게 여러차례 학대를 당하면서 인간에 대하여 지니고 있던 기대가 무너져 내릴 때에 절망하지 않을 수 없었으리라고 생각된다. 그러한 때에 마치 아브라함이 롯과 갈라지고 고독과 서러움에 있을 때에 여호와께서 나타나심과 같이 여호와께서 이삭에게 나타나시고 "두려워 말라 내가 너와 함께 있어 네게 복을 주어 네 자손으로 번성케 하리라"고 약속하시고 위로하시고 축복하셨다. 그것은 "내 종 아브라함을 위하여"라고 하셨다.

하나님께서 아브라함을 "내종"이라고 일컬어 말씀하신 곳은 이곳 뿐이다. 아브라함은 하나님의 종으로써 하나님의 뜻을 준행했기 때문에 그 아들 이삭이 복을 받는 것이다. 종은 수고한 대가를 어떤 것으로든지 받는 법이다.

이삭이 그곳에 단을 쌓아 여호와의 이름을 불렀다.

첫째로, 그곳에 단을 쌓았다. 이삭은 여기서 최초로 "단을 쌓았다"고 하였다. 아버지 아브라함의 단을 쌓는 믿음을 본받은 것이다. 그가 단을 쌓았다는 것은 공개적으로 하나님께 제사를 드렸다는 것으로 하나님께 감사하고 그곳을 성별하여 기념하기 위함이었다.

둘째로, 여호와의 이름을 불렀다. 이것은 여호와의 이름을 사용하여 여호와의 권능과 섭리와 성품을 찬양하되 온 가족 식구들이 다 모여서 공식적으로 예배드렸다는 것이다. 이로써 이삭의 신앙이 더 하나님을 중심하는 고도의 수준으로 올라가는 것을 알 수 있다. 성도는 하나님의 은혜에 감사하며 예배를 통해서 하나님과 교제하고 다른 사람들에게 여호와의 이름을 전해야 한다.

셋째로, 거기서 장막을 쳤다. 이삭이 거기서 또 "장막을 쳤다"는 것은 역시 임시 거처를 삼았다는 것으로 인간은 나그네임에 틀림없다. 영원한 거처라는 천국에는 우리의 있을 곳이 많다. 그러므로 이 세상에 있는 동안 성도는 이 세상에 영원히 살려고 영구한 주택을 건축할 필요가 없는 것이다.

넷째로, 그 종들이 거기서도 우물을 팠다. 유목민이 정착하는 데는 장막을 치는 일과 우물을 파는 일이 우선이다. 이삭은 하나님의 축복을 약속받았다고 해서 자신이 해야 할 일을 등한히 하지 않았다. "팠더라"는 땅을 파는 행위만을 뜻하여 하나님의 은혜로 쉽게 샘물을 얻을 수 있었음을 암시하고 있다. 인간은 어디까지나 임시 장막 속에서 불편한 중에 살지만 하나님의 음성을 듣고 샘물을 판 것처럼 하나님의 교회라는 우물을 파서 그곳에서 생수를 마셔야 할 것이다. 이삭은 헤브론으로 이주하여 그곳에서 죽기전까지 떠나지 않았던 것 같다 (35:27).

아비멜렉과 화친한 이삭

(창 26:26-35)

우리는 앞 부분에서 이삭이 브엘세바로 올라가서 여호와 하나님을 뵙고 하나님의 함께 하심과 축복을 약속받은 사실을 보았다. 이삭의 성숙한 단계의 신앙은 그의 아버지 아브라함과 같은 곳으로 나타나고 있다는 것이다. 이삭은 아버지와 같이 단을 쌓는 생활을 하였다고 한다. 그는 어디로 가든지 여호와 하나님께 단을 쌓고 여호와 하나님을 예배하는 것을 최우선 순위로 두었다는 것이니 이것이 신본주의 신앙이 아니고 무엇인가? 가나안 사람들은 이삭이 여호와의 단을 쌓는 종교생활에 대하여 싫어했다. 그러나 그는 신본주의의 예배생활로 하나님을 뵙는 생활을 계속했다.

이삭은 아버지 아브라함과 같이 장막을 치고 생활했다. 그것은 영구히 살 장소가 아니었기 때문이다. 장막은 이리저리 삶의 터전을 옮기기에 용이한 장비이다. 즉 이삭은 아브라함과 같이 이 세상을 나그네로 살았다는 것이다(히 11:13). 이 세상에 미련을 두는 사람들은 현재를 위해 수고하고 이 땅에 고대 광실 문전 옥답을 마련하려고 한다. 그러나 이삭과 같이 영원을 사모하는 자는 현세를 나그네와 행인으로 살면서도 불평하지 않는다. 하나님께서 본국으로 오라는 소환명령이 떨어지면 언제든지 장막을 거두어 미련없이 영원한 본향 집으로 황금 보석으로 꾸며진 영구한 집으로 떠난다(고후 5:1).

이삭은 우물을 팠다. 이삭은 자신의 생명과 가속들의 생존, 그리고 가축들의 모든 생명체들의 생존을 위해 많은 어려움과 재정을 투입하면서 우물을 팠다. 방해자들의 강탈 중에도 온유하게 다투지 아니하

고 피하면서 가는 곳 마다에 우물을 팠다. 참으로 성숙한 신앙인의
모습이다.

그랄왕 아비멜렉은 평화를 맺고자 이삭을 찾아오게 되었다. 이삭을
박대한 그들이 "여호와께서 너와 함께 계심을 우리가 분명히 보았다"
고 하면서 화해의 손을 벌려온 것이다. 그것은 확실히 신앙의 승리이
며 이삭의 멋진 처세술이다.

1. 아비멜렉이 이삭에게 왔다.

아비멜렉이 그 친구와 함께 왔다. 아비멜렉은 그의 친구 아훗삿과
그의 군대장관 비골로 더불어 이삭을 찾아왔다. 아브라함 때와는 전
혀 다르다(21:22-32). 그들이 이삭에게 온 목적은 아비멜렉의 전임자
와 아브라함 간에 체결된 평화관계를 새롭게 하려는 것이었다. 아훗
삿은 친구라는 말을 쓴 것으로 보아 아비멜렉의 조언자이거나 고문이
었을 것인데 그 뜻은 "소유, 단단하게 쥔다"는 것이다. 비골은 "강한,
위대한"이라는 뜻으로 아브라함 때의 비골이 아닐 것이다. 그 이름은
아마 블레셋 군대장관의 일반적인 명칭인 듯하다.

여호와께서는 이방인의 왕이라 할지라도 그 마음을 주장하신다는
것을 알 수 있다. 성도는 이방 땅에 있을지라도 이렇게 이삭같이 여
호와의 권위와 능력을 나타내야 하는 것이다.

이삭이 "너희가 어찌하여 내게 왔느냐?"고 물었다. 이삭은 뱀같이
지혜롭게 비둘기같이 순결하게 신중히 생각한 후에 조심스럽게 아비
멜렉의 방문 목적이 무엇인가를 묻게 되었다. "너희가 나를 미워하여
추방했다"고 말하고 빼앗긴 우물에 대해서는 아무 말도 하지 않았다.
이 말은 그들이 악한 행동으로 우격다짐으로 몰아내놓고 즉 그때의
형편으로는 도저히 나에게 올 수 없을 터인데 어찌하여 왔느냐고
하는 것이다. 그들이 강압적인 수단을 동원하여 번번이 내쫓은 것에
대한 북받치는 감정을 나타낸 말이다. 결국 이삭은 아비멜렉의 강탈
중에 신앙으로 승리한 것을 보여주는 것이다. 사람의 행위가 여호와
를 기쁘시게 하면 그 사람의 원수도 그로 더불어 화목하게 하신다(잠

16:7).

그들은 여호와께서 너와 함께 계심을 보았다고 했다. 그들은 아브라함과 화친하여 지냈던 사람들이기 때문에 그이름의 의미까지는 몰랐을지라도 여호와라는 이름에 대해서는 잘 알고 있었을 것이다. 그들이 이삭에게 "우리가 분명히 보았다"고 말했다. 그것은 "보면서 우리가 보고"라는 것으로 "우리가 명확히 안다, 참으로 알고 발견했다"는 뜻이다. 이것은 이삭이 그동안 여호와 하나님을 믿는 신앙생활을 통해서 이방인들에게 하나님의 살아계심, 여호와께서 자기와 함께 하심을 나타냈는가를 보여주는 것이다.

성도는 나그네같은 이 세상에서 장막같은 움막집에 거처하여 살지만 불신자들에게 하나님이 우리와 함께 하신다는 것을 보여주는 감화 있는 생활을 보여주어야 한다. 그렇게 될 때에 우리를 핍박하던 그들이 먼저 우리에게 와서 도움을 요청하게 되는 것이다. 그것이 곧 믿음의 승리인 것이다.

2. 이삭이 아비멜렉과 화친을 맺었다.

맹세를 세워 계약을 맺었다. 맹세는 본래 상대방에게 저주가 임하기를 비는 갈구를 뜻하지만, 여기서는 맹세하여 계약한 바를 파기할 때에는 화가 있을 것임을 확약한 맹세를 의미하는 것이다.

31절에 보면 서로 맹세 하였다. 원문에는 "서로"라는 말을 "단수"로 표현하고 있다. 곧 그것은 언약을 체결한 쌍방을 하나로 묶음으로써 서로를 결속시키는 것이다.

부부간에 결혼할 때의 맹세는 둘이 아니고 하나로써의 언약인 것이다. 이것으로써 이삭은 조용히 그리고 온유하게 그들에게 당하기만 하는 것 같았지만, 그들이 굴복하고 찾아와서 하나가 되자고 제의하고 하나님의 사람 이삭은 여호와의 이름을 존귀케 할 수 있었다.

아비멜렉은 이삭에게 "너는 우리를 해하지 말라"고 했다. 지금까지는 아비멜렉과 그의 종자들이 이삭을 해롭게 했다. 한번도 이삭이 그들에게 해롭게 한 경우는 없다. 아비멜렉은 이삭이 점점 강성해 가고 여호와의 은혜가 이삭에게 함께 하심을 분명히 보았기 때문에 이삭이 마음만 먹으면 자기들에게 해롭게 할 능력이 있다고 보았다. 그리하여 아비멜렉은 이삭을 보호하기 보다는 자기들이 보호받기 위하여 평화조약을 맺자고 하는 것이다.

사람들은 자신보다도 자기 이웃을 더 빨리 의심하게 된다. 아비멜렉은 자신이 두려웠다. 또한 이삭의 선함과 하나님의 함께 하심을 인정했다. 이삭은 이때에 아비멜렉에게 어떤 안전책을 요구하지 않았다. 왜냐하면 여호와께서 방패가 되시고 큰 상급이 되시며 안전한 보호자라는 것을 믿었기 때문이다. 아비멜렉은 이삭에게 악행했음에도 불구하고 선한 일만 네게 행하고 평안히 가게 했다고 구구한 자기 변명을 늘어놓았다. 그러나 그들이 충돌없이 평화체결에 들어갈 수 있었던 것도 이삭의 신앙으로의 평화를 사랑하는 마음 때문이었다.

이삭이 그들을 위하여 잔치를 베풀었다. 아비멜렉은 이삭에게 "너는 여호와께 복을 받은 자니라"라고 말하였다. 사실 그리스도 안에 있는 모든 성도들은 여호와께 복을 받은 자들이다. 여호와께 복을 받은 신앙의 사람 이삭은 아비멜렉과 그 일행에게 관대하게 대하고 잔치까지 베풀었다.

하나님의 사람은 원수를 판단하는 일에 있어서 냉정해야 되고 최대한 관대할 수 있어야 한다. 성도들은 상대방의 실수로 평화가 깨어진 때에도 그것을 다시 회복하기 위해서 노력해야 한다. 아브라함 때에는 잔치했다는 기록이 없으나 이삭 때에는 잔치를 베풀었다. 앞으로의 관계 정상화를 다짐하는 우호적인 잔치였다. 그들은 맹세하고 그 아침에 평안히 갔다. 평안히 온 자는 평안히 가야 한다. 성도의 의무는 화평케 하는 것이다(마 5:9).

이삭이 판 우물에서 물을 얻었다. 이삭이 아비멜렉과 그의 일행을 보내자마자 이삭의 종들이 와서 이삭이 판 우물에서 물이 나온다는 희소식을 전했으니 화평케 하는 자는 그에 상당한 보상을 받는 것이다(약 3:18).

이삭은 그 이름을 "세바"라 했다. 그것은 "일곱, 맹세"라는 뜻이다.

즉 하나님의 은혜인 줄 알고 이렇게 부르게 된 것이다. 하나님을 기념하는 의도인 것이다.

이삭은 블레셋 사람들에게 부당하게 빼앗긴 우물을 돌려달라고 요구하지 않았다. 그저 잠잠했었다. 아비멜렉이 화친하자고 할 때에 얼마든지 요구할 수 있었을 것이다. 그러나 손해보면서도 침묵했는데 하나님께서 이같은 사실의 보상으로 즉각 새우물로 풍요하게 하셨으니 성도는 세상에서 손해보는 일이 없다.

3. 에서의 결혼이 이삭과 리브가의 마음에 근심이 되었다.

에서가 유딧과 바스맛을 아내로 취했다. 에서는 40세에 결혼했다. 이삭이 리브가와 결혼한 나이와 같다. 그러므로 이제 이삭의 나이는 100세이다. 이삭은 경건한 신앙 중심으로 결혼했으나 에서는 제마음대로 자유결혼으로 이방인 여인, 그것도 하나가 아닌 둘을 아내로 삼았다.

히브리서 기자는 "간음한 자"(히 12:16)라고 했다. 두 여인을 아내로 삼는다는 것은 결혼의 기본 법칙에 위반되는 것이다. 그는 순수한 영적 순결성을 저버리고 우상숭배에 젖어있는 노아의 저주받은 가나안 여자와 결혼했다.

당시 이스라엘 족장시대에서는 이방인과 결혼하게 되면 상속권을 잃게 되고 지위를 빼앗겼다. 에서가 장자권을 잃은 때가 바로 이방인 여자와 결혼한 때였다. 그 자신 때문에 장자의 명분을 잃게 된 것이라고 생각할 때 누구를 원망할 수 없었다.

유딧은 "우아하다, 찬양을 받는다"는 뜻이고 브에리는 "우물을 찾는 자"라는 뜻이다. 바스맛은 "유쾌한, 향기를 풍기는"의 뜻이다 (36:1-3).

에서의 결혼이 부모의 마음에 근심이 되었다. 에서는 이방인 여인에다가 하나도 아닌 두 여자에게 장가들었다. 그것은 율법을 어긴 죄요, 부모를 근심시킨 불효요, 하나님의 장자권을 멸시하는 반역 행위였다.

어리석은 자식은 부모를 괴롭히고 근심시킨다. 에서는 결혼에 있어서 부모와 상의하지 않았고 이삭과 같이 신앙 위주의 대상자로 선택하려 하지 않았다. 부모의 충고나 교훈을 듣지 않았다. 그것은 부모를 한없이 근심시켰다. 더구나 이방 여자들이요 하나님을 모르면서 우상 숭배하는 여자들 둘을 아내로 맞았으니 더욱 그럴 수밖에 없었다.

언제 죽을지 알지 못하는 이삭

(창 27:1-4)

우리가 이제부터 읽게 될 본문 말씀에서는 좀 색다른 점이 있으면서도 어떤 점에서는 황당하기까지 하다고 느껴진다. 늙고 나이 많아 앞이 보이지 않는 노쇠한 이삭이 하나님의 축복을 내려주겠다고 맏아들에게 하는 말이다. 그 말을 따라 사냥을 나간 에서의 행동은 이해할 수 없는 일들이다. 그러나 하나님께서는 이러한 축복의 과정을 통해서 한 민족을 합당한 백성으로 훈련시켜야 했고 모험을 건 과정을 통해 우리에게 주실 영적인 축복을 준비하셔야 했던 것이라고 이해한다.

옛날 족장시대에는 죽음을 앞두고 아들들에게 축복하는 것이 하나의 중대한 관례였으며 마지막 책임이기도 했다. 축복의 개념은 "하나님의 은혜를 받고 그것을 타인에게 전한다는 것"이고 "하나님께서 주시는 행복과 번영"을 의미하는 것이다. 이처럼 히브리인들에게는 축복 자체가 하나님의 것이며 하나님에게서 기인한다는 신념이 있다.

전형적인 구약시대의 축복 기원은 민수기 6:24-26에 나오는데 거기에도 복의 근원이 여호와시라고 한다. 성부 하나님께서는 복을 주시고 지키시고, 성자 하나님께서는 그 얼굴을 비춰시고 은혜를 베푸시고, 성령 하나님께서는 그 얼굴을 네게로 향하시고 드시며 평강을 주신다.

삼위 하나님의 복을 기원하는 자는 신성한 자로서 가족 대표 레위지파의 제사장들이었다. 그들이 축복할 때에 두 손을 하늘로 들어올려서 하는 것은 축복의 근원이 하나님이심을 보이는 것이다. 따라서 이렇게 선포되어진 축복은 신적 권위를 가졌기 때문에 취소되지 못하는 것이었다.

이삭은 이제 언제 죽을지 알 수 없는 만년에 있었다. 그는 죽기 전에 주변의 일들을 서둘러 정리하지 않으면 안되었다. 그중에 상속문제, 재산문제 등이 있었다. 어떤 면으로 볼 때 인생은 덧없고 허무한 것이다. 오늘 할 일을 내일로 미루었을 경우 과연 그 일이 해결될 수 있는 만큼의 그 내일이 존재할 수 있을지에 대한 장담은 아무도 할 수 없는 것이다.

1. 이삭이 나이 많아 눈이 어두워 잘 보지 못했다.

여기서 이삭이 늙었다는 사실에 대하여 여러 가지 말로 표현하고 있는데 "나이 많아"라고 하였다. 이것은 "턱수염과… 하는 때"라는 말이 합해져서 늙은 때라는 뜻이다.

이 때 이삭의 나이는 137세 야곱은 77세였다. "눈이 어두워"라고 하는 것은 "약하다, 어둡다"는 뜻으로 기력이 쇠했음을 의미한다. 사람이 늙게 되면 시력이 약해지고 넘어지기가 쉽다. "잘 보지 못하더니"는 잘 보이던 상태로부터 보이지 않는 상태로의 전환을 의미한다. 즉 노안으로 거의 실명 상태에 이르렀다는 것이다. "내가 이제 늙어", "어느날 죽을는지", "나로 죽기 전에" 등의 말들도 이삭의 늙음에 대한 같은 표현이다.

14년 전에 이스마엘의 죽음에서 이삭은 자신의 죽음도 가까이 온 것이라고 생각하지 않았나 생각된다. 이삭은 그럼에도 불구하고 180세에 가서 죽었다(35:18). 기력이 쇠하여지면 눈이 어두워지고 늙으면 죽는다는 것은 당연한 순서일 것이다.

이삭은 내가 이제 늙어 어느 날 죽을지 알지 못한다고 했다. 사람은 누구나 죽는다. 언제 죽을는지는 알지 못하지만 사람은 출생할 때에 죽는다는 것을 전제조건으로 하여 출생한다. 남자도 여자도 죽는다. 동양인도 서양인도 죽는다. 부자도 가난한 자도 죽는다. 잘난 사람도 죽고 못난 사람도 죽는다. 죽는 모양도 가지 가지이다. 병들어 죽는다. 사고로 죽는다. 전쟁에 죽는다. 굶어서 죽는다. 수한이 차서 죽는다. 어려서도 죽고 늙어서도 죽는다. 소년 때도 죽고 청장년 때도 죽는다. 아브라함과 사라, 이삭과 리브가 같은 존경받는 신앙인도 죽는다. 다윗도 죽을 날이 임박하여 그의 아들 솔로몬에게 "내가 이제 세상 모든 사람의 가는 길로 가게 되었노니"(왕상 2:1-2)라고 하면서 유언했다. 그러므로 사람이 늙었다는 것은 죽음이 임박했다는 말과 같은 것이다.

늙은 자의 아름다운 것은 백발이요(잠 20:29), 늙은 자는 꿈을 꾸고(욜 2:28), 지혜와 명철이 있으니(욥 12:12), 늙은 이를 꾸짖지 말고 아비에게 하듯 하고(딤전 5:1), 자식들은 늙은 어미를 경히 여기지 말며(잠 23:22), 젊은이들은 늙은 여자를 어미에게 하듯 하고(딤전 5:2), 센 머리 앞에 일어서고(레 19:32), 노인의 얼굴을 공경할 것이다.

이삭이 눈이 어두워 잘보지 못했다. 여기 "눈이 어두워 잘보지 못하더니"라는 것은 "약하다, 어둡다" 즉, 기력이 쇠약해 지면서 시력이 급속히 나빠져서 거의 실명상태에 이르렀음을 의미하는 것이다. 이삭이 죽기 전에 에서에게 축복하겠다고 하고서 야곱에게 한 것은 그의 눈이 어두워서 보지는 못하고 만져보고 듣고서 축복했기 때문이다.

이것은 물론 이삭의 육안이 거의 볼 수 없는 실명상태를 의미하지만 우리는 영적인 면에서 영안이 실명되어서는 안되겠다는 사실을 생각하지 않을 수 없다. 예수의 부활을 맨처음으로 안 사람은 막달라 마리아였다. 그런데 그는 눈물이 눈을 흐리게 하여 부활하신 예수를 보고서도 예수신 줄 알지 못하고 동산지기로 보았었다. 디베랴 바다에서 고기잡이 하는 일곱 제자들은 예수께서 바닷가에 서셨으나 예수신줄 알지 못했다고 했다. 잠시 후에 고기를 많이 잡고 해변으로 가까이 가면서 요한이 "주님이시다"라고 외쳤다. 그때에야 예수를 바로 보았던 것이다. 엠마오로 두 제자가 실망하여 슬픈 빛을 띠고 가다가 부활하신 예수께서 동행하셨으나 그 두 사람은 그가 예수신 줄을 몰랐다. 눈이 어두워져 있었기 때문이다. 그런데 어느 동네에 들어가 숙소에서 떡을 떼어 주시는 때에 그들의 눈이 밝아져서 예수로 보았다.

사울은 하나님의 아들 예수가 나무에 달려 저주의 죽음을 죽었으므로 하나님의 아들일 수 없다고 보고 예수의 도를 좇는 교회를 핍박했다. 그러나 다메섹에서 예수를 만나고 아나니아가 안수할 때에 그 눈이 밝아져서 그가 참 예수인 것을 보고 일생을 바쳐 예수를 전하는 전도자가 되었다. 믿음의 눈은 하늘이 열리고 하나님의 사자들이 인자 위에 오르락 내리락 하는 것을 본다.

이삭은 육안 뿐 아니라 영안까지 어두워져 실명상태였다. 일찍이 여호와께서는 "큰 자는 어린 자를 섬기리라"(25:23)고 말씀해 주셨다. 또한 에서는 이미 벌써 팥죽 한 그릇에 장자권을 야곱에게 팔았으며, 이방여자 둘을 아내로 맞아 절대로 장자권을 받을 수 없는 처지에 있었다. 이것을 알면서도 그 에서에게, 망령된 그 아들에게 마음껏 장자의 축복을 하겠다고 하는 것은 영안이 어두워 하나님의 섭리를 생각지 못한 것이다. 그것은 하나님의 구속사의 뜻을 거역한 죄악이다.

2. 이삭은 에서에게 마음껏 축복하겠다고 했다.

에서는 세 가지 이유로 절대 장자권 축복을 받을 수 없었다. 그것은 앞에서도 지적했지만 하나님의 계시, 에서의 장자권 포기, 이방여인과의 결혼 등이다. 그럼에도 불구하고 이삭은 혈연적으로 에서가 장자라는 생각에 사로잡혀서 에서에게 축복하려 하는 것이다.

그만큼 그의 영은 둔화되어 있어서 하나님의 계시를 식별하지 못했던 것이다. 성경을 보면 유대인은 혈통주의라고 할 만큼 혈연을 중요하게 생각하는 것이 사실이다. 그러나 아담에게는 많은 아들들이 있었지만 하나님은 가인보다 아벨을 사랑하셨다. 그리하여 가인은 버리고 아벨 대신 셋을 선택하셨다.

아브라함의 아들들이 많이 있었으나 이삭이 그 장자권의 계승자가 되고 이삭이 쌍둥이 아들을 낳았다. 바울은 이 문제에 대하여 "그 자식들이 아직 나지도 아니하고 무슨 선이나 악을 행하지 아니한 때에 택하심을 따라 되는 하나님의 뜻이 행위로 말미암지 않고 오직 부르시는 이에게로 말미암아 서게 하려 하사… 리브가에 이르시되 큰 자가 어린 자를 섬기리라 하셨나니 기록된바 내가 야곱은 사랑하고 에서는 미워하였다 하심과 같으니라"(롬 9:11-13, 말 1:2-3) 하였다. 그러므로 신령한 장자권의 축복은 이미 하나님께서 복중에 있을 때에 예정해 놓으셨는데 인간이 혈연을 따라 세상에 맏아들로 태어났다고 해서 그에게 축복할 수 있는가? 이삭은 하나님의 선택하심에 따르지 못하고 혈연에 연연해 있음으로 하여 가정에 무서운 회오리 바람을 일게 했다.

이삭은 에서를 야곱보다 더 사랑하여 편애했다. 성경은 분명히 하나님께서 에서와 야곱 중에 야곱은 사랑하시고 에서는 미워하였다고 기록하고 있다. 그러면 이것도 하나님의 편애인가? 아니다. 바울은 "그런즉 우리가 무슨 말 하리요 하나님께 불의가 있느뇨 그럴 수 없느니라… 내가 긍휼히 여길 자를 긍휼히 여기고 불쌍히 여길 자를 불쌍히 여기리라 하셨으니… 오직 긍휼히 여기시는 하나님으로 말미암음이니라… 이 사람아 네가 뉘기에 감히 하나님을 힐문하느뇨 지음을 받은 물건이 지은 자에게 어찌 나를 이같이 만들었느냐 말하겠느냐?"(롬 9:14-24)고 했다. 구속사의 장자권 축복은 하나님의 절대 주권에 있는 것이다. 사람이 편애하여 사랑하는 자라고 해서 여인의 후손의 조상이 되는 것이 아니다.

이삭은 에서를 "내 아들아"라고 불렀다. 그것은 장자 에서에 대한 극진한 애정이 담긴 부름이다. 아브라함도 이삭을 그렇게 불렀고 (22:7) 리브가는 야곱을 그렇게 불렀다(27:8). 여기서 이삭은 에서를, 리브가는 야곱을 편애했음을 볼 수 있다. 그러나 이삭이나 리브가 모두 자식을 편애했다는 것은 잘못하는 일이다. 하나님께서 예정하신 바가 있으셔서 쌍둥이 아들을 주셨는데 둘밖에 없는 아들을 편 가르기라도 하려는 듯이 한 아들씩 제 편에 끌어들인 결과 형제끼리 원수처럼 되고 이별하는 슬픔을 끌어안고 말았다.

이삭이나 리브가는 쌍둥이 아들을 똑같이 사랑하되 하나님의 말씀대로 장자권 축복은 야곱에게 합법적 절차를 밟으면서 했어야 옳았다. 그런데 그들은 하나님의 뜻에 맞추려 하지 않았다. 그것이 그 가정에 화근이 되어 자라나고 있었다.

이삭은 즐기는 별미를 먹고 축복하리라고 했다. 이삭은 "내가 이제 늙어 어느 날 죽을는지 알지 못하노니 네 기구 곧 전통과 활을 가지고 들에 가서 나를 위하여 사냥하여 나의 즐기는 별미를 만들어 내게로 가져다가 먹게 하여 나로 죽기 전에 내 마음껏 네게 축복하게 하리라"고 하였다.

이삭이 에서를 야곱보다 사랑하는 이유는 여기에 있었던 것이다. 이삭이 사냥한 고기를 즐겨먹은 것을 보면 이삭은 눈이 어둡기는 했으나 몸은 강건했던 것 같다. 그것은 짐승의 고기를 잘 소화시키는 신체조직을 갖고 있었기 때문이다. 이로써 이삭은 육욕적인데 관심이 더 컸던 것이라고 생각된다.

사람들은 20대에는 세계 인류를 위하여, 30대에는 내 나라 내 민족을 위하여, 40대에는 사회를 위하여, 50대에는 가정을 위하여, 60대에는 먹는 입을 위하여 산다고 말한다. 바울은 "하나님의 나라는 먹고 마시는 것이 아니라"(롬 14:17)고 하였다. 그런데 이삭은 별미를 먹고 마음껏 에서에게 장자의 축복을 하겠다고 약속한 것이다.

어떻게 약속있는 하나님 백성의 가통을 이어 나아갈 장자권을 별미 음식 한 그릇과 바꾼다는 것인지! 하늘나라의 영생하는 장자권은 들판에서의 사냥고기로 비교될 수 없는 것이다. "마음껏"은 "내 영혼이, 내 정성을 쏟아"라고 직역되는 말로 그 자신의 영혼과 정성을 별미에다 쏟은 것 같은 인상을 주는 것이다. 지금까지의 에서의 소행으로 보아 또 하나님의 계시된 말씀으로 보아 절대적으로 에서에게 축복할 수 없는 일인데 에서가 팥죽 한 그릇에 장자권을 포기함같이 이삭이 별미 한 대접에 그것을 쏟으려 했다. 그것은 이삭의 생애에 있어서 가장 큰 실수였다.

리브가와 야곱의 계책

(창 27:5-14)

우리는 앞에서 에서가 장자의 축복을 받을 수 없는 이유를 밝혔다. 우선 하나님의 계시 때문이고, 에서가 야곱에게 장자의 명분을 팥죽 한 그릇에 팔았기 때문이며, 이방 여인과 결혼했기 때문이다. 그런데 이삭은 영적인 눈까지 어두워져서 이러한 점을 생각하지 않고 즐겨먹 는 들짐승의 별미를 먹고 장자권의 축복을 주겠다고 에서에게 약속했 다. 리브가는 에서에게 장자권이 돌아가서는 안된다고 믿고 있었다.

어느 날 이삭이 에서에게 하는 말을 듣게 되었다. 리브가는 이삭에 게 들어가 이 일의 부당함을 설명했어야 했다. 하나님의 뜻은 야곱에 게 장자권 축복을 하는 것이라는 사실이나, 에서가 이방여인과 결혼 했으니 구속사적인 입장에서 볼 때 절대로 불가하다는 것을 말하여 순리적으로 그것을 막고 야곱에게 돌아가게 해야 했던 것이다. 그런 데 리브가는 야곱과 함께 계책을 꾸미고 이삭과 에서를 속여 야곱이 축복을 받게 했다. 하나님께서 복중에서부터 선택한 문제이기 때문에 하나님의 방법이 분명히 있었을 것이었다. 그러나 리브가는 하나님의 방법 대신에 자기 방법으로 계책을 세워 진행한 것이다.

우리는 언제든지 하나님보다 앞질러가면 안된다. 하나님의 뜻을 따 라야 하는 것이다. 리브가의 계책은 선한 동기와 의로운 목적에서 비 롯되었다고 할 것이다. 그러나 그것은 절대로 정당화 될 수 없다. 이 렇게 불의한 수단들이 의로운 결과에 의해서 정당화될 수 있다거나 또는 최소한 그 수단은 변명할 수 있다는 듯이 하나님의 뜻을 성취시 키는 수단으로 흔히 이용된다. 그 예로써 사라는 아브라함을 하갈과 동침하게 해서 이스마엘을 낳게 했다. 우리의 모든 동기와 수단과 목적은 하나님의 뜻에 부합해야 하고 선하고 의로워야 한다.

리브가와 야곱은 아무것도 얻은 것이 없다. 그들이 계교를 부리지 않았다 해도 하나님이 장자권을 야곱에게 주리라고 약속하시고 계시하셨기 때문에 야곱은 영광스럽게 장자권을 얻을 수 있었다. 그러나 그들은 아무것도 얻지 못했고 많은 것을 잃은 것이다. 야곱은 외가로 도망해야 했고, 리브가는 야곱을 잃고 다시는 보지 못하고 죽었다. 야곱은 행복한 가정을 잃고, 형제애를 잃었으며, 아버지의 재산은 만져 보지도 못했다.

1. 이삭이 에서에게 한 말을 리브가가 들었다.

"들었더니"란 이삭이 에서에게 말하고 있을 때에 리브가는 전부 다 듣고 있었다는 것이다. 리브가는 관찰에 민감하고 활동력이 강한 여자로 이삭과 에서의 대화를 모두 다 엿들을 수 있었다. 리브가는 장자권 축복에 대해서 대단히 예민하게 이삭과 에서의 거동을 살피고 있었던 것이다. 그런데 오늘 이 순간에 그것이 들려졌으니 만일 에서가 사냥하러 들로 나간 이 순간을 놓치면 상속권은 에서의 것이 되는 것이라고 생각했다.

그리하여 리브가는 야곱에게 달려가서 이 사실을 말했다. 자기가 편애한 야곱을 계략의 하수인이 되게 하려는 것이었다. 야곱은 소심한 사람이어서 망설였을 것이다. 그러나 어머니의 선동에는 어찌할 수가 없었다.

방법은 나빴지만 "기회"가 왔을 때에 그 기회를 이용하는 것은 좋은 일이다. 왜냐하면 기회는 우리 앞에 머물러서는 것이 아니라 지나가는 찰나기 때문이다. 리브가는 야곱에게 들은대로 전하면서 시작했다.

이삭은 에서에게 "나를 위하여 사냥하며 가져다가 별미를 만들어 나로 먹게 하여… 여호와 앞에서 네게 축복하게 하라"고 하였다고 했다. "여호와 앞에서"는 "얼굴을 대면하여, 얼굴을 향하여, 얼굴 맞은 편"등의 뜻이 있으나 여호와의 권위에 입각해서 축복하겠다는 것이다. "축복하게"는 "너를 필연코 축복하리라"는 뜻으로 아주 강한 결심을 나타내는 말이다. 누가 뭐라 해도 "너에게 장자의 축복을 주고야 말겠다"는 뜻이다.

참으로 이삭은 큰 실언을 했던 것이다. 하나님의 뜻은 그것이 아닌데 자기의 생각으로 에서에게 장자 축복을 주고야 말겠다고 결심하고 에서에게 말했다. 그것은 하나님을 반역하는 것이 아니고 무엇인가?

리브가는 야곱에게 내 말을 좇아 행하라고 했다. "내 아들아"는 야곱에 대한 지극한 사랑을 표현하는 것이고 "내 말을…"은 야곱의 장자권 탈취 계획은 전적으로 리브가가 주도한다는 것을 의미한다. 리브가는 머리가 뛰어난 여자이다. 신속히 마음을 정하고 행동하는 여자였다.

리브가는 남편이 에서에게 장자권 축복을 할까 염려하여 남편을 속이는 계략을 이제 실행하는 것이다. 이번에는 리브가가 잘못하고 있는 것이다. 리브가가 하나님의 말씀대로 장자권이 야곱에게 돌아가기를 원하는 것은 하나님의 말씀을 믿었기 때문이었다. 그러나 하나님의 말씀이 이루어지기 위해서 기만책을 쓴 것은 죄악이다. 그는 하나님께 기도하거나 남편과 상의하지 않고 자기의 방법을 썼다. 그의 목적은 좋았다. 그러나 그 방법은 나빴다. 게다가 야곱을 자기의 심복으로 만들어서 같이 행동한 것은 더욱 나빴다.

2. 리브가가 야곱에게 염소의 좋은 새끼를 가져오라고 했다.

리브가는 염소새끼로 별미를 만들어 주겠다고 한다. 염소의 좋은 새끼란 "건강하고 좋은 염소새끼 두 마리"라는 뜻이다. 염소새끼 두 마리를 준비하게 함은 에서가 사냥하며 준비한 고기보다 더 많은 고기를 이삭에게 요리해서 드리게 하려 함이었다. 염소새끼는 야생동물의 고기와 그 맛이 거의 같아서 이삭을 속이기에는 용이한 것이었다.

그러므로 리브가는 이삭의 미각을 속인 것이다. 염소새끼를 잘 요리하여 사냥한 짐승의 고기로 맛보게 한 것이다. 리브가는 이삭과 오래 같이 살면서 너무나도 남편의 식성, 미각을 잘 알고 있었던 것이다. 야곱이 염소 새끼 두 마리를 잡아 오기만 하면 리브가는 이삭의 미각을 속여 들짐승 고기 맛으로 먹고 야곱에게 축복하게 하겠다고 한 것이다. 이것은 하나님의 방법은 아니다.

야곱은 복은 고사하고 저주를 받을까 두렵다고 했다. 에서는 털 사람이요 야곱은 매끈매끈한 사람이라고 대조시켜서 아버지를 속이기가 어렵다는 것을 말하고 있다. 아버지 이삭은 눈이 거의 실명상태라서 그 형제의 피부가 비슷했다면 속이는 데는 용이했을 것이다.

"만지실진데"는 이삭이 에서의 신원 확인을 위해 야곱을 만질 경우에 라는 뜻이다. 그 때는 눈은 어두우므로 시각은 속아 넘어간다 해도 손으로 만져 보는 감각은 속일 수 없는 것이 될 것이고 속이는 자가 되면 저주를 받을 것이라고 걱정하는 것이다. 속이는 자란 타인을 실족케 하는 자, 놀리는 자, 비웃는 자, 타인의 판단을 흐리게 만드는 자라는 여러 뜻이 있다. 이미 부여한 지위를 박탈하려는 의도를 공식적으로 표현할 때 혹은 선택된 자로서의 축복을 제거할 때 쓰는 말이다. 히브리인들은 가장의 권한을 절대적인 것으로 생각한다. 그러므로 가장이 자녀에게 복과 저주를 하는 것은 신적 권위가 있는 것으로 믿었다. 그 실례로 노아를 들 수 있다. 그러므로 야곱이 자기 정체를 아버지가 아시면 저주를 받을까 두려워 한 것이다.

리브가는 너의 저주는 내게로 돌리리라고 했다. 야곱은 확실히 두려워 하고 있었다. 시간은 가고 있었다. 리브가의 마음은 조급하지 않을 수 없었다. 주저하며 두려워 하는 야곱에게 용기를 주기 위해 아들에게 임하는 저주가 있다면 자신이 담당할 것이라고 말하였다. 이것은 모성애 이상으로 하나님께로부터 직접 들었던 작은 자의 장자권을 반드시 이루겠다는 인간적인 사명감이었다. 그러나 안타깝게도 그것은 거룩한 목적을 위해 인간적이고 악한 방법수단을 사용하려 한 잘못이었다. 리브가가 이삭이 에서에게 장자권 축복을 약속하는 것을 들었을 때에 에서가 사냥간 사이에 이삭에게 가서 하나님의 말씀, 장자권 판 일, 이방 여인과의 결혼 등으로 이미 장자권은 상실했으니 야곱에게 주어야 한다고 했다면 이삭은 그렇게 했을 것이다. 남편을 속이고 아들을 악용하지 않아도 되었을 것이다. 그러나 하나님은 인간의 잘못을 통해서도 하나님의 목적을 이루시는 것을 알 수 있다(욥 12:16).

3. 리브가는 이삭의 즐기는 별미를 만들었다.

리브가는 야곱을 이용했다. 야곱은 처음에는 겁이 나서 주저했고 두려워서 포기하려 했다. 아버지를 속이는 행위가 발각되면 복은 고사하고 저주를 받을까 한다고 떨며 몸을 사렸다. 그러나 리브가는 "네 저주는 내가 당하리니 너는 내 말만 좇고 가서 염소 새끼 두 마리를 가져오라"고 강하게 강요하여 그것으로 요리를 만들었다.

"취하여"는 "잡다, 탈취하다, 손으로 죽이다" 등의 뜻으로 야곱이 직접 짐승을 죽여서 가져옴으로 모든 일이 비밀스럽게 진행되고 있음을 보여준다. 여기서 우리는 이삭의 가정에서 여호와께 제단을 쌓고 여호와를 경배하는 때에 누가 제물을 잡고 바쳤는가? 하는 문제가 궁금해지는 것이다. 제단에 오르는 제물은 양이나 염소나 수양이나 소 등이다. 에서의 들짐승 사냥 고기로는 바칠 수 없다. 이삭은 노쇠하여 눈이 보이지 않았고 리브가가 할 수 있는 일이 아니었으며 종들 또한 자격이 없다. 그렇다면 야곱 밖에는 없다. 그가 제물잡는 경험이 많았기 때문에 이번에 염소새끼 두 마리를 잡아서 어머니에게 가져갈 수 있었으리라고 짐작한다. 리브가는 야곱을 이용해서 이 일을 성취시키는 것이다.

리브가는 이삭의 식성을 이용했다. 이삭은 집에서 기르는 가축보다는 에서가 들에 나가서 잡아오는 들짐승의 고기를 좋아했었다. 누구보다도 남편의 식성을 아내된 리브가가 잘 알았다. 에서가 사냥하다가 잡은 고기로 요리를 한다고 할 때 에서가 직접 하거나 그의 두 아내가 요리를 만들어 이삭에게 즐기게 할 것이었다.

그러나 그들 에서와 두 이방여자 며느리들이 아무리 정성들여 별미를 만든다 해도 아내되는 리브가만큼 이삭의 식성에 맞게 요리를 만들 수는 없었을 것이다. 리브가는 이것을 이용한 것이다. 그는 이삭이 아주 맛있게 먹을 수 있도록 요리를 해서 사냥해온 고기처럼 속인 것이다. 먹기를 탐하는 것은 위험하다(잠 23:20, 28:7).

리브가는 이삭의 약점을 이용했다.

첫째로, 이삭의 약점은 눈이 어두운 것이었다. 이삭은 눈이 어두워서 에서와 야곱을 식별할 수 없었다. 그리하여 리브가는 야곱을 이삭에게 들여 보내면서 에서의 옷을 입고 들어가게 한 것이다. 손으로 만져 보면 털옷으로 에서인 것처럼 속인 것이다.

둘째로, 리브가는 사냥해온 짐승 고기인 것처럼 염소새끼 고기를 요리하여 이삭으로 하여금 맛있게 먹게 하였다. 그것은 리브가가 이삭의 미각을 속인 것이었다.

셋째로, 이삭의 약점은 촉각과 후각이었다. 리브가는 이삭에게 에서의 옷을 입혀서 아버지에게 들여보냈는데 에서의 옷은 털이 많아 에서로 위장한 것이며 동시에 냄새가 나기 때문에 이삭으로 하여금 속게 한 것이다. 27절에 보면 "아비가 그 옷의 향취를 맡고 그에게 축복하여"라고 했다.

넷째로, 이삭의 약점은 청각이었다. 야곱이 별미를 들고 아버지에게 들어갔는데 아버지는 "네 이름이 무엇이냐?"라고 질문하였고 야곱은 천연덕스럽게도 "에서입니다"라고 대답했다. 이삭은 야곱의 음성을 듣고는 "야곱의 음성"이라고 하였다. 알면서도 사기를 당한 꼴이 된 것이다. 그러므로 리브가는 이삭의 청각을 이용한 것이다.

장자의 축복을 받은 야곱

(창 27:15-29)

이제 본문에 대해 다른 각도로 영적 해석을 하면서 이 말씀 속에 담긴 의미를 상고해 보려고 한다. "내 마음껏 네게 축복하게 하라"고 하였다. 여기서 이삭을 성부 하나님으로 모형할 때 하나님께서 우리 인간들에게 하시는 말씀이라고 할 수 있을 것이다.

"내 아들아 너의 저주는 내게 돌리라"고 리브가는 야곱에게 말했는데 성령 하나님으로 모형할 수 있다. 리브가는 이삭이 즐기는 별미를 친히 만들어서 이삭을 즐겁게 했으니 성령 하나님은 성부 하나님의 깊은 것까지도 통달하사 기쁘시게 하신다.

죄없는 염소새끼가 죽어 제물이 된 것처럼 세상 죄를 지고 십자가에 죽으사 하나님의 구속 제물이 되어 기쁘시게 하신 예수 그리스도를 모형하고, 야곱은 사기꾼 거짓말 등의 좋지않은 허물 많은 우리 죄인들의 모형이다. 아버지와 아들은 남성명사로 성령은 여성명사로 쓰여져 있으니 더욱 그렇게 해석할 수 있을 것이다.

그러나 실제적으로 야곱은 아버지를 속이고 장자의 축복을 받는다. 막상 야곱의 속임이 축복을 받는데 이것이 어떤 역할을 한 것이 아니다. 야곱이 장자의 축복을 받는 것은 하나님의 예정에 의한 것이지 야곱의 속임 때문이 아니다.

야곱이 육신의 아버지는 속일 수 있을지 몰라도 하나님 아버지는 속일 수 없다. 하나님은 사람이 부족하고 실수해도 예정하신 대로 구원의 일정을 정확하게 이루어가신다. 그런고로 우리의 구원은 완전한 것이다. 그리고 야곱이 아버지를 속인 죄에 대해서는 마땅한 보응을 하셨음을 볼 수 있다.

야곱은 생각하기를 "내가 아버지를 속여서 축복을 받았다"고 했을지 모르나 그것은 그렇지 않다. 하나님의 예정에 의해 받은 것이다. 야곱이 하나님의 방법을 기다리지 못하고 거짓된 수단과 방법으로 받았기 때문에 야곱도 그것에 상응하는 보응을 받았던 것이다.

결혼할 때 외삼촌에게 속았다. 외가에서의 품값에 대해 속았다. 요셉이 죽었다고 아들들이 속였을 때 속고 흉년으로 인하여 그 아들들이 애굽으로 갔을 때에 요셉에게 속았다.

1. 야곱은 리브가의 명대로 하여 축복을 받았다.

리브가는 집안에 있는 에서의 좋은 의복을 취하여 작은 아들 야곱에게 입혔다. "좋은 의복"은 "좋은 옷, 호감이 가는 옷, 멋진 옷"을 의미하는데 동양인들이 입는 겉옷으로 아름답고 값진 천으로 만든 권세있는 자들이 의식이나 축제 때 입기 위해 간직했던 외출복이다(창 39:12-15, 41:42).

특히 에서가 입던 이 옷은 지체높은 사냥꾼들이 입던 예복으로 들의 향취와 에서의 체취가 후각이나 촉각에 의존했던 이삭으로는 에서로 오해할 수 있었다.

리브가는 그 옷을 작은 아들 야곱에게 입혔다고 했다. 야곱 자신이 옷을 입도록 했다는 의미를 주는 것이어서 야곱이 이 사건에 있어서 타의적으로 가담했다는 인상을 배제시킨다. 야곱은 어머니가 시키는 대로 했다. 우리가 아버지 하나님의 축복을 받으려면 우리의 맏형이 되신 예수 그리스도의 옷을 입어야 한다는 신령한 교훈을 주고 있다고 할 수 있다. 에서의 좋은 옷은 털 옷으로 여기 염소새끼의 가죽으로 손에 손목에 꾸며서 아버지가 만져도 에서임이 분명하게 했다. 바울은 예수는 우리의 구속 제물의 생축이 되셨다고 했다(엡 5:2, 요 1:29, 창 22:13). 또한 "그리스도로 옷입으라"고 했으니 곧 아버지 하나님 앞에 서기 위함이다.

리브가는 별미와 떡을 만들어 야곱에게 주었다. 야곱은 "옷을 입다,

덮다"라는 뜻이 있는 염소새끼의 가죽으로 손과 손목을 꾸며 에서처럼 가장한 후에 어머니가 만드신 별미와 떡을 가지고 아버지께로 나아갔다.

그는 아무런 축복을 받을 수 없었다. 예수 그리스도의 구속의 옷으로 그의 모든 것을 덮고 의로운 옷을 입고서만이 아버지께 갈 수 있었다. 하나님의 축복을 받는 것은 내 계획이나 노력과 공로가 아니라 성령의 도와주심으로 되는 것임을 알 수 있다. 별미나 떡은 아내되는 리브가가 남편 이삭의 식성을 잘 알기 때문에 맛있게 만들 수가 있는 것같이 성령은 하나님의 기뻐하시는 별미가 무엇인가를 잘 아시기 때문에 성령이 시키는 대로만 하면 우리는 아버지 하나님의 축복을 받을 수 있는 것이다. 하나님의 은혜는 사람들의 약점과 죄악을 그리스도의 구속의 가죽으로 가리우시고 그리스도의 의로 인하여 놀라운 역사를 이루신다.

그러면 오늘 우리가 아버지 하나님께 드려서 기쁘시게 할 별미는 무엇인가?

첫째로, 몸으로 산 제사를 드리는 것을 기뻐하신다(롬 12:1). 우리의 몸은 우리의 것이 아니다. 피로 값주고 주님이 사셨으므로 주님의 것이다. 그러므로 우리는 몸으로 산제사를 드려 하나님께 영광을 돌려야 한다(고전 6:20).

둘째로, 믿음으로 드리는 별미를 기뻐하신다. 하나님이 기쁘게 받으시는 제사는 믿음이므로 믿음이 없이는 하나님을 기쁘시게 못하기 때문이다(히 11:6).

셋째로, 찬미의 제사를 기뻐하신다(히 13:15). 우리는 예수로 말미암아 항상 찬미의 제사를 하나님께 드려야 한다. 그것은 그의 이름을 증거하는 입술의 열매이기 때문이다.

넷째로, 선행과 구제를 기뻐하신다(히 13:16). 우리에게는 피, 땀, 눈물이라는 삼액체가 있는데 그것을 하나님께 드려 선행하고 서로 나누어 주기를 좋아하는 것은 하나님께서 기쁘게 받으시는 제사가 되는 것이다.

다섯째로, 정직한 자의 기도를 기뻐하신다(잠 15:18). 악인의 제사는 하나님께서 미워하신다. 그러므로 가인의 제사는 받지 않으셨다. 그러나 정직한 자의 기도는 하나님이 기뻐하신다. 아벨의 제사나 노아와 아브라함 등의 제사를 기뻐 받으셨다.

리브가는 야곱에게 내말만 좇고 명하는 대로 하라고 했다. 리브가는 이삭이 에서에게 장자권 축복을 하려고 하는 밀담을 듣고 즉시 야곱을 불러 "내 아들아 내 말을 좇아 내가 네게 명하는 대로… 내게로 가져오라"(8절) 하였다. 야곱이 두려워 주저하면서 저주를 받지 않을까 할 때에 리브가는 "내 아들아 너의 저주는 내게로 돌리리니 내 말만 좇고 가서 가져오라"고 하였다. 이에 야곱은 힘을 얻어 리브가의 명하는대로 하였다.

성령 하나님은 우리에게 하나님께로 가까이 나아가도록 명하시고 힘을 주시며 모든 것을 준비시켜 주시는 것이다. 그러므로 성도들은 언제나 성령의 명하시는 말씀을 그대로 좇아 순종하면 축복을 받는다. 성령은 "어디로 가라"(행 8:26) 명하시고, "일꾼을 따로 세우라"(행 13:2) 하시며, "그곳으로 가지 말고 저리로 가라"(행 16:6-7)고 지시하신다.

2. 야곱은 에서의 이름으로 축복을 받았다.

야곱은 하나님의 예정하신 은혜로 축복을 받았다. 야곱은 어머니께서 꾸며준 대로 하고 떡과 별미를 들고 아버지께로 나아가서 "아버지여"하고 불렀다. 물론 야곱은 이때부터 에서의 음성을 흉내낸 것이다. 이삭은 눈은 어두워서 분별할 수는 없었으나 이상한 느낌을 받았다. 그리하여 이삭은 "내 아들아 네가 누구냐?"하고 물으신 것이다. 그만큼 이삭은 극도로 노쇠 약화상태에 있었다. 야곱은 "나는 아버지의 맏아들 에서로소이다"라고 대답했다. 어머니가 명하신 대로 하고서는 "아버지가 명하신대로 내가 하였다" 했고, 양의 우리에 있는 염소새끼를 잡은 고기이면서도 "사냥한 고기"라고 했다. 그리고 "순적히 만나게 했다"는 것까지도 모두 거짓말로 한 것이다. 리브가와 야곱이 철저하게 이삭을 속였다. 그러나 하나님은 속이지 못한다. 하나님은 속아넘어가는 하나님이 아니시기 때문이다.

그러므로 야곱이 거짓말을 해서 축복을 받은 것이 아니다. 오로지 하나님께서 복중에서부터 예정하셨기 때문에 받은 것이다. 하나님의 무조건적인 은혜에 의한 것이었다. 우리 인간이 구원받는 것도 인간이 정직하고 의롭고 무죄해서 받는 것이 아니고 하나님의 예정하신 은혜에 의해서 받는다. 인간은 거짓되고 부패하다. 그러나 하나님은 선택하시고 구원하신다. 축복하시고 사랑하신다.

야곱은 에서의 이름으로 축복을 받았다. 눈이 어두운 이삭은 야곱을 가까이 오게 하고 에서인지 아닌지를 알아보기 위하여 만지게 되었다. 그리고 이삭은 "음성은 야곱의 음성이나 손은 에서의 손이로다"하고 능히 분별치 못하고 축복하였다. 에서의 손에는 털이 있었던 것이다. 이삭이 능히 분별치 못하는 것은 그의 노쇠한 탓도 있었겠으나 그보다는 하나님의 예정하신 섭리때문이라고 하는 것이 옳을 것이다.

영적으로 "에서"라는 맏아들, 즉 우리의 맏형이신 구속주 예수 그리스도의 이름으로 감히 아버지 하나님의 축복을 받았다는 것이라고 할 수 있을 것이다. 야곱의 속에서 나오는 정체는 야곱의 음성이었다. 그의 손은 에서의 손이었다. 맏형의 말을 하고 있었지만 야곱의 음성이었다. 하나님의 섭리는 오묘 막측하다. 얼굴과 마찬가지로 목소리도 제각기 다르게 만드셔서 우리가 속지 않도록 하셨다. 목소리는 쉽게 가장할 수가 없다. 위선적인 성격을 나타내기도 한다. 야곱은 성자처럼 말했으나 죄인의 음성이 튀쳐나왔다. 그의 음성은 그의 본성일 수 있다.

우리가 구원과 축복을 받는 것은 우리의 속사람의 본성이 달라져서가 아니다. 맏아들 예수 그리스도의 의의 옷을 입고 예수 그리스도의 이름을 고백하기 때문에 구원과 축복을 받는 것이다.

우리 인간이 예수 그리스도의 이름으로 받는 것은 많다.

첫째, 예수 그리스도의 이름으로 하나님의 자녀가 되는 권세를 얻는다(요 1:12) 둘째, 예수 그리스도의 이름으로 구원을 얻는다(행 4:12). 셋째, 예수 그리스도의 이름으로 치료받고 강건해진다(행 3:6, 16, 4:10). 넷째, 예수 그리스도의 이름으로 귀신을 내어쫓는다(행 16:18). 다섯째, 예수 그리스도의 이름으로 씻고 거룩하고 의로워진다(고전 6:11). 여섯째, 예수 그리스도의 이름으로 기도하고 응답 받는다(요 14:13). 일곱째로, 예수 그리스도의 이름으로 모이고 주님 모신다(마 18:20). 이외에도 예수 그리스도, 우리의 맏형 이름으로 얻는 것이 얼마나 많은지 알 수 없다.

야곱은 아버지께 가까이 나아감으로 축복을 받았다. 이삭은 "네가 참 내 아들 에서냐?"고 재차 확인하는 물음을 던졌다. 야곱은 "그러하니이다"라고 대답했다. 이삭은 야곱에게 "그것을 내게로 가져오라" 하였고, 그것을 이삭이 다 먹고 마신 후에 "내 아들아 가까이 와서…" 하였고, 그가 "가까이 가서…"라고 하였다. 그러므로 야곱은 아버지에게 다가갈 수 있는 자리까지 가까이 가므로 장자의 축복을 받았던 것이다.

양의 우리에서 염소새끼를 잡고 어머니와 함께 별미를 만들 때는 잘못하면 저주를 받을 수 있을 것이라고 생각하여 아버지가 저만치 멀리 두려운 존재처럼 느껴졌었는데 막상 아버지께 들어가보니 "내 아들, 내 아들" 하시면서 가까이 오라는 말씀을 하시는 것이었다.

시편 아삽의 시 중에 "대저 주를 멀리 하는 자는 망하리니 음녀같이 주를 떠난 자를 주께서 다 멸하셨나이다. 하나님께 가까이함이 내게 복이라"(시 73:27-28)고 하였다. 히브리서 저자는 "우리가 마음에 뿌림을 받아 양심의 악을 깨닫고 몸을 맑은 물로 씻었으니 참마음과 온전한 믿음으로 하나님께 나아가자"(히 10:22) 하였고, 야고보는 하나님께 가까이 하라 그리하면 너희를 가까이 하시리라"(약 4:8)고 했다. 탕자가 멀리 타국에 있다가 아버지께로 가까이 왔을 때 축복을 받았다(눅 15:20).

3. 야곱은 아버지께 입맞춤으로 축복을 받았다.

야곱이 가까이 가서 아버지에게 입맞추었다. 입맞춤은 "마시게 하다, 축축하게 하다"라는 말에서 온 것으로 히브리인들은 우정과 우애와 충성을 표시할 때에 입맞추었다. 유대 랍비들은 세 가지 입맞춤만 허락했는데 경외와 접견과 이별할 때이다. 페르시아인들에게 있어서 입맞춤은 경외의 상징이었고 왕에 대한 입맞춤은 충성의 상징이었다.

성경에서 입맞춤은 다양한 의미가 있다. 에서와 야곱이 수십년만에 얍복강변 근처에서 상봉한 때에 입을 맞추었는데, 그것은 화해의 입맞춤이다. 신하가 왕의 발에 입맞추거나 노예가 주인의 발에 입맞추는 것은 충성과 복종의 뜻이 있는 것이다. 바알을 숭배하던 자들이 송아지에게 입을 맞춘 것은 경배의 입맞춤이다. 바리새인의 집에 들어온 죄많은 여인이 예수의 발에 입을 맞춘 것은 사랑의 입맞춤이다.

입맞춤은 상징적인 뜻이 있다. 친척 간의 우정의 입맞춤, 부자 간의 사랑의 입맞춤, 군신 간의 충성의 입맞춤, 초대교회에서는 사랑의 입맞춤이 있었다. 그것은 경건한 성도간의 숭고한 사랑의 표현이었다. 다윗은 시편에서 "그 아들에게 입맞추라 그렇지 아니하면 진노하심으로 너희가 길에서 망하리라"(시 2:12) 했고, 다윗의 아들 솔로몬은 "내게 입맞추기를 원한다"(악 1:2)고 했다.

야곱이 입맞출 때 아버지가 그 옷의 향취를 맡고 축복했다. "맡고"는 감각적인 인식 외에 지적 인식의 의미도 있는 말인데 이삭이 야곱이 입은 에서의 옷에서 나는 향취를 맡음으로 가까이 와 있는 아들이 에서라는 것을 확인할 수 있었던 것이다.

"그 옷의 향취"는 에서의 옷에서 나는 향취로 속에서 우러나오는 본성은 야곱이지만, 그가 입은 옷은 형의 향취나는 옷이므로 형의 옷에서 나는 향취로 인하여 야곱은 축복을 받았다.

우리의 맏형은 예수 그리스도시다. 예수 그리스도는 "우리를 위하여 자신을 버리사 향기로운 제물과 생축으로 하나님께 드리셨느니라"(엡 5:2)고 바울은 말했다. 예수의 옷에는 구원의 향취가 있고 복음의 향취가 있다. 그러므로 맏형의 옷을 입은 성도는 하나님께나 다른 사람들에게 향취를 내야 하는 것이다.

그러므로 바울은 "너희는 그리스도의 향기"(고후 2:14-16)라고 하였다. 각처에서 그리스도를 아는 냄새를 나타내시는 하나님께 감사할 것이고, 생명을 좇아나는 향기를 만방에 풍겨야 하는 것이다. 복음의 향기는 우리가 말이 없어도 예수 그리스도의 옷을 입으면 풍기는 것이다.

야곱은 세 가지 축복을 받았다.

첫째, 하늘과 땅의 풍요한 축복을 받았다. "내 아들의 향취는 여호와의 복주신 밭의 향취로다"라고 했다. 에서가 평소 돌아다니던 약속의 가나안 땅에서 사냥하던 그의 옷에 배어나오는 가나안 들판의 냄새를 맡고 참으로 감응이 끌어올라 축복하는 것이다. 지금 이삭은 가나안 땅을 얻지 못했지만 그의 후손들은 온전히 얻게 될 것을 내다보면서 장자의 축복을 받는 아들의 향취가 가나안 땅에 풍길 것이라고 하는 것이다.

"밭의 향취"는 풍년으로 그것은 하나님의 은혜요 축복이다. 그리고 "하늘의 이슬"은 농사에 많은 영향을 주고 가뭄에도 이것이 내려 식물이 성장한다. 이들은 하나님의 축복이다(시 133:). "땅의 기름짐"은 땅의 비옥으로 안정과 번영을 뜻한다(출 3:8). "곡식과 포도주"는 농작물의 중요한 것이다. 이것으로 사람은 기뻐하고 노래한다(시 65:9-13).

둘째, 만민을 다스릴 능력의 축복이다. 이것은 가나안 땅의 새주인이 되고 근방의 여러 족속들에게 절대적인 영향력을 행사할 것을 의미하는 것이다. 가나안의 여러 족속이 굴복하게 될 것의 예언이 역사적으로 다윗과 솔로몬 때에 일시 성취되었다. 모압족속, 암몬족속, 아람족속, 블레셋족속, 에돔족속이 다윗에게 예속된 것이었다(삼하 8:13-14, 왕상 11:15-). 그러나 메시야 예수의 오심으로 이 예언은 영적으로 이루어져가고 있으며 장차 그가 재림하심으로 완전하게 이루어질 것이다(계 22:5).

그들 열국이 "야곱에게 굴복한다"는 것은 그들이 충성한다는 뜻이다. "형제의 주가 됨"은 에돔은 에서의 후손이요 "네 어머니의 아들들이 네게 굴복함"은 에서의 자손이 야곱에게 굴복한다는 것으로 야곱이 혈족뿐 아니라 정치 군사 문화 전반에 걸쳐 세상을 통치 주관하게 된다는 것이다. 이것은 예수에게서 최종 완성되었다(빌 2:10-11).

셋째, 영적인 특권이 축복이다. "네게 저주하는 자는 저주를 받고 네게 축복하는 자는 복을 받기를 원하노라" 하였다. "저주하다"는 너를 저주하는 자들이라는 복수를 썼고 "저를 받고"는 단수를 썼다. "네 저주자들은 그 각 개인이 저주를 받고"라는 뜻으로 그 축복이 더욱 밀도있게 강조되었다. 이것은 아브라함에게 하셨던 축복된 반복인 것이다(창 12:3). 이 축복은 메시야와 교회에 대한 약속의 상속권까지 포함하는 것이다.

야곱에게서 메시야가 탄생하실 것, 그 메시야가 인류 축복의 기관이 되시고 세상을 통치하실 것이라는 예언적 축복인 것이다(민 24:17, 창 49:10).

에서의 통곡

(창 27:30-40)

리브가와 야곱은 야비함과 불의한 방법으로 장자권의 축복을 빼앗았으나 하나님께서는 인간들의 불의함에도 불구하고 야곱에게 장자권을 주어 언약의 후손을 잇게 하시려는 뜻을 성취하셨다. 야곱이 장자의 축복을 받은 것은 자기의 노력 수단이나 어머니의 술수에 있는 것이 아니고 하나님의 예정된 섭리 때문이었다.

신약에서는 에서를 "망령된 자"(히 12:16)라고 규정하고 있다. 하나님께서 주신 거룩한 생과 영광스러운 특권을 팥죽 한 그릇 만큼도 여기지 않은 것에 대하여 망령된 자라고 한 것이다. 장자의 권리는 명예와 부의 입장에서 다른 형제보다 기득권을 가진다는 뜻도 있지만 그보다는 하나님 앞에서 그 가족을 대표하여 제사장적 책임이 주어지는 것이어서 고귀하고 성스러우며 영광스러운 명분이 아닐 수 없었다.

구속사적 입장에서 본다면 에서는 신약시대에 복과 생명이신 예수를 거부하고 무시한 유대인을, 불의 간교하지만 하나님의 은혜로 장자의 권리를 얻은 야곱은 예수를 영접한 이방인이라고 할 수 있다(롬 9:30-33). 들판을 헤매면서 노획물을 찾아 다닌 에서의 열심과 행위는 율법의 행위로 의롭다 인정받기 위해 힘쓴 유대인들의 신앙관을, 자신의 노력이 아니라 전적인 하나님의 언약의 은혜에 근거해서 장자권을 얻은 야곱은 오직 하나님의 주권과 믿음에 의해 구원받은 이방인들이다.

그러므로 믿음은 복과 저주, 영생과 멸망을 갈라놓는 것이다. 에서는 아버지의 별미 요구를 충족시켜 드리고 장자권 축복을 받으려고 산과 들을 헤매며 사냥해 가지고 집으로 돌아와서 특별히 맛있게 요리를 만들어 아버지에게 나아갔다. 그러나 기회는 두 번 오는 것이 아니다. 이미 회개할 기회를 잃고 말았다. 야곱이 벌써 장자의 축복을 받아버렸기 때문이다.

여기 본문에서는 인간들의 허물이 빚어낸 결과를 기록하고 있다. 아내와 둘째 아들에게 속은 원통함과 절망에 몸부림치며 통곡하는 큰아들의 절규를 듣는 이삭의 허탈함과 자신에게 남은 축복이라도 있으면 달라고 애원하는 에서의 초라함이 있다. 그것은 인간의 실수에 대한 하나님의 심판으로 볼 수 있다. 하나님의 뜻을 버리고 자신의 결정을 귀히 여긴 이삭에게는 배신과 후회를, 영적 축복을 무시한 에서에게는 통곡으로 하셨다.

1. 에서는 야곱이 축복받은 후에 돌아왔다.

야곱이 축복받은 직후에 사냥하여 돌아왔다. 이것은 야곱이 "나가자마자 나가는 것"을 의미하여 두 형제가 들어가고 나아갈 때에 만나지 않았다는 것이다. 야곱이 아슬아슬하게 들킬 뻔한 위기를 모면한 데서 인간의 운명과 그 배후에서 역사하시는 하나님의 섭리를 볼 수 있다. 에서는 너무나 늦었다. 늦게 구하는 자는 거절을 당하는 것이다. 그것이 에서를 통곡하게 한 것이다. 하나님을 만날 만한 기회가 있는 것이다. 그런데 약속한 시간에서 너무나 늦었기 때문에 아무리 간구해도 들어줄 수 없다(잠 1:28). 하나님의 인내와 우리의 시련이 언제나 지속되는 것은 아니다. 마침내 하나님의 인내의 문이 닫히는 순간이 오는데 그때에는 아무도 그 문을 열 수가 없는 것이다.

에서는 별미를 만들어 아버지께 드렸다. 여기에서 에서가 아버지에게 한 말을 보면 야곱이 아버지에게 한 말보다 훨씬 더 애정에 넘치고 있는 것을 알 수 있다. 공손하게 "원컨대 일어나 잡수소서"라고 했다. 그러나 아무리 좋은 인간관계라도 하나님과의 바른관계를 대신할 수 없는 것이다. 이삭은 "너는 누구냐?"라고 물었는데 그것은 이삭이 대단히 놀라서 묻는 것을 의미한다. 이제 이삭의 마음 속에 의심이 생겼기 때문이다. 모든 것이 잘못된 것이다. 영안이 어두우면 언제나 잘될 수가 없는 것이다. 이삭은 야곱에게 준 축복을 취소할 수 없었다.

이삭이 심히 떨며 누가 별미를 가져왔느냐고 했다. "심히", "크게", "떨며"라고 말하며 3중 강조법으로 이삭의 극심한 감정의 변화를 강조하고 있다. 즉 "그가 매우 극렬하게 큰 경련으로 떨었다."는 것이다. 이삭은 이때에야 하나님의 야곱 예정을 깨닫고 에서를 축복하려 했던 자신의 실수로 인하여 거룩한 두려움에 사로잡힌 것이다.

우리의 영혼은 자신의 죄악성을 발견했을 때 떠는 것이 당연한 것이다. 그리하여 이삭은 자신의 잘못된 축복을 합법화시켜서 야곱에게 준 장자권 축복을 그대로 인정했다.

그러므로 우리는 인간이 저지르는 모든 잘못 속에서는 하나님의 뜻을 발견하고 그 뜻대로 순종하는 경건한 두려움을 갖는 이삭의 신앙을 본받을 필요가 있다.

2. 에서는 통곡하며 복을 구했다.

에서는 방성대곡하며 울었다. 방성대곡은 "매우 심한 비통의 큰 울음, 그가 더욱더 크게 비통하게 울부짖으며 그의 영혼이 격렬한 고통을 겪고 있음"을 표현하는 낱말이다. 회개할 기회를 얻지 못했다고 했다(히 12:16-17). 이는 마지막날 사단의 노예로서 끝까지 그리스도를 부인하다가 후회의 눈물을 흘리게 될 불신자들의 울부짖음을 예시한다고 할 수 있다(마 25:30-31). 이것은 에서가 장자권이 상실된 데 대해서 죄의식을 갖고 통회하는 것이 아니고 축복을 받기 위해서 몸부림치는 것도 아니다. 야곱에 의해서 피해입은 것을 슬프게 생각하는 것이고, 장자권을 팔므로 자기가 받을 복을 받지 못하게 된 것을 통탄히 여기는 것이고, 이삭으로 하여금 야곱에게 준 축복을 취소하게 하려는 것이었다.

그러니까 그의 마음에 진정한 변화가 생겨서 통곡한 것이 아니고 아버지의 마음에 변화를 주어 야곱에게 준 복을 돌려 받기 위함인 것이었다. "그리하소서"라는 것은 "똑같이"라는 의미한다. 야곱에게 준 똑같은 축복을 자기에게도 달라고 졸라대는 말이다. 야곱을 약속의 후손으로 예정하신 하나님의 섭리를 이해하지 못했기 때문이며, 장자권을 쉽게 생각하여 야곱에게 팥죽 한 그릇에 살던 과오를 깨닫지 못한 것이다.

에서는 야곱을 속이는 자라고 비난했다. 이삭은 "네 아우가 간교하게 와서 네 축복을 빼앗았도다"라고 했고, 에서는 "그의 이름을 야곱이라 함이 합당치 아니하니이까 그가 나를 속임이 이것이 두 번째니이다. 전에는 나의 장자의 명분을 빼앗고 이제는 내 복을 빼앗았나이다"라고 하면서 야곱을 비난했다.

이삭의 한 말 "네 복을 빼앗았도다"란 것은 이삭 자신이 에서에게 복을 주고 싶지만 하나님의 뜻은 그것이 아니라고 하는 암시적인 의미가 있는 말이다. 야곱은 교묘한 술책을 써서 축복을 받았다. 그러나 그것은 하나님의 묵인하는 중에 하나님의 뜻을 이루는 것이었다는 것을 이삭이 에서에게 말한 것이다

에서는 자신의 잘못을 참회하지 않고 동생을 비난했으며 아버지가 한 일 때문에 동생에 대해 악의를 품었다. 자기 자신의 탓으로 마땅히 돌려야 할 원한을 야곱에게 돌렸고, 자신을 부끄럽게 생각해야 했으나 그 비행을 동생에게 뒤집어 씌웠다. "그의 이름을 야곱이라 함이 합당치 아니하니이까?"라고 했다. 야곱이란 "발꿈치를 잡는다(25:26), 속인다(렘 17:9), 사기친다"는 뜻이다. 그러나 하나님은 "너 지렁이같은 야곱아 두려워 말라"(사 41:14)고 하셨다. 여기서 이삭 역시 야곱을 "간교한 자"라고 말함으로써 부자간에 불화가 생겼음을 암시하고 있으나, 그 또한 이삭의 책임이 크다. 하나님의 뜻대로 축복했으면 이런 불행은 일어나지 않았을 것이었기 때문이다.

에서가 "나를 위해 빌 복을 남기지 않았나이까" 하며 간청했다. 에서가 아버지에게 이렇게 간청한 것은 야곱이 받은 축복의 영적 성격에 대해서 알지못하고 한 말이다. 그리하여 이삭은 에서에게 야곱에게 준 축복이 어떤 것인가를 설명해 주었다. 야곱이 받은 복은 에서의 주가 되는 것이고, 그 모든 형제를 그에게 종으로 주었으며, 곡식

과 포도주를 그에게 공급했다. 그러므로 야곱의 후손인 이스라엘이 에서의 후손인 에돔 족속을 정복한 것이다(삼하 8:14, 왕상 11:11, 왕하 14:7-10).

이삭은 에서에게 내가 너를 위해 할 수 있는 것이라고는 아무 것도 없다고 대답했다. 그런데도 에서가 야곱과 같은 축복을 자기에게도 달라고 매달린 것은 언약의 축복에 대한 영적인 성격을 이해하지 못한 것이다. 또 에서가 이제 늦게라도 그 축복을 이해했다 해도 이제는 어쩔 수 없다. 에서는 소리높여 울었으니 장자의 명분을 경히 여기는 자들은 슬피 울며 통곡할 것이다.

3. 에서는 일반적인 축복을 받았다.

에서는 "야곱에게 준 복 외에 없나이까?"하고 간청했다. 인간의 복을 주관하시는 이는 육신의 아버지가 아니고 하나님이시다. 그런데 에서는 하나님은 심중에 없고 오로지 아버지께서 복을 주시면 그것이 곧 자신에게 복이 되는 줄 알았다. 아버지가 눈이 어두운 만큼 에서의 영계를 보는 눈은 장님과 같은 것이었다.

에서는 "아버지께서 나를 위하여 빌 복을 남기지 아니하셨나이까?" 하였고, "아버지의 빌 복이 이 하나뿐이리이까?" 하였으며, "아버지여 내게 축복하소서, 내게도 그리하소서" 하였다. 여러 차례 아버지에게 복을 달라고 매달려 울며 애원한 것이다.

악인이라도 자기 자신을 위할 줄 아는 법이다. 장자의 명분을 보잘 것없는 팥죽 한 그릇에 팔아버리는 이 어리석고 망령된 자 에서까지도 축복받기를 원하는 것이다.

에서는 장자권 축복은 야곱에게 빼앗겼으나 장자의 권리와 관계없는 다른 복이라도 받으려고 얼마나 몸부림치며 애썼는지 모른다(시 4:6). 속되고 부패한 인간들은 영적인 축복이나 어떤 육적인 축복을 마찬가지라고 생각하면서 아무 축복이나 받으면 좋다고 한다. 그러나 하나님의 교회를 통한 영적인 구원의 축복만큼 좋은 축복은 세상에 없다.

에서의 거처는 박토라고 했다. 여기 "너의 주소는 땅의 기름짐에서 뜨고 내리는 하늘 이슬에서 뜰 것이라"고 하였는데 기름진 옥토에서 풍요롭게 살게 되리라고 축복한 것이 아니다. 왜냐하면 "뜬다"는 말씀이 두 번이 나오는데 이것은 "떠났다"는 뜻이기 때문이다.

즉, 에서가 거처하는 곳에는 땅의 비옥함이 떠났고 하늘의 이슬이 내리지 않고 떠났다는 것이다. 그것은 하나님과 연관되지 않는 축복이니 곧 저주인 것이다. 이 예언은 그대로 후대에 에서와 그의 후손인 에돔 족속이 거했던 세일 산지에서 이루어졌다. 그곳은 세계에서 가장 척박한 산악지대요(32:3, 신 2:5), 박토요, 메마른 곳이다.

"하늘의 이슬과 땅의 기름짐"(28절)은 야곱에게 주어진 축복이었다. 야곱은 하늘의 이슬을 하나님의 손으로 직접 받는데 에서는 이슬을 받을 수 없었고, 야곱은 하늘의 이슬이 먼저인데 에서는 땅의 기름짐이 먼저 나와 있다. 그래서 영적인 하늘 영생이라는 관계없는 이땅의 것을 얻고 사는 것으로 만족해야만 했다. 하나님께서는 개인에게나 민족에게 거주의 경계를 정하여 주셨다(행 17:26). 기름지고 하늘 이슬이 내리는 그러한 곳에서 살게 된다는 것은 얼마나 귀중한 축복이며 얼마나 감사하고 찬양할 일인가?

에서는 칼을 믿고 생활하리라 했다. "너는 칼을 믿고 생활하겠다"고 한 것은 "네 칼을 의지하여 네가 살겠다"라는 뜻이다. 에서의 생존은 그의 칼에 의존할 것이라는 말씀이다. 에서의 족속은 호전적이고 잔혹한 백성이어서 다른 민족을 약탈하고 매우 사납고 거칠게 살았다. 바로 에서의 후손이 오늘날 공산주의의 시조이기 때문에 현대 20세기의 역사에까지 그들은 칼을 믿고 살고 있는 것이다(렘 49:7-22).

그들은 아우 야곱을 섬길 것이며 야곱은 그의 형제들을 다스리게 된다는 것이다. 에서도 지배권을 갖는다. 그러나 그의 형제를 다스리지는 못한다. 역사적으로 에돔은 다윗왕 때에 와서 이스라엘의 통치를 받았다(삼상 14:47, 삼하 8:14). "네가 매임을 벗을 때"라는 것은 "방황하다, 흔들린다"는 것으로, 에돔이 약탈자로서 이곳 저곳을 방황하고 저항하고 멍에를 벗기 위해서 몸부림치며 투쟁하는 것을 의미하는 것이다.

유대인이 에돔인들의 손에 팔리거나 압박당한 역사는 성경에 없다. 그러나 야곱과 에서가 받은 축복 속에 큰 차이가 있다면 야곱의 축복은 하늘의 신령한 구원 영생의 축복이고 에서의 축복은 지상의 육적인 그리스도가 없는 것이다.

쌍둥이 형제의 불화

(창 27:41-46)

에서와 야곱은 복중에서부터 불화했고 장자권 문제로 극도의 불화를 만들었다. 이것은 지금까지도 역사 속에 두 후손의 세력간의 불화로 이어지고 있는 사실을 볼 수가 있다.

리브가는 하나님의 계시와 음성을 들었으면서도 하나님의 뜻에 맞춰 그것이 성취되지 못하게 인간적인 방법을 썼고, 야곱은 에서에게로부터 장자권을 샀으니 당당하게 아버지에게 직고할 수도 있었을텐데 그렇게 하지 않고 처음부터 끝까지 거짓말로 아버지를 속였다. 에서 또한 망령된 자가 되어서 신령한 장자의 축복을 육적인 죽 한 그릇에 팔아버리는 참으로 어처구니없는 행위로 말미암아 이 가정에는 살기가 가득하게 되고 이별의 슬픔과 쌍둥이 형제는 원수처럼 쫓고 쫓겨야 했다. 그러므로 우리는 이삭과 리브가, 야곱 모두가 신앙인격상 문제가 있었다고 생각한다.

아무튼 야곱은 이 문제로 인하여 20년 이상이나 외가에 가서 타향살이하면서 몸을 사려야 했고, 리브가는 영영 야곱과 이별하고 한 번도 만나보지 못한 채 죽어야 했다.

에서는 어떤가? 치욕과 자학과 복수의 칼을 갈면서 긴 세월을 괴로워했다. 야곱은 고독과 죄의식 속에 평안한 날이 없이 험악한 세월을 살았다.

성경을 보면 인간들의 실패 때문에 가정이 풍지박산이 되는 것 같은 상황에서도 하나님은 하나님의 예정하신 뜻을 차질없이 추진하고 계신 것을 볼 수 있다. 그것은 야곱을 연단시키고 교육시키심을 보면 알 수 있다. 하나님은 야곱을 사랑하셨다. 왜냐하면 간교함이 그에게 있고 거짓말과 사기성이 있었지만 하나님의 언약의 축복, 곧 신령한 장자의 축복을 사모하고 소원했기 때문이다. 하나님은 순수하지 못한 야곱을 합당한 구속사의 대를 잇는 사람으로 만드시기 위해 그를 연단하시고 채찍질하셨던 것이다.

모세를 40년 간 연단시켰고, 순결한 이스라엘을 위해 70년의 바벨론 포로 기간이 필요했듯이 야곱을 이기는 사람으로 만들기 위해 20여 년의 시간이 필요했던 것이다.

1. 에서가 야곱을 죽이려고 하였다.

에서는 야곱을 죽일 이유가 없었으나 그렇게 계획했다. 옛날에 가인은 자기의 제사를 받지 않으신 하나님께서 아벨의 제사를 받으셨다는 것으로 동생을 때려 죽였다. 에서는 그 아버지가 야곱에게 축복하였다고 하여 그 동생을 죽이려고 심중에 계획했다. 에서는 가인의 뒤를 따르는 악인이라고 할 수 있다. 모든 것은 에서 자신의 잘못에 있었기 때문에 야곱을 죽일 만한 정당한 이유가 있을 수 없었다. 에서는 장자권을 얼마나 무시했는가 하면 붉은 팥죽 한 그릇만큼밖에 여기지 않았다. 그리고 야곱에게 이미 그 장자권을 팔아버렸다. 그는 물질적인데만 관심이 있었고 영적인 일에 대해서는 생각하지 않았다. 따라서 에서가 야곱을 죽이려는 마음을 가질 만한 이유는 없는 것이다.

에서는 야곱을 미워하여 죽이려고 했다. 에서가 야곱을 죽이려고 마음에 생각한 것은 미워하는 데서부터이다. 그는 동생을 죽이는 것 이외에는 만족할 다른 길이 없었다. 미워하는 것은 살인하는 것과 같다.

요한은 "그 형제를 미워하는 자마다 살인하는 자니 살인하는 자마다 영생이 그 속에 거하지 아니하는 것을 너희가 아는 바라"(요일 3:15)라고 하였다. 그리고 "그 형제를 미워하는 자는 지금까지 어두운 가운데 있는 자"(요일 2:9, 11), "거짓말 하는 자"(요일 4:20)라고 하였다. 정직한 자는 악인에게 미움을 받는다(잠 29:27). 그 예로써 구약의 요셉은 "그 형들이 미워하여 언사가 불평했다"(창 37:4)고 하는 말씀을 볼 수 있다. 얼마나 미움을 받았기에 그 미움이 죽이려고 모의하고 종으로 팔아버릴까 하고 생각했겠는가? 요셉은 의로운 청년이었다. 형들의 과실을 아버지에게 고하고 형들의 지배자가 될 꿈을 이야기했다고 해서 더욱 형들의 미움을 받았던 것이다.

에서는 아버지가 돌아가시면 야곱을 죽이리라고 했다. 에서는 동생을 죽이려는 악한 마음과 계획을 하였지만 아버지의 돌아가시는 때까지로 보류하고 있었다. 그것은 부모가 살아있는데 동생을 죽이면 그 부모가 비탄에 빠질 것이고 엄청난 불효가 되기 때문이라고 생각했기 때문이었다.

악한 살인자도 사회의 여론을 두려워한다. 에서가 살인을 미루고 있는 것은 아버지에게는 불효가 되는 것이고, 사회에는 큰 충격을 주는 것이었기 때문이었다. 그것은 아마 어떤 예의를 지키는 것이라 할 수 있다. 그러나 에서는 아버지가 돌아가신 뒤에도 살아계실 어머니가 남편 죽고 아들이 아들을 죽여 사랑하는 아들을 잃고 비통해 하실 일은 조금도 생각치 않았다. 에서는 확실히 자신의 장자권에 대한 잘못을 회개하려 하지 않고 가장 오랜 역사를 지닌 살인범이 되려고 했다.

2. 에서의 살인 계획을 리브가가 들었다.

에서가 야곱을 죽이리라는 말을 듣게 되었다. 리브가가 에서의 야곱 살인계획을 듣게 된 것은 어떤 사람이 리브가에게 전해주었기 때문이다. 그것은 "리브가에게 들리매"라는 말을 보아 알 수 있다. 하나님께서 가르쳐 주신 것은 아니었다. 에서는 아마 밖에 나가서나 집안에서 일하는 종들이 있는 데서 야곱을 죽이겠다는 분노를 드러냈을 것이다.

"어리석은 자는 그 노를 다 드러내어도 지혜로운 자는 그 노를 억제하느니라"(잠 29:11)고 하는 말씀이 있다. 리브가는 관찰력이 있는 어머니였다. 민첩하게 움직여 형제간의 살인 비극을 막아야 했다. 그리하여 야곱을 불러서 "네 형 에서가 너를 죽여 그 한을 풀려 한다" 고 하였다. "풀려한다"는 것은 "자신에게 위안을 주려 한다"라는 뜻이 다. 즉 에서는 자신의 허물에는 전혀 회개할 마음이 없고 야곱 살인 을 곧 자신의 잃어버린 축복을 보상하는 일로 여긴 것이다.

여기서 우리는 이삭의 경건한 가정이 분열하고, 이삭은 두려움에 떨며, 에서는 살인의 날카로운 칼을 갈며, 야곱은 집을 떠나 고독에 울고, 리브가는 야곱과 이별하여 영원히 만나지 못한 채 그리움 속에 서 세상을 떠나게 되는 것을 볼 수 있다.

리브가는 야곱을 하란으로 피신시켰다. 리브가는 야곱이 아버지의 축복을 속여서 받음에 대하여 무서워 망설일 때에 "내 아들아 너의 저주는 내게로 돌리리니…"(27:13)라고 하였었다. 그런데 이제 저주스 러운 살인이 행해지려는 때에 이 때에 리브가는 저주에 대한 묘책으 로 자기의 고향 하란으로 야곱을 피신시키려고 한 것이다 그것은 "네 자신을 위하여 피하여"라는 것이다. 외삼촌 라반의 집에 있으면서 안 전하리라고 믿었기 때문이었다.

하나님은 택함받은 하나님의 언약의 후손일지라도 범죄하고 인간 적인 방법으로 살 때에는 야곱에게 내려진 것과 같은 고달픈 도피와 나그네의 생활로 그 대가를 지불하게 하신다는 사실을 알 수 있다.

리브가는 몇 날 동안 라반과 함께 거하라고 했다. 리브가는 에서에 게 죽을 지경에 놓인 야곱을 살리기 위해서 고민하고 민첩하게 움직 이고 있었다. 야곱에게 "에서의 노가 풀릴 때까지 몇날 동안 외숙과 함께 있으라"고 했다. "노"라는 말은 "포근하게 한다"는 말에서 온 낱 말로 에서의 마음 속에 열이 나고 불이 붙은 상태를 암시하며, "코로 숨을 쉰다"는 뜻에서 온 말도 있으니 에서가 거친 숨을 내쉬면서 분 노하고 하는 것이 밖으로 나타나는 것을 의미하는 것이다.

리브가는 "몇 날 후에는 거기서 불러오리라"고 했다. 그의 생각에 는 몇 날들이었으나 결과적으로는 20년이 되었고(31:38) 거기서 불러 오리라고 말했던 리브가는 야곱을 거기서 불러내지 못하고 죽었다. 사람의 뜻이 하나님께서 원치 않으시는 경우에 이루어질 수 없는 것이다. 몇 날 동안 이별의 슬픔이 있으면 다시 상봉하리라 믿었던 리브가와 야곱은 이 일 후에 다시 보지 못하고 말았다.

3. 리브가는 이삭에게 이방 여인 자부를 싫어한다고 했다.

리브가는 지혜롭게 이삭에게 말했다. 리브가는 야곱을 어떻게 하든지 에서의 칼날에서 보호해야 했다. 그리하여 외가 하란으로 도피시키려고 하였다. 그러나 이 가정의 가장은 이삭이기에 이삭에게 어떤 이유로든지 충분한 이유를 설명하고 동의를 얻어야 했던 것이다. 그 이유를 에서가 야곱을 죽이려 하기 때문이라고 이삭에게 노골적으로 말할 수는 없었다. 그래서 리브가는 에서가 이방여자, 우상숭배의 족속 중에서 그것도 두 여자를 취처해서 실망하고 있으므로 야곱은 하란으로 보내서 그곳에서 장가를 들게 하여야 할 것이라고 말하였다.

이것은 리브가가 얼마나 재치가 있고 지혜롭게 했다는 것을 알게 하는 것이다. 리브가가 야곱을 하란으로 보내는 데는 이중 목적이 있었던 것이다. 하나는 에서의 칼에서 구원 보호하는 것이고, 다른 하나는 야곱의 아내를 자기 친척집에서 얻으려는 것이었다. 사람은 어려운 일이 직면했을 때 가장 지혜로운 처신방법을 생각해야 한다.

리브가는 헷사람의 딸들 때문에 괴롭다고 했다. 에서가 40세에 헷족속 브에리의 딸 유딧과 헷족속 엘론의 딸 바스맛을 아내로 취했는데 그들이 이삭과 리브가의 마음의 근심이 되었다(26:34-35).

"마음의 근심"은 "영혼의 괴로움"이라는 뜻이다. 여기에서는 "싫어하거늘"이라고 했는데 "몹시 슬퍼하다, 괴롭히다"는 의미이다. 그러므로 에서의 아내들은 이삭과 리브가에게 영혼의 괴로움을 주고, 몹시 슬퍼하게 하였으며, 마음을 괴롭히는 것이었다. 하나님의 선민들은 이방여자와 결혼할 수 없다. 또한 하나도 아닌 두 여인을 아내로 삼을 수 없다는 것을 알아야 한다. 부모의 마음을 슬퍼하고 하나님의 마음에 괴로움을 주는 것은 참으로 망령된 자이다.

리브가는 야곱이 이방인 중에서 취처하면 재미가 없다고 했다. 어느 종교적인 생활이 가정 전체를 지배하는 것이다. 리브가가 이삭에게 이방여자를 또 자부로 맞을 수 없다고 한 말에 대해서는 이삭도 동감이었던 것이다. 그러기에 이삭은 야곱을 불러 축복하고 외가에 가서 아내를 삼으라고 했다(28:1-2). 리브가는 자신에 대해서 보다 야곱에 대해서 많은 기쁨과 재미를 얻고자 했다. 그러므로 에서의 아내들 때문에 괴롭게 살았는데 이제 자기대와 소망을 걸고 있는 야곱마저 이방인과 결혼한다면 생활에 무슨 재미가 있겠는가 하는 것이다.

리브가는 하나님보다 야곱을 더 사랑했음이 분명하다. 하나님을 믿는 믿음을 최대의 재미로 여겨야 했는데 야곱을 생의 재미로 여긴 것이다. 그것은 우상숭배이다. 그것은 예수께서도 합당치 못하다고 하신 것이다(마 10:36-37). 리브가의 생명의 재미가 자식에게만 있었기 때문에 그 가정에 살기가 감돌고 사랑하는 아들과 다시 볼 수 없는 이별의 아픔을 겪고 그 아들이 결혼하는 것도 못본 채 눈을 감아야 했다.

밧단아람으로 가는 야곱

(창 28:1-9)

이제부터 저 유명한 야곱의 나그네 인생이 본격적으로 시작되는 것이다. 야곱은 훗날 애굽으로 내려가서 바로왕을 만나는데 "네 연세가 얼마뇨?"하고 물었다. 그때에 야곱은 "내 나그네길의 세월이 일백 삼십 년이니이다… 우리 조상의 나그네 길의 세월에 미치지 못하나 험악한 세월을 보내었나이다"(47:7-9)라고 대답했다.

그것은 자기의 생애에 대한 솔직한 고백이었다. 아버지와 형을 속이면서 마음 속 깊숙이 찾아든 두려움은 그를 험악한 세상으로 밀쳐버렸고 육신은 물론 영혼의 안식처도 믿지못한 채 루스광야에서 고독하게 돌을 베개하고 잠들어야 하는 가련한 나그네로 떨어지고 말았다.

그러나 이것은 보이지 아니하는 하나님의 섭리의 손길에서 이루어지고 있는 일이었던 것이다. 이삭과 리브가가 쌍둥이 아들들의 불화를 보면서 그들의 교육에 잘못이 있었음을 절실히 느꼈고, 그들의 편애가 결국 형제간에 칼을 갈게 했음을 뼈저리게 체험하면서 자신들의 방법대로가 아니라 야곱만이라도 하나님의 절대 주권에 온전히 맡기기로 한 것이다.

이삭과 리브가가 이렇게 이방 여인과의 결혼을 피하고 하란으로 야곱을 보내고 아브라함과 이삭에게 주신 하나님의 언약이 야곱에게 전수되기를 기원했다. 그것은 이제부터 자신들의 손이 아니라 하나님의 주권에 맡겨 야곱의 인격과 생애를 변화시켜 언약 후손을 거룩하게 보존할 수 있도록 한 것이다.

그러므로 우리는 우리 가정의 자녀들을 양육하는 데 있어서 오직 하나님의 손에 맡기는 것이 중요하다는 진리를 배울 수 있는 것이다. 밧단아람으로 가는 야곱! 표면적으로는 에서가 야곱을 죽이려 하기 때문에 그것이 두려워서 도망치는 것처럼 보여지고 있으나 사실은 이 도망치는 사건 속에도 하나님의 신비하시고 거룩하신 목적이 숨어있었던 것이다. 그러므로 하나님의 백성들은 오늘의 난관에 떨며 두려워하는 사건 앞에서 하나님의 높으시고 신비하신 거룩한 목적이 어디에 있는가를 볼 수 있어야 한다.

혈육의 정을 끊고 정들었던 이곳 가나안을 떠나는 마음은 한없이 무겁고 괴로운 것이었다. 그러나 이 행로의 20년 끝에는 많은 자녀와 축복의 재산과 영적인 신앙의 조상이 되어 얍복강 나루에서의 승리와 함께 돌아올 수 있었다.

1. 야곱은 라반의 딸들 중에서 결혼하기 위해 밧단아람으로 갔다.

야곱은 도망자가 되었다. 야곱은 어머니의 소원과 아버지의 명을 좇아 밧단아람으로 가게 되었다. 그것은 자식으로서 부모에게 효를 행하는 의무가 따르는 길이었다. 잠언서에 "내 아들아 네 아비의 훈계를 들으며 네 어미의 법을 떠나지 말라"(잠 1:8)고 하였다. 이삭이 야곱을 하란으로 보낸 목적은 외숙 라반의 딸들 중에서 아내를 얻게 하려는 것이었다. 특별히 하나님의 백성들 가정에 있어서 결혼은 중대사가 아닐 수 없다.

에서가 이방여자와 결혼해서 부모에게 큰 근심이 되고 있었기 때문에 야곱은 하나님을 알지 못하는 이방인 여자와 결혼해서는 안되었다. 왜냐하면 야곱은 약속의 후예를 낳아야 할 믿음의 조상이 되어야 하기 때문이다.

야곱은 장자의 축복을 받자마자 본국을 떠나 멀리 밧단아람으로 도망을 가게 되었다. 또한번 타국의 나그네 신세가 되었고, 풍성한 곡식과 포도주가 있을 축복을 받았건만(27:28) 지팡이 하나 들고 가는 가난뱅이가 되었고(32:10), 다스리고 지배하리라(27:29)는 축복을 받았으나 고생하며 섬기면서 노동하기 위해 길을 떠났다. 다윗이 왕으로 기름부음을 받았으나 오랫 동안 망명생활을 하면서 고생했던 것과 같다고 할 수 있다.

야곱은 죄값으로의 징계를 받으려고 떠났다. 야곱에게 장자의 축복이 주어진다는 것은 하나님의 예정이요 선택이었다. 어떤 형태로 그것이 이루어질지는 알 수 없었으나 야곱이 장자의 축복을 받는 것에는 틀림이 없는 사실이었다. 이삭이나 리브가나 야곱이 이 일에 대해서는 아무 이의가 있을 수 없고 하나님께서 하시는 일을 지켜보면서 순종했어야 했다. 그럼에도 불구하고 그들은 모두 인간적인 방법으로 장자의 명분을 흥정거래하고, 혈육의 출생 순서대로 주려하고, 야비하게 이삭의 약점을 이용하여 기만하면서 야곱에게 축복을 받게 함으로 순식간에 그 가정에는 불화의 먹구름에 쌓이게 된 것이다. 인간적인 수단 방법으로의 그들의 합작에는 하나님의 징벌이 있었으니 오늘 이삭 가정의 현실 그대로이다.

다윗은 "나의 죄로 인하여 내 뼈에 평안함이 없나이다"(시 38:3)라고 하였고, 솔로몬은 "죄는 형통치 못하다"(잠 28:13) 하였으며, 예레미야는 "저의 죄가 많음으로 여호와께서 곤고케 하셨음이라"(애 1:5)고 슬퍼하였다.

축복받은 상속자는 세상에서 많은 고난을 받았다. 예수께서 말씀하시기를 "세상에서는 너희가 환난을 당하나 담대하라 내가 세상을 이기었노라"(요 16:33)고 하셨다. 야고보는 "주의 이름으로 말한 선지자들로 고난과 오래참음의 본을 삼으라 보라 인내하는 자를 우리가 복되다 하리니 너희가 욥의 인내를 들었고 주께서 주신 결말을 보았거니와…"(약 5:10-11)라고 하였다. 그러므로 주의 이름으로 예언한 선지자, 이방 우스 땅의 거부 욥, 우리 구주 예수 그리스도 등은 복 받은 자들이면서 세상에서는 많은 고난을 받았다는 것이다.

하나님의 사람들에게는 세상 사람들이 이해할 수 없는 고난을 받으나 장래의 하늘나라 기업의 소망적 보상이 있기 때문에 세상의 고난을 어려운 것이라고 생각하지 않았다.

2. 야곱은 아버지의 축복을 받고 밧단아람으로 갔다.

생육하고 번성케 하사 여러 족속을 이루게 하시기를 원했다. 이삭은 위에서 야곱의 외가에 가서 그곳 처녀와 결혼하라고 부탁하고 "전능하신 하나님이 네게 복을 주어 너로 생육하고 번성하게 하사 너로 여러 족속을 이루게 하시고"라는 축복을 하였다. 이삭이 이전에는 야곱을 모르고 축복했었으나 이제는 낯선 땅으로 가야 하는 야곱을 축복하고 떠나게 했다.

여기 전능하신 하나님으로 호칭한 것은 야곱의 자손이 오직 하나님의 능력으로 번성하기를 축원하는 것이다. "번성"은 양적인 증가를 의미하는 것으로 야곱의 열두 아들로 성취되었고, 4백년 후에 애굽 땅에서 수백만의 인구로 증가한 그의 후손들로 성취된 것이다. 여러 족속을 이루게 한다는 것은 열두 지파의 조상이 되게 될 것을 예언하는 것이다. 이것은 신약의 교회를 나타내는 "불러내다, 모이다, 회중, 같이 뭉쳐서 모여진 상태"의 의미를 지니고 있는 말이다. 즉 야곱이 받은 축복은 신약시대에 하나님 백성으로 택함 받는 영적 자손의 번성까지 포함한 것이다(엡 1:3).

하나님은 어느 시대나 경건한 족속이 번성하는 것을 기뻐하신다. 창조당시부터 "생육하고 번성하라"고 하셨으니 하나님께서는 땅 위의 인간들이 하나님을 경외하기를 원하신다.

아브라함에게 허락하신 복을 네게 주시기를 원했다. 여기서 이삭은 아브라함으로부터 이어져 나가는 언약의 상속자가 야곱이라는 것을 다시 한번 상기하는 것이다. 야곱은 집에서 도망쳐 나옴으로 물질적인 것은 받지 못했다. 그러나 하나님의 선택된 백성의 조상이 되는 지위와 명분을 계승하게 된 것이다. 야곱을 통하여 아브라함의 후손들이 하늘의 별과 바다의 모래와 같이 많아지게 될 것이었다. 아브라함은 독자 이삭을, 이삭은 쌍둥이 아들을, 야곱은 열두 아들을 낳게 된다. 그리고 그의 자손들은 세상 모든 다른 나라 민족들보다 많아져서 이스라엘을 이루게 되고 그중에서 메시야가 탄생하여 교회를 세우며 복의 근원이 될 것이라는 축복인 것이다.

아브라함에게 주신 땅을 유업으로 받게 하기를 원했다. "아브라함에게 주신 땅 곧 너의 우거하는 땅"이라고 했다. 우거한다는 것은 "이방인으로 머물다"의 뜻에서 온 말로써 "네가 이방인으로 머무는 동안"이라는 의미이다.

아브라함과 이삭과 야곱은 가나안 땅에 영구히 정착하지 못하고 임시로 거처했을 뿐이었다(출 6:4). 그러나 야곱의 후손들은 훗날에 가나안 땅을 완전히 상속받았고 에서의 후손들은 가나안 땅에서 한 치의 기업도 얻지 못하고 전적으로 제외되었다. 이것은 야곱이 지금은 밧단아람으로 멀리 가기 때문에 이 약속의 땅 가나안을 상속하지 못할까 하는 의심도 있을 수 있었기 때문에 그 땅을 야곱에게 주어진 것임을 재확인하면서 야곱이 현재 가나안 땅에 유하고 있지 아니해도 그의 권리를 폐기하는 것이 아니라는 것이다. 이것은 야곱이 이 땅의 것들보다 저 약속의 영원한 하늘나라 가나안을 더 좋아하고 사모하게 하기 위함인 것이다.

3. 야곱은 밧단아람으로 가서 라반에게 이르게 되었다.

이삭이 야곱을 밧단아람으로 보낸 것은 두 가지 목적이 있었다. 우선은 에서에게서 피신시키기 위함이고, 다음에는 친족 중에서 자부를 얻어 언약의 자손으로서 경건한 가계를 잇게 하고자 함이었다.

야곱은 아버지에게 축복을 받고 작별하게 서둘러 밧단아람으로 갔다. 밧단아람이란 "아람평원, 아람의 곡식 심는 땅(호 12:13)"이라는 뜻인데 하란에서 서쪽으로 10마일쯤 떨어져 있는 곳이다. 여기는 아브라함의 동생 나홀의 후손들이 살고 있었다. 그런데 이삭이 야곱을 이러한 이유로 인하여 밧단아람으로 보냈지만 그것은 하나님의 섭리였다고 생각되는 것이다. 하나님께서는 야곱으로 하여금 이곳에 있으면서 깨닫게 하시고 믿음을 돈독하게 하시며 심령을 정결하게 하사 하늘의 기업을 이을 자격이 있는 사람으로 연단 순화시키려 하신 것이다. 밧단아람이 곡식 심는 땅이라면 그곳에서 하나님은 야곱에게 언약의 씨를 얻게 하신 것이다.

라반은 리브가의 오라비, 야곱의 외숙이다. 라반은 "새하얀, 영화로운"의 뜻으로 아브라함의 동생 나홀의 손자이다. 그의 아버지는 브두엘이었다. 그리고 라헬과 레아의 아버지이다. 그는 후에 야곱의 장인이 되는 것이다. 라반은 드라빔이라는 작은 우상을 섬기고 있었고 야곱 못지않게 교활했으며 경제적으로도 부요했다.

야곱이 여기서 두 아내와 두 여인의 첩을 얻게 되는데 그것도 라반의 사기성 결혼 때문이었다. 야곱은 형과 아버지를 속였으나 라반은 야곱을 속이되 신부를 바꿔놓는 사기극을 벌일 만큼 교활했다. 야곱이 이곳에 와서 일함으로 인하여 라반의 사업은 번창해 갔고 라반은 야곱이 고향으로 돌아가는 것을 싫어했다.

야곱의 이름이 에서보다 먼저 기록되었다. 리브가는 "야곱과 에서의 어미"라고 하였다. 에서와 야곱은 출생순서로는 에서가 앞서 있다. 그런데 여기서 작은 아들 야곱이 큰 아들 에서를 제치고 앞에 기록되어 있음은 웬일인가?

리브가가 야곱을 더 사랑한 때문인가? 그것이 아니라 야곱이 이제부터 아브라함과 이삭의 상속자가 되었기 때문이다. 야곱은 외가로 가서 괴로운 20년을 살게 되지만 야곱이 영적 지배권을 갖게 된 것이다. 여기서 결혼하고 언약의 자손을 얻는 소망적인 꿈과 성취가 괴롭고 고통스러움과 함께 어우러질 것이다. 언제나 앞서는 것은 영적인 축복을 받은 사람들이다.

4. 에서가 세 번째로 마할랏과 결혼했다.

에서는 야곱이 친족에게 결혼하는 것을 보고 결혼했다. 본문에는 "본즉"이라는 말이 두 번이나 나타난다. 에서는 밧단아람으로 친척 중에서 아내를 얻고자 떠나는 야곱을 보고 마할랏과 결혼을 했다. 에서는 생각하기를 자신이 장자의 축복을 거절당한 원인이 이방 여자와 결혼한 때문이라고 보았다. 그래서 이스마엘의 딸과 결혼을 했다. 그는 아브라함의 손녀였기 때문이다. 뒤늦게나마 부모에게 환심을 사보려고 야곱을 모방하여 이스마엘 가계의 여인과 결혼했다. 그러나 아내가 둘이나 있는 것에 대해서도 큰 죄악인데 또다시 세 번째 결혼을 한 것은 부모에게 큰 실망을 안겨주고 하나님의 법을 파기시키는 망령된 짓이었다.

에서가 이방 여인과 결혼한 것은 이삭과 리브가의 마음의 근심이 되었다(26:34-35). 리브가는 이삭에게 "내가 헷 사람의 딸들을 인하여 나의 생명을 싫어하거늘… 야곱이 이 땅의 딸들 중에서 아내를 취하면 나의 생명이 내게 무슨 재미가 있으리이까?"(27:46)라고 눈물로 말했다.

에서가 "본즉 가나안 사람의 딸들이 그 아비 이삭을 기쁘게 못하는지라"고 했다. 그리하여 에서는 부모를 기쁘게 해드린다는 생각으로 이스마엘의 딸은 아브라함의 혈통이니까 부모가 기뻐하리라 믿고 마할랏과 결혼한 것이다. 결혼은 하나님의 창조질서에 입각하여 하나님의 창조사역에 동참하고 하나님을 영화롭게 하며 부모에게도 만족하게 할 뿐 아니라 자신들이 진실한 사랑과 헌신을 바탕으로 해야 하는 것이다.

에서는 본처들 외에 마할랏을 아내로 취했다. 본처의 이름은 유딧과 바스맛이다. 둘씩이나 아내를 삼은 것은 하나님의 법을 어긴 것이고, 또다시 세 번째 마할랏을 아내로 삼은 것은 더욱 기막힌 일이라고 할 수 있다.

마할랏은 아브라함의 아들 이스마엘의 딸이요, 느바욧의 누이로 "고통, 질병"이라는 뜻이 있다. 느바욧은 "농업"이라는 뜻으로 이스마엘의 장남이다. 그는 느바욧 족속의 창시자이다(25:13, 36:3, 대상 1:29). 에서는 이스마엘에게 가서 이 여인을 아내로 취했다고 했다. 이스마엘은 13년 전에 죽었다. 그러므로 그의 후손들이 사는 곳에 가서 마할랏을 취한 것이다. 이스마엘이 아브라함의 후손인 것은 분명하나 첩의 소생으로서 언약 밖의 가계 후손이기 때문에 에서는 언약의 계보에 들 수 없는 것이었다. 그러므로 그의 세 번째 결혼은 하나님은 물론 그의 부모도 기뻐할 수 없었다.

벧엘 광야에서의 꿈

(창 28:10-15)

야곱이 아버지의 집을 떠나기는 이번이 처음이었다. 어머니의 보호 아래 장막에서만 평안한 생활을 했던 야곱이 외가를 목적삼아 벌판으로 도망쳐 나왔다. 여간 힘든 일이 아니었다. 야곱의 마음은 현재만 아니라 미래가 모두 불안뿐이었다.

처음 밟는 낯선 광야의 밤은 깊어오고 적당히 누울 만한 천막이나 어떤 것도 준비되어 있지 못했다. 그는 한없이 슬프고 고독했다. 아무도 자기 주위에 없었다. 에서의 살기찬 얼굴을 떠올리면 소름이 쳐진다. 우리는 슬픔을 느낄 때, 즉 죄로 인한 슬픔이나 죄를 후회하는 마음으로 괴로워 할 때 비로소 육안으로 볼 수 없는 것을 볼 수 있는 영안이 뜨인다. 그리고 이 세상의 관심이 하나님 나라를 향한 관심으로 바뀌게 되며 우리 자신의 모든 것을 하나님께 맡기게 된다.

위에서 에서도 "본즉"(6, 8절)이라는 말에서 두 가지를 보았다고 말하고 있으나 야곱은 "하늘과 땅을 연결하는 사닥다리를 본즉"이라고 했다. 그리고 "또 본 즉" 하나님의 사자가 그 위에서 오르락 내리락 하는 것을, 그리고 "또 본 즉" 여호와께서 그 위에 서서…" 라고 했다.

에서의 "본즉"은 육안으로의 육신적인 것을 보았으나 야곱의 "본즉"은 "보라"는 뜻으로 주의를 환기시키는 감탄사이다. 야곱이 꿈에서 초자연적인 사건을 목격하고 놀라 감탄하는 것으로 "보라 사닥다리가…", "보라 하나님의 사자가…", "보라 여호와께서…"이다.

사람은 누구나 무한히 복잡한 세계와 접촉하는 일에 두 가지 방법을 쓰고 있다. 하나는 왼쪽 부분을 사용하는 방법으로 깨어있는 동안 경험하는 모든 보이는 재료들을 의미있는 것과 의미없는 것으로 갈라 놓는 기능을 하고, 다른 하나는 뇌의 오른쪽 부분으로 깨어있는 동안 정리하지 못한 모든 경험과 기억들을 잠자는 동안 처리하는 느낌의 영역이라는 것이다. 바로 두뇌의 오른쪽 느낌의 영역이 꿈을 꾸는 영역이 된다고 한다. 꿈은 논리와 과학으로 해결할 수 없는 정신세계와의 접촉의 매개가 된다.

성경에는 꿈과 환상으로 가득하다고 할 수 있다(욥 7:14). 꿈은 하나님께서 인간 속에 말씀하시는 통로이다. 특별히 성경이 성문화되기 전의 시대에 있어서는 더욱 그러했다.

1. 야곱이 하란으로 향하여 갈 때에 꿈을 꾸었다.

한 곳에 이르렀을 때이다. 한 곳에 이르렀다는 것은 만나다, 중재하다" 등의 뜻이 있는데 여기서는 "다다르다"는 뜻이 될 것이다. 야곱은 브엘세바에서부터 떠나서 여기까지 (루스) 이르렀으니 그 거리는 85km나 된다. 야곱이 집을 떠나 이곳까지 오는 데는 2-3일이나 걸렸으리라고 생각된다. 야곱은 불쌍한 처지가 되어 외롭고 고독한 중에 걷고 걸었다.

그가 가는 길에 무엇이 기다리고 있는지 알 수 없었다. 그런데 그가 간 노정은 아브라함의 종이 이삭의 아내를 얻기 위해서 갔던 길을 따라서 갔을 것이다(24:10). 아브라함의 종은 순적히 만나게 해달라(24:12)고 기도하면서 간 결과 리브가를 만나게 되었는데 이제는 야곱이 그 길을 걸으면서 무엇이라고 기도했을까?

"한 곳에 이르러"는 "그가 한 장소에 닿아서 그가 쉬기에 알맞은 곳"이라는 뜻이다. 야곱은 "브엘세바에서 떠나"라고 했다. 그곳을 떠나서 한 장소에 이른 것이다. "떠나"는 출애굽 역사와 같은 큰 탈출사건(출 13:3), 바벨론 포로생활에서의 회복(겔 20:41) 등 구속사적 주제와 관련되는 말이다.

야곱은 고향을 탈출하여 하란으로 가는 중에 한 곳에 이르게 되었다. 아마 그곳은 사람들에게 잘 알려진 곳을 의미하는 것으로 보아 그때에 야곱이 잠을 잔 이후에 그곳은 유명해졌는지 모른다. 그곳은 하나님께서 그를 위하여 작정해 놓으셨던 장소가 아닌지 모른다. 그 야말로 순적히 하나님을 만나는 놀라운 구속사의 기념 장소였으니 말이다. 하나님을 믿는 자들에게는 어느 곳이나 천국이다.

해가 져서 거기서 유숙하려는 때이다. 지금 이순간 에서는 편안한 집에서 포근한 잠자리에 누워 잠을 자고 물질적인 유산을 차지하고 있지만 야곱은 하나님의 신령한 축복을 받았으면서도 낯선 땅에서 나그네의 길을 걷고 머리 둘 곳조차 없었다. 이것은 현세에서 신자와 불신자가 누리게 될 것의 모형인 것이다. 해가 져서 어두워지는 때는 야곱으로서는 지내기 힘든 때이다. 자연의 날이 어두워지듯이 그의 마음은 암울했고 두려움의 그림자가 밀려오고 있었다. 그때는 산 속의 맹수들이 포효하는 무서운 때였다.

에서가 몰래 야곱을 죽이라고 자객을 보냈을지도 모르는 밤이다. 며칠을 걸었기 때문에 지쳐있는 때이다. 자기 몸을 어디에도 숨길 수 없고 위험에 노출된 상태의 밤이다. 무방비 상태의 두려운 밤이다. 밤은 놀램이 있고, 두려움이 있으며, 우는 사자의 부르짖음이 있고, 사탄 마귀가 작회하는 시간이다. 그런데 그 밤에 하나님의 꿈을 보게 된 것이다.

유숙은 길가던 나그네가 자기 겉옷으로 몸을 둘러 싸고 밤을 지내는 것을 의미한다. 바닥은 차고 공기는 쌀쌀했으며 모든 것이 불편하기만 했다. 그러나 하나님이 거기 계셨다. 그곳의 한 돌을 취하여 베개하여 누운 때이다. 야곱은 여행자들이 그러하듯이 자기가 입었던 겉옷을 벗어 이불로 삼고 돌을 그의 머리 밑에 두고 베개하여 잠이 들었다.

여기 "한 돌"은 특정한 돌을 의미하는데, 그 한 돌을 베개하고 잠 잘 때에 꿈을 꾸었으니 꿈을 주는 돌이라고 할 수 있다. 곧 "그 돌"은 산돌 예수 그리스도시다(벧전 2:4). 산돌은 살아있는 돌이다. 영생을 주는 예수시고 꿈과 생명과 움직임을 갖는 돌이다. 예수라는 산돌을 의지하는 자에게는 꿈을 꾸게 하신다. 꿈은 구약시대에 하나님께서 하나님의 뜻을 계시하시는 한 수단으로 사용되었다. 그러나 성경이 완결된 지금에는 꿈의 중요성이 저하되었다.

예수는 "제단의 돌"(출 20:25)이므로 쇠붙이나 끌 등으로 쪼거나 깎아서는 안된다. 예수는 진리의 돌이기 때문에 진리의 돌 위에 재단을 쌓아야 축복을 받는다. 예수는 "심판의 돌"(단 2:34)이므로 만국의 우상을 파괴시키고 가루로 만들 것이다. 예수는 "생수의 돌"(고전 10:4)이므로 십자가의 치심을 당하여 생수의 성령을 마시게 되었다. 예수는 "물매의 돌"(사망 17:40, 49)이므로 영전에서 승리하게 하신다. 예수는 "기초의 돌"(고전 3:11)이요, "반석"(마 16:18)이시므로 하나님 교회의 기초석이 되신다. 예수는 "승천의 돌"(민 20:10-11)이시므로 높이 솟아 오른 반석 그것은 부활하신 예수를 의미한다. 예수는 "말씀의 반석"(마 7:24-25)이시므로 심판 때에도 요동함이 없다.

2. 야곱이 꿈에 본 것이 있다.

사닥다리가 땅 위에 선 것을 보았다. 예수께서는 나다나엘에게 "하늘이 열리고 하나님의 사자들이 인자 위에 오르락 내리락 하는 것을 보리라"(요 1:51) 하심으로 야곱이 꿈에 본 사닥다리가 장차 오실 예수 그리스도라는 사실을 말씀하셨다. 예수는 사닥다리이시다. 그리하여 그는 땅 위에 설 것이었다. 예수께서 구원의 사닥다리로 이 세상에 오실 것을 의미하는 것이다.

세상에는 세 가지 종류의 종교가 있다.

첫째는 땅위에서부터 하늘까지 닿게 하는 종교인데 이것은 불가능한 종교이다. 왜냐하면 인간의 힘으로 땅에서 하늘까지 올라갈 수 있는 사닥다리를 놓을 수는 없기 때문이다. 인력이나 공로나 어떤 인간의 수련, 수양으로도 하늘에 이를 수 없다.

두 번째로, 하늘에서 공중까지 내려온 사닥다리 종교이다. 이것은 인간 세계의 땅에 닿지 못한 종교로 인간이 구원에 이를 수 없는 종교이다.

그러나 하늘에서부터 땅 위에까지 연결된 사닥다리의 종교가 있으니 이것은 예수교이다. 구원은 하나님께서 인간에게 찾아오셔서 사닥다리를 놓음으로 이루어지는 것이다. 욥은 "내가 알기에는 나의 구속자가 살아계시니 훗일에 그가 땅 위에 서실 것이라"(욥 19:25)고 하였다.

야곱은 사닥다리가 하늘에 닿은 것을 보았다. 위에서 말한 것과 같이 사닥다리는 예수 그리스도이신데 인간으로 이 땅 위에 내려오시고 죄인들을 하늘나라로 올라가게 하기 위하여 하늘에 그 꼭대기가 닿았다.

그러므로 예수는 인간의 구원의 사닥다리이시니 사닥다리의 꼭대기 부분은 예수의 신성이요 그 하반부는 예수의 인성을 의미하는 것이다. 예수는 신, 인, 양성이 있어서 중보자가 되어 사닥다리를 놓으신 것이다.

바울은 "하나님은 한 분이시요 또 하나님과 사람 사이에 중보도 한 분이시니 곧 사람이신 그리스도 예수라"(딤전 2:4)고 했다. 예수는 구원의 사닥다리이시다. 땅 위에서 공중까지만 놓여진 사닥다리가 아니시다. 하늘에서 공중까지만 내려진 사닥다리가 아니다. 만일 예수가 그런 사닥다리라면 인간은 구원에 이를 수 없고 절망일 뿐이다. 예수는 하늘에서부터 땅 위에까지 내려진 사닥다리이기 때문에 낮은 세상의 죄인이 높이 하늘나라까지 올라갈 수 있는 것이다.

하나님의 사자가 그 위에 오르락 내리락 하는 것을 보았다. 야곱이 본 이 신령한 꿈이 너무나 신비하고 영광스러워서 "본즉"이라는 말을 세 번씩이나 사용하고 있다. 하나님은 천상하지의 하나님이시고 시작이요 끝이시다. "하나님의 사자들"은 하나님의 천사들 무리이다. 그들이 오르락 내리락 하는 것은 캄캄한 밤에 고독하게 누워있는 나그네 야곱에게는 큰 소망이었다.

하나님은 하나님의 사자들을 통해서 성도를 보호하신다(시 103:20-21, 104:4). 하나님은 하늘 보좌에 계셔서 낮고 천한 인간에게 이렇게 나타나 보이시므로 하나님과 인간이 직접 교통할 수 있는 길이 열렸다. 우리의 기도는 올라가고 하나님의 축복은 내려온다.

사닥다리가 우리에게 주는 교훈은 무엇인가? 첫째로, 사닥다리는 좁은 것이다. 사닥다리는 넓은 것이 아니다. 한 사람이 올라갈 수 있는 좁은 것이다. 예수는 구원의 문은 좁다고 하셨다(마 7:13-14). 예수는 천성에 이르는 사닥다리 길이시다(요 14:6). 하늘 꼭대기까지 이르는 직통로이시다. 그러나 한 사람씩 올라갈 수 있는 사닥다리로 구원은 개인적이다. 바늘귀처럼 좁다(마 19:24-26).

둘째로, 사닥다리는 중단없이 올라가야 한다. 사닥다리를 잡고 위의 세계로 올라가는 것이 신앙생활이다. 올라가는 데는 인내가 필요하다. 힘들고 어려워도 인내하면 붙잡고 올라가야 한다. 올라가다가 쉬거나 중단하면 큰 일이다. 다른 사람들의 길을 막는 셈이 되기 때문이다. 나도 못 오르고 남도 못 올라가게 하는 죄악이다(마 23:13). 신앙은 중단없는 전진뿐이다(딤후 4:7).

셋째로, 사닥다리는 온 몸을 움직여야 올라갈 수 있다. 사닥다리를 오를 때에 머리는 하늘 꼭대기로 쳐들고 소망 중에 바라보면서 발 아래를 내려다 보지 말 것이다. 두 손은 칸들을 힘있게 붙잡고 올라가야 하는데 그 사닥다리 자체는 예수요 그 칸들은 말씀이다. 믿음의 손으로 약속의 말씀을 굳게 잡아야 한다(계 2:25, 3:11). 두 발은 믿음의 손과 함께 한 칸 한 칸 조심스럽게 움직여야 한다. 발은 우리의 행위이다. 사닥다리를 오르는 인생들은 얽매이는 것이나 무거운 짐을 벗어버려야 한다(히 12:1-2, 엡 4:22-23).

넷째로, 사닥다리는 한없이 높다. 하나님의 사랑과 구원의 사닥다리는 저높은 하늘에서부터 야곱의 돌 베개한 땅에까지 연결되었다. 지하 탄광이나 바다 속 잠수함을 타고 있는 사람, 공중의 비행기나 그보다 더 높이에 있는 사람까지도 구원을 주시는 능력이다. 길고 높은 사닥다리는 영생에 이르는 길이다. 구원은 하나님께로부터 우리 인간 세상에 내려진 은혜이다.

다섯째로, 사닥다리는 영원히 불변하는 다리이다. 세상 사람들이 만드는 "다리"는 파괴되기도 하고 썩기도 하고 변할 수 있다. 그러나

하나님의 구원의 사닥다리라는 십자가는 지상에서 천성까지 올라가
는 다리이며 영원히 변치 않는다(히 13:8).

3. 야곱이 꿈에 들은 말씀이 있다.

하나님은 "나는 여호와니 너희 조부 아브라함의 하나님이요 이삭
의 하나님이라"고 말씀하셨다. 이것은 하나님이 세상의 유일하신 창
조주이심을 밝히는 자신의 칭호를 사용하시면서 조상때부터 맺으신
언약을 야곱에게 상기시키는 것이다. 이것은 아브라함과 이삭과 언약
을 체결한 언약의 하나님이시라는 것을 선포하시는 말씀이다. 하나님
께서 인간에 대한 섭리를 상기시키고 아브라함과 이삭의 하나님이 자
기 선민에 대해서 특별히 관심을 두시고 주관하여 주신다는 사실을
보여주는 것이다.

너 누운 땅을 내가 너와 네 자손에게 주리라고 하셨다. 하나님께서
는 아브라함과 이삭에게 이미 이와 같은 언약을 하셨다. 여기서 다시
야곱에게 언약의 약속을 하시는데 축복의 땅과 후손에 대해서 재확인
하시는 말씀을 하셨다. 하나님은 아브라함, 이삭에게와 같이 야곱에
게 이렇게 축복하셨고, 또한 그들의 후손에게까지 축복하신 것이다.
믿음의 가계를 잇는다는 것이 얼마나 큰 축복이며 특권인지 모른다.
아브라함, 이삭, 야곱은 믿음의 삼조라고 한다.

"너 누운 땅을… 주리라" 하신 것은 하나님께서 야곱에게 주신 약
속중에 제일 되는 것이다. 야곱은 "황폐한 그 누웠던 땅"이라는 곳에
서 먼저 땅의 약속을 받았다. 그것이 어떤 땅이든지 하나님의 약속이
따르는 곳은 축복이 아닐 수 없다.

하나님은 아브라함에게 "네가 보는 땅을 내가 너와 네 자손에게 주
리라"(13:14-15)고 하셨고, 야곱에게는 "너 누운 땅을 너와 네 후손에
게 주리라"(28:13) 하셨으며, 여호수아에게는 "무릇 너희 발바닥으로
밟는 곳을 내가 다 너희에게 주었노니…"(수 1:3)라고 하셨다.

네 자손이 동서남북에 편만하리라고 하셨다

첫째, 네 자손이 티끌같이 번성하리라는 것이다. 이 약속 역시 아브

라함(13:16)과 이삭에게(26:4) 하신 것이며 이제 지금의 야곱에게 약속하신다. 야곱은 아직 결혼도 하지 않은 때였다. 집안에서 쫓겨난 자가 되어 홀홀단신 외가로 가는 도중이었다. 그러한 야곱에게 하나님은 변할 수 없는 축복을 약속하신 것이다.

둘째, 동서남북에 편만하리라는 것이다. "편만"이라는 말은 "번지다, 깨뜨리다"라는 의미이다. 야곱의 후손이 세계 동서남북 어디에나 번영하게 될 것이라는 것이요(13:14, 신 12:20), 방해하는 세력들을 모두 깨뜨려 버리고 그리스도의 왕국 곧 장차 야곱의 후손 메시야로 말미암아 하나님의 교회가 세계에 편만할 것이라는 뜻이다. 그리스도로 말미암아 우리는 풍성한 삶과 그리스도를 통한 구속 사역의 편만함이다.

셋째, 땅의 모든 족속이 너와 네 자손을 인하여 복을 얻으리라는 것이다. "땅의 모든 족속"은 "가족, 씨족, 혈족, 부족" 또는 국가와 같은 큰 무리를 가리키거나 강한 혈연관계를 가진 무리를 의미한다. 즉 신약의 성도를 암시한다. 그리스도의 십자가의 피로 하나가 된 하나님과 언약관계를 맺은 자들이다. 이 약속의 말씀 또한 아브라함과 이삭에게 하신 말씀이다(12:3, 18:18, 22:18, 26:4). 메시야가 그의 후손에게서 탄생하게 되고 그 안에서 모든 세상의 믿는 자들이 복을 받을 것이라는 의미이다.

하나님께서 함께 있어 떠나지 않고 지키시겠다고 하셨다.

첫째, "내가 너와 함께 있어 어디로 가든지 지키겠다"는 것이다. 이것도 이삭에게도 하신 축복인데(26:24) 도망가고 있는 야곱에게는 이 축복은 용기와 위로를 주는 것이었다. "함께 있어"는 "결합하다"라는 뜻으로 절대로 뗄 수 없는 관계를 강조하는 말씀이다. 예수께서는 임마누엘(마 1:23)이시므로 제자들에게도 "내가 세상 끝날까지 너희와 함께 있다"(마 28:20)고 말씀하셨다.

둘째, "네가 어디로 가든지 너를 지키겠다"는 것이다. "지키며"는 "지대한 관심을 기울이다"라는 뜻으로 하나님의 돌보심과 보호하심을 의미하는 것이다. 하나님은 온 세상의 주관자시므로 시공간을 초월하여 어느 곳에 있든지 보호하실 수 있으시다(창 48:16, 시 34:20, 86:2, 121:3, 4, 5, 7-8). 야곱은 에서의 위험에 처해 있고, 알 수 없는 미지의 땅으로 가고 있어서 무슨 일을 당할지 몰랐다. 그런데 하나님께서 이렇게 약속하시는 것이다. 그의 나그네 길은 약속있는 길이다.

셋째, "너를 이끌어 이땅으로 돌아오게 할찌라"는 것이다. 지금 야곱은 밧단아람으로 도망가고 있는 것이고 외숙에게 어떤 불이익을 당할지 알 수 없어서 착잡한 심정으로 괴로워하고 있는데, 하나님께서는 너를 이끌어 이땅으로 돌아오게 하리라고 말씀하시는 것이다. 그러므로 밧단아람으로의 도피는 하나님의 언약 후손을 보존하시고 인도하시는 하나님의 깊으신 배려라는 것을 암시하신 것이다. 참으로 귀한 진리의 말씀인 것이다. 하나님 편에서는 야곱의 행로가 실패가 아니고 축복이었다.

넷째, "내가 허락한 것을 다 이루기까지 너를 떠나지 아니하리라"는 것이다. 하나님은 위에서 땅에 대한 소유, 자손의 번성, 메시야의 축복에 대해 약속하시고 이제 그 허락한 것을 다 이루시기까지 야곱을 떠나지 아니하리라고 하셨다.

야곱이 밧단아람으로 가는 길에서 전능하신 하나님께서 떠나지 아니하시고 같이 하신다 확신시켜 주시는 것은 감격스러운 은혜가 아닐 수 없다. 그것은 야곱에게 절실한 것이었다. 하나님께서는 지금도 성령을 통해 그리스도의 내주하심을 통해 우리를 떠나지 아니하시고 보호하신다.

야곱이 서원하여 가로되

(창 28:16-22)

야곱은 이제 70세를 넘고 있었다. 그러나 그의 인격은 완성되어 있지 못했다. 얼마 전까지도 야곱에게는 적이라고는 없었다. 그러나 지금 야곱은 에서의 추적을 예상하면서 공포에 사로잡혔고 앞으로 닥칠 여러 가지 고난을 생각할 때 마냥 달려갈 수만은 없었다. 야곱은 지금까지 애착을 가졌던 땅과 집과 부모와 이웃들을 버리고 떠나는 슬픔이 눈물로 앞을 가렸기 때문이다. 지금까지 고요했던 그의 양심은 죄로 인한 가책을 느껴 그를 한없이 괴롭혔다. 야곱은 진리의 하나님 앞에 설 수가 없었다. 아담과 하와는 하나님을 거역함으로써 낙원에서 쫓겨났고 천사들도 하늘에서 쫓겨났다. 이제 야곱은 집에서 쫓겨났다.

거치른 광야를 지나고 있었다. 루스 광야에서 풀밭을 담요로 삼고 둥근 하늘을 이불로 삼아 돌 하나를 베개하고 잠이 들었다. 그런데 여기서 살아계신 하나님을 만난 것이다. 하나님께서는 아무데도 믿을 데 없는 외로운 인간에게 찾아오신다. 야곱의 누운 곳은 평안을 얻을 수 있었다. 하나님의 섭리는 어디에나 있다. 모세가 선 곳이 거룩한 하나님의 거처였듯이 이땅에는 어디든지 하나님을 만날 수 있고 하나님의 사닥다리를 타고 하늘에 오를 수 있는 놀라운 신비의 역사가 있을 수 있다.

하나님은 사랑하는 야곱에게 잠시 동안 채찍질 하셨다(히 12:6). 야곱은 하나님께서 역사하는 시간을 기다리지 못하고 자기 멋대로 장자권 축복을 서둘렀다. 그 결과는 오히려 모든 문제를 지연시키는 것으로 끝났던 것이다. 자기 아버지 집에서 장자권을 얻기 위해 아버지를 속였다. 그러나 몇시간 후에는 집도 없이 들판에서 돌을 베개 삼고 잠을 자는 처지가 되고 말았다. 그러나 감사한 것은 야곱의 신세가 이렇게 된 것은 하나님께서 그의 영적 성장을 위하여 섭리하신 큰 은혜인 것이다.

야곱은 사닥다리의 꿈을 보았다. 그것은 무엇을 우리에게 가르치는 것인가? 우선 사닥다리는 맨 아래 층에서부터 오르는 것처럼 우리는 가장 초보적인 단계에서부터 그리스도인의 길을 걸어야 한다는 것이다. 금방 성자가 되는 것이 아니니 초보부터 걸을 때 하나님의 영광에 이르게 된다. 꾸준히 올라가야 하는 것으로 위를 쳐다 보면서 올라가는 삶은 어렵고 고통스럽기도 한 것이다.

위로 사닥다리를 타고 올라가는 것이기 때문에 빨리 갈 수 없다. 천천히 올라가면서 우리의 발 아래의 죄악된 모든 것들로부터 점점 멀어져야 하는 것이다. 그리고 사닥다리에는 천사들이 오르락 내리락 했다. 우리가 천국을 향해 올라갈 때에 나 혼자가 아니라 힘있는 천사들이 나를 돕고 친구가 되어 준다는 것이다. 오르락 내리락하는 신령한 기도의 교통 속에 위로 올라가는 것이다. 야곱은 이러한 사닥다리의 꿈을 꾸고 잠에서 깨어 일어났다.

1. 야곱이 잠에서 두려워 하였다.

야곱은 잠에서 깨어 났다. 성경에는 잠자는 것과 침상에서의 꿈에 대한 말씀이 많이 나타나고 있다. 여기서 야곱의 잠은 참으로 축복의 꿈을 꾸는 잠이었다. 사망의 잠도 있고 잠을 자다가 시험에 빠지고 유혹에 넘어진 사람들도 있지만 잠을 자다가 꿈을 잘 꾸고 놀라운 축복을 받은 사람들도 있다. 그러한 잠은 단잠이고 축복의 잠일 것이다. 아담은 자는 중에 하와를 얻었다. 야곱은 꿈중에 사닥다리의 신비를 보았다. 요셉은 꿈중에 애굽 제국의 총리가 될 것을 예시 받았다.

야곱은 이제 꿈에서 깨어났다. 여호와께서 여기 계셨다고 했다. 여호와께서는 무소부재 우주에 편만하시다. 야곱도 이 사실을 처음으로 안 것은 아니었다. 아브라함과 이삭의 언약의 하나님이 특정한 곳 이외에서도 자신을 계시하신다는 사실을 이제야 알았다. 하나님은 언약의 사람들과 어디서나 교제하신다는 사실을 알지 못하였다고 고백했다.

성도들은 종종 하나님이 함께 계신 자리에서도 하나님의 임재하심을 모르고 있는 경우가 있다. 하갈은 광야에서 하나님이 계심을 알고 감찰하시는 하나님이라고 하였다(16:13). 그러므로 우리는 전혀 예상하지 못한 곳에서도 하나님을 만날 수 있다.

이는 하나님의 전이요 하늘의 문이로다고 했다. 야곱은 "여호와께서 여기 계시다"는 체험적 지식을 얻었다. 그것은 놀라운 체험이요 지식인 것이다. 그는 하나님의 임재를 경험하면서 종교적 두려움이 있다는 것을 고백했다. 모세, 욥, 이사야, 베드로, 요한 등 하나님의 임재를 경험한 사람들은 모두 다 거룩한 두려움이 있었다. 하나님이 계신 곳에서 인간들은 두려워 한다.

하나님의 전은 하나님이 야곱과 만나셔서 교제하신 장소이다. 신약의 교회요 장차 새 예루살렘의 예표라고 할 수 있다. 그것은 하늘의 문이다. 하나님의 영광이 나타나는 입구이다. 하늘나라에 이르는 유일한 통로로서의 문이다. 예수는 유일한 구원의 문이다(요 10:7, 9).

2. 야곱이 베개했던 돌을 기둥으로 세웠다.

야곱은 일찍이 일어났다. 아브라함은 아침 일찍이 일어나서 소돔성을 지켜 보고(19:27), 하갈과 이스마엘을 집에서 추방할 때에도 하나님의 말씀이었기 때문에 일찍이 일어나서 그리하였으며, 독자 이삭을 모리아산의 번제물로 바치기 위해서 일찍이 일어났다(21:14, 22:3).

이삭은 아비멜렉과 평화의 언약을 맺을 때 아침에 일찍이 일어났다(26:31). 라반이 야곱과 화평하고 헤어질 때에 아침 일찍이 일어나서 손자들에게 축복했다(31:55). 모세는 아침 일찍이 일어나서 바로 앞에 섰고(출 8:20, 9:13), 여호와의 십계명 돌판을 들고 시내산에 올라갔다(출 34:4). 여호수아도 아침 일찍이 일어나서 싯딤에서 떠났고(수 3:1), 제사장들이 법궤를 메고 여리고를 돌기 시작할 때는 여호수아가 아침 일찍이 일어났다(수 6:12, 15). 아이성에 실패한 후에 제비 뽑으려는 때에도 여호수아가 아침 일찍이 일어났다(수 7:16). 그리고 아이성을 재침공할 때도 그랬다(수 8:10).

욥은 아침 일찍이 일어나서 아들을 명수대로 하여 번제를 드려 성결케 했고(욥 1:5), 한나와 엘가나는 아침에 일찍이 일어나서 여호와 앞에 경배했으며(삼상 1:19), 다윗도 새벽에 일찍이 일어나고(삼상 29:11), 새벽에 기도 묵상했다.

이슬과 만나도 새벽에 내려 지면에 덮이고, 예수께서도 새벽 미명에 기도하셨으며(출 16:13, 막 1:35), 새벽에 부활하사 새벽별이 되셨다(계 2:28, 22:16). 그러므로 하나님의 사람은 아침 일찍이 일어나서 하나님과 만나는 생활을 해야 하는 것이다. 그것은 "새벽에 하나님이 도우시기 때문이라"(시 46:5)는 것이다.

베개했던 돌을 기둥으로 세우고 그 위에 기름을 부었다. 야곱이 "돌을 기둥으로 세운 것"은 무슨 예배나 물신숭배 따위를 목적으로 하여 세운 것이 아니다. 지금까지 자기에게 계시된 하나님의 사닥다리의 체험을 가시적으로 기억하고 다시 이곳에 돌아오는 날 쉽게 찾고 영구히 기념하기 위하여서였다(35:14). 야곱과 라반이 다시는 다투지 말자는 뜻으로 돌 무더기로 기념했다(31:45). 라헬의 묘비석이나(35:20) 압살롬의 비석 등도(삼하 18:18) 그러한 기념의 목적이 있었다고 할 수 있다.

야곱이 "그 위에 기름을 부은 것"은 돌기둥을 거룩하게 구별하려는 행위로써 야곱이 하나님께 그곳과 자기 자신을 헌납한다는 의식이었다. 그리고 야곱이 가지고 있는 것 중에서 가장 좋은 기름을 바쳤으니 성별하는 것과 동시에 감사의 표시이기도 했다. 돌기둥은 예수 그리스도의 모형이다. 그것은 진리의 기둥(딤전 3:15)이요 교회의 머리 돌이다(엡 2:20).

그곳 이름을 벧엘이라 했는데 본 이름은 루스였다. 벧엘은 "하나님의 집"이라는 뜻으로 야곱은 고향에 돌아와서 이곳에서 하나님께 제사드리는 곳, 또는 하나님의 전을 지어 영광을 돌리겠다는 소망을 내

포한 이름이다.

하나님의 집은 교회이다(딤전 3:15). 교회는 하나님의 집이다. 본래의 이름 루스는 "알몬드나무"(삿 1:23)라는 뜻이다. 세월이 흘러 여로보암왕은 이 벧엘에다가 금송아지를 두어 벧아벤이라 했다. 곧 "허무한 집(암 5:5)"이라는 뜻이고 죄악의 집이 되었다. 오늘에도 하나님의 집이라는 교회 안에 금송아지라는 배금주의, 황금만능주의가 우상으로 우뚝 서 있는 것은 아닌가?

3. 야곱이 하나님께 서원하였다.

야곱의 서원은 "만일… 하시면"이라는 하나님과 상업적인 이익을 보기 위한 거래를 하고 있다는 주장이 있고 "왜냐하면…"으로 번역하기도 하므로 하나님께 대한 믿음을 나타낸다고 하는 주장도 있다. 야곱은 에서에게 거래한 방법으로 하나님과의 거래를 시도하는 옛사람이 그대로 있음을 보면서, 반면에는 하나님을 믿고 그의 사랑에 감사하여 서원하는 것이라고 할 수도 있다. 하나님은 앞에서 야곱과 함께 하시겠다, 떠나지 않겠다, 지켜주겠다고 약속하셨기 때문에 야곱은 그 하나님의 약속을 믿고 감사하여 서원하는 것이다.

야곱은 이제 하나님의 보호, 하나님의 의식주 생활 주관, 하나님의 은총-귀향을 믿으면서 "여호와께서 나의 하나님이 되신다"고 고백하게 되었다. 하나님께서 그와 함께 하시고 가는 길에서 지키시고 양복과 의복을 주시고 평안히 귀향하게 하시고 가장 안전한 구원자가 되시니 그 하나님은 나의 하나님이시다.

기둥으로 세운 돌로 하나님의 전을 세우겠다고 했다. 야곱은 "여호와께서 자기 하나님이 되심" 곧 여호와를 자기 하나님으로 모시고 평생 섬기며 살겠다는 서원과 신앙의 고백을 하였다. 따라서 하나님을 섬기는 신앙고백 위에 진리의 돌 되신 예수 그리스도를 모퉁이돌로 하여 하나님의 전을 세우겠다고 서원하며 결심한 것이다. 야곱은 후에 이 결심과 서원을 그대로 지켰다(35:7). 따라서 벧엘은 하나님께서 그의 백성에게 임재하신 기념할 만한 장소요 신약시대에 하나님께 예배드리는 예배처이다. 바울은 그런 의미에서 "이 집은 살아계신 하나님의 교회와 진리의 기둥과 터"(딤전 3:15)라고 했다.

서원은 순간의 감정으로 해서는 안된다. 하나님의 사람들은 서원했으면 그것이 어떤 것이든 그 서원을 지켜야 한다. 서원을 더디 갚으면 죄가 되며 해로울지라도 갚으면 복이 되는 것이다.

하나님께서 주신 모든 것에서 십분 일을 하나님께 드리겠다고 했다. 아브라함이 최초로 십의 일을 멜기세덱 왕에게 드렸는데 야곱은 아브라함의 이러한 신앙을 따른 것이다. 모든 것은 하나님께로부터 왔다. 그 가운데서 십분의 일을 하나님께 바치겠다는 것은 하나님의 몫은 마땅히 그 하나님께 돌려드리는 최소한도의 신앙인 것이다.

헌금은 감사와 신앙, 그리고 헌신의 보답의 표현으로 특히 십일조라는 헌금은 농작물의 십의 일, 과수원의 십의 일, 가축의 십의 일, 사업의 십의 일, 수입이익의 십의 일로 구별할 수 있다. 이것은 축복의 열쇠요(말 3:8-11), 천국시민의 세금이며, 하나님의 것이다(레 27:30). 그러므로 십의 일을 유용해서 쓸 수 없고 온전하게 드려야 한다.

야곱이 동방사람의 땅에 이르러

(창 29:1-8)

야곱은 브엘세바에서 출발하여 밧단아람까지 800km의 멀고 험한 산길을 걸어 마침내 목적지에 도착했다. 그것은 하나님께서 벧엘 광야에서 꿈을 꿀 때에 떠나지 않고 지켜주신다는 약속대로였다는 사실을 알 수가 있다. 본문 1절에 "야곱이 발행하여"라고 하였는데 그것은 "그의 발을 쳐든다, 그의 발을 들어올렸다"는 뜻이다. 곧 야곱이 벧엘에서 하나님과 만난 이후 큰 기대와 부푼 소망으로 새롭게 출발하므로 그 발걸음이 가벼워 빠른 속도로 진행했다는 것을 알 수 있다.

처음에 브엘세바에서 떠날 때보다 고상한 목적의식을 갖고 새 소망과 용기를 품어 발행했다는 것이다. 야곱은 벧엘에서 하나님을 만나고 신령한 교제를 가진 후에 얼마나 마음이 기쁘고 즐거웠는지 발걸음을 쳐들고 걸었다. 그전에 야곱의 마음은 근심, 불안, 초조로 인하여 무겁게 짓눌려 있었다. 두려움과 절망의 심연에까지 빠져들고 있었다. 그러나 이제 하나님을 만나고 난 이후부터 하나님이 함께 하신다는 확신을 가지고 발걸음이 가볍게 옮겨진 것이다.

아모스 선지자는 "여호와를 찾으라 그리하면 살리라"(암 5:4-5)고 하였다. 이사야는 "여호와를 만날 만한 때에 부르라 가까이 계실 때에 부르라"(사 55:6)고 외쳤다.

본문에는 야곱이 외삼촌 라반의 동네에 도착하고 죽을 때까지 잊지 못했던 야곱의 아내 라헬을 만나는 이야기가 나온다. 여기서부터 아브라함과 이삭에게 약속해 온 언약 후손의 번창이 시작되는 것이다. 하나님은 이렇게 신실하셔서 한 사람의 가정을 이루는 일과 자손을 얻는 일, 직장을 얻는 일까지 세심한 부분에 이르도록 약속을 지키시고 섭리하시며 한 점의 어김도 없이 이루시는 것을 본다.

물론 언약의 대상자인 야곱에게 도덕적 결함이 많다. 기만과 경쟁과 시기질투로 뒤섞여 무슨 아이낳기 싸움이라도 하듯이 웃지 못할 인간의 누추함이 드러나지만, 하나님은 문제있는 야곱 문제의 가정을 들어 구속사에 중요한 역할을 하도록 하셨다. 실로 구속사의 섭리는 하나님의 무조건적인 은혜로 이루어져가는 것임을 분명히 알 수 있다.

1. 야곱이 동방 사람의 땅에 이르렀다.

야곱은 브엘세바에서 떠나 벧엘에서 발행했다. 발행이라는 말은 발걸음을 가볍게, 빨리 가고 싶어서 발을 쳐들고 걸었다는 것이다. 그러므로 그가 얼마나 기뻐하면서 생생한 얼굴로 여행했던가를 알 수 있다.

하나님을 만나는 체험은 각기 다르다. 무서운 질병 가운데서 하나님을 만나기도 하고, 처절한 슬픔과 고통 중에 만나는 경우도 있으며, 성공한 때와 실패한 때에 또는 고독 무원한 때에 하나님을 만나기도 한다. 그런데 하나님을 만난 사람들의 변화는 하나같이 기쁨과 희열, 소망과 고상함 그것이다.

엠마오로 내려가고 있던 두 제자가 부활하신 예수를 만났을 때 그들의 발걸음은 엠마오로 내려가는 것이 아니고 예루살렘으로 올라가는 것이었다. 야곱의 체험적 신앙의 발행은 벧엘에서부터였다고 할 수 있다. 신앙은 하나님을 만나는 순간부터 시작되는 것이라고 할 수 있다.

야곱은 동방 사람의 땅에 이르렀다. 이곳은 "동방 자식들의 그 땅"으로 메소보다미아에 도착한 것을 의미한다. 동방은 메소보다미아와 팔레스틴 사이의 땅으로 450마일이 되는 거리이므로 하루에 40km를 걸었다고 해도 20일 이상이 걸려서 여기 온 것이라고 하겠다.

브엘세바에서 이곳까지의 800km의 노정은 참으로 험로였을 것이다. 인가없는 맹수의 지대를 지나야 했을 것이고, 물도 없고, 휴식할 만한 곳도 없는 광야를 지나기도 했을 것이며, 강도들과 음침한 사나운 산악지대를 통과해야만 했을 것이다. 그러나 야곱은 "네가 어디로 가든지 지키며 너를 떠나지 않겠다"고 약속하신 하나님과 함께 걷는 기쁨에 힘들고 지루하고 무서워 하는 마음은 없었을 것이다. 예수 그리스도의 언약의 말씀을 간직하고 인생의 길을 걸으면 언제나 승리한다. 야곱을 이곳에 보내사 20년 동안 신앙훈련시키려고 한 것은 하나님의 고원하신 섭리와 경륜이었던 것이다.

야곱은 하나님의 인도하심을 따라 이 땅에 이르렀다. 야곱이 에서의 칼을 피하는 피난처로 여기고 여기 왔을지라도 하나님의 깊은 뜻은 야곱을 인도하여 언약의 자손의 자격을 갖추게 하려는 것이다. 실로 인간들이 한 걸음 내디디는 것마저 우연이라는 것은 없고 하나님의 섭리인 것이다.

하나님께서 야곱의 발걸음을 주장하셔서 그 뜻을 이루기까지 실패없이 발행하여 목적지에 도착하게 하셨다. 다윗은 "너의 길을 여호와께 맡기라 저를 의지하면 저가 이루신다"(시 37:5) 하셨고, 그의 기도에 보면 "나의 걸음이 주의 길을 굳게 지키고 실족지 아니하였나이다"(시 17:5)라고 했다. 그랬더니 하나님께서 "그의 걸음을 넓게 하셨고 실족지 않게 하셨으며"(시 18:36, 37:31), "우리 걸음도 주의 길을 떠나지 아니했다"(시 44:18)고 했다. 하나님 백성들의 걸음을 방해하려고 원수들이 그물을 예비하나(시 57:6) 여호와께서 사람의 걸음을 정하시고 그 길을 기뻐하시므로 저는 넘어지나 아주 엎드러지지 아니한다(시 37:23-24).

아삽의 시에는 "나의 걸음이 미끄러질 뻔 하였으나"(시 73:2)라고 했다. 그것은 인생행로에는 위험한 장애물이 많다는 것이기도 하다. 그러나 욥은 "내 발이 그의 걸음을 바로 따랐으며"(욥 23:11), "언제 내 걸음이 길에서 떠났던가?"(욥 31:7)라고 고백했다. 하나님께서는 "욥의 걸음을 세신다"(욥 14:16, 31:4)는 것과 "내 길을 감찰하심을"(욥 31:4, 34:21) 알았기 때문이었다.

2. 야곱이 동방사람의 땅에서 목자들을 보았다.

야곱이 그들을 만난 것은 하나님의 섭리이다. 수백 키로나 되는 먼 길을 하루도 쉬지 않고 걸어도 수십 일을 걸어야 했던 멀고도 위험했던 미지의 행로를 걸어온 야곱이 순탄하고 평안하게 이곳에까지 도착한 것은 하나님의 섭리임을 알 수가 있다. 하나님의 섭리와 역사는 이렇게 사소한 데까지 미치는 것이다. 그런고로 우리는 우리의 삶의 인생길에 언제나 하나님께서 떠나지 않고 동행하시며 지켜주신다는 임재의식을 가질 때 우리의 행로는 즐겁고 보장된 것이다.

야곱의 목적지는 외삼촌 라반의 집이었다. 그런데 외삼촌의 목동들을 만났으니 어찌 이것을 우연이라고 할 수 있겠는가? 사람이 매일 살면서 다른 세계에 있는 생소한 사람들을 만나는 것은 결코 우연이 아니다. 그것이 악연이 된다고 해도 하나님의 섭리에 들어있는 것이다.

들의 우물에 있는 목자들이 거기서 물을 먹이고 있었다. 우리는 이 말씀을 읽으면서 모세의 장인 이르도의 딸들을 연상하게 되고, 아브라함의 종 엘리에셀이 리브가를 만났던 장면을 회상하게 된다. 또한 예수 그리스도께서 야곱의 우물에 물길러 온 사마리아 여자를 만난 사건을 되새겨 보게 되는 것이다. 물론 엘리에셀과 리브가가 만났던 우물은 아니다. 그 우물은 처녀들이 사용했고 마을 앞에 있었으나 이 우물은 양떼에게 마시게 하기 위해 들판에 파놓은 우물이다. 원문에는 "본즉"이라는 말 바로 뒤에 "그리고 볼찌어다"라는 말이 있다. 이것은 야곱을 곧장 외숙의 양떼가 있는 그 우물로 가게 하신 것은 하나님의 섭리와 인도하심임을 암시하는 것이다.

그리고 그 곁에, 즉 우물보다 조금 높은 언덕에는 양 세 떼가 누워 있었다. 양떼를 치는 자들은 양들의 우물에서 물을 마시우고 있었으므로 양들을 잘 돌보는 자들이었다. 영혼의 큰 목자장 예수께서 자기의 양떼라는 교회를 잘 돌보시고 사랑하시는 것을 설명하는데 도움이 될 것이다(요 10:1-14).

모든 양떼가 모이면 물을 먹이고 우물을 덮었다. "모이면, 옮기고, 먹이고, 덮더라"는 모든 동사들은 계속 그렇게 해왔던 습관적인 행동임을 의미한다. 대부분의 우물은 평평하고 커다란 돌로 가리워있고 양에게 물을 먹일 때에는 입구에 있는 돌을 두세 사람의 힘으로 들어낸 후에 먹일 수 있었다.

우물 입구를 돌로 덮어두는 이유는 무엇일까? 그것은 다른 사람들이 물을 퍼가지 못하게 하고(도난방지), 태양열로 인해 물이 더워지거나 증발하는 것을 피하기 위함이다. 또한 먼지와 모래와 사람들의 불결한 손으로 물을 더럽히는 것을 막기 위함이요, 양들이 우물에 빠지거나 여행자들이나 기타 동물 등의 실족을 방지하기 위한 것이라고 생각된다.

이것을 보고 오늘날의 목회자들이 배울 점이 있다. 목자는 예수, 생수는 교회에서 솟아나는 성령, 양떼는 성도들이라고 할 때 목자라는 목회자는 서로 협력하여야 한다. 또한 양떼들이 똑같이 모여서 우물의 물을 마시듯이 성도들은 교회에 모여서 은혜를 받아야 한다.

3. 야곱이 그 목자들에게 "나의 형제여 어디로서뇨" 하고 물었다.

야곱은 목자들을 보고 "나의 형제"라고 불렀다. 이것은 구약에서 같은 혈육의 형제, 한 조상을 가진 먼 후손들까지, 더 넓은 의미로 모든 이스라엘 자손을 포함하여 신약시대의 믿음의 동료를 형제라고 부르는 용법의 배경이 되었다. 그리고 셈족들간에는 형제라는 말이 동등한 지위의 사람이나 혈족은 물론 직업상의 동료를 말하기도 했다. 야곱은 자기 직업이 목자였기 때문에 그 직업에 대해서 부끄럽게 여기지 않고 떳떳이 그 목자들에게 형제라고 부른 것이다. 하나님을 공경하는 자로서 "나의 형제"라고 부른 것은 그의 훌륭한 인류애였던 것이다. 낯선 이들에게 나의 형제라 하여 친절하고 예의있게 대하는 것(잠 31:26)은 당시의 아름다운 풍습을 따른 것이다.

야곱이 그 목자들에게 "어디로서 왔느냐?"고 물었을 때 그 목자들은 "하란에서로라"고 대답했다. 이것이 어찌 우연일 수 있는가? 야곱을 맞아 환영하고 길을 안내라도 하려는 듯이 야곱의 목적지, 바로 그 하란에서 왔다고 한 것이다. 하나님께서 야곱의 여정에 그들을 예비하시고 자상하게 인도하시고 계심을 알 수 있다.

그리고 나서, 야곱은 그 목자들에게 라반을 아느냐고 물었다. 야곱은 히브리어로 물었고 목자들은 갈대아어를 사용했다. 아마 야곱이 어머니에게 갈대아어를 배웠거나 둘 다 셈족 계통의 언어이기 때문에 잘 통할 수 있었던 것 같다.

야곱이 그들에게 존경하는 태도와 예의바른 말로 라반에 대해 물었을 때 그들도 야곱에게 "잘 안다"고 예절있게 대답했다. 라반의 아버지는 브두엘로 브두엘의 아들 라반을 아느냐고 물을 수도 있을 것이다. 구태어 "나홀의 손자 라반을 아느냐?"고 한 것은 외가 계통보다는 친가의 작은 할아버지에 관하여 야곱은 많은 이야기를 들어 잘 알고 있었기 때문일 것이다.

"그가 평안하냐?"고 재차 물었고 그들은 "평안하다"고 했다. 그것은 육신의 건강뿐 아니라 모든 생활의 복된 상태를 묻는 것이고 그의 영혼, 정신, 사회전반에 걸친 형편을 묻는 것이다. 그리고 이 물음은 라반의 근황에서 신부감을 기대할 수 있을지에 대한 심정의 표현이기도 하다.

예수께서 "집에 들어가면서 평안하기를 빌라"(마 10:11) 하시고 부활하신 후 몇 차례의 제자 방문 때에 "평안하뇨? 평강이 있을지어다"(마 28:9, 눅 24:36, 요 20:19, 21, 26)라고 말씀하셨다. 초대교회는 "은혜와 평강"으로 인사했다. 그 목자들은 라반에 대해 너무나 잘 알고 있었기 때문에 평안하다고 말하였다. 그때에 야곱의 신부감인 라헬이 양을 몰고 왔다. 이 또한 하나님의 섭리였다. 지극히 작은 사건 하나 까지도 하나님의 섭리가 아닌 것이 없다.

야곱은 그들에게 해가 아직 많이 있으니 귀한 시간을 낭비하지 말고 양들에게 물을 먹이고 풀을 뜯게 하라고 하였다. 그것은 야곱이 부지런하여 목동생활에 익숙해 있었기 때문이지만, 한편 마음에 꼭 드는 라헬을 보고 그녀를 단 둘이 만나기 위하여 목자들을 다른 곳으로 보내려고 한 것이라고 생각된다.

목자들에게 친절하고 다정하게 대하여 야곱은 똑같은 대우를 받았다. 그러나 목자들은 "그리 하지 못하겠다"고 하였다. 이유는 떼가 다 모이고 목자들이 우물 아구에서 돌을 옮겨야 양에게 물을 먹일 수 있다는 그들의 약정사항 때문이었다. 그들은 여러 번에 걸쳐서 양들에게 물을 먹이지 않는다. 모든 양을 한 곳에 모아놓고 단번에 먹이는데 그 이유는 자주 우물을 여는 수고를 막고 물을 균등하게 먹일 수 있기 때문이었다. 만약 양떼가 오는 대로 먹인다면 우물물이 더러워지고 단체행동에 큰 방해가 되기 때문이었다. 그러나 레오폴드 (Leupold)는 그들이 그렇게 하지 못하겠다고 한 이유는 "야곱과 라헬과의 극적 상봉의 광경을 지켜보고 싶어서였다"고 하였으니 그럴 듯한 말이다.

야곱과 라헬의 만남

(창 29:9-14)

양떼들은 목자의 인도를 따라 우물로 모여 들었다. 오늘날도 수많은 양떼들이 복음의 우물 주위로 모여들고 있음을 볼 수 있다. 영적으로 목마른 영혼이 수없이 많은 것이다. 구원의 우물이라는 하나님의 교회의 생수는 수많은 영혼들을 충분하게 마시게 할 만큼 깊은 우물인 것이다. 얼마든지 원하는 자는 돈없이 값없이 마실 수 있고 영생할 수 있는 것이다.

그런데 안타까운 사실 하나가 여기 있는 것을 볼 수 있다. 그것은 목자들이 우물 아구에 돌을 덮어놓고 야곱에게 "우리가 그리하지 못하겠노라"고 한다는 것이다.

하나님의 교회 우물에서 솟아나는 영생수는 넘치고 가득한데, 몇몇 사람들이 큰 돌로 그 우물을 덮어서 영혼들이 마실 수 없게 된다는 것이다. 그러므로 메소보다미아에 있는 우물을 덮고 있는 돌을 옮겨 치워 버리고 양들에게 물을 공급할 수 있게 할 책임과 사명이 오늘 우리 모두에게 있다고 할 수 있다.

큰 돌은 무엇인가? 나사로가 예수의 말씀으로 살아서 나오기 전에 큰 돌이 그의 무덤을 막고 있었다. 그러므로 예수께서는 "돌을 옮겨 놓으라"고 명령하신 후에 "나사로야 나오너라" 하셨다. 에스겔 선지자는 "굳은 마음(돌)을 제하고 부드러운 마음을 주어서"(겔 11:19, 36:26)라고 했는데, "돌같은 죄악을 제해야 그 속에 새 신을 부어 부드러운 마음의 사람"이 되게 한다는 것이다.

돌은 하나님의 말씀의 씨가 떨어지면 즉시 기쁨으로 받되 그 속에 뿌리를 내릴 수가 없어서 잠시 견디다가 환난이나 핍박이 일어나는 때에 곧 넘어지게 하는 것이다(마 13:20-21). 돌은 굳은 마음을 의미하는 것으로 교만(겔 11:19)과 완악함을 의미한다. 물론 그 돌은 생수를 마실 수 없도록 막은 여러 가지 죄악들이다. 야곱은 이 우물 아구에 있는 큰 돌을 옮겨놓았기 때문에 양들이 그 물을 마실 수가 있었다.

우리 예수께서는 사망의 돌을 굴리시고 생명의 길을 여셨다. 반석이라는 돌을 쳐서 성령의 생수를 터트리셨다. 그러므로 우리는 예수 그리스도께서 주신 영생의 물을 기갈상태에 있는 인류들에게 마시게 할 책임이 있는 것이다.

우리는 돌을 막고 선 목자인지, 돌을 옮기고 생수를 마시게 하는 목자인지 자신을 되돌아보아야 한다.

1. 야곱은 양을 치고 있는 라헬을 만났다.

라헬은 "암양"이라는 뜻이다. 성경에는 여성들이 비참하면서도 예속된 인물로 많이 등장하지만 사라, 리브가, 라헬, 미리암, 드보라, 룻, 에스더처럼 탁월하면서도 나름대로 두각을 드러내고 있는 여성들이 있다.

라헬은 성경 가운데서 피조물로부터 유래된 이름을 가진 최초의 여성이었다. "암양"은 그 시대에 있어서 매우 지적인 표현이며, 어느 정도는 애정의 표제로서 사용되었다. 라반은 목축업을 하면서 태어나는 양들 중에서 애정을 가지고 돌보는 일에 익숙해 있었다. 그리하여 라반은 둘째 딸의 이름을 지을 때에 양의 새끼를 연상하면서 암양이 적합하다고 생각하여 라헬이라고 했는지 모른다. 아무튼 라헬이라는 이름에서부터 아름다움을 느낄 수가 있다.

야곱이 목장에 도착한 때에 라헬이 그곳에 양떼를 몰고 간 것은 우연이 아니었다. 야곱과 라헬을 여기서 이렇게 만나게 한 것은 하나님이셨다. 그리고 야곱이나 라헬이 처음에 만나자마자 첫눈에 반한 것도 하나님의 섭리였다.

인간의 삶에 있어서 가장 일상적인 우연 같은 사건도 분명하게 하나님께서 의도하신 것이고, 사소한 인간의 만남까지도 하나님의 섭리에 달려있는 것이다.

야곱과 라헬은 첫만남부터 부부가 되리라고는 생각하지 못했고, 두 사람이 여기서 인연이 되리라고도 예기치 못했던 것이다. 하나님께서 관여하시는 삶은 흔히 인간이 예측할 수 없는 상황에 의해 비롯된다. 그리고 인간생애는 만나는 데서 좌우되는 것이라고 할 수 있다.

라헬은 아버지의 양을 치고 있었다. 라헬은 대단히 근면한 처녀였다. 아버지의 집에는 양을 치는 종들이 많았었는데도 불구하고 처녀의 몸으로 아버지의 양을 몰고 돌아보았으니 근면하고 겸손하며 부모에게 효행했다고 할 수 있다. 정직하게 노동하는 것은 부끄러운 일이 아니다. 높은 지위에 있다고 해서 노동 때문에 그 명예가 훼손되는 것도 아니다.

잠언에 "게으른 자는 그 잡을 것도 사냥하지 아니하나니 사람의 부귀는 부지런한 것이니라"(잠 12:27)고 했다. "부지런한 자의 손은 사람을 다스리게 되어도 게으른 자는 부림을 받느니라"(잠 12:24)고 했다. 미래는 일하는 자의 것이다. 뿐만 아니라 부귀와 권력과 명예도 일하는 자의 것이다. 게으른 자의 손에 권력이나 재물이 쥐어진 일은 역사에 없었다.

2. 야곱은 자신을 라헬에게 소개하였다.

야곱은 우물의 돌을 옮기고 외숙의 양에게 물을 먹였다. 야곱은 외숙의 양과 라헬을 보고 우물의 돌을 옮기고 양에게 물을 먹였다. "외삼촌"이라는 말이 한 절 안에 세 번이나 반복해서 사용되었다. 이것은 야곱이 자신의 인척을 만나리라는 가능성을 강조하기 위해서 사용된 어휘이다. 야곱은 처음부터 라반의 양떼를 주시했고 라반의 부요가 야곱에게 관심을 갖게 만들었다. 라반의 딸이 이삭의 아들에게 관심이 된 것같이 라반의 양떼도 이삭의 아들에게 관심의 대상이 되었다.

우물의 돌을 옮기고 양에게 물을 먹이는 것은 보통 수고가 아니었다. 두세 사람 남정들이 겨우 들어 옮길 수 있는 돌을 옮기고 수많은 양떼에게 물을 마시웠기 때문이다.

라헬을 본 야곱은 사랑과 열심과 봉사에 힘든 줄을 몰랐다. 그것은 피차간 보는 순간 자기의 아내감이라고 생각했기 때문이었을지도 모른다. 사랑하고 싶은 아름다운 처녀를 위해서 야곱은 힘든 일을 마다않고 희생하기 시작해서 14년 간 그 라헬을 아내로 삼기 위해 더 큰 노동으로 봉사하게 된다.

야곱은 라헬에게 입맞추고 소리내어 울었다. 그는 지금까지 험악한 나그네로 슬픔과 고독 속에 지내다가 이제야 외가 식구를 만났다는 기쁨 때문에 라헬에게 입을 맞추었던 것이다. 그것은 사촌으로서의 자기의 애정을 표시한 것이기도 하다. 소리내어 울었다는 것은 자기 감정에 솔직했던 야곱의 일면을 나타낸다. 고대 셈족 사람들은 기쁜 일이나 슬픈 일을 당할 때 조용히 울지 않고 큰 소리로 울었다고 한다. 야곱이 이때에 이렇게 소리내서 운 것은 험난한 여정 끝에 친척을 만난 기쁨과 고향으로 얼마 동안은 돌아갈 수 없는 신세가 서러웠기 때문일 것이다. 또한 하나님께서 여기까지 인도해 주심에 감격하여 울었을 것이다.

야곱은 자기가 리브가의 아들임을 고했다. 야곱은 눈물을 거두고 자기가 라반의 생질이요, 리브가의 아들이라고 자기의 신분을 라헬에게 고했다. 그것은 라헬로 하여금 호감을 갖게 해서 자기를 믿을 수 있게 하려는 의도이며 라반의 집으로 안내를 받기 원해서였다. 여기서 우리는 야곱이 단 한번의 교제도 없던 라헬을 만나는 순간부터 사랑에 빠지고만 것을 알 수 있다. 그만큼 라헬이 아름다웠던 모양이다. 그러나 그것도 하나님께서 역사하시는 섭리일 것이다.

라헬은 달려가서 그 아비에게 고했다고 하였다. 전에 리브가가 아브라함의 종 엘리에셀을 만났을 때에는 모친에게 달려가서 고했었다. 그런데 라헬은 야곱의 신원이 사촌간임을 알고 달려가서 아버지에게 고한 것이다.

3. 야곱이 외숙과 함께 한 달을 함께 있었다.

야곱의 소식을 듣고 라반이 달려와서 영접했다. 라반의 인간성은 그리 좋은 편은 못되었지만 야곱이 왔다는 소식을 듣고 기뻐하며 달려와서 영접했다. 우리 기독교는 인간적인 정을 무조건 나쁘다고 하지 않으며 또 무시하지 않는다.

아브라함의 종 엘리에셀이 라반의 누이동생 리브가를 이삭의 아내로 데려간 후(24:6) 거의 97년이라는 세월이 흘렀기 때문에 생질을 맞는 라반의 기쁨은 리브가를 맞는 것만큼 컸으리라고 생각된다.

"달려와서"라는 말은 후에 에서와 야곱이 얍복나루를 지나서 만날 때도 쓰였다(33:4). 또한 야곱과 그의 열한째 아들 요셉의 두 아들 간에도 이런 장면이 있었다(48:10). 높은 자리에 있을지라도 소식을 먼저 들은 쪽에서 성의있게 행하는 것은 참으로 아름다운 일이다.

라반은 야곱에게 입맞추고 자기 집으로 인도하였다. 라반으로서는 리브가와 헤어진 지 수십 년이 되었는데 그의 아들이 자기에게 왔으니 얼마나 반갑고 기뻤겠는가? 그리하여 야곱을 영접하여 안고 입맞추고 자기 집으로 데리고 들어갔다. "입맞춤"은 몇 번이고 입맞춤을 계속했다는 뜻으로 그것은 라반의 기쁨의 표현인 것이다. 입맞춤은 인사이기도 하고 사랑의 동작이기도 하다.

야곱은 자기의 모든 일을 라반에게 다 이야기했다. 리브가는 자기 친정으로 야곱을 보내면서 외삼촌을 만나면 이렇게 하라고 일렀을 것이다. 지금 이곳으로 올 수밖에 없었던 사건에 대한 것, 그리고 지금 야곱 자신의 생활 형편 등을 상세하게 이야기했다.

그때, 라반은 "너는 나의 골육이라"고 하였다. 야곱의 길고 험한 자초지종의 이야기를 다 들었던 라반은 참으로 야곱이 누이동생 리브가의 아들이며 자기의 생질이라는 것을 확인할 수 있었다. 그리하여 "참으로 너는 나의 골육"이라고 한 것이다. 사람이 자기 친척에게 불친절하거나 자기 골육이 어려움에 빠진 때에 피하고 모른 체 하는 것은 큰 죄악이 되는 것이다. 라반은 야곱을 가까운 골육으로 인정하는 증거로 한 달을 함께 지냈다.

유목생활에 찌든 생활을 하는 그가 한 달 동안 함께 산 것은 그리 쉬운 일이 아니다. 아브라함도 롯을 "우리는 한 골육"(13:8)이라 하여 방랑생활 중에 함께 했고 분가까지 시켜주었다. 다윗이 왕위에 오를 때에 이스라엘 모든 지파가 헤브론에 이르러 "보소서 우리는 왕의 골육이니이다"(삼하 5:1)라고 하였다. 그리고 이사야는 참된 금식을 하는 자는 "골육을 피하여 스스로 숨지 아니한다"(사 58:7)고 하였고, 바울은 "형제 곧 골육의 친척을 위하여 내 자신이 저주를 받아 그리스도에게서 끊어질지언정 구원되기를 원한다"(롬 9:3)고 고백했다.

야곱의 이중 결혼

(창 29:15-30)

야곱은 외가에 갈 때에 아무 재산도 없이 지팡이 하나 들고 갔다. 그리하여 아내를 얻기 위하여 7년 동안 노동해야 했다. 고대 근동 지역에서 아내는 노예와도 같이 취급되어 처음에는 아버지에게 예속되고 후에는 남편에게 예속되었다.

아내는 노예와 마찬가지로 돈을 적당히 지불하고 살 수 있었던 시대였다는 것이다. 히브리인들은 여자의 위치를 매우 고귀하고 중요한 것으로 인식했다. 여자는 남편의 내조뿐 아니라 남자의 행복에 필수적인 존재로서 인식하였기 때문에 훌륭한 아내는 재산보다 더 가치가 있다는 속담까지 생겼다. 그러한 이유에서 히브리인들은 값있는 보석이나 물건을 가지고 아내를 사고 했던 것이다.

야곱의 처지는 어찌 보면 초라한 것이었다. 왜냐하면 야곱은 이제부터 라반의 집에 종과 같은 처지에 놓이게 되었기 때문이다. 야곱은 사랑하는 라헬을 얻기 위하여 아니 고귀한 사랑을 위하여 7년 간 봉사한다는 유치한 흥정을 했다.

사랑은 어려운 노동과 고난을 가볍고 즐거운 것으로 만들어주는 힘이 있다. 야곱에게 있어서 사랑하는 아내를 얻는 데 걸린 7년은 지루한 것이 아니었고 일주일과도 같았다. 우리 인간이 참으로 누군가를 사랑하면서 산다면 그 기간은 한없이 행복할 것이라고 생각한다.

야곱은 이곳에서 가정을 이루게 되는데, 이것은 하나님의 선민 언약의 축복으로 나아가는 과정이었다. 그런데 물질욕이 강한 라반의 기만으로 인하여 야곱이 사기를 당하고 시련을 겪게 된다. 그러나 야곱의 사기결혼, 이중결혼은 라반의 간교함에 근거하지만 궁극적으로는 언약의 상속자로서의 12지파를 태동시키는 계기를 만들었다. 그리고 아버지와 에서를 속인 야곱 자신에 대한 하나님의 징계로 볼 수 있는 것이다. 하나님은 사랑하는 자에게 이렇게 시련과 연단을 주어 성숙한 단계에 오르게 하시는 동시에 마침내는 하나님의 섭리하심이 성취되게 축복하시는 것이다.

라헬은 야곱이 생소한 환경과 고된 일에 쉽게 적응할 수 있게 하는 원동력이 되었고, 라헬의 소생 요셉은 야곱의 말년에 커다란 희망과 의욕으로 살 수 있는 힘이 되었다.

1. 야곱이 라헬을 아내로 삼기 위해 7년을 봉사했다.

라반이 야곱에게 "무엇이 네 보수겠느냐"고 물었다. 라반이 야곱에게 "어찌 공으로 내 일만 하겠느냐?"라고 한 말에서 우리는 라반의 인격에 대하여 잘 알 수 있다. 이것은 공짜로 야곱을 일꾼으로 고용하지 않겠다는 것으로 좋은 말이다. 라반은 야곱과 한 달 동안 함께 있어 보니까 야곱이 소탈하고 근면하며 성실하고 부지런하여 유능한 목자의 자질이 있는 것을 볼 수 있었다. 그리하여 라반은 야곱에게 "네가 내 생질이지만 어찌 공으로 내 일만 하겠느냐?"하고 무슨 보수를 원하는가 물었다.

아무리 생질이라도 부당하게 일을 시키고 보수가 없다는 것은 웃사람으로서 고용주의 입장에서 있을 수 없는 일이다. 라반의 이 제의에서 골육에 대한 신중하고도 예의바름을 찾아볼 수 있다.

라반에게는 두 딸이 있었는데 레아와 라헬이다. 레아는 "몹시 지치다, 슬프다, 피로한, 병약한"의 뜻으로 안력이 부족했다. 그녀가 안력이 부족했다는 것과 그녀의 이름 뜻은 조화를 이루는 해석이라 할 수 있다.

라헬은 "암양"이라는 뜻으로 낭만과 비극이 교차하는 여자였다. 그녀는 아름다움을 타고났다. 그러기에 야곱이 첫눈에 그녀의 미모에 빠졌다. 그녀는 열렬한 야곱의 사랑을 받았다. 그러나 아버지 라반에게 철저하게 속는다. 임신을 못해 탄식했으나 두 아들을 낳고 비극적으로 죽게 된다. "라헬은 곱고 아리따우니"라는 말은 우아하고 외모가 아름답다는 뜻이다.

야곱은 라헬을 평생 사랑했으나 레아에 대해서는 별로였다. 그러나 하나님이 두 여자에게 공평하게 하셨다. 라헬은 남편의 사랑을 받았으나 산고 끝에 죽고, 레아는 남편의 사랑을 받지 못했으나 하나님께서 레아의 소생으로 메시야가 탄생하는 영광으로 갚으셨다.

라반은 야곱이 라헬을 연애하는 줄 알고 야곱의 품값으로 라헬을 주려 한 것이다. 그러니까 라반의 이기심과 약삭빠른 계산이 친절을 가장하여 이렇게 야곱에게 말한 것이다.

옛날 근동에서는 신랑이 신부의 아버지에게 결혼 지참금을 지불하는 관습이 있었다. 이삭의 아내 리브가에게도(24:53) 그랬다. 후에 야곱의 딸 디나사건때 세겜이 "아무리 큰 보물과 예물을 청구할지라도… 수응하리라"(34:12) 하였다. 사울왕이 다윗을 사위로 삼으려 할 때에 "아무 폐백도 원치 아니하고 다만 왕의 원수의 보복으로 블레셋 사람의 양피 일백을 원한다"(삼상 18:25)고 하였다.

딸을 시집 보낼 때 지참금을 요구하는 것은 딸을 출가시킴으로 그만큼의 노동력 손실이 있기 때문이었다(출 2:16). 그러나 돈이 없으면 노동하는 것으로 대신할 수 있었다. 사울왕은 다윗에게 적의 양피 일백을 요구했는데 그것은 다윗을 죽게 하려는 음모였다.

야곱은 사랑스러운 라헬을 위해 7년을 봉사했다. 7년이란 횟수는 완전한 숫자로의 헌신이 아닌가 생각한다. 그러나 야곱은 그를 연애하는 까닭에 칠 년을 수일같이 여겼다고 했다. 진실한 사랑은 모든 고통을 달게 참고 견딜 수 있게 하는 힘이 있다. "사랑은 모든 것을 참으며 모든 것을 믿으며 모든 것을 바라며 모든 것을 견디느니라"(고전 13:7)고 하였다. 하나님을 사랑하고 그리스도의 강림을 기다리는 자들에게는 수고하고 고생하는 긴 생애가 며칠처럼 느껴진다. "봉사하다"라는 말은 하나님께 헌신하며 종으로 일할 때를 지칭하는 말로, 철저하고도 성실한 순복을 의미하는 말이다.

2. 야곱이 라반에게 속아 레아를 아내로 맞았다.

라반이 잔치하고 레아를 야곱에게 데려갔다. "들어가겠나이다"란 "결혼하겠나이다"라는 뜻으로 야곱이 정정당당하게 요구할 수 있는 것을 요구했다. 그런데 "들어가겠나이다"라는 말의 어감에서 야곱은 7년 동안 라반의 야비한 성품에 대해 익숙해져 있었다는 암시가 있다. 야곱은 7년 노동의 대가로 라헬을 아내로 달라고 한 것이다.

여기서 우리는 야곱과 라반 두 사람의 모습을 볼 수 있다. 야곱에게서는 순수하고 진실하게 라헬을 사랑했다는 것을, 라반에게서는 7년 봉사하면 라헬을 주겠다는 계약을 이행하려고 서둘지 않았다는 것을 볼 수 있다. 라반은 야곱의 요구를 들어준 듯 했으나 야곱을 그럴 듯하게 속이기 위해서 잔치를 베풀었다.

야곱의 신부는 라헬이 아니라 레아로 바뀌고 말았다. 라반이 생질을 비열하게 속였다. 이것은 라반의 범죄요 야곱에게는 불행이었다. 라반은 자기의 두 딸이 한 남자와 살며 무서운 질투 속에 살게 했다. 둘째 딸을 잘못 취급했고 큰 딸에 대해서는 강제결혼을 시킨 것이다. 자기의 딸의 애정을 팔거나 희생시킨 잘못을 범했다.

야곱은 자기의 지난 날의 행위에 대해 보복을 당했다. 그는 에서인 체 하고 아버지를 속이더니 지금은 장인이 자기를 속여 라헬이 아닌 레아와 결혼하게 된 것이다.

당시에는 저녁에 신부가 얼굴과 몸 전체를 가리워지는 베일을 하고 신랑방에 들어갔는데(24:65), 레아가 아버지의 이러한 계획에 순응한 것을 보면 레아도 야곱을 은근히 좋아하고 있었던 것이 아닌가 생각한다. 인간의 죄는 어두움에 감추어지지만 아침이라는 빛이 오면 모든 것이 드러나는 법이다.

라반은 여종 실바를 레아에게 주었다. 당시 사회의 관습중에 결혼선물로 평생을 수종들 몸종을 붙여주는 것이 있었다(24:61). 그리고 그 몸종의 상전이 임신을 못할 경우에는 여주인대신 아이를 낳아 여주인의 소생으로 바쳐야 했다(16:2, 30:2, 4). 그런데 라반은 레아의 몸종으로 실바 한 사람을 보냈다. 그것은 그의 탐욕과 인색함을 드러내고, 음흉하게도 레아 다음의 실바가 야곱의 둘째 아내가 되게 하려 했는지 모를 일이다. 리브가는 이삭에게 시집갈 때에 유모뿐 아니고 종자들도 받았었다(24:61). 실바란 "떨어짐, 몰약 냄새가 나는 즙"이라 는 뜻인데, 이상한 것은 야곱이 그렇게 수년을 연애한 신부가 바뀌었 음에도 레아와의 결혼을 거절했다는 언급이 도무지 없다는 것이다.

그러므로 야곱은 이 일이 하나님의 주권으로 되어졌다고 믿고 그 뜻에 복종했다고 볼 수 있다. 그러므로 야곱은 하나님의 뜻을 따름에 있어서 자신의 애정을 희생한 셈이 되는 것이다.

야곱이 아침에 보니 신부가 라헬이 아니고 레아였다. 야곱은 "외숙 이 어찌하여 나에게 이같이 행하셨나이까?… 외삼촌이 나를 속임은 어찜이니이까?"하고 항의했다. 라반의 처사는 더러운 탐욕의 결과, 물 질에 대한 탐욕, 거짓말 하는 죄, 거기에다 천박한 변명까지 늘어놓았 다. 그 지방의 관습이 그렇다면 라헬을 위해 일하기로 약속했을 때 그런 사실을 얘기했어야 옳았다. 그런데 지금까지 아무말 없다가 지 금에야 궁색한 변명하는 것을 볼 때 그것은 야곱을 희롱한 것이고, 라헬에게 충격을 주고, 레아를 강제로 결혼시켜 사랑 받지 못하는 아 내가 되게 한 것이다.

그러나 신비한 한 가지 사실이 있다. 그것은 하나님을 믿는다는 족 속 중에 이렇게 부끄러운 일들이 있음에도 불구하고 하나님께서는 그 들을 버리지 아니하셨다는 것이다. 그 불미스러운 결혼을 통해서 이 스라엘 열두 지파가 나게 하사 그들을 택한 백성으로 삼으셨다는 것 이다.

3. 야곱이 또 7년을 봉사하고 라헬과 결혼했다.

야곱은 참으로 끈질기게 집착하는 사람이었다. 태중에서 세상에 태 어날 때 형의 발뒷굼치를 붙잡고 나왔고, 얍복강변에서 하나님을 꼭 붙잡고 늘어졌다. 또한 죽을 때에도 지팡이 허리에 의지하고 경배하 고 죽었을 정도로 한 가지 일에 끈질기게 매달리는 사람이었다. 그는 다시 라헬을 아내로 맞기 위하여 7년을 일했다. 라반이라는 사람은 두 딸을 빌미로 하여 좋은 노동력을 얻으려고 타산했으니 유치한 인격의 소유자이다.

그러나 야곱이 사랑하는 신부 라헬을 위해 7년 동안 봉사했다는 것에서 우리는 교회에 대한 그리스도 예수의 사랑을 배운다.

첫째로, 예수께서는 자기의 아내가 되는 교회를 사랑하시기 때문에 봉사하셨다. 교회를 위하여 예수 그리스도는 아무 것도 아끼지 않고 자신을 바쳤다.

둘째로, 예수께서는 자신과 우리를 연합시키기 위해서 봉사하셨다. 교회는 그리스도의 신부요 신랑은 예수시다. 예수와 교회는 하나의 몸으로의 연합된 사랑기관이다.

셋째로, 예수께서는 자신의 사랑을 확증하기 위하여 봉사하셨다. 야곱의 라헬에 대한 사랑은 시간이나 속임수에 의해서 요동하는 것이 아니었다. 예수께서는 변함없이 교회를 사랑하신다.

라반은 여종 빌하를 라헬에게 시녀로 주었다. 빌하는 "수줍어함, 예의바름"이라는 뜻이다. 그런데 성경에 나오는 무수한 사람들의 이름은 그 사람의 인격과 본성을 나타낸다(삼상 25:25). 그리고 대체로 이름의 뜻은 종교적인 관계의 의미를 지니고 있다. 그러므로 "보배로운 이름은 아름답고 재물보다 이름을 택할 것이라"(잠 22:1, 전 7:1)고 한 것이다. 이름은 사람에게 있어서 상대방에 대한 가장 탁월한 용모요, 가장 훌륭한 보배이기에 고대 로마의 속담에 "이름이 없는 사람은 아무 쓸모가 없다"는 말이 있다. 빌하는 예의바르고 수줍음을 잘 타는 다소곳한 여자였던 것 같다. 그가 후에 야곱의 아들을 낳게 된다.

성경의 결혼관은 일부일처제이다. 그러나 중혼하는 사례가 족장시대에 사회에서 인정되었던 것 같다. 중혼의 여인들은 첩과는 다른 신분으로 정식 아내의 특권을 가졌으나 이것들은 타락한 인간의 부패성을 보여주는 것이다.

후에 율법에서 골육지친간의 결혼, 중혼, 취첩을 금지한다. 그것은 하나님이 만드시고 축복하신 가정이 중혼과 취첩으로 분열되고 갈증을 일으키는 요인이 되는 때문이다. 에서는 아내가 셋이었으나 야곱은 넷이었다.

　야곱은 레아도 사랑했다는 것을 암시해 주고 있다. 그러나 라헬을 더 사랑했다고 한다. 라이트푸트(Lightfoot)는 레아와 라헬을 "율법 아래 있는 유대인과 복음 아래 있는 이방인의 두 교회의 모습"이라고 설명했는데 이것도 일리가 있다 할 것이다. 이렇게 중혼한 이 가정에 갈등, 질투 분열이 끊이지 않았다.

레아가 낳은 네 아들

(창 29:31-35)

라반이 야곱을 속이고 딸 둘을 야곱의 아내로 준 것은 도덕적으로 위배될 뿐만 아니라 경건한 족장들이 지켜온 일부일처주의를 파괴시켰고 그것은 본인들에게 불행한 것이 되었다.

야곱은 라헬 한 사람과 결혼하려고 했었다. 그러나 야곱은 자기 뜻대로 결혼할 수 없었다. 그렇다고 레아를 버리거나 라헬을 포기할 수도 없었다. 그리하여 그는 레아가 있음에도 불구하고 라헬을 아내로 맞았다.

그런데 두 아내는 어려움의 보상을 받게 되었다. 레아는 야곱에게 미움을 받았다. 다시 말해서 레아는 라헬보다 남편의 사랑을 덜 받았다. 그것은 레아가 야곱을 속이는 일에 아버지 라반을 도왔기 때문이다. 사랑받는 아내 라헬은 자식 복이 없었다.

레아와 라헬은 친 형제간이면서 서로 미워하고 질투했다. 종류는 다르지만 나름대로의 어려움을 겪었다. 그것은 그들의 보상이기도 하다. 레아는 남편의 사랑을 잃어버린 보상으로 자식을 아들만 여섯을 낳는 복을 받았다. 레아가 낳은 아들들의 이름은 의미심장한데, 특히 아들을 낳으면서 남편의 사랑을 받게 되기를 갈망한다. 라헬은 계속 잉태하지 못했다. 그러나 라헬이 받은 보상은 자신의 아름다운 미와 남편의 사랑을 독차지했다는 것이다.

인간은 누구나 타고난 불행에 대한 보상을 받게 되어 있는데, 그것은 하나님의 공평한 보상이다. 엘가나의 두 아내가 그러했듯이(삼상 1:5) 하나님은 공의로우시다. 하나님은 레아가 남편에게 미움받고 있음을 보신 때에 레아의 태를 여셨다. 이것은 야곱에게 대한 견책, 즉 자기와 대등하게 관계를 맺고 있는 두 여자를 그처럼 심하게 차별하는 데 대하여 야곱을 질책하신 것이다. 그리고 언니를 멸시하는 라헬에 대한 경고이며, 레아에게는 좌절하지 않게 하는 위로를 주는 것이었다.

레아가 유자하고 라헬이 무자한 것은 이스라엘의 근원이 자연적인 인간의 애정에 의해서 되어진 것이 아니라 은혜의 사역에 의해서 되어졌다는 것을 증거하려 한 것이다.

1. 여호와께서 레아의 태를 여셨으나 라헬은 무자했다.

여호와께서는 레아에게 총이 없음을 보셨다. "총이 없음"은 "미워하다"라는 뜻을 가진 동사의 수동태로서 "미움받은"(말 1:3)이라는 의미이다. 이것은 라헬에 비하여 레아가 상대적으로 야곱의 사랑을 받지 못하고 더 나아가 아버지 라반과 함께 공모하여 자신을 속여 마음에도 없는 결혼을 하게 되었다는 감정 때문에 레아를 미워했다는 것을 알 수 있다. "보시고"라는 말은 일반적으로 눈으로 보는 것을 가리키나 어떤 것을 하나님 편에서 받아들인다는 뜻도 된다.

그리하여 하나님께서 레아의 태를 여셨다는 것이다. 하나님께서는 레아가 야곱에게 미움받는 것을 다 보시고 아셨다. 그리고 남편의 사랑을 받지 못하는 대신에 태를 열어 아들을 낳게 하신 것이다. 여자가 태가 열려 자식을 잉태하는 일에까지도 하나님께서 주장하시는 것이다. 인간은 아무것도 할 수 없는 것이다.

그러나 라헬은 무자하였다고 했다. 성경에 보면 거룩한 부녀들이 처음에는 무자하였다. 예를 들면 사라가 무자하여 부름을 받은 후 25년 만에 이삭을 낳게 되었는데, 그동안의 심적 고통이 어떠했는지 아무도 이해할 수 없을 것이다(11:30). 리브가 역시 결혼한 지 20년 만에 자식을 낳았다(25:21). 그 무자한 기간 동안 얼마나 많이 슬픔을 안고 하나님께 부르짖어 기도했는지 모른다. 한나도 무자하여 하나님의 전에 올라가 눈물을 흘리면서 기도했다.

아름다운 라헬이 무자하여 야곱에게 짜증은 내면서 "나로 자식을 낳게 하라"(30:1)고까지 했다. 그런데 라헬의 불평소리를 들은 야곱은 "그대로 성태치 못하게 하시는 이는 하나님이시니 내가 하나님을 대신 하겠느냐?"(30:2)고 대답했다. 그러므로 아내가 성태 못하여 무자한 것은 하나님이 하시는 일이다. 그러면 하나님은 왜 거룩한 언약의 가문의 여인들이 이렇게 무자하게 하셨을까? 그것은 그들의 신앙을 견고케 하여 더욱 기도하고 겸손하게 하려는 것이다.

여호와께서는 태를 여시기도 하고 무자하게도 하시는 분이다. 결혼한 부부가 자식을 얻는 것은 인간의 노력에 있는 것이 아니고 생명의 절대자이신 하나님의 섭리에 있는 것이다. 그러므로 자식은 하나님의 은혜이다.

하나님은 아름다움으로 야곱을 사로잡고 레아를 무시하고 있는 라헬을 낮추시려고 무자케 하였디. 낮아져 있는 레아에게 축복의 증표가 되는 자식을 생산케 하여 메시야의 조상 유다를 통하여 높아지게 하셨다. 하나님의 사랑이 모든 인간들에게 얼마나 동일하게 미쳐지는가를 알 수 있다. 훗날에 유다의 가계를 통해서 이땅에 오신 예수께서 낮고 천한 무시당하는 자들을 구원하사 하늘의 백성으로 높이 끌어 올리셨다.

2. 레아가 잉태하여 아들을 낳았다.

레아는 첫째로 낳은 아들을 "르우벤"이라고 이름했다. 르우벤은 "보라 아들이다"라는 뜻이다. 이것은 하나님께서 그에게 아들을 주시니 감탄 감격하여 말한 일종의 신앙의 고백이다. 하나님의 가족은 즐거운 일이 있을 때에는 언제든지 먼저 그 즐거움을 낳게 하신 하나님께 감사드려야 한다. 하나님의 새로운 은혜는 언제 우리 가정에 감탄사를 발하게 할지 모른다.

르우벤을 낳고서 레아는 "여호와께서 나의 괴로움을 권고하셨다"고 외쳤다. 레아가 "여호와"라는 신의 이름을 부른 것을 보면 야곱의 조상들과 언약을 맺으신 여호와로 안 것이다. 그녀의 신앙이 그만큼 성숙해 있었음을 알 수 있다.

레아는 라헬 때문에 남편의 사랑을 받지 못하는 것을 항상 괴로워했다. 그러나 레아는 남편의 편애에 대하여 비방하거나 원망하지 않았다. 자기가 라헬의 남편을 가로챘기 때문에 인내할 수밖에 없었다. 우리는 자신의 잘못 때문에 초래되는 고통은 인내하여 견디는 길밖에 없다는 것을 알아야 한다.

"권고하셨다"는 것은 "분명히 의심없이 보셨다"는 뜻으로 하나님께서 레아의 고통스러운 모든 것을 일일이 관찰하시고 긍휼히 여기셨다는 것이다. 남편은 아내를 권고하지 아니했으나 하나님은 아시고 살피시고 생각하시고 기억하사 도와주셨다.

레아는 자기가 야곱의 아이를 낳으면 그 남편의 사랑을 받으리라고 믿었다. 곧 하나님께서 자기가 낳는 아이를 통하여 자기 남편의 애정을 차지할 수 있도록 사역하실 것이라고 확신했던 것이다.

레아는 둘째로 낳은 아들을 "시므온"이라고 이름했다. 시므온은 "들음, 듣고 복종한다, 호의적으로 듣는다"라는 뜻이다. 그런데 그는 경청해야 할 때에는 귀머거리였고, 그의 운명이 불확실했을 때 불복종했고 반응을 보이지 않았다. 그러나 "들으심"이라고 레아가 이름한 것을 보아 레아가 하나님께 기도해서 얻은 아들이라는 사실을 암시하는 것이다. 사무엘의 이름 뜻과 같이 기도의 응답으로의 자식인 것이다.

첫째를 낳고서 레아는 "여호와께서 나의 괴로움을 돌아보셨다"고 했다. 그런데 다시 잉태하여 아들을 낳게 하셨으니 하나님은 구하는 것 이상으로 주시는 축복의 하나님이시다. 자식은 여호와의 주신 기업이요 상급이다.

레아는 첫아들을 낳은 후로는 남편의 사랑이 있을 것이라고 기대했었다. 그러기에 "이제는 내 남편이 나를 사랑하리로다"고 말했던 것이다. 그러나 남편은 그를 사랑하지 않았다. 실망스러웠다. 그리하여 레아는 여호와께 기도했다. 하나님께서는 기도하는 소리를 들으셨다. 하나님은 레아의 슬픔을 아시고 계셨다.

레아는 그의 셋째 아들을 "레위"라고 이름했다. 레아는 셋째 아들을 낳았다. 아마 결혼한 지 3년째가 아닌가 생각한다. 레아는 "내가 그에게 세 아들을 낳았으니 내 남편이 지금부터 나와 연합하리라"고 기대하면서 레위라고 이름했다. 자녀의 이름을 선택하는 데 있어서 그 어머니가 흔히 특권을 행사했다. 그러나 때로는 그 아버지가 자녀의 이름을 선택하기로 했고(4:25, 16:15), 이해관계가 있는 사람들이 자녀의 이름을 지어주는 경우도 있다(룻 4:17, 눅 1:57-63). 레아의 셋째 아들 레위는 "연합하다, 연계를 맺다, 집착한다, 제휴한다"는 뜻이니 레아가 얼마나 그 남편의 사랑을 원하고 있었는가를 알 수 있다. 부부는 육체의 연합만 아니라 정신과 애정과 영혼이 연합해야 하는 것이다.

레아는 넷째로 낳은 아들을 "유다"라고 이름했다. 야곱이 하란에 도착한 것은 77세였다. 라반의 딸과 연합했을 때가 84세였고, 레아와 결혼한 지 4년째라면 그의 나이 88세가 되는 것이다. 88세쯤에 유다를 낳았다. 그리고 "여호와를 찬송하리로다"라고 찬송하고 있다. 레아가 행복에 차 있는 상태를 보여주는 것이다. "찬송하리로다"는 하나님의 속성과 그의 하신 일에 대한 감사의 고백을 의미한다. 유다의 후손에서 메시야가 탄생하므로 그는 영혼을 바쳐 하나님을 찬송한 것이다.

레아는 그의 생산이 멈추었다고 했다. "멈추다"라는 말은 "지체하다, 서다"는 뜻으로 임신이 완전히 멈춘 것이 아니고 일시적으로 중지되었다는 뜻이다. 후에 레아는 잇사갈과 스불론, 디나를 더 낳게 된다(30:17-21). 태를 여는 것도 생산이 멈추는 것도 하나님이 하시는 일이다.

3. 레아의 네 아들들의 이름은 구원의 단계를 보여준다.

우리 구원의 첫 단계는 하나님께서 나를 권고하시는 것이다. 모세가 호렙산에 이르러 이드로의 양을 칠 때에 여호와께서 떨기나무 불꽃 가운데 나타나시고 모세에게 말씀하셨다.

"나는 네 조상의 하나님이니 아브라함의 하나님 이삭의 하나님 야곱의 하나님이니라… 애굽에 있는 내 백성의 고통을 정녕히 보고… 부르짖음을 듣고 그 우고를 알고… 건져내고… 인도하여… 가나안에 이르게 하려 하노라"(출 3:4-10).

이 기사 바로 앞에 보면 "하나님이 그 고통 소리를 들으시고… 언약을 기억하사 이스라엘 자손을 권념하셨더라"(출 2:23-25)고 하였다. 여기 몇절 말씀 중에 "보고, 듣고, 알고, 기억하사, 권념하시고 건져내고 인도하여"라는 말씀이 우리의 구원에 실감있는 단어들인 것을 알 수 있다.

우리의 구원의 시작은 하나님께서 여인의 태를 여시듯이 인간의 노력이나 공로에 관계없이 일방적으로 우리 죄인들을 보시고 들으시고 아시고 기억하사 권념하여 구원하여 인도하시는 것이다. 곧 하나님께서 살피시고 돌아보시고 긍휼히 여기사 권고하심으로 구원의 문이 열리는 것이다. 구원은 인간이 노력하고 수양하며 하나님을 찾아감으로 되는 것이 아니다. 하나님께서 먼저 우리를 보시고 아시고 건지시고 가나안 천국으로 인도하시는 사역에 의해서 이루어지는 것이다.

두 번째, 여호와께서 나의 간구를 들으시는 단계이다. 기독교는 인간이 신을 찾아가는 종교가 아니다. 하나님 여호와께서 낮고 천한 인간을 찾아오시는 종교이다. 하나님의 아들 예수 그리스도께서 하늘 보좌에서 떠나셔서 세상에 찾아오셨다.

베다니에 나사로, 마르다, 마리아 삼남매가 있었다. 나사로가 병들었을 때에 예수께 기별하여 당신의 사랑하는 자가 병들었으니 오셔서 고쳐달라고 간구했다. 예수께서는 며칠 후에 베다니에 오셔서 죽은 나사로를 살리셨다. 잠자는 자를 깨우기 위해 베다니에 찾아 오셨다.

레아는 여호와 하나님을 향하여 부르짖으며 간구했다. 그런데 여호와께서 그의 기도를 들으시고 시므온이라는 아들을 주셨다. 우리는 생명의 창조자시며 생명의 태를 주장하시는 영생하시는 하나님께 간구하는 믿음의 단계에 올라가야 한다.

세 번째는, 내 남편이 나와 연합하는 단계이다. 구약성경은 하나님을 남편으로, 이스라엘을 아내로 묘사하고 있다. 그리고 신약성경은 예수는 교회라는 신부의 남편이라고 여러 곳에서 분명하게 교훈하고 있는 것을 볼 수 있다. 레아가 레위라는 아들을 낳으면서 이제부터는 내 남편 야곱이 나와 연합하리라는 소망을 말하였다.

우리와 교회의 남편은 예수시고 우리와 교회는 예수의 아내이다. 남편과 아내는 한 몸으로의 연합이다. 교회는 예수의 몸이다. 예수 그리스도와 한 몸으로 연합되지 못하고서는 구원에 이를 수 없다. 그것은 육체의 연합이 아니고 고상한 사랑의 결합인 것이다.

마지막으로, 여호와를 찬송하는 단계이다. 구원의 신앙단계에 있어서 네 번째는 여호와를 찬송하는 것이다. 그것은 여호와를 기뻐하고 찬양하며 감사를 고백하는 것이다.

바울은 믿음의 마지막은 감사가 넘치는 것(골 2:6-7)이라고 하면서 "항상 기뻐하라, 쉬지 말고 기도하라, 범사에 감사하라"고 했다. 이스라엘이 홍해를 건너 완전히 애굽에서부터의 구원단계에 있을 때에 그들은 찬양하며 노래하여 하나님께 영광을 돌렸다. 초대교회가 성령을 받고 날마다 성전에 모여 기뻐하며 하나님을 찬송했다. 찬송과 감사가 없는 신앙은 진정한 신앙이 아니다.

라헬과 레아의 경쟁

(창 30:1-13)

로마의 3대 황제 칼리굴라(Caligula)는 이성을 잃고 한 젊은이를 살해했는데 그 이유는 그 젊은이가 너무나도 아름다웠기 때문이다. 전제군주인 디오니시우스가 음악가 필록세니우스에게 형벌을 가했던 것은 그가 자기보다 노래를 더 잘 부르는 것을 시기한 때문이며, 플라톤에게 형벌을 가했던 이유는 그가 자기보다 변론을 더 잘했기 때문이었다.

레아와 라헬은 친 자매였음에도 불구하고 남편의 사랑을 독차지하려고 시기질투하며 몸종까지 남편에게 주는 비신앙적인 경쟁을 일삼았다. 이러한 본능적인 질투심은 14년 동안 열한 명의 아들을 경쟁하면서 생산하였다. 인간의 갈등과 치졸한 경쟁으로의 자녀 생산이지만 하나님은 이들 몸에서 난 아들들을 통하여 선민의 가계를 이루셨다. 이것은 구원의 사역은 인간의 혈통으로가 아니라 하나님의 은혜로 되어진다는 진리를 보여주는 것이다.

이스라엘 가정에 자녀가 없다는 것은 불행한 것이며 여인에게는 수치와 부끄러움이었다. 특별히 이스라엘 백성에게 있어서 많은 자손을 낳는 것은 축복이었다. 그런데 미모가 빼어난 라헬에게는 자식이 잉태되지 않았다. 남편의 사랑은 독차지했으나 자식이 없어서 치욕적인 세월을 살았다. 그러나 이것은 조급한 인간적인 생각일 뿐 하나님께서는 남편의 사랑받는 그에게 교만치 않게 하시려는 의도에서, 그리고 기도를 많이 하게 하려는 목적에서 자식 출산을 보류시킨 것 뿐이었다. 그런데 라헬은 하나님의 뜻을 알지 못하고 형에 대해 질투와 불평을 일삼았다.

하나님의 주권을 인정치 않고 기도하지 않으며 믿음으로 인내 못하고 인간의 고집이나 시기질투를 이루는 가정에는 갈등과 불화가 떠날 새가 없는 것이다.

그러므로 라헬에게 먼저 필요한 것은 자식이 아니고 자식을 허락하시는 하나님을 향한 믿음이었던 것이다. 여기서 우리는 웃지 못할 레아와 라헬의 애낳기 경쟁을 본다.

인간은 수치스러운 혈통주의에서 더러워졌건만 하나님은 그들의 가통을 이어 하나님의 아들의 탄생을 섭리하셨으니 이 구원의 비밀은 놀라운 일이 아닌가?

1. 라헬이 레아를 투기하여 야곱에게 불만을 토했다.

라헬의 형 레아는 지금 아들 넷을 낳고 여호와를 찬송하며 기쁨의 절정에 있는데 라헬은 그렇지 못했다. 옛날에는 한 가정의 가세는 가족 숫자로 가늠했었다. 그러므로 자녀가 많으면 여인에게는 면류관이자 행복이고 남편에게는 최대의 선물로 하나님의 축복을 크게 받은 것으로 여겼던 것이다. 반면에 불임이라는 것은 여인에 있어서 최대의 수치이며 곤란한 시험이요 하나님의 징벌이라고 이해했다.

리브가의 경우 오랫 동안 자식이 없었지만 부부 간에는 아무런 문제가 생기지 않았고 불화하지도 않았다. 그런데 여기에 보면 레아가 네 아들이나 낳았기 때문에 무자했던 라헬이 야곱과 화목할 수가 없었다. 라헬은 레아를 투기했다. "투기하여"란 말은 "열성적이다, 붉다"는 뜻으로 얼굴에 핏발이 서릴 정도로 성난 여인의 얼굴이 흥분되어 붉어져 시기함을 의미하는 것이다. 시기는 다른 사람이 잘되는 것을 슬퍼함이요 이웃과 우리 자신에게 상처를 주는 것이다.

라헬은 "남편에게 자식을 낳게 하라, 내가 죽겠노라"하고 말했다. 라헬이 자식을 낳기를 원하는 이유는 레아와 경쟁하려는 것이요, 남편의 사랑을 더 많이 받으려는 것이며 약속의 후손에 대한 특권을 소유하기 위한 것이었다. 그러나 비탄에 잠긴 나머지 "내가 죽겠노라"

고 남편에게 매달리는 라헬의 모습은 완전한 불신앙의 행위였다.

리브가의 경우에는 20년 동안이나 수태를 못했으나 남편 이삭에게 한 마디의 불평도 없이 간구하여 하나님께 매달려서 자식을 얻었다. 또한 한나는 무자한 때에 브닌나에 대해서 질투하거나 남편 엘가나에게 불평하지 않고 하나님께 눈물로 매달려 기도하여 한 아들을 달라고 간구했으나 사무엘 외에 네 아이를 더 얻었다. 그런데 라헬은 리브가와 한나와 같이 하지 못하고 불신앙으로 남편이 자식을 마음대로 낳게 할 수 있는 것처럼 설쳤고 많은 아들을 요구했다. 그러나 두 아들, 곧 요셉과 베냐민으로 단산하고 말았다.

사람의 생명을 낳게 하시고 죽게 하시는 이는 남편이 아니라 하나님이시다. 라헬은 그것을 모르고 원망과 질투, 불평을 했으니 하나님을 불신한 큰 죄를 저지른 것이다.

야곱은 라헬을 사랑했다. 라헬은 야곱에게 "나로 자식을 낳게 하라"고 했는데 야곱은 사랑하는 아내가 실언한 것에 대해서 "내가 하나님을 대신하겠느냐"며 노를 발했다. 라헬은 믿음이 없이 부당한 것을 남편에게 요구한 것이었다. 신실하게 책망하는 것은 하나의 사랑이다. 그런데 야곱은 라헬의 인격에 대해서 노를 발한 것이 아니고 그의 죄와 실언에 대해 한 것이다. 욥도 자기 아내가 어리석게 불신앙으로 말했을 때에 꾸중하고 책망했다(욥 2:10, 고전 7:16).

야곱은 믿음으로 노를 발한 것이다. "내가 하나님을 대신하겠느냐?"는 "내가 하나님의 자리에 있느냐?"는 뜻이다. 야곱은 여기서 인간의 문제를 간청할 대상은 인간이 아니고 하나님이시라는 사실을 말한 것이다. 시리아 역본에는 "네가 나에게 아들을 낳아 달라고 하다니 주님께 아뢰지 않고 주님이 아닌 사람에게 어떻게 그런 소원을 말할 수 있는가?"라고 했고, 아랍어 역본은 "내가 하나님보다 높으냐 하나님께서 네게 거절하신 것을 내가 어떻게 네게 줄 수 있단 말이냐?"로 되어 있다.

그러면서 야곱은 나를 하나님으로 만들 셈이냐고 책망했다. 유대 랍비들에 의하면 하나님은 "구름, 마음, 무덤, 태"를 열고 닫을 수 있는 열쇠를 가지고 있다고 했다(욥 11:10, 12:14, 시 127:3, 계 3:7). 그리고 하나님은 그 네 개의 열쇠를 천사나 어느 인간에게 주시지 않으셨다.

세상에는 하나님을 대신하는, 혹은 대신할 수 있는 어떤 피조물도 존재하지 않는다. 그러므로 하나님의 자리에 하나님을 대신하여 어떤 피조물을 앉히는 것은 죄악이요 교만이요 우상이다.

2. 라헬이 여종 빌하를 야곱에게 첩으로 주었다.

라헬이 남편에게 여종의 방으로 들어가라고 했다. "들어가라"는 것은 동침하라는 의미의 은유적 표현이고 "내 무릎에 두리니"는 양자로 두겠다는 뜻이다. 그 당시 종은 주인의 소유였기 때문에 그 종이 낳는 소생도 당연히 주인의 품에 돌려지는 것이었다.

라헬은 하나님의 뜻을 인내하면서 기다리지 못하고 사라와 비슷한 방법으로 인간의 생각대로 행했다. 과거 아브라함 가문에 분쟁의 원인이 되었던 사라의 잘못을 그대로 했던 것이다(16:2-6). 사람이 죄를 회개치 않으면 범죄를 계속하는 법이다. 하나님의 결혼 법칙이 범해진 곳에는 죄가 끝이 없다. 하나님의 규례에 대한 한 번의 소홀함이 계속적인 범죄 행위를 유발시키는 것이다.

야곱은 라헬의 말대로 빌하에게 들어갔다. 2절에서는 하나님의 주권을 인정하고 신앙으로 라헬을 꾸짖었는데, 여기서는 라헬의 말을 따라 일부다처제를 택했고 첩까지 두었으니 한심한 일이 아닐 수 없다. 하나님께서 이스라엘의 후사의 번영을 약속하시고 주관하셨으나 이러한 인간적인 계획으로의 일들로 인하여 야곱과 라헬은 무죄일 수가 없다.

야곱은 라헬을 사랑하여 애를 못낳는 것에 동정하고 고민했다. 아브라함이 사라의 말을 듣고 하갈을 취첩했듯이 그의 손자 야곱이 라헬의 말을 듣고 그대로 하여 또 한번 실수를 재연하게 된 것이다.

빌하가 잉태하여 단과 납달리라는 두 아들을 낳았다. 단은 "억울함을 푸심"이라는 뜻이고 납달리는 "경쟁함"의 뜻이다. 빌하는 야곱의 첩으로 씨받이가 되어 두 아들을 낳아 라헬의 자식으로 호적에 올렸다. 비신앙적인 악한 계획에도 하나님은 묵인하실 때가 있다. 그 악한 인간의 계획을 그대로 두심으로써 그들의 악행이 명백하게 폭로되게 하시고 인간의 죄악을 초월하여 역사하시는 하나님의 은혜와 능력을 보게 된다.

단과 납달리라는 이름은 라헬이 지은 것이다. 단은 "공평하다, 심판하다" 즉 "그가 나에게 공의를 베푸셨다"는 뜻으로 라헬은 하나님께서 자신의 사정을 변호해 주셨다고 믿은 것이다. 루터는 이 이름을 "라헬의 찬송"으로 보고 자식으로 인하여 하나님께 찬송함은 그의 신앙이라 했다. 그러나 칼빈은 "그것은 어리석은 자랑"이라고 말했다.

그런데 "내 소리를 들으사"는 "내 음성도 역시 들으셨다는 뜻으로 두 자매 모두가 아이갖기를 절실히 원하여 기도해 왔음을 알 수 있다.

라헬은 형과 경쟁하여 이겼다고 했다. 이 말의 뜻은 "내가 내 형과 경쟁하고 하나님과도 경쟁하였다"는 것이니 하나님과의 경쟁은 하나님께 간구한 기도를 의미한다. 라헬과 레아가 서로 경쟁하면서 하나님께 기도했다는 사실을 암시하는 것이다.

납달리는 "싸움, 경쟁"을 뜻하니 하나님과 경쟁하여(기도) 이겼음을 곧 하나님께서 자기편이 되셨음을 은근히 자랑하는 말이다. 그러나 그것은 라헬의 그릇된 추론인 것이다. 라헬은 외적인 성공만을 근거로 해서 하나님을 자기편으로 인정한 사람일 뿐 아니라 도덕적 승리가 물질적 패배로 인해서 이루어질 수도 있다는 것을 입증한 것이다.

3. 레아가 실바를 야곱의 첩으로 주었다.

레아가 라헬에게 자극을 받고 실바를 첩으로 주었다. 레아는 라헬이 몸종을 남편의 첩으로 두어 두 아들을 얻고 좋아하고 하나님이 내 편에 서 계셔서 내가 이겼다고 찬송하는 광경을 보면서, 네 아들을 낳고 기르면서도 실바라는 몸종을 남편에게 주어 아이를 낳게 했다.

라헬의 교만하고 도전적인 경쟁에 자극된 것이 분명하다. 그러나 레아는 정당하지 못한 경쟁의식을 가지고 일을 저지른 것이다. 그러므로 이 가정은 갈등과 시기와 싸움이 그치지를 않았다.

야곱은 "험악한 세월을 살았다"(47:9)고 회고한 적이 있는데 그것은 자기의 가정환경에서 겪은 험악한 일들을 염두에 두고 한 말이라고 할 수도 있다. 한 가정에 아내가 둘, 첩이 둘, 본실 자식이 여덟, 첩들의 자식이 넷이므로 그들의 불화로 인해 참으로 험악한 투쟁같은 시간을 보낸 것이다.

그러나 이러한 인간의 실수와 범죄에도 불구하고 하나님께서는 아브라함과 이삭과 야곱에게 맺으신 언약을 역사 속에 꾸준히 실현시키셨다. 그러므로 인간이 구원에 참예하는 것은 인간의 의로움이나 정결한 혈통에 의한 것이 아니고 오로지 하나님의 예정과 섭리에 있다 할 것이다.

레아가 생산이 멈춤을 보고 실바를 첩으로 주었다. 라헬은 물론이거니와 레아 역시 경쟁의식, 육적 만족을 취하려고 했다. 그녀도 생산케 하시는 것도 생산이 멈추는 것도 하나님의 주권적 섭리에 있다는 엄연한 사실을 도무지 믿지 못했다. 지금 레아는 아들이 넷이다. 지금은 생산이 멈춘 것 같지만 사라는 완전 불임 중에도 아들을 낳았으니 하나님이 앞으로 하나님의 뜻이라면 더 자식을 낳게 하실 수 있는 것이라는 사실을 믿지 못했던 것이다.

나쁜 불신앙적 영향이 두 자매에게 오락가락한 것이다. 한 남자와 한 여자가 결혼하는 것은 자식을 얻으려는 하나의 수단이 아니다. 그것은 그 고상함이 있다 할 것이다. 그럼에도 불구하고 네 아들이나 낳은 레아 마저 라헬의 방법을 행하였으니 육욕적인 인간의 욕심은 한이 없다.

레아의 종 실바는 두 아들을 낳았다. 레아가 실바의 낳은 아들을 "갓"이라고 이름했다. 갓은 "복됨"이라는 뜻으로 장차에 행운이 있으리는 의미가 된다. 미래의 번영과 축복에 대한 기원을 담은 것이다. 레아가 이 아들의 이름을 갓이라고 하고 "많은 아이들이 스스로 군대

(복)처럼 되라"는 기대를 하면서 작명한 것이 분명하다. 가정에 있는 자녀들은 그 가정의 강력한 군대이다. 왜냐하면 자녀가 많으면 성문에서 싸워 이기는 승리가 보장되기 때문이다(잠 127:4-5).

그리고 레아가 실바의 낳은 둘째 아들을 "아셀"이라고 했다. 아셀은 "기쁨, 복됨, 행복"의 뜻이다. 그는 이 아이 때문에 자기가 행복해지고 이웃들도 자기를 그렇게 생각하리라고 기대했던 것이다. 레아의 현재적인 만족을 대변하는 것이다. "모든 딸들이 나를 복된 자라 하리로다"라고 한 것은 세상 사람들에게 부러움의 대상이 되어 복되고 기쁜 자라는 칭송을 받을 것이라는 것이다.

하나님께서는 악에서 선을 이끌어 내셨다. 그때는 아브라함의 후손이 많이 번성해야 할 때였기 때문이다.

레아와 라헬의 자식들

(창 30:14-24)

야곱은 여러 아내들 때문에 가정이 화목하지 못했다. 매일매일 사건의 연속이었다. 라헬은 남편의 사랑을 독차지하고 있었다. 라헬이 얼마 동안 생산하지 못하여 레아를 질투하고 여종을 첩으로 주어서 두 아들을 얻었지만 라헬이 생산 못하는 데에도 하나님의 귀하신 뜻이 숨겨져 있었다.

생산하는 것도 하나님의 손 안에 있다. 하나님은 지혜로우시고 오묘하사 큰 일에만 관계하시는 것이 아니라 한 가정의 일까지 관계하신다. 야곱은 불공평하여 두 아내에게 편애를 했지만 하나님은 공평하게 그 두 여인을 대하셨다.

그러나 라헬은 여종을 통해서 단이라는 아들을 낳고는 하나님이 내 억울함을 푸시려고 내 소리를 들으셨다고 하였으니 그의 영적 생활은 너무나도 유치했던 것을 알 수 있다. 라헬의 중점은 하나님에게 있지 않고 아이에게만 있었다. 또한 형 레아와 싸움하는 데 있었으므로 무서운 질투를 토로한 것이다.

사실 많은 억울함은 레아가 당하고 있었다. 여종의 몸에서 둘째로 낳은 납달리라는 이름도 실은 하나님 중심이 아니고 형 레아에게 이겼다는 질투와 경쟁에만 관심하고 있었다.

우리는 가끔씩 실패했으면서도 승리한 줄로 착각한다. 라헬의 질투와 경쟁의식은 레아에게도 직접 그 영향이 미쳤다. 그리하여 레아도 같은 방법으로 라헬에게 대했다. 레아는 네 아들을 낳을 때마다 거의 하나님의 말을 언급했는데 첩을 통하여 갓이 출생한 때에는 하나님이

나를 기쁘게 하셨다는 말을 하지 않았다. 그것은 레아가 하나님의 뜻을 따른 것이 아니라 라헬처럼 자기만을 위해서 한 일이었기 때문에 그것이 잘못임을 알았기 때문이다.

성도의 영적 체험은 하나님을 중심으로 하는가, 자기를 중심으로 하는가에 달려 있다. 레아가 자기 중심으로 살 때 세인이 보기에는 행복한 어머니같아도 실은 실패요 고통이었다. 그러나 그가 다섯 째와 여섯 째를 낳고 다시 하나님에 대하여 언급한 것을 보면 그의 영적 생활이 부활된 것을 알 수 있다. 자기 중심 생활에서 하나님 중심 생활로 돌아온 것이다.

라헬도 각성하고 하나님께로 돌아왔다. 그것은 "하나님이 라헬을 생각하시고…하나님이 들으시고…"라는 말씀에서 알 수 있다. 라헬은 사람에게 구하고 사람의 방법으로 아이를 낳으려고 한 때는 생산을 못했다. 그러나 늦게나마 회개하고 하나님께 구할 때에 하나님께서 두 아들을 주셨다.

1. 라헬이 레아에게 합환채를 청구했다.

맥추 때는 5월 초순경이나 보리 수확으로 시작하여 밀 추수로 마쳐지는 때인데, 합환채 열매가 무르익는 시기이다. 이때에 추수하는 사람들 사이에 있던 르우벤이 합환채를 얻었는데, 그의 나이는 5-6세였을 것이다.

합환채는 사랑의 과실이라고도 불리는 열매로 여인들에게는 최음제와 강장제로 여겼다. 5-6월에 열매는 완전히 익는데 뿌리는 당근같고 냄새는 향긋하며 희고 붉은 꽃이 피고 사과와 같이 노랑색 열매를 맺는다. 이것에 대한 미신적 사상은 사랑을 가속화시키고 생산을 증진시키는 것으로 믿고 있었다. 일종의 약초로서 여인이 먹으면 잉태하고 여인의 소유하고 있으면 남편의 사랑을 받게 된다는 사랑의 나무라는 것이다. 합환채에 대해서 더 자세히 알 수 없으나 자연을 창조하신 하나님은 우리에게 꼭 필요한 것 곧 필수적인 것만 아니라 우리의 즐거움을 위해서도 지으신 것이다. 그것에 대해서도 인간은 하나님께 감사할 것이다.

라헬이 합환채를 레아에게 청구했다. 라헬은 합환채의 청구에서도 하나님을 믿는 신앙이 없음을 그대로 드러내고 말았다. 그는 철없는 르우벤이 아무것도 모르고 이것을 가져다가 레아에게 준 것인데 어떤 대가를 치르더라도 그 아름답고 탐스러운 꽃을 가지고 싶어했다. 사소한 것에 지나치게 욕심내는 것도 죄를 짓는 것이다. 미신적인 생각에서 그것을 청구했으니 어리석은 것이다.

하나님께서 태를 여시고 선물로 자식을 주시는데도 불구하고(시 127:3) 합환채꽃이 생산할 수 있으리라고 믿었으니 하나님을 불신하고 미신을 따르는 것이다. 여기서 자식을 많이 낳아 남편의 사랑을 서로 독차지하려는 두 형제의 경쟁이 얼마나 심각했는가를 보여주고 있다.

레아는 합환채로 남편을 샀다. 레아는 남편을 라헬에게 빼앗기고 있었다. 그러니까 라헬이 남편의 사랑을 독차지하고 있었다는 것이다. 그리하여 레아는 라헬에게 "네가 내 남편을 빼앗은 것이 작은 일이냐?"고 말했다. 이러한 레아의 말은 아들을 많이 낳으면 남편의 사랑이 자기에게로 옮겨질 것이라고 기대했던 소망이 빗나갔음을 보이는 것이다.

따라서 레아는 생각하기를 라헬이 합환채를 가지고 남편의 사랑을 더욱 독차지하게 될까봐 합환채를 샀다. 라헬은 자기의 요구에 대한 레아의 불만을 해소시키기 위해서 합환채 대신에 오늘밤 내 남편과 동침하라고 했다. 야곱이 팥죽으로 에서의 욕심을 이용했듯이 레아는 합환채를 이용하여 야곱을 차지한 것이다.

이와 같이 중혼한 가정은 시기와 질투, 그리고 두 아내의 선악을 잘못 정의할 만큼 성적으로 무질서하고 치열한 분쟁 속에서 움직였다. 결국 훗날에 르우벤이 서모인 빌하와 통간하는 불상사는 이들 두 어머니들의 성적 문란에서 빚어진 것이다.

그러나 아브라함에게 약속한 사실이 이루어져 그의 자손이 번성하고 그 후손에게 메시야가 오시게 하셨다. 그러므로 인간은 하나님의 하시는 일을 이해할 수 없다.

2. 하나님이 레아에게 두 아들을 더 주시고 디나를 낳게 하셨다.

하나님께서 다섯째 아들로 잇사갈을 주셨다. 하나님께서는 레아의 기도를 들으셨다. 하나님은 불운한 처지에 있는 자의 기도를 들으시고, 연약한 자를 들어 강하게 하시고, 없는 자를 택하사 있는 자들을 부끄럽게 하신다. 하나님께서 그렇게 하시는 이유는 누구라도 하나님 앞에서 자랑하지 못하게 하심이다. 하나님이 레아를 들으셨다는 것은 레아가 하나님께 기도했다는 사실을 암시하는 것이다.

합환채의 어떤 미신적인 것 때문이 아니다. "샀노라"는 것은 대가를 치르고 사람을 사서 고용했기 때문에 제한된 시간 내에서는 레아가 남편과 함께 있을 수 있었다는 것이다. 그러나 "샀기 때문"에 다섯째 아들을 낳은 것이 아니고 하나님께서 레아의 간구소리를 들으시고 응답하신 것이다. 그러므로 하나님의 능력에 의해서 다섯째 아들을 낳을 수 있다는 것을 보여주시기 위하여 "엘로힘"이라는 명칭을 사용한 것이다.

레아는 시녀를 남편에게 준 대가라고 했다. 이 말은 자기의 몸종 실바를 남편에게 줄 만큼 자기 자신을 억제하고 부인한 것에 대한 하나님의 보상이라고 하는 것이다. 그러니까 레아는 실바라는 여종을 남편에게 첩으로 주어 자식을 낳게 한 문제에 대해 조금도 죄의식을 갖지 않은 것이다.

그러나 레아가 네 아들을 낳고 생산이 멈추었다가 다섯째 아들을 낳은 것은 합환채나 부르짖어 기도해서였거나 자기를 부인하고 실바를 남편에게 준 데 있는 것이 아니고, 오로지 하나님의 긍휼과 전적인 은혜로 말미암은 것이다. 결코 레아의 행위와 노력에 의한 것이 아니다. 하나님은 일부다처제와 시기와 질투로 이렇게 성적으로 문란한 여인들을 인정하지 않으신다.

레아는 다섯째 아들을 "잇사갈"이라고 했다. 잇사갈은 "값이 있다, 삯이 있다" 즉 "보상, 삯"이라는 뜻으로 합환채를 포기하고 그 대가로 동침하여 얻은 아들이라는 뜻이 함축되어 있는 것이다. 그러니까 이 이름 속에는 레아의 불타는 시기심과 그릇된 욕망이 있는 것이다.

사실 자식은 하나님이 우리에게 주신 큰 상급이며(창 15:1), 최고의 축복이다. 어떤 것에 비교해서 자식의 값을 계산할 수 있겠는가? 천하보다 귀하고 값진 삶이다.

하나님께서 레아에게 여섯째 아들 "스블론"을 주셨다. 레아는 " 하나님이 내게 후한 선물을 주시도다"라고 했다. 선물이라는 말은 단회적인 용법으로 "자식은 하나님이 주시는 선물"이다. 그런데 그것은 진정 후한 선물이 아닐 수 없다. 야곱은 레아와 결혼할 때 아무런 선물도 주지 못했다. 그러나 레아는 많은 자식들을 남편이 주는 좋은 선물로 생각했던 것이다.

잉태하지 못하던 여자로 집에 거하게 하사 자녀의 즐거운 어미가 되게 하시는 것도 하나님이 하시는 것으로 "할렐루야"로 찬양해야 하는 것이다(시 113:9).

그리고 "이제는 그가 나와 함께 거하리라"하여 스블론이라 했다. "거하리라"는 것은 단회적 용법으로 "누구와 동거한다, 경계를 만든다, 경계를 정한다"는 의미로 남편와 아내로서 같이 거한다는 뜻이다. 그러므로 이 말은 레아의 여섯 아들이 라헬보다는 레아와 같이 야곱에 거하도록 만들었다는 의미가 있다. 레아는 자기 몸에서 여섯째 아들을 낳은 지금 남편이 아이들을 사랑하기 때문에 전보다 더 많이 자기와 같이 유할 것을 기대한 것이다.

자녀는 언제든지 부모를 동거하게 해 주고 애정을 깊게 하는 고리이다. 성도는 남편되시는 예수 그리스도와 동거하는 행복한 아내이다.

레아가 딸을 낳고 "디나"라고 이름했다. "판단"이라는 뜻이다. 야곱에게는 디나라는 딸 외에도 다른 딸들이 있었을 것이라고 생각되는데 (37:35, 46:7) 디나만 성경에 기록되어 나온다. 이것은 후에 그의 세겜에서의 불행한 사건의 장본인이 되기 때문이 아닌가 생각된다(34:1-). 성경에서 대개 여자의 이름이 기록되는 경우는 특별한 사람의 아내이거나 특별한 사건과 관련될 경우이다.

3. 하나님이 라헬을 생각하사 태를 열어 요셉을 낳게 하셨다.

하나님은 라헬을 생각하셨다. 하나님께서는 오랫동안 라헬에게 무자한 슬픔과 고통을 체험케 하여 라헬은 하나님이 잊고 계신 버린 여자처럼 생각되었다. 그러나 사라나 리브가와 같이 그렇게 오랜 세월은 아니었다. 한나도 수태를 못하여 브닌나에게 격동번민을 받았다. 그러나 그가 수태 못함은 하나님께서 그리하셨던 것이다.

라헬도 수태 못하는 수년 동안 인간의 모든 소원성취는 사람의 수단이나 어떤 능력에 있는 것이 아니고 하나님의 손에 달려있다는 엄숙한 교훈을 배웠다. 하나님은 라헬을 생각하시고 한나를 생각하사 한나에게는 사무엘을, 라헬에게는 요셉을 주셨다.

하나님의 성도를 향한 생각은 재앙이 아니라 평안이요 장래에 소망을 주려는 것이다(렘 29:11). 하나님은 아브라함을 생각하여 롯을 소돔에서 구원하셨고(19:29), 우리를 생각하사 복을 주시고(시 115:2), 궁핍한 자를 생각하사 도우시고 건지신다(시 40:17). 그러므로 인간은 "주께서 저를 알아주시며 생각하시나이까?"(시 144:3)라고 찬송한다.

레아의 기도를 들으신 하나님은(17절) 라헬의 기도소리를 들으셨다. 그만큼 그는 합환채로가 아니라 기도하는 신앙의 성숙단계로 나아가고 있었다. 처음에는 남편에게 아이를 낳게 하라고 구하고 의지했으나 이제는 하나님께 기도했다. 좀더 일찍 하나님께 간구했더라면 벌써 아이를 얻고 고통받지 않았을 것이었다.

우리도 이와 같은 경우가 있다. 기도하지 않고 인간적인 방법으로 동분서주하다가 나중에 어찌 할 수 없을 때 하나님께로 돌아서는 것이다. 사람에게 구하고 사람을 의지하지만 사람은 실망케 하고 정신적 고통을 준다.

예수께서는 "너희가 내이름으로 무엇을 구하든지 내가 시행하리니… 내 이름으로 무엇이든지 내게 구하면 내가 시행하리라"고 하셨다(요 14:13-14). 야고보는 "너희가 얻지 못함은 정욕으로 쓰려고 잘못 구함이니라"고 하였다(약 4:2-3).

하나님이 라헬의 태를 여셨다. 하나님은 라헬을 생각하시고, 라헬의 기도를 들으시고, 라헬의 태를 여신 것이다. 이러한 말씀은 중요한 말씀들이다 이것은 라헬이 아들을 얻게 된 것은 온전히 하나님의 은혜였다는 점을 강조하고 있는 말씀이기 때문이다.

라헬이 절제없는 욕망으로 사람에게 구하고 의지할 때에는 하나님께서는 보시고만 계셨다. 그러나 이제 하나님께 구할 때 하나님은 은혜롭게 그 소원을 허락하셨다. 그러나 라헬의 불임이 너무 길면 실망 낙심할까 하여 영원히 방관하신 것이 아니셨다. 하나님은 철저하게 라헬을 교육하시고 그의 어리석음을 깨우쳐서 고치셨다.

라헬은 "하나님이 나의 부끄러움을 씻으셨다"고 하였다. 결혼한 여자가 수년이 지나도록 자식이 없다는 것은 부끄러운 일이었는데 이제 아들을 낳게 되었으니 그 부끄러움을 씻었다고 외치는 것이다. 라헬에게 있어서 합환채가 효력이 있지 않았다. 결국에는 하나님의 은혜로 아들을 낳게 되었기 때문에 "하나님(엘로힘)"이라는 명칭이 사용되었다. 하나님은 성도의 부끄러움을 깨끗이 씻어주시는 은혜로운 하나님이시다.

"요셉"이라 이름하여 다른 아들을 더 원했다. 요셉이라는 이름은 두 가지 의미를 함축하고 있다.

하나는 "제거하다"라는 단어와 관련지어 결혼한 지 몇 년이 지나도록 잉태치 못한 라헬의 수치를 완전히 하나님께서 제거해 주셨다는 뜻이다. 라헬이 여호와라는 신명칭으로 고백한 것을 보면 자기가 아들을 낳은 것은 아브라함과 이삭과 야곱의 하나님이신 언약의 하나님의 주권적 은혜에 의해서 되어진 것을 믿었다는 것이다.

다음에는 "증가하다, 그가 더하다"라는 말에서 온 것으로 요셉 외에 또다른 자식을 주소서 하는 소원과 기대와 소망이다. 라헬은 후에 베냐민을 낳았으니 그 바람이 이루어졌다고 할 수 있다(35:17).

그러므로 요셉이라는 이름의 두 가지 뜻은 라헬의 신앙상태를 엿볼 수 있는 것이다. "그가 가져가다(제거하다)"에서 하나님은 라헬의 치욕을 다 거두어 가셨고 "더하심"에서 다른 아들을 얻음으로 아들 때문에 자기의 신용을 회복했다. 라헬은 하나로 만족하지 않고 또다른 은혜를 소망하는 경건한 신앙으로 발전했던 것이다.

그러나 "하나로도 족한 줄 알아야 오래 평안을 누릴 수 있다"는 진리를 라헬이 미처 몰랐다. 레아가 여섯 아들을 낳은 것에 비교하면 라헬은 요셉 하나로 만족할 수 없었다. 그러나 열 아들보다 나은 한 아들이 요셉이었다. 라헬이 요셉 하나로 만족하지 못하고 또다른 아들을 소망했으나 그 소원대로 베냐민을 낳으면서 난산 끝에 라헬이 죽은 것이다. 하나님께서 하나의 은혜를 주실 때 그 하나로 만족하고 그 하나의 은혜를 감사했더라면 일찍 죽지 않았을지도 모른다.

야곱과 라반의 노임계약

(창 30:25-36)

야곱은 라반과 여러 번에 걸쳐서 노사 협약을 맺었다. 처음에는 라헬을 아내로 얻는 조건으로 7년 간 일했다. 다음에는 처음의 계약을 위반한 라반의 기만으로 인하여 다시 7년 간 무임 노동을 했다.

본문을 보면 세 번째 협약을 통해 정당한 노동의 대가로 양떼를 받기로 했다. 라반은 야곱을 자신의 재산증식을 위한 일꾼으로 이용했다. 그에게 혈육의 정이나 정당한 노임을 지불하려고는 하지 않았다. 그리하여 라반은 품값을 열 번이나 변경시켰다(31:7). 야곱이 고향으로 돌아가려고 결심할 때 라반은 다시 한번 야곱을 이용하려고 술책을 썼다. 품값에 대한 협약이 결정된 때 야곱은 라반의 양들을 길렀다. 야곱은 하나님의 은혜를 입는 언약의 자손이다.

야곱은 하나님을 사랑했다. 야곱이 하나님의 은혜를 입은 것은 하나님이 그를 사랑하셨기 때문이다. 야곱은 여러 면에서 하나님의 마음에 맞지 않은 점도 있었으나 하나님께서는 그의 조상 아브라함을 선택하신 까닭으로 그를 택한 사람과 그의 후손에게 은혜를 주시고 기다리신다. 라반은 하나님께서 선택한 사람은 아니지만 하나님께서 선택하신 야곱 때문에 그의 가산도 하나님이 주시는 많은 복을 받게 된 것이다.

라반이 받은 복은 물질적인 복이었으나 그것만으로 예수를 믿는 자의 최고의 소망은 될 수 없다. 우리가 가장 필요로 하는 것은 하나님께서 주시는 그의 기쁨과 평안과 은혜와 능력이다. 우리가 요구하는 바는 하나님께서 우리로 하여금 우리 일생을 헛되이 보내지 않게 하시고 우리를 사랑하심으로 장차 하나님의 보좌에서 주님의 칭찬을 받도록 하는 것이다.

야곱은 라반의 노무자로서 낮에는 더위를 무릅쓰고 일했고 밤에는 추위를 당하며 눈붙일 겨를도 없이 열심히 일했다. 야곱은 아무튼 "붙잡는데"는 누구도 따르지 못하는 사람이다. 노동이라는 일에 붙잡혀서 큰 부자가 되었다. 그것은 하나님의 은혜지만 야곱의 근면한 정신에도 기인되는 것이다.

하나님께서는 정당한 방법으로 돈을 벌고자 노동하는 사람에게 은혜를 주어 부자가 되게 하시고 성공하게 하신다.

1. 야곱이 라반에게 나를 고향으로 가게 하라고 요구했다.

야곱이 라반에게 온 것은 에서의 분을 피하고자 함이요 경건한 족속과의 결혼이었다. 그러나 형을 피하는 안전지대는 되었을지 몰라도 네 여자와 결혼하여 경건하고 성결한 결혼 목적에는 실패했다고 할 수밖에 없다.

그러나 여호와께서는 야곱의 허물을 보지 않으셨다(민 23:21). 야곱에게 허물이 없다는 것이 아니고 하나님이 야곱의 허물을 보시지를 않으셨다는 것이다.

야곱은 레아보다 라헬을 더 사랑했다. 그러기에 그녀를 위해 14년을 봉사했던 것이다. 요셉이 라헬의 몸에서 낳은 아들이라서인지는 몰라도 야곱이 그 아들을 제일 기뻐하고 사랑했다. 요셉에게 채색옷을 입혔다(37:3). 그것은 장자에게 입히는 옷이었는데, 야곱에게는 열한째 아들이나 라헬에게는 첫째 아들이므로 야곱의 마음 속에는 아직도 라헬이 첫 정실 아내라고 생각한 것이다. 따라서 요셉을 장자라고 생각했던 것이다. 모르긴해도 야곱은 요셉을 선민국가의 후계자로 생각했을 것이다.

야곱은 아들이 열한 명이요 딸이 한 명이어서 대가족으로 번성하고 있었다. 아버지 이삭은 독자요 자기는 쌍둥이 형제인데 자식대에 이르러 열둘의 자녀라는 대가족으로 번영한 것에 대하여 만족해 하고 있었다.

그런데 야곱의 자녀들의 출생연대에 대해서는 성경에 언급하지 않았고 자녀와 어미와의 출생관계를 염두에 두고 사건을 전개해 나갔다. 그러나 분명한 것은 라헬을 위한 7년 재계약기간이 끝나고 라헬이 결혼 후 수년 있다가 요셉을 낳은 때였다.

"나를 보내어"는 "나를 해방시키어, 나를 자유케 하여"라는 의미이다. 이것은 라반의 속임수로 속박당했던 세월에 대하여 강한 거부감에서 요구한 것임을 알 수 있다.

하나님은 아브라함에게 가나안 땅을 그와 그 후손에게 주시고 강대한 민족이 되게 하겠다고 언약하셨다. 이제 야곱은 하나님의 언약을 기억하게 되었다. 야곱은 외가에 와서 이권과 사기, 연애와 불신속에 살았다. 그러나 고향을 향한 열망, 벧엘에서의 하나님과의 언약서원을 상기하여 라반으로부터 벗어나려고 한 것이다.

야곱의 결단은 하나님의 말씀을 기억하는 데서 생긴 믿음이었다. 그런데 야곱은 라반에게 재산을 나누어 달라거나 자녀 양육비 등에 대해서는 한 마디도 하지 않았다. 하나님을 믿는 사람들은 하나님이 먹이시고 입히실 것을 믿으면서 오로지 가족 식구를 인도하여 천국의 가나안으로 가는 것뿐이다.

야곱은 "자기 집을 세우는 일"(30절)에 깊은 관심을 가지고 있었다. 그래서 가나안 땅이라는 내세 천국을 사모하면서 현재의 나그네 삶을 살았다.

2. 라반이 야곱에게 계속 유하라고 하여 제지했다.

라반은 야곱으로 인하여 복을 받았다고 했다. "야곱으로 인하여 내게 복 주신 줄을 내가 깨달았다"고 하였는데, 이것은 "점치다, 징조를 보이다" 즉 자세히 관찰하는 것을 의미한다. 야곱과 함께 있다는 자체가 라반에게 축복이 된다는 사실을 여러 징조들을 세밀하게 살펴봄으로써 알게 되었다는 것이다.

그러니까 라반이 야곱을 좋아해서거나 손자들을 사랑해서거나 딸들과 이별하거나 싫어서가 아니고 자기 자신 때문에 계속 자기 집에 있어달라고 한 것이다. 성도는 어디에서 무엇을 하든지 우리와 관계된 다른 사람들에게 하나님의 축복을 받을 수 있는 삶을 살아야 한다.

라반은 말로는 여호와를 복의 근원으로 믿었으나 실제적으로는 이방 미신을 섬기고 있었다(31:19, 32). 라반은 경험을 통해서 깨달았다. 우리는 경험을 통해서 많은 유익한 교훈을 얻는다.

라반은 하나님의 축복을 인정하고 있다. 라반은 여호와의 축복으로 자기 집이 부자가 되었다고 말은 하면서도 이방신을 섬겼다. 참신앙은 말에 있는 것이 아니고 하나님의 은혜에서 주어지는 것이다. 라반은 야곱의 믿음이 축복을 받게 했다고 하였다. 들판의 야곱이나 감옥의 요셉이 하나님을 믿는 믿음 때문에 축복을 받았고, 악한 자들까지도 믿음의 사람 덕분에 현세적인 축복을 받는다.

라반은 야곱이 품값을 정하면 그대로 주겠다고 했다. 라반은 참으로 간교하고 이기적이며 탐욕적인 사람이었다. 그리하여 자기 집의 축복덩이를 보내주면 그만큼 손해라고 생각해서 야곱에게 좋은 말을 하지만, 그 말 속에는 야곱보다 자기가 더 유리한 입장에서 협상하려는 음모가 있었다.

라반은 야비한 인간이었다. 야곱을 붙잡으려면 자신이 높은 품값을 제공해야 함에도 불구하고 "네가 품값을 정하라"고 했다. 이렇게 하면 조금이라도 야곱이 낮게 품값을 정할 게 분명했기 때문이다. 라반의 임기응변과 처세술에 아주 능란한 모습을 볼 수 있다. 그후에도 라반은 품값을 열 번이나 속였다(31:7).

"정하라"는 것은 "구멍 뚫다"라는 뜻으로 확실히 정하라는 의미이다. 그러니까 구체적으로 정하라는 것이다. 야곱이 라반에게 대답하였다.

첫째로, 어떻게 외숙을 섬겼는지를 말했다.

야곱은 그동안 계약조건 여부를 떠나서 외숙이면서 장인이기에 윗사람에 대한 도리를 다하고자 성실히 섬기고 봉사했다는 것을 말하면서 그것은 외숙도 잘 아시는 바라고 덧붙였다. 야곱은 내가 외숙에게 어떻게 섬겨 봉사했는지 또 외삼촌의 짐승들을 어떻게 목양했는지 아시기 때문에 충분한 보수를 주는 것이 옳다고 하는 것이다.

하나님의 사람들은 성실 근면해야 하며 주인의 눈가림만 하려고 해서는 안된다. 남의 사업이지만 있는 힘을 다하여 봉사하는 것이 도리이고 또 축복으로의 지름길이 되는 것이다.

둘째로, 나의 공력을 따라 하나님께서 외숙을 복주셨다고 했다.

"나의 공력을 따라"는 "내 발에"라는 뜻으로 내 발길 돌이키는 곳마다를 의미하여, 여호와께서 야곱의 발걸음 머무는 곳마다 축복과 번영을 주셨다는 것이다. 야곱이 라반의 집에 오기까지는 소유가 많지 못했었다. 그런데 야곱이 오면서부터 하나님께서 야곱의 발걸음마다에 복을 주셔서 라반의 재산이 이렇게 늘어난 것이다.

셋째로, 나는 언제 내 집을 세우냐고 했다.

야곱이 여기 올 때는 단신이었으나 이제 네 여인과 열두 자녀가 달린 가장이 되었으니 독립하여 약속된 땅에서 축복된 언약의 가정을 일으켜 세우기를 원해서 한 말이다. 신앙인이 남을 위해 봉사하고 선을 베푸는 것은 좋은 일이다. 그러나 가족을 돌보지 않고 그리한다는 것을 옳지 못하다.

"집은 지혜로 말미암아 건축되고 명철로 말미암아 견고히 되며, 또 방들은 지식으로 말미암아 각종 귀하고 아름다운 보배로 채우게 되느니라"(잠 24:3-4)고 하였다. 내 집의 터는 예수 그리스도시고, 내 집을 세우는 자재는 금은보석(마 7:24-28, 고전 3:10-15)이며, 내 집의 기둥은 진리요(딤전 3:15), 내 집의 들보는 백향목, 석가래는 잣나무이니(막 1:17) 내 집의 이름은 믿는 자의 집이다.

3. 야곱과 라반이 계약을 체결했다.

야곱은 일정한 보수를 원하지 않았다. 라반은 야곱에게 "내가 무엇으로 네게 주랴" 하였다. 라반은 자기에게 유익이 되고 있는 야곱을 보내기가 싫었기 때문에 야곱에게 어떻게 보수를 주면 되겠느냐고 물었다. 그러나 야곱은 정확하게 얼마의 보수를 달라고 하지를 않았다. 그 이유는 두 가지였다. 하나는 라반을 믿을 수 없다는 것이다. 라반이라는 사람은 생질인 야곱에게 자신의 친딸을 속여서 결혼시킨 간교한 인간이다. 그리고 라반은 무상으로 야곱을 14년이나 부려먹었다. 앞으로도 보수에 대해 어떻게 변경할지 알 수 없는 일이다.

라반과 앉아서 열 번이나 그 이상 약속을 한다고 해도 딸을 속이고 생질을 속이면서 탐욕하는 위인이기 때문에 소용이 없었다. 야곱은 라반을 믿을 수 없는 반면에 하나님만을 믿었기 때문에 보수를 말하지 않은 것이다. 하나님은 하나님의 사람들에게 잃어버림이 없는 보수를 주신다.

야곱은 점있는 양과 염소를 삯으로 하자고 했다. 야곱은 라반의 사업에서 보수를 정하지 않고 그의 양떼를 먹이고 지킬 때에 양이나 염소의 새끼들 중 아롱진 것과 점있는 것과 검은 것은 야곱의 삯이 되게 하였다. "나의 의가 나의 표징이 되리이다"라고 하였으니 그가 말한대로 지키겠다는 뜻이다. 의는 인간관계의 세 가지 양상 즉 윤리적, 법률적, 신정적 관계를 나타낸다. 야곱은 이 계약을 윤리적으로나 법적으로도 하나님 앞에서도 정정당당히 지키겠다는 것이다. 야곱은 자기 자신을 하나님의 섭리에 전적으로 맡겼다. 가축의 색깔과 같은 작은 일까지도 하나님의 역사 아래 있다고 믿은 것이다.

동양에서는 아롱진 것과 점박이 숫자가 많이 나오지 않기 때문에 라반의 생각에는 라반 자신에게 퍽 유리한 조건이라고 했을 것이다. 그러므로 야곱은 하나님께서 주시는 것만 가지겠다는 것이다. 라반이 네 말대로 하리라고 동의했다. 야곱의 제안은 흔한 일이 아니기에 동의했다. 라반이 야곱의 제안을 쾌히 받아들인 것은 점있는 짐승은 얼마 되지 않을 것이 분명했기 때문이다. 그리고 앞으로도 그런 점박이 새끼가 많이 생산될 수 없다고 생각했기 때문이다. 그러나 그것은 라반의 생각이지 하나님은 그 정반대로 섭리하셨다.

양을 네 가지로 분류하였는데, 얼룩무늬 있는 것, 점있는 것, 흰 바탕에 아롱진 것, 검은 것이 그것이다. 라반은 이것들을 따로 가려내고 다른 것들과 섞이지 않게 해서 자기 아들들에게 붙였다. 그것은 라반의 탐심이었다. 그러나 야곱처럼 아무리 가까운 사이라도 사람을 믿지 않고 매사에 하나님을 믿는 것이 성공하는 길이다. 전문적인 지식이 중요한 것은 사실이다. 그러나 그보다 하나님을 믿는 것이 더 큰 번영을 가져온다. 먼저 된 자가 나중되고 나중된 자가 먼저 된다.

라반은 야곱과 사흘길 사이를 뜨게 했다. 두 양떼가 서로 만날 수 없게 완전히 격리시켜 놓은 것이다. 그것은 외숙과 생질, 장인과 사위 사이를 멀리 갈라놓은 것과 같은 것이다. 한 마리의 양이나 염소라도 섞여서 야곱이 이익을 볼까 하여 이렇게 갈라놓았다. 야곱을 투기한 것이고 노골적으로 드러낸 탐심의 소위였다.

그러나 라반은 자신에게 손해를 가져온다는 것을 몰랐다. 거리가 멀었기 때문에 야곱은 라반이 모르는 사이에 아롱진 것을 많이 낳는 지혜를 짜낼 수 있었기 때문이다. 하나님은 하나님을 의지하고, 정직 근면하게 일하는 사람을 축복하신다. 그러나 자기 꾀로 부하려 하는 자는 자기 꾀에 빠진다.

야곱의 사업 정책

(창 30:37-43)

　하나님의 언약의 사람 야곱은 가나안 땅을 떠나 동방인의 땅에서 20년을 살았다. 그곳은 약속의 땅이 아니며 세상이었다. 그러므로 야곱이 동방으로 이주하여 산 것은 신앙적 타락이라고도 할 수 있다. 그곳에는 이권과 사기, 연애와 배신이 있었다. 숙질간의 의리도 없고 장인과 사위간의 따스한 것도 없었다. 속이고 속고, 물고 물리면서 사업장에서 돈을 벌었다. 라반이라는 사람은 악덕기업이지만 야곱을 그의 수하에 20년을 둔 것은 야곱의 신앙을 아름답게 훈련시키시는 하나님의 고원하신 경륜이 있었던 것이다.

　야곱은 "심히 풍부하여 양떼와 노비와 약대와 나귀가 많았더라"고 한 말씀을 보아 크게 성공하고 축복을 받았다. 야곱이 라반의 계교에도 불구하고 물질적 번영을 누릴 수 있었던 것은 야곱의 사업수완이나 그 정책이 라반보다 뛰어나서가 아니었다. 야곱에게 성공을 가져다준 것은 벧엘에서 야곱에게 나타나서 함께 하시며 약속하신 하나님의 섭리와 역사였던 것이다.

　이 사실은 후에 야곱에게 나타난 하나님의 사자를 통해 주어진 말씀에서 알 수 있다(31:12-13). 그러므로 성도들은 하나님께서 부와 권세를 주관하시므로 모든 물질적 소유권이 하나님께 있음을 알아야 한다는 것이다.

　구약시대의 하나님 백성들은 하늘의 신령한 복과 지상의 물질적인 복을 동시에 누리는 것이 하나님의 축복이라고 믿었다. 그러므로 야곱의 번영은 종교적인 성격을 띠고 있는 것이라고 할 수 있다. 그래서 이 지구상에서 유대인들은 뛰어난 상술과 언어를 통해서 월등한 부요를 누리는 것이다.

야곱의 사업적 두뇌와 정책은 참으로 놀라운 것이다. 그러나 그것은 야곱의 두뇌나 정책면에서의 우수성 때문이 아니고 흰 것을 아롱지게 하고, 얼룩지게 하며, 점박이가 되게 하시는 하나님의 전능성을 믿고 의지하는 믿음 하나 가지고 되어진 사실이다.

라반은 가슴치며 후회했을 것이다. 다른 이를 속이고 인색하며 탐욕하는 자는 하나님 앞에서 잘될 수 없고 끝내는 두 손을 들고 항복할 수밖에 없다.

1. 야곱이 키운 양에는 영적 교훈이 있다.

성경에 "양"이라는 말이 5백 번 이상 있고 양을 뜻하는 말은 16가지 종류나 된다. 양은 재산도 되었다. 젖을 생산하고 고기는 주식이며 털은 수출하여 수입을 올리기 때문이다. 양의 꼬리는 기름이 많아 5kg-13kg의 기름을 내며 맛이 대단히 좋다. 양의 뿔은 나팔을 만들고 악기가 되며 가죽은 외투를 만들어 입는다.

목축문화는 이스라엘 생활에 큰 영향을 주었다. 양을 친 목자들은 대체로 의인들이었다. 아벨, 아브라함, 이삭, 야곱, 요셉, 모세, 다윗 등이 그들이다.

양은 하나님의 백성, 즉 성도들이다(요 21:15-17, 행 20:17-37). 이스라엘을 하나님의 양이라 했고(시 23:1-6, 겔 34:1-34, 민 27:17), 주의 기르시는 양이요 잃어버린 양떼라고 했다(시 79:13, 100:3, 렘 50:6, 눅 15:3). 예수님은 잃어버린 양을 찾으려고 오셨고(마 15:24), 잃어버린 양을 찾기 위해서 전도자를 파송하셨으며(마 10:6), 양이라는 성도를 이리같은 세상에 보내셨다(마 10:16, 눅 10:13). 하나님께서 목자 예수를 치실 때 양들은 흩어질 것이라고 하셨다(마 26:31, 스 13:7).

양은 많은 장점을 가지고 있는데 그중에서도 몇 가지 중요한 장점은 우선 청각이 좋아서 목자의 음성을 잘 알아듣는다는 것이다(요 10:3, 27). 그러므로 성도는 하나님의 말씀의 음성을 들어야 하는 것이다. 시각이 나쁘기 때문에 음성을 들어야 하는 것이다. 시각이 나쁘기 때문에 음성을 듣는 것으로 목자를 따를 수 있다.

그리고 양은 어리석은 점도 있으나 슬기롭다는 것이다. 자기 목자와 타인을 잘 분별한다는 점에서 그렇다(요 10:5). 또한 양은 자기 동료 양들이 간 길의 냄새를 맡으면서도 그 자체를 찾는 지혜가 있다.

양은 또한 목자에게 전적으로 순종한다(요 10:4, 27). 양을 잡을 때에 중동에서는 목에다 예리한 칼로 살짝 피가 나게 베면 피가 흐르기 시작하는데 그 피를 보는 순간부터 그 양은 움직이지 않고 가만히 서 있다가 푹 쓰러지고 죽는다. 예수는 양같이 잠잠하셨다고 했다(사 53:7). 주인의 손에 죽으면서도 양은 조용히 서 있다가 죽는 것이다.

양은 순종과 인내를 뜻하는 대표적 동물이다(렘 11:19, 사 53:7). 양은 희생적이다(렘 3:6, 4:32, 14:10, 22:28, 민 6:14). 양은 깨끗하다. 그러므로 양은 제물중 최상의 것으로 여기는 것이다.

양의 단점은 연약해서 항상 목자를 바싹 따르지 않으면 위험에 빠질 수 있다는 것이다. 낭떠러지나 넝쿨 사이에 빠지면 양은 약해서 자력으로 나올 수가 없다. 그러므로 양은 영혼의 목자장이신 하나님을 멀리 떠나면 위험한 것이다.

양은 방향 감각이 없어서 길을 잃기가 쉽다. 이사야는 양같이 그릇 행하였다(사 53:6-7)고 했다. 뿐만 아니라 양은 시각이 나쁘기 때문에 전방 13.6m 밖을 볼 수 없다. 그러므로 양은 목자없이는 잠시도 살 수 없는 짐승인 것이다. 목자는 양을 불러내고 푸른 초장과 물가로 인도한다. 양은 그대로 목자를 따라야 한다.

에스겔은 양과 염소에 대하여 말했다(겔 34:1-). 양은 뿔이 없기 때문에 어떤 것의 공격을 받을 때 맞받아 공격할 수 있는 무기가 없다. 그러나 염소는 공격할 수 있는 뿔이 있어서 한 교회 안에 살면서도 순전한 양이라는 성도를 괴롭히고 꼴을 짓밟고 받으면서 어지럽힌다.

2. 야곱이 양을 구분했다.

첫째, 새끼를 배는 양이다.

"새끼를 배니"는 "뜨겁다"는 뜻으로 양들이 서로 교미하는 것을 가리킨다(39, 41절, 31:10). 오늘날 과학적 안목으로 보면 동물의 생식행위를 자극하여 의도한 종자를 얻으려 한 이 야곱의 방법은 생물학적인 근거가 없다고 한다. 그러나 하나님께서는 야곱의 이 비과학적인 행위에도 불구하고 그를 축복하셔서 그 양들이 새끼를 배어 양떼가 무수하게 되었다. 그러므로 그가 그렇게 많은 새끼들을 배게 한 것은 야곱이 아니라 하나님의 섭리의 축복이라는 것이다.

양은 성도라고 했다. "여자는 해산함으로 구원을 받는다"(딤전 2:15)고 했다. 암양이 새끼를 배지 못하면 자기의 사명을 다하지 못하는 것이므로 그 양은 잡아먹히는 수밖에 없다. 성도는 양으로 새끼를 많이 낳아야 한다. 그것은 전도해서 새 양이라는 성도를 얻는 것을 말한다. 목자는 양이 새끼를 잘 낳도록 키우는 것이고 새끼를 낳는 것은 양의 사명인 것이다.

둘째, 점있는 아롱진 양이다.

얼룩지고 점이 있는 것, 흰 바탕에 아롱진 것, 검은 양이나 짐승으로 새끼를 낳게 한 것은 "야곱의 것"이라는 표징이었다. 그런데 그것은 야곱이 하는 것이 아니고 하나님이 하시는 일이었다. 성도라는 양에게는 이러한 표징이 있어야 한다. 이사야는 "너는 내 것이다"(사 43:1)라고 하였다. 우리 성도는 예수의 것이라는 표가 있는 것이다. 베드로는 "세례는 구원의 표"라고 하였고 아브라함과 그의 후손은 성결의 표로 할례를 행했다.

바울은 "예수의 흔적"(갈 6:17)을 말했고 "구속의 날까지 인치심을 받는 성령의 인"(엡 1:13, 4:30)을 받는다고 하였다. 요한은 밧모섬에서 계시를 받았는데 "이마에 인을 맞은 14만 4천"(계 7:1-)의 성도를 보았고 에스겔은 "회개의 눈물을 흘리는 자에게 이마에 표하라"(겔 9:3-8)고 하였다.

성도는 "구원의 인침"이 있는 법이다. 그러나 인간은 아무도 그렇게 점있는 아롱진 양이 되게 할 수 없다. 하나님께서 나기 전에 이미 구원의 점이 있게 하신 것이다.

셋째, 실한 양이다.

약한 양은 라반의 것이 되고 실한 양은 야곱의 것이 되었다. 성도는 실한 양이 되어야 한다. 양은 1년에 두 번 배태하는데, 대체적으로 봄에 낳는 양보다는 가을에 낳는 양이 더 튼튼하다고 한다. 야곱은 경험을 통해 이 사실을 알았기 때문에 실한 양, 즉 가을분만형 양에만 나뭇가지를 사용했다. 양은 제물용이요 가산이다. 그러므로 실한 양이어야 재산이 더해지고 제물로 쓰여진다.

약하고 병들어 실하지 못하면 아무 것에도 쓸데없다(말 1:6-8, 12, 14). 신약시대의 제물도 실한 양 예수 그리스도께서 십자가 제단에 드려졌고(엡 5:2), 성도라는 양들도 실한 몸을 산제물로 드릴 수 있다(롬 12:1-2). 실한 양이 되려면 좋은 목자를 만나 좋은 꼴을 먹으며 초장과 물가로 인도함을 받아야 한다(시 23:1-3, 요 10:1-7).

3. 야곱이 양을 키운 방법이 있다.
첫째, 껍질벗긴 나무를 보게 했다.

버드나무와 살구나무와 신풍나무의 푸른 가지를 취하여 그것들의 껍질을 벗겨 흰무늬를 내고 그 껍질벗긴 가지를 양떼가 와서 먹는 개천의 물구유에 세워 양떼에 향하게 했다.

버드나무는 "희다"는 뜻에서 온 말로 생기가 있고 푸르른 포플라나무이다. 살구나무는 알몬드나무나 개암나무이다. 신풍나무는 나무 높이가 높기 때문에 이런 명칭이 붙었는데 플라타너스(plataus)를 일컫는 것이다. 이 나무들은 겉껍질이 잘 벗겨지고 푸르스름하거나 갈색인 반면, 속껍질은 매우 희고 윤기가 있어 껍질을 드문드문 벗겼을 경우 알록달록한 형체로 금방 눈에 띈다.

이 세 가지 나무가 무슨 영적인 의미가 있는지 우리는 알 수 없다. 그러나 "껍질이 벗겨진 나무들"은 예수 그리스도께서 생명나무로 십자가의 죽은 나무에 달려 못박힘으로 껍질이 다 벗겨지는 고난을 당하신 것을 모형하는 것이 아닐까?

야곱은 양들이 물을 마시러 오는 물 속에 이 나무들을 담가두고 그러한 무늬의 영상력으로 양들이 새끼를 낳을 때 그 무늬를 닮게 했다. 이것은 아마 가나안의 목자들이 사용한 방법이 아닌가 생각한다. 어떤 직업이든지 자기가 하는 일에 모든 합법적 기술과 비밀을 다하여 근면 봉사하면 그 다음은 하나님께서 역사하셔서 성공하게 하시는 것이다.

양은 성도다. 성도는 예수 십자가의 고난당한 형상을 바라볼 때 좋은 양이 된다. 목자라는 목회자도 양으로 하여금 목자를 쳐다보게 할 것이 아니라 십자가의 예수를 보게 해야 하는 것이다(마 3:11).

야곱은 점있는 양들이 생산되자 그 새끼들을 먼저 구별해서 한데 모으고 무늬가 없는 라반의 단색 양들을 바라보지 못하게 했다(40절). 가장 강한 인상은 눈을 통해서 얻어지는 것이다. 그러므로 성도는 눈을 십자가의 예수만 바라보고 세상적인 것은 그 어떤 것도 볼 필요가 없다.

둘째, 물구유의 물을 양들이 마시게 했다.

물구유는 물을 담은 통인데 이곳에 양들이 모여 물을 마신다. 다윗은 "부족함이 없는 양은 목자의 인도함을 받는 때"라고 노래했는데, 여기서 양들이 와서 먹는 물은 곧 성령의 생수를 모형하는 것이다. 예수께서는 "믿는 자는 배에서 성령의 생수가 강같이 흐를 것이라"(요 7:37-39)고 말씀하셨고, 사마리아 여자에게 "내가 주는 물은 영원히 목마르지 아니한 생수"(요 4:10)라고 하셨다. 사마리아 여자는 생수를 마시고 변하여 새사람되고 사마리아성의 전도자가 되었다. 좋은 목회자는 양들에게 이렇게 생수의 물구유로 인도한다.

셋째, 초장의 꼴을 먹게 했다.

"양떼가 와서 먹는 꼴"(38절)은 양의 양식이고, 새 꼴이며(요 10:9-10), 생명의 꼴이고, 신선한 것이다(시 23:1-4). 실한 양이 되려면, 그리고 새끼 잘낳는 양이 되려면 건강해야 한다. 그리고 건강하려면 무엇보다도 생명의 꼴을 먹어야 할 것이다(겔 34:17-19).

성도에게 있어서 생명의 양식은 하나님의 말씀이다. 말씀의 양식은 살게하는 떡(마 4:4)이요 어린 아이의 젖(히 5:13, 벧전 2:2)이며 성장한 자의 음식(히 5:14)이다. 마음을 기쁘게 하는 음식(렘 15:16)이요 거저 먹는 것이다. 일정한 음식보다 귀한 것(욥 23:12)이요 꿀송이 보다 단 식물(시 19:10, 119:103)이다.

네 족속에게로 돌아가라

(창 31:1-16)

역사는 결코 우연히 발생하는 사건의 연속이 아니다. 역사는 창조주 하나님의 뜻하신 목적에 따라 계속적으로 진행되고 있는 것이다. 하나님은 인류와 함께 하찮게 보이는 인간 하나의 역사에까지도 간섭하시고 섭리하신다.

하나님은 이제 야곱에게 "네 조상의 땅, 네 족속에게로 돌아가라"고 명령하셨다. 야곱은 고향으로 돌아가기로 결심하였다. 그것은 하나님의 명령이요 또한 돌아갈 수밖에 없는 객관적 원인이 생겼기 때문이다. 라반의 아들들이 "야곱이 우리 아버지의 소유를 다 빼앗고…라반의 안색이 전과 같지 아니하더라"는 환경이 그를 고향으로 돌아가게 한 하나의 이유로 볼 수 있다.

그러므로 한 가지 일에는 두 가지 경향이 있는데, 곧 하나님의 뜻과 현재의 객관적인 환경이다. 우리는 성경에서 하나님의 뜻을 알 수 있다. 무슨 일을 할 때 성경 원리에 맞지 않으면 그것은 하나님의 뜻에 맞지 않는 것이다. 하나님의 뜻을 분명히 알았다면 어떤 환경을 통해서든지 그 일은 성공할 수 있다.

야곱이 라반의 집을 떠나 고향으로 가라 하는 명령을 받은 것은 하나님께로부터였다. 그런데 환경이 그를 압박했다. 야곱은 환경이 자신을 떠날 수 없게 할 때에 하나님께서 책임지시고 함께 하신다는 사실을 알아야 했다.

야곱은 지금까지 고향 땅, 선조들의 장막, 이삭의 상속자라는 사실을 망각하고 살았다. 야곱은 멀고 낯선 땅에서 오래 살면서 온갖 인간적인 수단 방법을 다하여 재산을 늘리는 데만 노력을 기울였기 때문에 그의 고상했던 본성은 점점 타락되어 가고 있었다. 그러기에 "하나님이 함께 하실 터이니 떠나라"고 명령하셨으나 라반을 속이고 몰래 그곳을 탈출한 것이다. 하나님은 야곱을 더 이상 하란에 있을 수 없는 환경을 조성하시고 고향으로 가게 하신 것으로 새로운 삶을 추구하게 하셨다.

출애굽기는 이스라엘 민족의 애굽 탈출기이다. 성경에는 롯의 소돔 고모라 탈출이 있고, 여기서는 야곱의 하란 탈출기를 볼 수 있다. 우리는 하란과 같은 죄악의 세상을 떠나 영원한 우리의 본향 천국 가나안으로 전진해야 한다. 롯의 사위들처럼 죄악의 도성에서 안주하려 하지 말고(19:12-15), 롯의 아내처럼 화려한 도성에 미련을 갖지 말아야 한다. 장망성과 같은 이권과 사기, 속임과 음분, 광란으로 얼룩진 하란이라는 이 세상을 떠나 영원한 가나안을 향하여 떠날 준비를 서둘러야 한다.

1. 라반의 안색과 그 아들들의 말을 듣고 결심을 하게 되었다.

첫째, 라반의 아들들이 야곱이 그들의 아버지의 재산을 다 빼앗았다고 했다. 야곱이 그곳에서 부자가 된 것은 야곱이 힘써 땀흘려 일한 노력의 대가요 하나님께서 그에게 축복하셨기 때문이다. 그런데 라반의 아들들은 야곱이 속임수를 써서 자기 아버지의 소유를 빼돌려 아버지 재산을 다 빼앗았다고 비난하는 것이었다. 그것은 과장인 것이다.

라반처럼 그의 아들도 역시 그 아버지 못지않게 탐심이 많았다. 야곱은 라반이 하듯이 정직하지 못하게 처신한 적이 없다. 그러므로 그들은 야곱의 성실성을 비난한 것이다. 의인도 항상 남들에게 좋은 평판만 듣는 것은 아님을 알 수 있다.

둘째로, 야곱의 번영이 정당한 것이었는데도 그들의 질투를 일으켰다. 30장에서는 레아와 라헬이 질투하는 이야기로 시작되는데, 여기서는 라반과 그 아들들이 야곱을 시기 질투하는 말로 시작되고 있다.

전장에서는 애정 때문에 질투하고, 본장에서는 물질 때문에 시기하니 물질적 외형의 번영은 질투와 분쟁을 일으키기 쉽다. 그러므로 성경은 "투기 앞에야 누가 서리요"(잠 27:4)라고 했다. 하나님의 축복을 받아 거부된 의인을 그들은 질투했던 것이다.

셋째로, 그들은 자기 아버지의 소유로 거부가 되었다고 했다.

어떤 학자는 라반의 아들들의 나이가 14세 가량 되었다고 하였는데, 그 이유는 그들이 그 아버지의 양떼를 맡아서 주관할 수 있는 나이였기 때문이라고 했다(30:35).

거부는 "무겁다"는 뜻에서 온 것으로 "영광, 부, 번영, 유명해짐"을 의미하는 것이다. 그러니까 라반의 아들들은 "그는 이 모든 영광을 차지했다"고 비난한 것이다. 그러나 그들이 비방하며 떠들어대는 "이 모든 영광"이라는 것이 고작해야 염소와 양, 낙타, 나귀 몇 마리 뿐인 것이다. "부"라는 것이 탐욕의 사람에게는 영광스러운 것으로 보일지 모르지만 천국 백성에게는 하늘의 영광보다 더 영광스러운 것은 없다.

라반은 본래 간교하고 야비한 인간이었다. 그러나 이제까지는 야곱에게 호의적이었다고 할 수 있다. 그렇게 해야 자기의 사업이 잘되니까 그러했으리라고 믿어진다. 그런데 근래에 와서 라반의 안색은 변해 있었다. 질투하는 라반의 마음이 표정에까지 나타나고 있었던 것이다. 야곱은 이때에 비로소 고향으로 갈 수밖에 없다고 결심하게 된다.

야곱을 향하신 하나님의 뜻은 여기서 떠나 약속의 땅으로 가는 것이었다. 하나님께서 라반과 라반의 아들들마저 야곱에게 이렇게 대하는 환경을 계기로 하여 이곳을 떠나게 하셨다. 그러므로 라반과 야곱 두 가정의 환경이 이렇게 돌아가는 것도 야곱으로 하여금 기업의 가나안 땅 고향으로 돌아가도록 하나님에 의해서 역사하는 증거이다.

야곱은 더 머뭇거리다가는 모아놓은 재산까지도 라반에게 빼앗길 것같아 하루 빨리 떠날 결심을 하게 되었다. 라반과 그의 아들들이 가나안으로 야곱을 돌아가게 하는 자극제가 된 것이다.

바람이 부는 것은 위험하지만 그것을 이용해서 돛단배는 물살을 가르며 힘차게 항해할 수 있는 것이다. 만일 야곱에게 이러한 환경으로 압박하지 않았다면 돈 버는 재미에 가나안 땅에 가려는 결심은 희미해졌을 것이 분명하다. 그러므로 하나님의 사랑하심을 입은 모든 자들에게는 만사가 합동하여 유익하게 되는 것이다(롬 8:28).

2. 여호와께서 야곱에게 직접 돌아가라고 지시하셨다.

야곱이 가나안에서 하란으로 도망쳐올 때에 하나님께서는 그를 안전하게 보호 인도하셨다. 20년 동안 이곳에서 하나님은 야곱을 도와주시고 지켜주셨고 축복해 주셨다.

이제는 때가 되었기 때문에 야곱이 여기 더 이상 있을 수가 없었다. 그렇지 않아도 라반의 가정의 태도 때문에 고향으로 돌아가리라 결심하고 있었는데, 적당한 때에 야곱에게 이곳을 떠나라고 명령하셨다. 하나님은 언약을 맺은 성도들을 잊지 않으시고 불러내시고 천국 본향으로 돌아가게 하신다. 하나님은 야곱처럼 곤경에 처해있는 성도들을 위로하시고 지시하신다.

야곱은 "고향으로 가라"고 말씀하시기 전에는 어떤 경우라도 떠날 수가 없었다. 그러므로 우리는 가는 것이나 오는 것, 나가는 것이나 들어오는 것 모든 것이 하나님의 인도 아래 있다. 신앙은 약속의 땅으로 돌아가는 것이다. 약속의 가족들이 살고있는 조상의 땅, 족속의 땅에 있는 영적 가족이 있는 곳으로 돌아가는 것이다. 그러기에 타국에 있던 탕자도 아버지 집으로 돌아왔다(눅 15:11-24).

여호와께서 "너와 함께 있으리라"고 하셨다. 이 약속은 감격스럽게도 20년 전 벧엘 광야에서 외롭게 돌베개하고 잘 때에 여호와께서 친히 하신 것이다(28:15).

하나님이 함께 해 주시는 것 이상 안전보장은 없으며 그 이상 큰 축복도 없는 것이다. 사망의 음침한 골짜기로 다닐지라도 해 받음을 두려워하지 않는다. 왜냐하면 주께서 함께 하시기 때문이다(시 23:4).

세상 끝에 홀로 섰으나 하나님이 의로운 오른 손으로 붙드시고, 땅

모퉁이에 버려져 있으나 하나님이 거기서 부르시며 싫어버리지 않으신다(사 41:9-10).

"너는 두려워 말라 내가 너를 구속하였고 내가 너를 지명하여 불렀나니 너는 내 것이라. 네가 물 가운데로 지날 때에 내가 함께 할 것이라. 강을 건널 때에 물이 너를 침몰치 못할 것이며 네가 불 가운데로 행할 때에 타지도 아니할 것이요 불꽃이 너를 사르지도 못하리라"(사 43:1-3)고 하셨다.

여호와께서는 야곱이 재물을 가지고 떠나게 하셨다. 야곱을 향하신 하나님의 뜻은 야곱이 하란에 와서 지금까지 모든 재물을 라반에게 빼앗기지 않고 그것을 가지고 떠나는 것이었다. 모르긴 해도 야곱이 이러한 상황에서도 계속 라반의 집에 있다면 그의 모은 모든 재물을 라반에게 빼앗겼을 것이다. 이스라엘이 애굽에서 4백년 간 종살이하고 애굽을 떠나 가나안 땅으로 갈 때에 많은 은금보화를 가지고 떠났다. 그것은 지금까지 무상으로 봉사한 것에 대한 하나님의 품값이 아닌가 생각한다.

그렇다고 해서 하나님이 야곱을 떠나라고 하신 것이 물질 때문은 결코 아니다. 일찍이 야곱의 서원한 기도대로 주신 많은 물질을 가지고 떠나야 했기 때문이었다(28:20-21). 이처럼 하나님께서 성도의 기도를 자세하고 진실하게 이루어주시는 것을 알 수 있다.

3. 야곱의 두 아내가 고향으로 가는 일을 준행하라고 했다.

야곱은 라헬과 레아를 들로 불러냈다. 자기의 계획이 아무도 모르게 진행되어야겠기에 두 아내를 들판으로 오라고 불러낸 것이다. "자기 양떼 있는 들"이라고 했다. 야곱은 라반의 양떼를 떠나서 자기에게 속한 양떼를 소유하고 있었다. 그러므로 그가 떠날 준비를 하고 있었다는 것을 알 수 있다. 두 아내 라헬과 레아 중에서 라헬의 이름이 먼저 기록된 것은 야곱의 마음에는 라헬이 더 우선이고, 라헬을 레아보다 더 사랑했다는 것이라고 할 수 있을 것이다.

야곱, 라헬, 레아 세 사람의 현재 감정은 어찌 되었거나 어려운 때에 고향으로 돌아갈 결심을 의논할 대상은 아내밖에 없었다. 그리하여 레아의 장막도 라헬의 거처도 아닌 들판으로 오게 한 것이다. 언제나 가족은 어려운 때일수록 서로 사랑하고 신임하며 도와야 하는 것이다.

야곱은 두 아내에게 자신의 결심을 설명했다.

첫째로, 하나님이 함께 계셨다고 했다.

"내 아버지의 하나님은 나와 함께 계셨다"고 고백했다. 야곱은 여기서 라반의 안색이 전과 같지 않지만 하나님은 전에나 지금이나 "나와 함께 계셨다"고 하는 것이다.

야곱은 "능력의 하나님(엘로힘)"이라는 신의 명칭을 사용했다. 그 아내들이 소유한 종교적 지식에 대한 애매함 때문이 아니고 라반과 그곳 주민들이 섬기는 초라한 우상신과는 완전히 구별되는 전능하신 하나님, 조상과 언약하시고 그 언약의 계승자와 동행하시는 하나님을 강조하는 신앙의 고백인 것이다.

둘째로, 라반이 나를 속였다고 했다.

야곱은 힘을 다하여 장인을 섬겼고 그것은 아내들이 아는 바라고 했다. "힘을 다하여"는 "숨이 차도록, 자기의 힘이 솟는다"는 뜻이다. 야곱의 부요함이 까닭없는 하나님의 축복의 결과만은 아니었다. 숨이 차도록 힘써 노동한 대가이기도 하다.

야곱은 장인을 섬기되 간교하게 속임수를 쓰지 않았다고 하는 것이다. "섬겼거늘"은 야곱이 라반의 친척이라 해서 소홀히 일을 하지 않고 오히려 "종"의 자리에서 최선을 다하여 라반을 "주인"으로 섬겼다고 고백하는 것이다(엡 6:5-8, 골 3:22-25).

그런데도 라반은 "야곱을 속여 품값을 열 번이나 번역하였다는 것이다. "속인다"는 말은 "강도질하다, 약탈하다, 실족케 하다"의 뜻이 있다. 그러므로 가능한 모든 수단을 동원하여 상대를 실족케 하려는 행위이다.

그러나 하나님은 라반의 재산을 취하여 야곱의 고역에 보상하셨다. 하나님과 가까이 있는 사람은 하나님께서 안전하게 해주신다. 사람들은 잊으나 하나님은 자기 백성들이 행한 봉사와 수고를 잊지 않으시고 갚아주신다. 그러므로 죄인의 재물은 의인을 위하여 쌓이는 것이다(잠 13:22).

셋째로, 벧엘의 하나님의 지시가 있었다고 했다.

하나님의 사자는 야곱과 함께 있고 보호해 주신다. 하나님의 사자가 야곱에게 "눈을 들어 보라"고 말했다. 야곱의 방법, 노력에 의해서 재산이 늘어난 것이 아니고 하나님이 그렇게 하셨다는 것을 각성시키신 것이다. 하나님은 6년 봉사를 시작하실 때도 나타나시고, 그 기간의 끝에도 나타나셔서 야곱을 지도하시고 계셨다. 하나님은 여기서 "나는 벧엘의 하나님"이라고 하셨다. 야곱은 20년 전에 벧엘에서 하나님을 만난 경험이 있다. 그러므로 그때의 신령한 경험을 상기시키고 야곱이 서원한 것을 갚도록 지시하신 것이다.

야곱이 이러한 하나님의 현현에 대해 아내들에게 말하는 것은 의심없이 하나님 말씀에 복종하게 하려는 것이다. 이 때 두 아내가 야곱에게 하나님의 명대로 준행하라고 했다. 그들은 아버지집에서 분깃이나 유업이 없다고 했다. 이것은 강한 부정을 암시하는 말이다. 아들과는 달리 결혼한 딸에게는 상속권이 없던 그 지역관습을 드러낸 것이다.

특히 수전노와 같은 라반은 딸들에게 분깃이나 유업을 주지 않았다. 두 딸을 야곱에게 주어 무임 노동착취를 했다. 그리하여 두 아내는 자기 동족과 아버지집에 싫증이 나고, 그들을 미련없이 얼마든지 뒤로 하고 남편의 고향으로 갈 수 있었다. 우리는 세상에서 당하는 어려움을 오히려 선용해서 세상에 지나치게 집착하지 말고 이곳 세상을 떠나 영원한 천국 가나안 고향으로 떠날 수 있어야 한다.

라헬과 레아는 아버지가 우리를 외인으로 여긴다고 했다. 라반이 딸들을 팔아 이용해서 돈을 벌었다고 그들은 불평했다. 얼마나 챙피한 말인가? 딸들을 둘씩이나 한 남자에게 팔아서 재벌이 되었으니 딸들의 애정과도 관계없이 재물에만 눈이 뒤집힌 인간이 아니고 무엇인가? 세상에 이런 아버지는 없다. "우리를 외인으로 여겼다"는 것은 상관할 바 없는 낯선 외국인이라는 뜻으로 시집간 딸들에 대해서 라반은 아예 무관심했다는 것이다.

그리고 레아와 라헬은 하나님의 명령을 준행하라고 했다. 두 아내 모두 가나안 땅으로 떠나자는 야곱의 제의에 쉽게 아무 이의없이 받아들였다. 그 이유는 14년 간의 야곱의 노동대가로 팔리고 외인으로 취급하는 친정 아버지를 볼 때에 더 이상 상속받을 것이 없었으며, 야곱의 20년 생활에서 남편에게 축복하신 하나님을 어렴풋이 깨달았기 때문인 것 같다. 하나님을 잘 공경하는 자의 아내로서의 약간의 감화를 받은 것 같다.

남편에게 도움을 주는 아내가 되어야 한다. 그런 아내는 하나님의 명령을 준행하는 일에 방해가 되지 않는다.

야곱의 귀향과 라반의 추적

(창 31:17-25)

벧엘은 "하나님의 집"이라는 뜻으로 아브라함이 가나안에 들어가서 여호와의 이름을 부르며 제단을 쌓은 곳이다(12:7-8, 13:3-4). 그리고 슬픔, 절망, 고독에 빠져 돌베개를 베고 잠을 자던 야곱에게 하나님께서 나타나사 사닥다리의 신령한 언약을 맺은 곳이기도 하다.

여러 아내, 재산증식을 위한 술수, 아들을 얻기 위한 여인들의 경쟁, 라반의 간교와 배신 등으로 얼룩진 야곱의 20년 객지 생활에도 벧엘의 하나님께서 축복하시고 번영케 하셨다. 하나님은 아브라함부터 약속하신 영원한 가나안 땅의 유업을 잇게 하기 위하여 벧엘의 하나님으로 나타나시고 야곱에게 돌아가라고 지시하셨다. 야곱은 말씀 준행을 결심하고 아내들의 동의를 얻어 가나안으로의 이주를 결행하게 되었다.

그런데 한 가지 주의할 것은 하나님의 인도하시는 여정에도 시련이 따를 수 있다는 점이다. 그 예로 라반의 불같은 추격을 들 수 있다. 그것은 가나안으로 귀향하겠다는 확고한 신념을 갖게 하고 과거의 미련을 떨어버릴 수 있게 한다. 더욱이 하나님은 이때에 야곱과 함께 하셔서 시련 중에 실족당하지 않도록 간섭하여 무사히 가나안으로 갈 수 있게 역사하셨다.

벧엘의 하나님은 벧엘을 기억하시는 하나님, 그리고 벧엘에서 맺은 언약을 반드시 이루고야 마시는 하나님을 상징하는 명칭이다. 그러므로 벧엘의 하나님께서 "네 족속의 땅으로 가라 내가 함께 하리라" 하신 바에는 야곱이 라반 몰래 도망칠 이유가 없는 것이었다. 정정당당히 라반에게 통고하고 하나님의 명을 따라 고향으로 가겠노라 말했어야 옳았다.

그런에 야곱은 인간적인 생각에 몰래 도망가면 되리라고 생각한 것이다. 20년 전 에서의 칼을 피하여 하란에 올 때에도 아무런 보호의 약속없이 출발했으나 여러 날 동안 하나님은 야곱을 지켜주셨다. 그런데 이제 무엇이 무서워서 라반 몰래 도망친다는 말인가? 많은 오해의 소지가 있지 않을까?

하나님에 의해 주어진 목적을 이루는데는 하나님의 인도와 방법이 필요한 법이다. 인간이 그것을 무시하고 사람을 지나치게 의식할 때는 많은 난관에 봉착하게 되는 것이다.

1. 야곱이 라반에게 고하지 않고 가만히 떠났다.

야곱은 하나님의 지시와 아내들의 동의를 얻은 후 단호하게 결단성있게 일어나서 고향길에 올랐다. 지금까지 야곱은 하란에 주저앉아 살았다. 그런데 이제는 하나님의 말씀으로 듣고 순종하기 위하여 "단호하게 일어났다"는 것이다. 신앙은 죄악의 자리에서 단호하게 일어나는 것이다. 그리고 신앙의 발전은 하나님의 말씀을 준행하는 것이고 그 신앙의 목표는 영원한 가나안 천국이다.

야곱은 아내와 자식들과 재물을 이끌고 이삭에게로 가려 했다. "이끌고"란 강압적으로 내몰거나(신 4:27), 의도된 목적지로 억지로 끌고 가는 것을 의미한다(26절, 사 20:4). 이것은 야곱이 서둘러 온 가족식구와 가축을 재촉하여 떠났다는 것이다. 이 또한 믿음의 결단이다. 그리고 그 아비 이삭에게 가려고 했으니 야곱의 아버지에 대한 지극한 효성심을 볼 수 있는 것이다.

야곱은 라반이 양털을 깎으러 간 때에 떠났다. 물욕 때문에 딸들을 팔아먹는 라반에게서 벗어난다는 것은 어려운 일이 아닐 수 없다. 그러므로 점잖게 라반에게 고하기를 고향으로 돌아가게 허락해 달라고 했다면 어떤 누명이나 구실을 붙여서라도 보내주려 하지 않았을 것이다. 너무나도 라반의 인격을 잘 아는 야곱으로서는 그와 상의하기보다는 라반이 털을 깎는 때라 집에 있을 때 도망하려 한 것이다. 좋은 기회는 결단을 촉구한다. 기회를 선용하는 야곱의 지혜를 볼 수 있다.

양털을 깎는 일은 여러 날이 걸리는 큰 행사여서 친구 등을 초청하며 잔치를 베푼다. 그런데 야곱이 이 잔치에 초청되지 않은 것을 보면 두 사람 사이가 좋지 않았음을 말해주는 것이다. 야곱은 자기에 대한 감시의 눈길이 늦추어진 이때에 행동을 취함으로 현명한 행동이었다. 그러나 야곱은 정직한 사람이어서 라반의 것이나 야곱의 몫 이외의 것은 손도 대지 않고 떠났다.

그런데 라헬이 아비의 드라빔을 훔쳐가지고 떠났다. 드라빔은 "편안히 살다"라는 뜻의 말에서 왔는데 구복과 점술, 신탁행위와 관련된 가정 수호신이다. 이것은 우상인데 인간의 형상을 닮은 반신상으로 나무나 은으로 만들었고 종류는 크고 작게 다양했다.

드라빔 우상을 신으로 섬기고, 신탁을 얻기 위해 조언을 구하기도 하고, 인간의 행복을 주관하고 증진하는 신으로 믿었다. 이스라엘이 그것을 우상으로 섬겨 범죄했다.

드라빔을 소유한 자는 가장 큰 몫의 유산 상속을 받을 권리가 있고, 한 씨족 내의 지도권을 행사할 수 있었다. 그래서 하란 사람들은 여행에 드라빔을 가지고 다니는 것이 관습이었다. 야곱은 물질에 대해 정직했는데 라헬은 아비의 드라빔을 도적질하여 정직하지 못했다.

왜 라헬이 드라빔을 도적질 했을까? 라반이 죽은 후에 그의 남편 야곱에게 상속권이 있음을 보증하기 위함이요, 후대 사회에서의 지도권 획득을 위한 포석으로서의 의미가 있다. 또한 위험한 긴 여행에서의 안전을 기원하기 위함이라고 한다.

라헬은 드라빔이 귀한 금속으로 만들어져서 그것이 탐이 나서거나 그 아비가 믿는 드라빔에게 물어서 그들이 도망한 방향을 알아낼까 염려했을 것이다. 아니면 드라빔을 우상으로 섬기는 아비를 그리 못하게 하고, 드라빔의 모습과 같은 그녀의 조상의 모습을 간직하고 싶어서였는지 알 수 없다. 그러나 라헬은 전능하신 벧엘의 하나님이 함께 하신다는 믿음이 없어 드라빔을 수호신으로 도적질한 것이라고 생각한다.

그들은 라반에게 고하지 않고 길르앗 산으로 도망했다. 아람 사람
이라는 국적을 언급한 이유는 그당시 아람인, 즉 시리아인이 매우 교
활한 민족으로 소문났었기 때문이다. 그런데 이제는 그 교활한 자가
야곱에게 농락을 당하는 것이다. "아람 사람에게 고하지 않고"는 "아
람 사람 라반의 마음을 훔치고"라는 뜻이다. 그의 마음이나 그의 지
식을 속인다는 것이다(26, 27절).

"강을 건넜다"는 것은 유브라데스강 북부 상류를 의미한다. 길르앗
은 "단단하다"는 뜻으로 단단하고 돌이 많은 지역이다. 이 산은 얍복
의 남쪽으로 향하는 산등성이로서 마하나임 근처에 위치한 에벨아율
론으로 부르는 강 북쪽 둑을 의미한다.

2. 라반이 그 형제를 거느리고 야곱을 추적했다.

라반은 삼일 만에 도망했다는 소식을 들었다. 원래 야곱과 라반 사
이에 떨어진 거리가 사흘길이었기 때문이다. 라반은 야곱이 가족들을
거느리고 짐승들을 모아 떠났다는 소식을 듣고 야곱을 추적하기 시작
했다. 그것은 야곱에 대해서 보복하기 위함이었을 것이다. 아니면 야
곱이 재산을 모아 가지고 간다고 생각하니 원통하기도 하고 괘씸하기
도 했을 것이다.

우리는 여기서 끝까지 야곱을 괴롭히는 라반의 모습을 볼 수 있다.
진정 라반같은 친척이나 이웃이 우리와 관계되지 않았으면 하는 마음
이 간절하다. 야곱이 이렇게 인사 한 마디 없이 떠났다면 라반은 한
번만 아니고 여러 번 자기를 살피고 얼마나 자기에게 섭섭한 마음이
있었으면 이렇게 떠났을까 하고 반성 정도라도 했어야 했다. 그러나
그는 반성은커녕 노기가 가득해서 무슨 죽을 죄인을 쫓아가듯이 했
다. 야곱 보기를 재물로 본 것이다.

라반이 형제를 거느리고 7일 길을 추적했다. 야곱이 떠난 지 10일
째 되는 날 비로소 라반은 가신들과 친척들로 추격대를 구성해서 이
끌고 갔다. 그는 밧단아람에서 약 300마일, 곧 480km 떨어진 길르앗

산에 당도할 수 있었다. 이 길은 가는 데 최소한 10일은 걸리는 거리인데 라반은 가속들을 거느리고 집단으로 달려 7일 만에 야곱을 만난 것이다. 악인들은 선한 사람이 올바른 일에 바치는 정열보다 더한 정열을 악한 일에 쏟는다.

라반은 하루에 70km씩 7일을 빠르게 달렸으니 라반의 마음이 얼마나 맹렬한 분노로 불타고 있었는가를 알 수 있다. 따라서 야곱은 20년 간 고생하여 얻은 처자식과 재물을 일시에 잃을지도 모르는 위험에 봉착한 것이다.

야곱은 가족 식구들과 가축떼가 이동하는 데 속도가 느려질 수밖에 없었고 길르앗 산지의 험준함 때문에 전진하는 데 시간이 많이 걸리다 보니 라반의 추적을 당했다. 그러나 이러한 일까지도 하나님의 뜻이다.

야곱이 장막을 쳤다고 하는 것은 "땅에 무엇을 고정시켰다, 말뚝을 박았다"라는 뜻이다. 야곱은 라반의 영향권에서 완전히 벗어난 것으로 알고 며칠의 휴식을 위해 걸음을 멈추었음을 암시한다.

그런데 라반이 그 형제로 더불어 길르앗산에 장막을 친 것이다. 라반이 7일 간이나 달려와서 길르앗산에 장막을 친 것은 어리석은 일이었다. 자기에게 인사하지 않고 떠났다는 것과 자기의 드라빔 우상을 도적질했다고 쫓아왔으니 말이다. 하나님을 모르는 자들은 이렇게 작은 문제를 가지고 법석을 떠는 것이다.

20년 동안 자기 집을 번성하게 해준 은인인데도 무슨 큰 강도떼나 따라 잡으려는 듯이 자기 식구들과 형제들을 거느리고 여기까지 왔으니 라반은 근성이 나쁜 악인이다.

3. 밤에 하나님이 라반에게 현몽하여 말씀하셨다.

하루길만 더 가면 야곱에게 이를 수 있는 거리에 도착했을 때에 그날 밤 하나님께서 라반에게 현몽하셨다. 모든 문제에 있어서 하나님의 초자연적인 주관하심을 상기시켜 주는 것이다.

야곱은 하나님의 백성이고 언약의 자손이다. 하나님께서는 그를 사랑하셨다. 그가 어디로 가든지 하나님은 그와 함께 하시겠고 떠나지 아니하며 지켜보호하며 가나안에 돌아오게 하겠다고 약속하셨다. 그러므로 야곱이 잡히기 전날 밤에 자기 백성을 이렇게 보살피시고 지키시기 위해서 라반에게 현몽하신 것이다. 악한 자들은 예나 지금이나 시대를 막론하고 하나님의 교회를 약탈하고 성도를 핍박하는 일에 목숨을 걸면서 추적한다. 그러므로 하나님의 보호가 없다면 하나님의 백성들은 안전할 수 없다(28:15).

하나님께서 아람 사람 라반의 분노를 막기 위해서 현몽하셨다. 하나님께서 라반에게 나타나신 것은 라반의 분노를 막아 야곱을 보호하기 위해서이다(28:15, 20:3, 욥 33:15, 마 28:20).

그런데 라반의 국적이 아람 사람이라고 하였다. 위에서도 아람인은 매우 교활한 민족으로 소문나 있다는 것을 말했는데(20절) 다시금 "아람 사람 라반"이라고 국적을 밝히는 것은 하나님은 가나안 땅에만 국한되어 다스리시는 신이 아니라는 것이다. 이것은 가나안 땅과 이방 땅, 어느 나라 어느 민족에게나 절대권자의 하나님이라는 사실을 의미하는 것이다.

엘리야 선지자를 호렙산에서 만나주시고 새로운 사명을 부여하시는 때에 "너는…다메섹에 가서…하사엘에게 기름을 부어 아람 왕이 되게 하라"(왕상 19:15)고 하셨는데 아람나라는 이방나라였다. 유대인이 볼 때 유대국 외의 나라는 이방 나라지만 하나님의 통치 영역으로 볼 때 세계는 하나님의 다스리는 하나님의 땅이요 나라이다. 그러므로 하나님은 이방인을 통해서도 하나님의 구속의 섭리를 이루시는 분이시다. 이방인이라 할지라도 하나님의 수중에 있다.

하나님은 라반에게 이르시기를 삼가 야곱에게 선악간 말하지 말라고 하셨다.

선악간은 "선에서 악에 이르기까지" 즉 "무엇이든지"라는 뜻이다. 그러니까 이것은 야곱에게 어떤 해로운 행위도 하지 말고 그대로 보내라고 하시는 하나님의 경고이며 간섭이시다. 하나님은 천국을 향하여 가는 성도들의 노정을 지켜 보호하사 악한 세력이 어찌할 수 없게

하신다(신 32:10, 사 31:5). 머리털 하나까지도 잃는 일이 없을 것이다
(마 10:29-31).

그러므로 사람을 두려워 말아야 하는 것이다. 하나님께서는 꿈을
통해서도 사람의 귀를 열어주시고 인치듯이 교훈하신다(욥 33:15-16).
하나님은 인간의 양심을 향하여 은밀한 속삭임으로 교훈하신다.

라반과 야곱의 싸움

(창 31:26-43)

야곱이 가나안으로 돌아가려고 한 것은 하나님의 명령과 자신의 주위환경 때문이었지만 그 가는 길은 결코 평탄하지가 않았다. 첫째 난관이 그 장인 라반이었다. 하나님의 인도와 보호 아래 출발했지만 많은 위험이 곳곳에 있었다. 그러나 하나님께서 끝까지 인도하셨다. 성도가 세상을 떠나 천국을 향하여 갈 때 어려움이 많으나 끝내는 목적지에 무사히 도착하게 된다. 하나님께서 세상 끝날까지 함께 하시기 때문이다.

야곱의 실패는 어디에 있는가? 그것은 그의 장인 라반을 하나님께로 돌아서게 하지 못했다는 것이다. 그리고 가장 사랑한 아내 라헬까지도 하나님께로 돌아오게 하지를 못한 채 가나안으로 돌아가고 있다는 것이다.

라반의 집은 드라빔 우상을 섬기는 미신자의 가정이었다. 라헬은 하나님의 사람 야곱의 사랑받는 아내이면서도 하나님을 모시고 남편을 따라 가려하지 않았다. 그리고 그 진저리나는 아버지가 섬기는 드라빔 우상을 훔쳐 몰래 몸에 지니고 갔다. 라헬은 멀리 시집으로 길을 떠나는데 드라빔이 보호해 주리라고 믿었기 때문이다. 그녀는 남편이 섬기는 하나님을 믿지 않았다.

라헬이 드라빔을 훔쳐 몰래 몸에 지닌 것 때문에 라반이 추적할 수 있는 구실이 된 것이다. 야곱은 라헬의 말을 잘 들었고 라헬은 야곱의 말을 잘 순종하지 않았다. 가장 사랑하는 아내의 마음 속에 우상을 품고 있는 것을 야곱은 몰랐다.

라헬의 아들 요셉은 므낫세와 에브라임을 낳았다. 그런데 에브라임을 장손으로 야곱이 축복했으나 그 에브라임은 우상과 친했다고 호세아서에 기록했다. 에브라임의 후손은 늘 거짓 신을 섬겼는데 이것은 라헬이 거짓 신을 섬김으로 그 한 사람의 종교신앙이 후대에 내려간 까닭이 아니고 무엇인가?

다시 말하면 우리가 하나님을 믿는다는 것은 우리 자신만 아니라 후손의 신앙에도 좋은 영향을 준다는 것이다. 야곱은 라반의 집에서의 20년 동안 종교생활은 실패했다고 할 수밖에 없다. 그의 신앙생활이 20년 전의 벧엘에서의 신비한 체험 등을 아내에게 말하여 하나님 신앙으로 돌아서게 해야만 했는데, 그것에 야곱은 실패한 것이다.

1. 라반이 야곱에게 어찌 이같이 하였느냐고 비난했다.

라반은 내 딸을 칼로 잡은 자같이 끌고 갔다고 했다. 이 말을 해석하면 "그 칼의 포로와 같이, 강제로 끌려가는 전쟁포로처럼" 끌고 갔다고 비난하는 말이다. 그러나 라반의 이 비난은 사실 트집인 것이다. 왜냐하면 라반의 딸들은 여러 해 동안의 노동의 대가로 합법적 결혼을 한 야곱의 아내요 그 야곱의 아내들 역시 가나안 시집의 땅으로 가겠다고 자발적으로 따라 나섰기 때문이다. 그런데 라반은 야곱을 중상하면서 일도 제대로 하지 않고 자기의 딸을 강제로 데리고 도망친다고 비난한 것이다.

라반은 자기의 딸들을 비싼 노동력을 받고 야곱에게 팔아먹은 지 오래였다. 그러면서 이제 와서 딸들을 끌고 간다고 했으니 라반을 아무리 좋게 이해하려고 해도 이해할 수 없는 악인이다.

그리고 "내가 잔치하여 보낼텐데 어찌하여 속였느냐"고 했다. 당시에는 가족 가운데 임종을 앞둔 사람이 있거나 혹은 멀고 먼 여행을 떠나는 사람이 있으면 번영과 승리를 기원하는 축원과 함께 잔치를 배설하며 애정의 포옹으로 엄숙한 작별 의식을 행하는 것이 하나의 관습이었다.

라반은 야곱에게 네가 내게 미리 알렸으면 이렇게 성대한 잔치를 하면서 내 딸들과 손자들과 포옹하여 작별하지 않았겠느냐 하는 것이었다. 위선적인 애정을 보인 것이다. 사람들에게 사위를 보낼 때 잔치하고 딸들을 보낼 때 입맞추었다고 하면서 사람들에게 기쁨을 주고자 한 것이다. 그러나 그의 본심은 그게 아니었다. 라반은 마음에 없는 위선을 발한 것이다.

120년 전 라반의 집 안에서 리브가가 이삭에게 시집갈 때에는 기도와 축복 속에 보내졌으나(24:60), 이제 여기서 라반은 잔치하며 떠들석하게 내 딸들을 보냈을 것이라고 말함을 보아서 그 집안은 신앙이 쇠퇴하고 진실성이 없게 되었음을 볼 수 있다. 악인들은 애정마저도 위선으로 곧잘 한다.

라반은 "너를 해할 능력이 내게 있으나 하나님 때문에 참는다"고 했다. 그는 참으로 한심한 인간이다. 왜냐하면 그는 여기서 야곱에게 교만한 말을 했기 때문이다. "너를 해할 능력이 내게 있으나…"라고 했는데, 이 뜻은 야곱의 생사를 좌지우지 할 수 있는 권한과 힘이 자신에게 있다는 것이다. 그러니까 라반은 자기 자신의 능력을 자랑하는 것이다. 자기가 복수하거나 구원해 주거나 하는 권리와 힘이 자기에게 있다는 것이다. "나의 손이 하나님을 위해 있다, 내 손이 하나님 같이 나를 도우니"라는 뜻인데, 라반이 얼마나 교만한 말을 하고 있는지 모른다. 라반은 하나님을 믿지 않으면서 자기가 하나님 자리에 있다는 말을 하는 것이다. 악인들은 자기가 남을 해할 수 있는 권력이 있다고 생각하는데 그것은 하나님보다 높다고 생각하는 교만이다.

또한 어찌 내 신을 도적질 하였느냐고 하였다. 야곱은 아버지 집을 사모했다. 그것은 지상의 성도가 천성의 아버지집을 사모하여 그리워하는 것과 같다. "사모하다"는 것은 열망하는 것으로 "지나치게 사모함으로 얼굴이 창백해지다"라는 뜻이다. 야곱은 고향에 대한 그리움으로 얼굴이 수척하고 창백해질 만큼 되어 있었다. 마땅히 하나님의 사람들은 천성의 고향을 이렇게 사모할 것이다. 그런데 라반은 야곱에게 "네가 고향으로 돌아가려는 것은 좋으나 "어찌 내 신을 도적질 하였느냐"고 다그친 것이다.

어거스틴은 이것이 성경에서 이방신에 관하여 처음의 언급이라고 말했다. 드라빔이라는 우상은 얼마나 무익하기에 사람의 손에 도적질을 당하는가? 웃을 수밖에 없는 장면이다. 도적도 막지 못하고 발견도 하지 못하는 우상신을 찾으려고 여기까지 달려왔다는 말인가? 어이가 없는 일이다. 이러한 신이 어찌 가정 수호신이며 자식에게 재산을 상속시킨단 말인가? 가소로운 일이다. 여호와를 모시고 섬기는 자가 복이 있다.

2. 야곱이 라반에게 대답했다.

야곱이 라반에게 몰래 떠날 수밖에 없었던 이유를 능력있고 강력한 말로 변명하였다.

항상 피해의식에 잡혀있던 라반의 식구들이 복수심으로 방해하려 할 것이고, 변덕스러운 라반이, 딸들을 팔아먹는 양심을 가진 그가 그 가족에 대한 소유권을 주장하지 않을까 두려웠다고 했다. "외삼촌의 딸들을 내게서 억지로 빼앗으리라"는 것은 짐승의 가죽을 벗기듯이 강제로 벗기는 것을 의미한다. "두려워 하였다"는 것은 그렇게 당하지 않기 위하여 떠났다는 뜻이다.

야곱은 라반이 딸들을 강제로 끌고 가서 다시 야곱을 붙잡아 놓고 노역을 시키지 않을까 두려워 했다고 대답한 것이다. 라반은 20년 동안 야곱에게 서슴지 않고 불의한 것을 행했고 지극히 작은 일에도 그러한 위인임을 보고 알았기 때문에 그것을 두려워했다고 해도 과언이 아니다.

야곱은 지금까지도 사랑하는 아내 라헬이 아버지의 드라빔을 도적질하여 가지고 온 것을 알지 못하고 있었다. 그러므로 라반에게 항변하면서 "외삼촌의 신은 도적질한 바 없다"고 한 것이다. 그것은 야곱이 자신의 청렴을 주장하는 답변이다. 야곱은 여호와 하나님, 곧 아브라함과 이삭의 하나님, 벧엘의 하나님, 그 하나님을 모시고 고향으로 가는 중이었다. 드라빔이라는 우상신에 대해서는 관심조차 없었다. 도적질할 것이 없어서 거짓 신을 도적질하겠는가? 사람의 손에 도적질 당하는 그런 미신을 무엇 때문에 훔치겠는가? 하나님의 사람 야곱은 누구도 훔쳐갈 수 없는 살아계신 하나님이 함께 하셨다.

그는 외삼촌의 신을 훔친 자는 살지 못할 것이라고 했다. 야곱은 라헬이 아버지의 드라빔을 도적질한 사실에 대해서 전혀 알지 못했고 다른 사람들도 몰랐다. 그 사건은 라헬 혼자만 알고 있었다.

야곱은 드라빔을 훔친 사실이 전혀 없고 깨끗하니까 "외삼촌의 신은 뉘게서 찾든지 그는 살지 못할 것이라"고 자신만만하게 말했다. 이 말은 "내가 내 손으로 죽이겠다", "하나님께서 그를 죽이시리라", "내가 외숙에게 그를 주어 죽이게 하겠다", "그를 즉시 죽이게 하리라"는 뜻이다.

야곱의 이 말은 큰 실언이었다. 왜냐하면 야곱의 이 말은 라헬에게 이루어져서 라헬이 얼마 안 있어 산고 끝에 베냐민을 낳고 죽었기 때문이다. 야곱은 라헬이 고통 중에 죽을 때에 이 일을 생각하고 마음 아팠을 것이다. 그러므로 아무리 우리가 옳고 무죄하다고 해도 결과가 무섭게 맺어질지 모르니 저주같은 경솔한 말은 하지 말아야 하는 것이다(35:16-20). 성도는 말을 신중히 해야 한다(잠 10:19, 약 2:1-12).

3. 라반이 장막에 들어가 신을 찾았으나 발견하지 못했다.

라반은 딸들과 여종의 장막에서 신을 찾고 다녔다. 라반의 집에 드라빔 우상신이 있었다는 것은 그 신앙의 퇴폐이고, 그 우상신을 도적 맞은 것을 보아 그런 도적당하는 무익한 신을 섬기는 일이 얼마나 어리석은가를 볼 수 있다. 라반은 자기의 신을 찾으려고 두 딸과 두 여종의 장막을 돌아다니면서 보따리를 마구 뒤졌다. 그러나 어느 장막에서도 신을 찾을 수가 없었다.

라반이 정신없이 우상을 찾은 이유는 두 가지라고 할 수 있다. 하나는 야곱과 한바탕 싸워서 화풀이를 할 수 있는 구실을 찾기 위한 것이고, 또 하나는 자기가 사랑한 우상이어서 그것을 잃는 것이 싫었기 때문이다(삿 18:24).

거짓 신을 섬기는 자들은 이렇게 우상에 미쳐 있다. 그러나 인생은 하나님을 찾아야 산다(암 5:4, 욥 23:3). 인간은 자기가 잃어버린 신을 찾지만 하나님은 잃은 인간을 찾으신다(마 10:6, 15:24).

라반이 드라빔을 찾느라고 정신이 없을 때 라헬은 경수가 난다고 거짓말을 하면서 약대 위에 앉아 있었기 때문에 드라빔은 끝내 라반에게 발각되지 않았다. 만일 드라빔이 발견되었더라면 야곱이 말했듯이 야곱의 가족들은 라반에게 무슨 행패를 당했을지 모를 일이었다. 야곱이 가나안으로 가는 것은 하나님의 명령이다. 이 일에 있어서 하나님께서 간섭하신 것이라고 생각된다.

라헬은 "마침 경수가 나므로 일어날 수 없다"고 거짓말을 했다. 라반의 간교나 우상숭배가 라헬을 교육시키는 일에 결정적인 악영향을 끼친 것이라고 할 것이다. 거짓말을 능청스럽게 잘하는 것이나 우상 드라빔을 좋아하는 것이 라반이나 라헬이나 같았으니 그 아버지에게 배운 그 딸이 아닌가? 라반은 심은 대로 거두었다. 그러나 그것은 하나님께서 그렇게 섭리하신 응보인 것이다.

라반은 라헬에게 완전히 속았다. "마침 경수가 나므로 일어날 수 없다"고 말한 라헬의 거짓말은 그 아버지에게 배운 거짓말이다. 여인의 월경은 부정한 것으로 간주되어 며칠 간 접촉이 금지되었다(레 15:19). 그리하여 종교의식이나 외부와의 접촉마저 금지되었다. 라반은 양털깎는 축제기간 중 여인의 부정으로 인해 더럽힐 수가 없었고 감히 경수하는 여자가 신을 깔고 앉았으리라고는 상상도 못했기 때문에 라헬을 조사할 수가 없었다.

월경 중에 있는 부정한 여인의 밑에 가정의 수호신 드라빔이 깔려 있었다는 것은 우상의 허무와 무력을 폭로하는 것이다. 라반이 "얻지 못한지라"라고 하는 말이 세 번 반복되었으니 라반이 완전히 속아 넘어갔다는 것이다. 라헬이 라반을 완벽하게 속였다는 말이 된다.

자식은 부모 앞에서 일어나야 하는데(레 19:32, 왕상 2:19) 라헬은 경수가 나기 때문에 일어날 수가 없다고 거짓말을 했다. 간교와 거짓으로 도적질한 우상을 숨겼으니 라반과 같은 것이다. 이때에 라헬은 종교적으로 성실치 못했다.

4. 야곱이 노하여 라반을 책망했다.

야곱은 라반이 신에 대하여 취한 자세를 보고 노를 발했는데, 이전에 오랫동안 쌓여있던 수모를 여기서 폭발시킨 것이다. "노하여"는 "빨갛게 되다"로 그가 분을 내는 정도가 극도에 달한 것을 암시하는 말이다.

야곱은 온유했었는데 라반에 대해서 걷잡을 수 없이 감정이 폭발한 것이다. 극한 말은 분노를 일게 하고 사태를 악화시키기 쉽다. 그러나 성도는 모든 사정을 하나님께 맡기고 인내로써 참는 것을 배워야 한다.

책망은 "다투다"라는 뜻으로 서로의 허물을 힐책하며 다투는 언쟁이다. 원의미는 "머리털을 잡거나 뽑는 것, 말이나 손으로 싸우는 것"이다. "대적하여"는 기세가 등등하여 많은 말로 항변하는 것이다. 여기서 20년 품고 있던 라반에 대한 야곱의 감정이 그대로 폭발했음을 알 수 있다.

야곱은 "나의 허물이 무엇입니까?", "내게 무슨 죄가 있기로 나를 불같이 급히 쫓나이까?"라고 하였다. "무엇 때문에 내 뒤를 열심히 (계속 불을 붙임) 추적하나이까?" 하는 것이다. 이 말은 특히 죄수를 혹독하게 추격하고 핍박할 때 쓰는 어구이다. "아무것도 찾지 못했지 않느냐?"고 한 것은 "내 물건을 다 만져 보셨다"는 뜻이다. 라반이 분이 가득해서 야곱의 집, 물건 하나하나까지 뒤지고 만졌다는 것이다. 그러나 이제는 야곱이 분을 발하며 무엇을 내게서 찾았느냐고 따지는 것이다.

그러면서 내가 20년 동안 외삼촌을 위해 봉사했다고 했다. 야곱은 선하고 신실한 목자였다. 조심성있는 목자였다. 그리하여 양을 잘 살폈고 암양들이 낙태하는 경우도 없었다. 그것은 성심성의껏 양들을 돌보아서 모두 건강하게 한 때문이다. 야곱의 경건한 태도를 인하여 라반은 부자가 되었다.

야곱은 정직한 목자였다. 그래서 그는 자기에게 허락된 것이 아니면 한 마리의 양도 잡아먹지 않았다. 자기가 받는 저임금으로 만족하고 결코 내 양이 아닌 주인의 양을 욕심낸 적이 없었다. 야곱은 라반에게 충성을 다하는 일꾼이었다. 열심히 일하는 목자였다. 기후가 어떠하든지 상관하지 않고 일했다. 눈붙일 겨를도 없이 일했다. 손해보면서도 상하거나 잘못되는 양에 대해서는 변상했다. 그런데도 라반은 품값을 열 번이나 변역했던 것이다.

그것은 배은망덕이다. 라반은 간교하고 비열하게 야곱을 속여 거부가 되었다는 사실을 여기서 야곱이 상기시키는 것이다. 라반은 가난한 자를 약탈했고 생질을 속이고 사위의 품값을 변역하여 약탈해 먹었다. 그런데 야곱더러 훔쳐가는 도적이라니 기막힌 일이다.

야곱은 조상의 하나님이라고 하였다. 야곱 자신은 하나님의 돌보심을 받을 자격이 없지만 조상의 하나님 때문에 지켜주심을 받고 함께 하심이 있고, 축복이 있다고 하였다. 신앙의 조상 아래 태어난 자들은 복이 있는 자들이다.

야곱은 "이삭의 경외하는 이"라고 하였다. 아브라함은 세상을 떠나 두려움이 없는 곳에 가고, 이삭은 세상에 남아 여호와를 경외 찬송한다. 역사 속에 살아계시는 하나님을 경외, 즉 존경함이 우리의 의무인 것이다.

야곱은 "나의 고난과 내 손의 수고를 감찰하시는 하나님"이라고 하였다. 야곱은 "어제 밤에 외삼촌을 책망하신 하나님"이라고 하였다. 하나님은 야곱을 공수로 돌려보내려는 라반을 책망하셨다. 그것은 하나님의 사람을 안전히 보호하고 라반의 죄악을 책망하시는 것이다.

*

창세기 강해 (중)

*

초 판 1쇄 — 1999년 5월 15일
개정판 1쇄 — 2024년 11월 10일

*

지은이 — 박 종 안
펴낸이 — 이 규 종
펴낸곳 — 엘맨출판사

서울시 마포구 토정로 222
출판등록 — 제10-1562호(1985. 10. 29.)
*

TEL. — (02) 323-4060
FAX. — (02) 323-6416
*

잘못된 책은 바꾸어 드립니다.
*

값 35,000원